2015年国家社会科学基金青年项目"地方政务微博受众影响力评估研究"(15CGL074)最终成果

政务新媒体受众影响力研究

王井 著

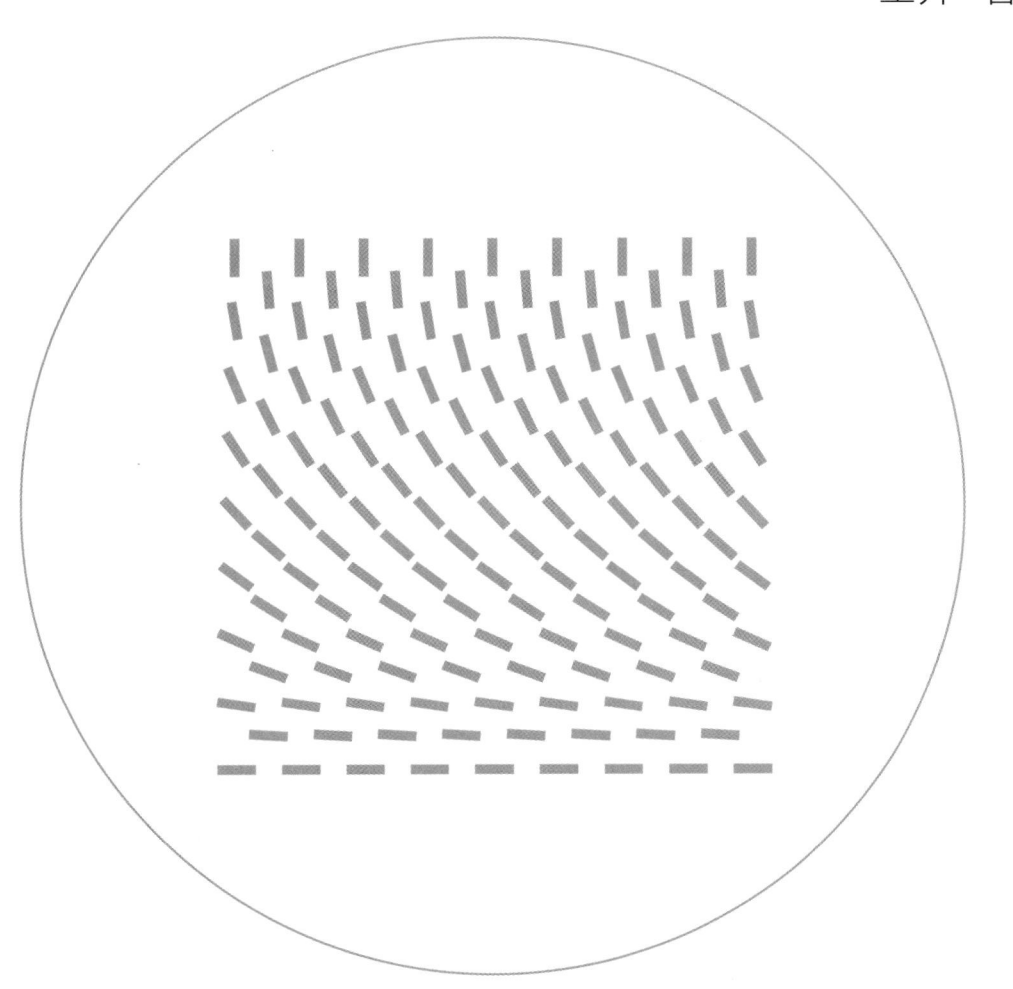

中国社会科学出版社

图书在版编目(CIP)数据

政务新媒体受众影响力研究/王井著. ——北京：中国社会科学出版社，2020.12
ISBN 978-7-5203-6932-9

Ⅰ.①政… Ⅱ.①王… Ⅲ.①电子政务—受众—影响—效果—研究—中国 Ⅳ.①D63-39

中国版本图书馆 CIP 数据核字(2020)第 138895 号

出版人	赵剑英
责任编辑	车文娇
责任校对	周晓东
责任印制	王 超

出 版	中国社会科学出版社
社 址	北京鼓楼西大街甲 158 号
邮 编	100720
网 址	http://www.csspw.cn
发行部	010-84083685
门市部	010-84029450
经 销	新华书店及其他书店

印 刷	北京明恒达印务有限公司
装 订	廊坊市广阳区广增装订厂
版 次	2020 年 12 月第 1 版
印 次	2020 年 12 月第 1 次印刷

开 本	710×1000 1/16
印 张	23.5
插 页	2
字 数	373 千字
定 价	129.00 元

凡购买中国社会科学出版社图书，如有质量问题请与本社营销中心联系调换
电话：010-84083683
版权所有 侵权必究

目　录

绪论　政务新媒体相关概述 …………………………………………（1）

第一章　政务微博发展状况 ………………………………………（4）
　第一节　政务微博分类、特点、模式及功能 ………………………（4）
　第二节　政务微博受众影响力评价理论基础 ………………………（14）
　第三节　全媒体时代政务微博现状研究 ……………………………（30）

第二章　政务微博评估指标体系 …………………………………（37）
　第一节　评估指标体系构建原则、思路及方法 ……………………（37）
　第二节　基于受众导向构建政务微博评价指标体系 ………………（39）

第三章　政务微博受众分析 ………………………………………（49）
　第一节　政务微博受众分析的理论基础 ……………………………（49）
　第二节　政务微博受众行为人口特征分析 …………………………（53）
　第三节　政务微博受众影响力关系分析 ……………………………（61）
　第四节　政务微博受众群体特征分析 ………………………………（70）

第四章　政务微博内容分析 ………………………………………（116）
　第一节　政务微博内容分析的理论基础 ……………………………（116）
　第二节　政务微博内容分析设计 ……………………………………（122）
　第三节　政务微博内容分析结果 ……………………………………（125）

第五章　基于受众角度政务微博传播效果分析 …………（150）
　　第一节　政务微博传播效果的理论基础 ………………（150）
　　第二节　常态政务微博传播效果分析 …………………（159）
　　第三节　非常态政务微博传播效果分析 ………………（164）

第六章　常态政务影响力：浙江案例 ……………………（171）
　　第一节　浙江政务微博、微信发展情况 ………………（171）
　　第二节　浙江政务微博传播效果评估 …………………（176）
　　第三节　浙江政务微信传播效果评估 …………………（188）
　　第四节　政务微博、微信影响力比较研究 ……………（196）

第七章　非常态传播力指数：重大城市活动案例 ………（218）
　　第一节　国家叙事理论背景下的重大城市活动国际传播力 ………（218）
　　第二节　重大城市活动国际传播力的分析设计 ………（235）
　　第三节　政务微博在重大城市活动中传播力的表现 …（241）
　　第四节　微博国际传播力效果分析及研究小结 ………（272）

第八章　政务新业态：政务"3.0时代"的创新与突围 ……（301）
　　第一节　政务短视频在"抖音"中异军突起 …………（301）
　　第二节　政务抖音号的受众特征分析 …………………（305）
　　第三节　信息偏好还是社交偏好：政务抖音号受众的使用
　　　　　　动机与行为研究 ………………………………（314）

结　　语 ………………………………………………………（328）
附录一　常态政务微博抽样样本来源及模板 ………………（335）
附录二　非常态政务微博抽样样本来源及模板 ……………（345）
附录三　常态政务微博受众使用行为与动机调查问卷 ……（355）
参考文献 ………………………………………………………（359）

绪论　政务新媒体相关概述

　　政务新媒体是各级行政机关、承担行政职能的事业单位及其内设机构在微博、微信、短视频等第三方平台上开设的政务账号或应用，以及自行开发建设的移动客户端等，由此形成了政务微博、政务微信以及政务短视频等，是移动互联网时代下党和政府联系群众、服务群众、凝聚群众的重要渠道，是加快转变政府职能、建设服务型政府的重要手段，是引导网上舆论、构建清朗网络空间的重要阵地，是探索社会治理新模式、提高社会治理能力的重要途径。微博是一种基于用户关系分享、传播以及获取简短实时信息的广播式的社交网络平台。微博是缩小版的博客，其内容较为短小，一般来说不超过140个字符，同时又支持表情、图片、视频、音乐等各类多媒体资源。通过微博，人们可以迅速地观看并转发感兴趣的内容，微博的出现使全民进入速食阅读时代。随着科技的进步，媒体不断更迭发展，除微博以外，近几年来还涌现了微信、直播平台、知乎等各种新平台。虽然新媒体平台层出不穷，但根据新浪微博2018年上半年统计数据，在社会重大热点事件的关注度与传播影响力方面，微博还是居于第一位。

　　而基于微博平台的政务微博，作为网络问政的一种新渠道日益受到广泛的关注。政务微博作为政府与人民沟通的一种工具，是政府在新媒体时代下，顺应时代发展潮流，积极主动与公众进行互动交流的一种重要方式。政务微博正在逐步改变原有的政府与公众交流的方式，公众也愈加积极地参与政治生活的讨论。政务微博被界定为"政府职能部门以虚拟的网络社区为信息发布渠道，传播、分享和获取新闻、生活等相关信息，以公众网络问政、政府舆论引导和政府形象构建为目的，是政府提高执政能力、建设服务型政府的新方式"。[①]

自2011年起，政务微博"井喷"出现，从增长规模来看保持稳定持续，并逐渐走向矩阵化、专业化、垂直化。政务微博搭建了一个能够与公众实时互动，集参政议政、信息发布与大众服务功能于一体的新平台，已然成了一个政府宣传的新阵地。在信息发布和政务服务方面，政务微博传播力和影响力的增长都十分迅猛。其对外呈现的内容就是当下社会的热点、人民的关注点，国家形象、社会民生、百姓态度等一系列热点信息都可以从政务微博反映出来。作为政民沟通的桥梁、对外信息发布和形象展示的窗口，政务微博的传播效果对于政府运营建设有着重要作用。

我国政府官方微博一般来讲指的是可以代表一级政府机构或部门的具有权威性的官方微博，其内容与政务密切相关，包括三类：第一类，政府机构微博，如某市公安局微博；第二类，政府发言人微博；第三类，以某一公共事件或主题命名的由政府开通的主题微博。但以复旦大学2011年出版的《中国政务微博研究报告》、国家行政学院电子政务研究中心2013年发布的《2012年中国政务微博客评估报告》为代表的部分学术研究成果，都认为政务微博是指我国政务机构和公务人员以政务（或公务）名义开设的、以传播政务（或公务）信息为主的一种微博账户和内容形态，其将政务微博分成机构微博、官员微博两类。机构微博指的是部门名义的微博；官员微博指的是个人名义的微博，主要是政府官员，也包括政协委员以及人大代表等。由于主题微博活跃时间比较短、涉及内容比较集中，本书所指的政务微博为党政机构和公务人员开通的微博。

根据《2018年上半年人民日报·政务指数微博影响力报告》的研究结果，截至2018年6月30日，经认证的政务微博数量已达到17.58万个，总粉丝数超过29亿，总阅读数为1523亿次。本书通过抓取微博数据观察发现，大量政务微博处于博文数量少、粉丝质量差、转发率低的低活跃度状态，此类政务微博的研究意义不大。所以，本书只抓取截至2016年12月30日新浪微博上所有的通过官方认证的，原创博文数大于100、粉丝数大于100、转发量大于100的政务微博账号的数据作为研究的基础样本。

[①] 孙珊珊：《我国政府微博的传播现状研究》，硕士学位论文，吉林大学，2012年，第15页。

所抓取的数据显示大部分微博出现在以下省份：上海（150854 条）、北京（196189 条）、黑龙江（25483 条）、四川（115568 条）、天津（100212 条）、广东（172918 条）、广西（233011 条）、浙江（23374 条）、湖北（72755 条）、甘肃（62107 条）、辽宁（103087 条）。除了政务微博，政务微信以及政务短视频等的影响力同样不可忽视，其充分借助互联网传播速度快、接地气的优势，加强了对政府各项举措的宣传力度。

第一章 政务微博发展状况

在媒体演进的过程中,新媒体尤其是社交媒体给媒介生态带来的变革是革命性的。政务微博作为社交媒体的一种表现形式,天然带有社交媒体的诸多特性。社交媒体通常来讲扁平化、无阶层,其表现形式多样,具有"社会化"属性,强调互动,人们能轻而易举地在社会化媒体上发布信息、分享见解。社交媒体的这种互动交流和共同创造特质对政务信息制定与政府形象塑造具有促进作用,大量的研究已经肯定了这种促进作用,一部分学者认为,这种交互式沟通通过孵化参与者信息搜索的行为增加政务新媒体的使用,在改变他们对政府和社会规范的态度方面起着至关重要的作用。同时,有学者评估了新浪微博上中国政府的系列形象宣传活动,发现最有说服力的内容特征是感知风险,其次是主观规范和自我效能。感知风险和自我效能正向影响在线观众的参与度,而主观规范是一个不显著的预测因子。尽管信息共享和观众互动都是在线观众参与政务微博的积极因素,但微博管理者及发帖者更有可能分享信息,而不是与观众互动。也有研究发现,在新浪微博上,官员私人黄V账号与政务公开蓝V账号的使用行为高度统一。从微博、微信、App的功能来看,微博有粉丝增长快、评论与内容可以一起转发、主打宣传等特点,其新闻媒体属性最明显。

第一节 政务微博分类、特点、模式及功能

2007年,国内第一家带有微博色彩的社交网络"饭否网"开张运营。2009年,新浪微博以摧枯拉朽之势、强劲黑马之姿席卷整个中国。2010

年，新浪微博历时一年多拿下可以标配"微博"二字的三个域名，同年腾讯公司推出微型博客服务的类推特（Twitter）网站——腾讯微博。而后，网易、搜狐、新华网、人民网、凤凰网相继推出微博，微博时代正式拉开帷幕。2014 年，腾讯宣布整合腾讯微博和腾讯网团队，退出微博领域，随后网易微博宣布关闭，同年新浪微博宣布更名为"微博"，淡化"新浪"品牌。微博由于其便捷、及时、可分享的特点，以及可图文、可外链、可长微博的多元性，迅速成为草根明星、商户机构等用户的必争之地，一时间众多资源涌入，形成了一股庞大的信息洪流，打造出了一个全民麦克风的新平台和网罗各界人才的资源宝库。

随着微博的发展、壮大与完善，原有的舆论格局、传播模式、媒体生态，以及话语权都在发生翻天覆地的改变。无论是草根明星、意见领袖还是媒体个人，通过微博的联动与传播，人人都是话语权的拥有者，每个人的发声都对整个微博空间起着一定的作用。因此，在诸多诉求通过传统方式、传统媒体得不到有效解决时，微博成了民众倾诉的新平台，乃至首要平台。就舆论博弈而言，微博舆论场里涌现的声音更为多元化，更有利于民众理性分析和全面思考。在信息传播方式方面，微博打破了以往获取渠道的单一性与片面性，颠覆了电视媒体说一不二的权威性，整个媒体生态更为复杂化、立体化、全面化。

信息技术给政府管理过程和手段带来了巨大变革。在此背景下，"智能化社会治理"就成为深度信息化时代科技革新激发社会治理创新的重要模式。[①] 2016 年，习近平总书记提出创新社会治理要"更加注重民主法治、科技创新，提高社会治理社会化、法治化、智能化、专业化水平，提高预防各类风险能力"。2017 年，党的十九大报告重申创新社会治理的提法，并提出"智慧社会"的概念。[②] 基于信息技术尤其是移动信息技术的发展，在政府与企业间、政府与公众间、政府不同部门间推出了各类政务应用，包括政务新媒体、政务服务 App 和网络问政（协商）平台等。

---

① 孟天广、赵娟：《大数据驱动的智能化社会治理：理论建构与治理体系》，《电子政务》2018 年第 8 期。

② 赵金旭、孟天广：《科技革新与治理转型：移动政务应用与智能化社会治理》，《电子政务》2019 年第 5 期。

2011年，作为政务新媒体的政务微博如雨后春笋般涌现，微博成了网络问政的新平台。《人民日报》把这一年称为"政务微博元年"，究其原因是政务微博数量在2011年出现显著增加趋势，且由"微问政"向"微施政"转变。清华大学新闻研究中心发布的《2011年政务微博发展分析报告》显示，从行政级别分布看，政务微博数量自上而下逐渐递增。2012年，微博的价值得到更为直观的体现——除了传播价值的延续，其营销推广与公关价值被挖掘凸显，商业广告、舆情应对与资讯发布信息更为丰富，逐步成为草根变为大V红人的跳板、商家企业盈利创收的新平台和政府机构打造好形象提升公信力的新工具。2013年，利用微博进行公益活动、募捐、反腐、舆论博弈对垒、舆情应对、营销推广、新闻爆料、信息发布、走红蹿红已成为常态，民众的意愿通过微博就能实现，媒体的稿件素材通过微博就能迅速找到，商家的推广通过微博就能很好地营销，政府的影响力通过微博也能在一定程度上得以提升。2014年，微博功能由信息发布向服务拓展延伸，在营造出一个新媒体时代的同时，更在逐步改善着民众的生活水平，这一延伸无疑会遭受民众挑刺问责，但肯定的是也将带来各种机遇。根据《2018年上半年人民日报·政务指数微博影响力报告》的研究结果，截至2018年6月30日，经认证的政务微博数量已达到17.58万个，总粉丝数超过29亿，总阅读数为1523亿次。

国务院办公厅主办的"中国政府网"于2013年10月11日开通官方微博和微信，将国务院的重要决策部署和政策文件等内容通过新华微博、腾讯微博和微信等新媒体平台发布，这是微博、微信等新媒体平台力量得到政府部门重视的有力证明。

一　政务微博分类方法

（一）政务微博分类

政务微博的内容大致可以分为两类：一类是常态内容，包括日常互动信息、便民生活信息等；另一类则是突发性内容，本书将之称为非常态内容，如针对突发事件的信息传达、舆论监督等。

而根据政务微博对应领域的不同，本书将研究的政务微博分为十类，如下所示。

1. 党政外交国防军事海关类

国务院是最高国家行政机关，国防部、外交部隶属于国务院。外交部以国家最高利益为出发点处理外交事务，执行国家外交方针政策。中国人民解放军以及总政治部、总参谋部、总后勤部分别执行国防建设方面的各项工作。党政、外交、国防、军事、海关均为中央政府最直接、不可缺少的职能部门，故将涉及这些部门的政务微博划分为党政外交国防军事海关类。

2. 国土资源气象产业类

国土资源主要包括自然资源以及社会经济资源，是国民生存的物质基础。狭义的国土资源包括各类自然资源。自然资源部贯彻落实自然资源工作的方针政策和决策部署，负责自然资源工作和所有国土空间用途管制职责。所以，将自然资源及气象产业等领域的政务微博归为国土资源气象产业类。

3. 发展改革创新类

改革发展离不开创新，改革创新是社会主义核心价值体系的基本内容之一，改革创新与发展都是根据我国当前国情进行的制度上的改革，故将发展、改革、创新类政务微博归为发展改革创新类。

4. 文化教育体育科技类

文化、体育均属于一种文化方式，与教育、科技息息相关。文化、教育、体育类的政务微博主要包括文化系统、教育系统、体育系统的官方微博，根据其属性，划分为文化教育体育科技类。

5. 人事住建民政社保类

人事、住建、民政、社保类均属于民众基本生活的部分，属于民政部、住房和城乡建设部、人力资源和社会保障部的工作。主要的政务微博包括各地民政局、人事局的微博，主要负责告知民政局服务时间、相关政策调整或其他信息。所以，将此类微博总结为人事住建民政社保类。

6. 公安检察司法类

公安局是政府下设职能部门，是公安机关的组织形式。检察院是国家法律监督机关。司法局是司法行政机关，受党委与政府的领导。公安机关负责刑事案件侦查工作，侦查终结后检察机关接收构成立案标准的案件，并向人民法院（刑事庭）起诉。公安系统、检察院系统、司法系统都是维护我国公众安全的机构，故可将其微博总结为公安检察司法类。

7. 交通旅游建设类

交通类、旅游类均涉及出行，与城市基础建设相关，这一类政务微博的主要功能包括各地交通部门、旅游部门的信息发布与交互、在线答疑等，故可将交通、旅游、建设合并为交通旅游建设类。

8. 医疗卫生计生类

根据党的第十三届全国人民代表大会第一次会议批准的国务院机构改革方案，组建中华人民共和国国家卫生健康委员会，整合了卫生和计划生育委员会的职责。所以，将医疗、计生、卫生等类别的微博组合为医疗卫生计生类。

9. 财政银行商务类

财政、银行、商务均与经济、金融行业相关，故将此类微博总结为财政银行商务类。

10. 政务发布类账号类

各新闻媒体均开设新闻媒体微博，24小时向受众推送消息。我国国务院国资委新闻中心及各省级单位的新闻媒体中心均建立了政务微博，用来发布新闻并传播。将这一类政务微博归为政务发布类账号类。

（二）政务微博样本说明

从新浪微博政务排行榜中选取100个政务微博，按照分类方法对其进行归类并加以分析，样本分类如表1-1所示，括号中数字表示该类政务微博数量。

表1-1　　　　　　　　　　样本分类

样本大类	种类	微博
党政外交国防军事海关（11）	共青团（8）	四川共青团、青春上海、浙江团省委、广州共青团、青春湖北、共青团甘肃、辽宁共青团、中央团校团研所
	政府（2）	中国政府网、湖北政府门户网站
	外交（1）	外交小灵通

续表

样本大类	种类	微博
国土资源气象产业（3）	国土（2）	自然资源部、天津国土房管发布
	环保（1）	天津环保发布
发展改革创新（1）	发展改革（1）	国家发改委
文化教育体育科技（5）	教育（5）	四川教育、辽宁教育厅、微言教育、甘肃教育厅、广州教育
人事住建民政社保（4）	民政（4）	湖北民政、广州民政、天津民政、慈溪民政
公安检察司法（38）	公安（13）	四川公安、平安辽宁、中国警方在线、广州公安、柳州交警、警民直通车、平安北京、平安广西网、甘肃公安、平安荆楚、柳州公安、公安部刑侦局、平安哈尔滨
	检察院（10）	广州检察、最高人民检察院、湖北省人民检察院、上海检察、哈尔滨检察、浙江检察、天津市人民检察、甘肃检察、辽宁检察、四川省人民检察院
	法院（11）	四川高院、辽宁高院、之江天平、浦江天平、津法之声、哈尔滨市中级人民法院、最高人民法院、广州政府法制、广州中院、甘肃高院、湖北高院
	消防（4）	天津消防、天津消防高新区支队、天津消防特勤支队、天津港公安局消防支队
交通旅游建设（7）	交通（6）	四川交通、辽宁交通、广州交通、上海交通、中国铁路、甘肃交通
	旅游（1）	哈尔滨市旅游局
医疗卫生计生（13）	医疗（4）	健康辽宁、健康上海、天津健康、健康中国
	质监（4）	广州质监、甘肃质监、上海质监发布、质量四川
	卫生计生（5）	四川卫生计生、上海卫生计生监督所、广州市卫生局团委、哈尔滨市卫生局、山丹县卫生局纪委
财政银行商务（5）	商务（5）	四川商务、上海商务、天津商务信息、浙江商务、商务微新闻
政务发布类账号（13）	新闻（13）	上海发布、四川发布、浙江发布、中国广州发布、天津发布、甘肃发布、哈尔滨发布、我爱柳州、天津高新区、国资小新、辽宁发布、湖北发布、黑龙江发布

1. 党政外交国防军事海关类

党政外交国防军事海关类微博包含中国政府网、外交小灵通等国家单位的政务微博和省共青团、省政府门户网站等的政务微博。"中国政府网"是国务院办公厅中国政府网运行中心的官方微博,微博粉丝共1719万人,是此类政务微博中粉丝最多的微博账号,并且其受众范围为全国各地,进行地域分析具有代表性。

2. 国土资源气象产业类

国土资源气象产业类政务微博包含自然资源部、国土局、气象局等国土、资源、气象与产业类单位的政务微博。本次研究样本中,此类政务微博仅有三个样本。"自然资源部"政务微博是自然资源部官方微博,微博粉丝共158万人,故选取该微博进行受众分析。

3. 发展改革创新类

发展改革创新类微博包含国家发展改革委员会等国家单位的政务微博。该类别政务微博样本较少,本次政务微博受众分析中,仅有一个样本。"国家发改委"政务微博是国家发展和改革委员会政策研究室官方微博,粉丝共55万人,故选取"国家发改委"进行受众分析。

4. 文化教育体育科技类

文化教育体育科技类的政务微博主要包括教育部、省教育厅、市教育局的教育类政务微博。教育部新闻办公室的官方微博ID为"微言教育",各级行政单位教育厅(局)的微博以省(市)名及教育命名,如"四川教育""广州教育"等。由于四川教育厅、广州教育局的受众群体地域性较强,对其进行地域分析及学校分布分析会产生较大差异性,故本次受众分析以"微言教育"为例,其粉丝数量为700万。

5. 人事住建民政社保类

人事住建民政社保类包括各地民政、住建部门的微博。本次研究抽取的微博有"广州民政""慈溪民政""湖北民政"及"天津民政"。由于"广州民政"可获取数据远远高于其他三个地方的民政微博,故本次受众分析以"广州民政"为例,其粉丝数量为7万。

6. 公安检察司法类

公安检察司法类微博主要包括公安、检察院、法院等的微博。其中,公安类包括公安部及省公安厅、市公安局等单位的政务微博；检察院包括最高人民检察院以及地方各级检察院；法院包括国家级的"最高人民法院"，省级的"辽宁高院""之江天平"等。将公安检察司法类分为公安、检察、司法三个小类进行受众分析，公安类选取公安部新闻中心的政务微博"中国警方在线"，检察类选取"最高人民检察院"，司法类选取"最高人民法院"。"中国警方在线"粉丝数量为2931万，"最高人民检察院"粉丝数量为1168万，"最高人民法院"粉丝数量为1711万。

7. 交通旅游建设类

交通旅游建设类政务微博主要包括各地交通、旅游建设相关的官方微博，如中国铁路总公司官方微博"中国铁路"，各地交通委员会官方微博如"上海交通""广州交通"等，各地旅游局微博，如哈尔滨市旅游局的官方微博"哈尔滨市旅游局"等。"中国铁路"政务微博是中国铁路总公司官方微博，面向全国范围，有187万受众群体，选取该微博进行受众分析，分析结果在此类中具有代表性。

8. 医疗卫生计生类

医疗卫生计生类政务微博主要包括国家或各地区卫生健康委员会官方微博，如"健康中国""健康上海"等；卫生和计划生育宣传教育中心的官方微博，如"四川卫生计生宣传""健康天津"等。各地的医疗卫生计生类政务微博的地域性较强，并且受众数量较少。"健康中国"微博为国家卫生健康委员会官方微博，本次受众分析选取"健康中国"为代表进行分析，其受众数量为248万。

9. 财政银行商务类

财政银行商务类微博包括商务部或省级行政单位的商务厅的官方微博，一般以省级行政单位名及"商务"命名，如"四川商务""上海商务"等。以上省级行政单位的地域性较强，且受众相对集中，人数较少。"商务微新闻"是中华人民共和国商务部新闻办的官方微博，其粉丝人数有622万，数据量较大，故选取"商务微新闻"进行分析，分析结果的准确性较高。

10. 政务发布类账号类

政务发布类账号类政务微博主要包括各省级行政单位的媒体中心，一般以省级行政单位名称及"发布"命名，如"湖北发布""四川发布""黑龙江发布"等,以上省级行政单位的地域性较强,且受众相对集中,人数较少。"国资小新"是国务院国资委新闻中心的微博,其粉丝人数有461万,数据量较大,关注者分布在全国各地,故选取"国资小新"进行分析,更加准确更有代表性。

二 政务微博的传播特点和发展模式

政务微博作为微博的一种,其传播特点大体上与微博的传播特点相似,主要有以下几点。

(1) 实时性。借助不同的终端(电脑、手机、平板等),政务微博的主体能够随时随地发布微博,并与受众进行实时互动。

(2) 碎片化。主要体现在微博内容的碎片化,微博本身140字的字数限制,使微博无法对文字内容进行系统化的发布和管理。

(3) 互动性。微博平台提供了如"关注""评论""转发""收藏""点赞"等功能,使用户能够及时接收到政务微博主体所传递的信息,并对其微博内容进行评论转发等,这些功能改变了传统的单向传播,提高了微博信息传播的效率。

(4) 多样性。一方面是媒介形式的多样性,除了140字的微博内容,微博平台还提供了如微博文章、图片、视频、音频、外链等多种形式,使政务微博主体能够借助不同的媒介形式,向受众传递信息;另一方面是内容的多样性,包括政务相关信息、生活服务相关信息、新闻类信息以及评论、转发等在线互动。

基于其自身的传播特性,政务微博在发展过程中演化出不同的模式。《2011年中国政务微博客评估报告》,已率先总结出中国政务微博发展的五种模式。[①]

(1) 政务微博发布厅模式。通过微博展现城市风貌,如"成都发布"聚合美食、旅游等资讯;"南京发布""微直播"侧重重大活动、突发事件;"北京微博发布厅"聚合城市重要职能部门信息;"上海发布"则聚焦

---

① 国家行政学院电子政务研究中心:《2011年中国政务微博客评估》,2012年。

菜价等民生问题。

（2）公安微博多元模式。公安微博在政务微博的运用中一直处于领先地位，多样的公安微博不断丰富政务微博发展模式，包括以地市公安政务微博为主并整合成微博群的"广东模式"以及其他的"北京模式""厦门模式"和"济南模式"等。

（3）突发舆情应对模式。在舆情应对期间，从常规模式运营切换至突发舆情应对模式，通过该模式发布最新消息、及时表态，待事件平息后又切换回常规模式运营，如四川会理县政府微博、上海地铁 Shmetro 等政府官方微博等。

（4）以大带小，建立地方政府微博群带动模式。比如具有代表性的"问政银川"，通过向对口部门微博转办的方式，缩短了网民的办事流程，加快了办事效率，创立了一种地方政府微博群带动的新模式。

（5）官员微博带动模式。互联网的普及和信息技术的演进，使领导干部、党政机关与网民互动的门槛越来越低，官员开博蔚然成风，微博上出现不少"明星官员"，如微博"巴松狼王"带动了微博网友对PM2.5的大规模讨论。

三 政务微博的功能

自2011年起，微博问政开始逐渐影响人们的生活，在这过程中政务微博的功能主要体现在以下几个方面。

第一，重塑政府形象，拉近民众距离。

近年来，由于舆情应对的不及时、信息发布渠道的片面局限、意见反馈机制的烦琐复杂等现象的出现，政府陷入"塔西佗陷阱"不能自拔，政府形象受损，公信力屡遭质疑。政务微博的出现，无疑使这一情况得以改善。微博独有的无门槛性、零延时性、高覆盖性、可互动性使政府在舆情应对时能够积极响应，与民众实现无缝对接，从而改变舆论场局势，甚至可挽回公信力，重塑政府形象。

第二，改进管理思维，提升民众感受。

政务微博从"微问政"到"微施政"是一次提升，也是一次管理思维上的突破。政务微博的出现，使政府去中心化，避免了自说自话、闭门造车的状况，开始大开门庭广纳建言，以民众为中心，听取民意，通过职能的转变与管理思维的改进，达到了提升民众体验的效果。

第三，扩展信息渠道，净化舆论环境。

随着越来越多的政府部门入驻微博，各部门之间形成强大的矩阵联动，信息发布渠道不再单一，针对性更强，既减少了以往"踢皮球"现象的发生，又打破了传统媒体刊登新闻通稿的格局，改变了以往舆情发生后的被动处境。借助微博这一平台，政府对外可了解舆情发展动态，对内可出具应对措施。同时，针对网上的不实谣言及在利益驱使下部分媒体断章取义、左右舆论的行为，也可及时还原真相，控制舆情发展。

第二节　政务微博受众影响力评价理论基础

本书重点研究基于受众角度的政务微博效果感知，因此必须对相关概念进行清晰的界定。政务微博受众影响力以及评估的相关理论，为本书的研究打下了坚实的理论基础。

一　政务微博受众影响力评价相关概念界定

（一）政务微博受众

受众，就是媒介的用户，包括报刊、书籍的读者，广播的听众，电影、电视的观众及网民。[①] 政务微博的受众就是就是微博网络平台中的所有人群。政务微博的受众可以通过多种途径与传播者随时进行互动。政务微博受众还有可能通过微博成为信息传播者，并受到政务微博的关注，成为网络传播活动的重要组成部分。受众在政务信息的传播过程中占有重要地位。

（二）突发事件

政务微博除了常态发布外，还有一类基于突发事件的非常态内容，这

---

① 燕道成：《受众需要是传媒影响力发展的动力源》，《重庆交通学院学报》（社会科学版）2005年第1期。

也是本书研究的重点。国内各学者对于突发事件的定义各有各的不同。广义的突发事件指没有预兆地突然发生以致直接给社会和人民生命财产造成严重后果与影响的事件。① 沈正赋则认为,突发事件是指异于正常,突然发生的一切事件,大众对此毫无准备但却普遍予以关注的社会事件。② 李明强等认为,突发事件通常是指突然发生的,危及民众人身安全或财产安全、造成社会秩序紊乱,需要政府加以干预和处理的事件。③ 郝国庆认为,突发事件是指带有异常性质、民众毫无思想准备的事件。④ 秦启文等则认为,突发事件是指出人意料的、给社会造成严重影响需要政府立即处理的事件。⑤《国家突发公共事件总体应急预案》中对突发事件的定义是"突然发生,造成或者可能造成重大人员伤亡、财产损失、生态环境破坏和严重社会危害,危及公共安全的紧急事件"。⑥ 2018 年 3 月,根据党的第十三届全国人民代表大会第一次会议批准的国务院机构改革方案,设立应急管理部,理顺职责关系,对突发公共事件进行更科学有效的应对。⑦ 在本书中政务微博的非常态内容主要指的是突发事件的内容。

（三）政务微博受众影响力

影响力的概念最早出现于人际交往理论,该理论把影响力界定为一个人在同他人交往过程中影响、改变他人心理和行为的能力,影响力不仅存在于个体与个体的人际交往中,也存在于企业、政府、社会组织等作为行为主体与其他个体的交往中。因此,"影响力可以更广泛地界定为：一个行为主体影响、改变其他相关行为主体心理或行为的能力"。⑧

目前学者在对微博和政务微博受众影响力进行研究时,基本没有对影响力的概念进行深入解析。有学者认为微博的影响力,是一种非权力性的

---

① 郭研实：《国家公务员应对突发事件能力》,中国社会科学出版社 2005 年版,第 3 页。
② 沈正赋：《突发事件中报道机制的科学调控》,《传媒观察》2003 年第 4 期。
③ 李明强、岳晓：《透视混沌理论看突发事件预警机制的建设》,《湖北社会科学》2006 年第 1 期。
④ 郝国庆：《建立和完善我国突发事件应对机制》,《党政干部论坛》2003 年第 6 期。
⑤ 秦启文等：《突发事件的管理与应对》,新华出版社 2004 年版,第 51 页。
⑥ 《国家突发公共事件总体应急预案》,《中国防汛抗旱》2006 年第 1 期。
⑦ 敖立：《突发公共事件的网络舆情应对策略研究》,硕士学位论文,南昌大学,2019 年,第 35 页。
⑧ 郑丽勇、郑丹妮、赵纯：《媒介影响力评价指标体系研究》,《新闻大学》2010 年第 1 期。

影响力。[1] 本书认为，政务微博受众影响力就是政务微博主体在发布信息之后，对受众产生作用的大小，比如了解政务信息、获取资讯等。政务微博受众影响力水平越高，说明其受关注程度越高，在受众之间的影响力越大，越有利于政务信息的传播和政府形象的塑造。

二 政务微博及受众影响力相关研究现状

（一）政务微博研究现状

国内关于政务微博的研究，主要集中在概念界定、传播模式和功能效果等方面。如相德宝等认为政务微博的开设主体是各级党政机关与公职人员，与以往官方网站、媒体等相比，这种新的传播渠道具有传播速度快、信息发布成本低、互动性强、即时性高等特点[2]；韩娜从信源、内容以及信道三个方面剖析了政务微博的传播规律[3]；陈潭等认为，微博问政可以有效改善公共政策过程[4]；袁峰认为，微博是政务公开的新媒介、倾听民意的新平台、协商沟通的新形式、精英与草根对话的新渠道、群体心理的风向标的综合体。[5] 部分学者将研究的重点集中在公职人员个人微博与官方机构微博之间的差异性，如雷洋质疑很多公职人员的个人微博虽然认证了职位，但其价值取向和政府立场有时候也存在一定的偏差，将其纳入政务微博的范畴未必合适。[6] 还有学者以个案分析的方式较为细致地剖析了公职人员个人微博的运营现状与传播效果，如李多等以云南红河州州委常委、宣传部长伍皓的微博为例，既分析了所发挥的积极正面的一面，也指出了在选择性倾听和回应方面存在的一系列问题。[7] 另有学者对政务微博拟人化策略应用互动效果进行了实验研究，探索了账号资料、表达风格、

---

[1] 张娟娟：《县域政务微博影响力提升研究》，硕士学位论文，电子科技大学，2019年，第35—36页。
[2] 相德宝、吴竞祎：《政务微博的现状与发展对策》，《新闻与写作》2012年第2期。
[3] 韩娜：《传播学视角下政务微博的发展路径探析》，《新闻与写作》2012年第2期。
[4] 陈潭、王烂辉：《微博问政与公众政治》，《人民论坛》2011年第34期。
[5] 袁峰：《大力拓展政务微博的民主功能》，《人民论坛》2011年第34期。
[6] 雷洋：《国内外政务微博研究综述及启示》，《桂海论丛》2016年第1期。
[7] 李多、周蔓仪、杨奕：《网络平台对于政府与网民之间关系建设作用的探索——以伍皓的微博为例》，《新闻知识》2010年第8期。

交流内容拟人化对政务微博形象构建、信息传播、互动关系三个层次互动效果的影响，发现了"封面效应"的存在。[1]

国外政务新媒体平台主要指推特在政府事务方面的运用。随着推特的应用越来越广泛，政府对政务新媒体平台推特的态度和使用的策略也在不断变化发展。国外学者的研究方向也主要集中在政务新媒体平台对政治生态的影响力方面。总体上看，相对于国内来说国外的推特政治属性较弱，有部分学者认为推特对政治的影响力较弱，如 Jennifer Golbeck 等通过统计梳理美国国会议员个人的推特发布内容，发现虽然绝大多数议员也认为推特是一个能够与公众进行沟通的平台，但其发布的信息较多是用来自我推销，而很少涉及政府、立法程序和改善透明度等相关方面的内容。[2] 但大部分学者认为推特对政治的影响力逐渐增大，如 Will J. Grant 通过定量分析澳大利亚政客使用推特的情况，发现相当一部分政客在使用推特来提高自己的政治话语权，推特对澳大利亚政治生态的影响力越来越大[3]；又如 Thomas A. Bryer 认为政务微博通过运用不同的技术手段和各式各样的内容呈现形式，对于增强政务信息的透明度、提高公众的参与度、改善部门间的协作度都有十分重要的作用。[4] Mohammad Dadashzadeh 指出社交媒体在政府各项事务中的广泛应用开启了电子治理时代。[5]

（二）突发事件中的政务微博研究现状

国内近年关于突发事件中政务微博的研究多集中在信息传播和应对机制两个方面。

1. 突发事件中政务微博的信息传播

从信息传播的主体来看，在突发事件中政务微博是信息传播的主体，借助微博这一平台，政府机构向大众传递突发事件的信息，做好与民众的

---

[1] 张放、王盛楠：《政务微博拟人化互动效果的实验研究》，《国际新闻界》2018 年第 3 期。

[2] Golbeck, J., Grimes, J. M., Rogers, A., "Twitter Use by the U. S. Congress", *Journal of the American Society for Information Science & Technology*, 2014, 61 (8): 1612 – 1621.

[3] Grant, W. J., Moon, B., Grant, J. B., "Digital Dialogue? Australian Politicians' Use of the Social Network Tool Twitter", *Australian Journal of Political Science*, 2010, 45 (4): 579 – 604.

[4] Bryer, T. A., Zavattaro, S. M., "Social Media and Public Administration", *Administrative Theory & Praxis*, 2011, 33 (3): 325 – 340.

[5] Dadashzadeh, M., "Social Media in Government: From eGovernment to eGovernance", *Journal of Hygiene*, 2010, 8 (11): 81 – 86.

及时沟通,保障民众的知情权。

从政务微博的角色来看,首先,政务微博作为党政机构和公务人员与公众交流的平台,要扮演"官方信息传达者"的角色,积极辅助新闻网站、报社等发布权威信息,通过实况转播向公众传达政府立场,保持官方信息渠道的畅通,扩大权限信息的传播度。① 其次,政务微博要做好与公众的沟通,承担起作为"公众民意的沟通者"的责任。突发事件发生后,在网络上往往伴有谣言的产生和传播,谣言的传播不仅会给事件的后续救援和调查带来阻碍,同时也会将民众情绪推向高潮,形成群体性的心理恐慌甚至"群体极化"的倾向。因此,政务微博要积极用平民化、多元化的方式呈现信息,加强内群体与外群体的有效沟通,增强信息的接近性,第一时间为网民答疑解惑。同时,政务微博应发挥舆论引导和监督的作用,及时准确地发布事件的权威信息,遏制流言的扩散,主动掌握舆情动态,并且有针对性地疏导其中的不良情绪,扮演起"网络舆情的引导者"的角色。② 最后,政务微博应该成为"危机事件的解决者"。政务微博强大的信息交互能力使政务微博群之间产生紧密的联系,形成合力,而不是"各自为政",这样不仅可以优化信息发布的渠道和效果,还可以加快危机事件的顺利解决。借助微博"零时差"的传播优势,政务微博在保证信息原貌的基础上还能通过自身舆论领袖的影响力引导普通民众,从而加速平息负面舆论、加快危机事件的传播,减少公众造谣传谣、群体非理性活动的可能性,推动突发事件正向发展。

基于突发事件的特殊性,政务微博传播信息时对内容的严谨度以及语言的把控度都要注意,避免因内容的疏忽或不恰当造成负面影响。因为不同性质突发事件的起因不尽相同,政务微博面对不同性质的突发事件时传播的内容也有所不同。

一是事故灾难。这类事故一般由人为操作不当引发。因此在事故起因查清楚之后,政务微博要及时公布事故起因和处理结果,避免利益受损人员产生过激言行。

---

① 汪青云、柯筱清:《浅析突发事件中基层政务微博的角色定位》,《新闻知识》2013年第6期。
② 莫凤群:《政务微博在突发事件中的传播角色》,《青年记者》2013年第11期。

二是自然灾害事件。自然灾害事件造成的人员伤亡以及财产损失都十分巨大，因此政务微博除了要及时公布灾害事件实况以及救援进展，还需要传递社会正能量，传播励志、能鼓舞人心的正面信息，尽可能降低自然灾害带来的负面影响。

三是公共卫生事件。公共卫生事件因其特殊性，对人民群众的影响深远而广泛，因其会对生命健康安全产生直接危害。因此，在发布相关内容时，政务微博要特别注意发布内容的尺度，不能刻意隐瞒疫情，也不能过分渲染疫情，避免引起社会恐慌，并积极宣传防疫和自救措施，让民众提前做好心理准备，指导民众对抗疫情。

四是突发社会安全事件。包括恐怖袭击、经济安全以及涉外突发事件。这类事件很容易牵扯到国家机密和国家安全，因此政务微博在发布内容时一定要注意保密，同时要及时净化微博舆论，发布权威信息破解谣言等虚假信息，稳定民心。

政务微博在突发事件的信息传播中普遍存在一些问题，主要包括：

（1）回应不及时，广大网民在突发事件发生后迫切需要权威的真实信息。如政务微博不及时发声容易滋生虚假信息，影响政府形象。[1]

（2）有些政务微博尚不能适应网络新媒体舆论环境。很多政务微博的运营者依旧使用传统媒体的运作方式来操作微博。微博作为新媒体的代表，具有与传统媒体迥异的显著特征：碎片化、裂变式传播、交互自由等都预示着政务微博早已不能用传统媒体的运作方式进行运营。在这种情况下，一旦发生突发事件，留给政务微博信息发布的反应时间非常短。而且如果各政务微博之间没有具体分工，没有形成协调、互动的传播矩阵和政务微博的整体优势，就难以形成规模效应。这也会导致广大网民在众多的政务微博中选择困难，并接收到大量重复性信息。[2]

从信息传播的策略来看，政务微博在突发事件的信息传播中，一要丰富信息发布形式，采用活泼亲民的语调，这可以增强政府发布信息的权威性和说服力，同时还可以让民众整体地认识事件的最新进展，规避谣言的

---

[1] 冀芳：《突发事件中政务微博的传播策略》，《新闻知识》2013年第6期。
[2] 郑雄：《突发公共事件中政务微博的信息互动研究》，硕士学位论文，江西师范大学，2013年，第40—42页。

产生。① 二要加强部门之间配合，共享突发事件信息，在缓解网络舆情危机的同时扩大信息传播的范围。三要掌握主动权，及时发布突发事件信息，积极充分地引导舆论走向，占据舆论的高地，为危机事件的解决创造良好的内外部环境。② 四要加强对舆情的预警监测，提高突发事件防范能力，建立全方位的舆情信息监测和预警机制，完善预警标准和应对措施。五要正视网络舆论对政府行为的倒逼作用，在突发事件中，政府陷入舆论危机的一个很重要原因是发布的信息不能紧贴舆论的要求，因此政府应当密切监视网民评论态度，准确掌握舆情信息诉求，并且根据网民的诉求主动设置议程，及时将事件的真相信息发布出去。③ 六要提高官员新媒体素养，加强应急策略的培训，避免官话、套话和形式主义，重视对事件处理进展具体内容的信息披露。七要加强政府与其他主体之间的信息交互，政府应当在提升自身运营能力的基础上，逐步培育专业、高效的工作团队，尤其是注重同意见领袖关系的维护和政府大 V 的培养，使他们能够在突发事件中及时回应公众对信息的需求，促进网民的政治参与热情，及时引导网民舆论导向，避免负面信息和谣言的大规模传播和扩散，为突发事件的解决创造良好的外部环境。八要把握信息发布的时效性，在处理突发事件时，政务微博要在第一时间发布信息，就算不能马上查出突发事件的真相，也应该首先通过微博表明自己的态度、立场等。④

从信息传播的受众来看，刘飞通过问卷调查认为，政务微博受众中男性用户占绝大多数，从数量上来讲远远高于女性用户，中高等教育程度人员、白领阶层、公务人员和大学生是微博受众的主要群体。⑤

从受众的角色类型和特点来看，杨晓薇以"天津港 8·12 爆炸事故"为例分析政务微博的信息传播机制时，将突发事件中政务微博的受众分为三个类型：一是偏好型受众，这类用户在阅读同一事件时，会产生信息偏

---

① 张宇、王建成：《突发事件中政府信息发布机制存在的问题及对策研究——基于 2015 年"上海外滩踩踏事件"的案例研究》，《情报杂志》2015 年第 5 期。
② 李源：《突发事件政府信息发布机制探究》，《青年记者》2011 年第 8 期。
③ 孙帅、周毅：《政务微博对突发事件的响应研究》，《电子政务》2013 年第 5 期。
④ 赵青：《政务微博在突发事件中的作用探究》，《新闻研究导刊》2019 年第 6 期。
⑤ 刘飞：《我国政务微博在突发事件中的表现和对策研究》，硕士学位论文，重庆大学，2014 年，第 35 页。

好，对有些信息会仔细阅读，对有些信息粗略浏览或者是直接略过；二是妥协型受众，这类用户对于政务微博所传播的信息通常不加自己的思考和判断，或是很容易被已有的信息说服，对事物只有单纯的承认或认同，不存在或者没有展示出真实的想法；三是对抗型受众，这类受众拥有强烈的自我意识，对传播主体传播的信息往往采取批判地接受或者不接受的态度，更愿意凭借自己的判断力去探寻事实真相。[1] 张飚则将突发事件中政务微博的受众按角色的不同分为三个类型：一是事件当事人，指与突发事件有着切身利益关联的直接亲历者等涉事主体；二是微博围观群众，这部分受众是政务微博的受众中数量最多的群体；三是微博意见领袖，即活跃在微博上，经常为他人提供信息并能对他人施加个人影响的人物。[2]

从受众的需求来看，刘飞认为，受众在突发事件中对政务微博的使用动机主要包括获取实时信息、体验并参与事件进程，通过政务微博的辟谣获取事件真相，这些动机也与上文中提到的突发事件中政务微博的角色有所对应。[3]

从以上文献来看，突发事件中的政务微博应发挥舆论引导者的作用，积极主动地向公众传递与事件相关的信息，使公众能够及时了解突发事件的实时信息；也要发挥舆论监督者的作用，突发事件往往伴随谣言的滋生和传播，政务微博此时更应积极引导社会舆论，对于谣言进行及时辟谣和澄清，防止扩散；同时也要承担起"公众沟通交流"角色的责任，及时解答公众的疑问，及时安抚公众的情绪，及时澄清在公众当中传播的谣言，传达有效有用的信息，保障公众的知情权。

2. 突发事件中政务微博的应对机制

政务微博在突发事件中应对机制的研究通常以具体的突发事件为例，分析政务微博的表现。

陈璟浩在以"2016年武汉暴雨"为例进行分析时指出，作为权威的危

---

[1] 杨晓薇：《突发公共事件中政务微博的信息传播机制研究》，硕士学位论文，华中科技大学，2016年，第20—25页。
[2] 张飚：《突发事件中政务微博信息传播机制研究》，硕士学位论文，江西师范大学，2014年，第45页。
[3] 王文：《在G20现场体会全球智库博弈》，《对外传播》2016年第1期。

机预警信息发布机构,"@武汉市政府应急办"发布的预警信息最早,内容主要以发布预警信息和公共服务类信息为主,而"@平安武汉"更强调救灾精神和事故防范,"@武汉发布"则以发布综合性信息为主,各类信息发布较为均衡。① 张宇、王建成则具体分析了 2015 年"上海外滩踩踏事件"。在发布信息方面,"@上海发布"对于此次突发事件的应对较晚,未能及时发布与事件相关的信息,且语言风格相对严肃僵化。而在突发事件后的后续阶段,虽然"@上海发布"及时更新信息,但仅仅是关注对伤员的救治,未公布任何有关踩踏事件的进展,反而刺激了谣言的产生和传播。② 张飏在《突发事件中政务微博信息传播机制研究》中以"'3·01'昆明火车站暴恐事件"为例,分析了"@微博云南"的信息传播,在此次事件中"@微博云南"以信息发布、信息推送和信息转发为主,内容包括事件进展通报,伤员救治情况,祈福传递正能量,官方紧急辟谣,呼吁号召群众共同参与、共同面对等信息。但在此次的信息传播过程中,"@微博云南"与公众的信息互动几乎为零,基本没有回应公众的疑问和质疑。③ 杨红以政务微博中的"@平安北京"作为研究对象,分析了其在 2012 年北京特大暴雨中的表现。她认为在整个突发事件的处理应对中,"@平安北京"积极传达更新与灾情报道、天气预警、出行提示等话题相关的信息,与网民沟通交流,对于网民的求救信息、咨询信息也积极给予最准确快捷的回复,尽可能地提供帮助,使受灾群众产生与政府的"同在感",维护了政府形象。④

从以上几个案例来看,当遇到有关社会治安的突发事件时,政务微博应及时快速地发布与事件有关的信息,包括事件的进程、谣言的澄清、后续的处理,在信息发布时,也要注意图片信息的发布,图片和文字信息的结合更有利于受众对事件有立体的、更好的理解。政务微博在传达信息的同时,也

---

① 陈璟浩:《突发事件中的政务微博网络舆论引导能力研究——以 2016 武汉暴雨为例》,《情报探索》2017 年第 1 期。
② 张宇、王建成:《突发事件中政府信息发布机制存在的问题及对策研究——基于 2015 年"上海外滩踩踏事件"的案例研究》,《情报杂志》2015 年第 5 期。
③ 张飏:《突发事件中政务微博信息传播机制研究》,硕士学位论文,江西师范大学,2014 年,第 39 页。
④ 杨红:《突发事件中政务微博的传播特征及策略研究》,硕士学位论文,北京邮电大学,2014 年,第 21—25 页。

要注意在语言上贴近互联网的思维与语言模式。突发事件中政务微博的受众是广大网民，而不是政府机构及官员，因此一味古板严肃和僵化的语言风格会加强民众的心里紧张感和排斥，不利于增强权威信息传播的有效性。当遇到与自然灾害有关的突发事件时，如暴雨、暴雪、沙尘暴，政务微博应做好天气预警，发挥政务微博的联动作用，及时向公众传递最新信息，积极解答公众的有关问题。

（三）政务微博受众影响力研究现状

当前学者对于微博受众影响力的研究主要集中在构建影响力评价标准、利用统计数据分析用户使用动机等方面。总体来看，目前大部分的研究集中在用户使用微博的动机及影响微博使用行为因素方面，但也有学者分析政务微博的政务信息流与政务信息的框架表达与受众效果。林婷婷通过从政务微博的框架效果差异出发反向探索受众的框架偏好，通过分析受众的认知等框架效果差异显著的两个机构微博和两个公务人员个人微博，探索受众对政务微博的文本内容、形式和互动话题的框架偏好。[①] 蒋立立则认为，微博问政的出现改变了传统的传播学中受众的被动地位，"政府—受众—政府"模式的出现，使受众与政府的联动更为密切，也切实加强了受众的媒介接近权和政治参与度。[②] 梁芷铭采用问卷调查和案例研究的方法，探讨了广东省政务微博的受众关注度。[③] 目前较少有从信息受众视角对微博信息转发进行研究，而事实上微博之所以能产生较大影响力的根源在于微博能够被快速层层转发，从而让参与的受众越来越多，打造一个又一个的热点话题。郭俊辉以"浙江发布"为例探索了政务微博的受众认同感影响因素及其影响机制，显示受众的政务微博认知三要素、社媒活跃度四要素与人口统计六要素对政务微博认同感存在部分显著影响。[④]

国外对受众行为研究较早。信息源理论中也指出，信息来源的可信程

[①] 林婷婷：《从政务微博的框架效果差异反向探索受众的框架偏好——对"平安武侯"在内的4个政务微博样本的对比研究》，《东南传播》2013年第7期。

[②] 蒋立立：《微博问政对受众的影响分析——以新浪微博为例》，《大学教育》2014年第1期。

[③] 梁芷铭：《政务微博的受众关注度及其优化策略研究——以广东省为例》，《广东行政学院学报》2014年第5期。

[④] 郭俊辉：《政务新媒体的受众认同感影响因素研究——基于"浙江发布"微博与微信的对比分析》，《浙江学刊》2017年第4期。

度是影响信息传播效果的决定性因素之一,可以从传播者的专业程度、传播载体的可靠性与客观性高低等角度衡量信源可信程度。互联网出现后,不少学者结合这种新的传播载体展开研究,如 Metzger 指出同样是网络上的信息,受众对来自专家发布的信息更为信任,更愿意接受其推荐的内容①;又如 Zaman 提出一个微博账户中粉丝数量等特征会对微博的转发频度产生显著的影响,信息受众对博主的信赖接纳程度主要从专业性角度来进行评价衡量,在某一领域专业性强或者有独特见解的用户容易成为意见领袖,从而更容易影响受众的态度和行为②。

三 政务微博受众影响力评估相关理论

考虑到本书主要从受众的视角考察政务微博效果评估及其对受众品牌忠诚的影响,需要舍弃对其他利益相关者的考察(包括政府、投资者、员工、社区、环境等),而主要针对受众所能感知到的政务微博绩效。接下来,需要从理论上明确什么属于具体的政务微博绩效。通过对相关理论的梳理,我们发现使用与满足、技术创新与扩散、碎片化传播及媒体策略等理论都能被借以确立政务微博评估的内容框架,本书将其归纳为政务微博评估的相关理论。

(一)使用与满足理论

该理论出现在20世纪中叶,从研究几种不同媒体形态下受众的使用开始。基本内容是,通过对受传者接触媒介需求、动机的分析,考察大众传播对人们心理和行为的效用。

哥伦比亚大学的 H. 赫尔卓格在1940年调查了广播剧的爱好者对广播节目的"使用"动机,这是使用与满足理论最早的研究。他认为,人们喜爱知识竞争节目是基于获得新知、竞争心理、自我评价这三种基本心理需

---

① Metzger, M. J., "Making Sense of Credibility on the Web: Models for Evaluating Online Information and Recommendations for Future Research", *Journal of the Association for Information Science & Technology*, 2014, 58 (13): 2078-2091.

② Zaman, T. R., R. Herbrich, J. V. Gael, D. Stern, "Predicting Information Spreading in Twitter", Workshop on Computational Social Science and the Wisdom of Crowds, NIPS, 2010, 104.

求，反映出"使用"的多样性。

同年，B. 贝雷尔森指出，人们性别、年龄、阶层、学历等因素都会影响人们对书籍的使用。随后几年，他归纳了六种人们使用报纸的形式：①外界信息来源；②日常生活工具；③休憩的手段；④树立社会威信的手段；⑤社交的手段；⑥读报本身的目的化。

1972 年，英国学者 D. 麦奎尔等开展 6 种节目受众调查后提出四种使用与满足的类型，即人际关系、心绪转换、环境监测和自我确认。1974 年，卡茨、布卢姆勒和古雷维奇在《个人对大众传播的使用》一文中用一个因果连锁过程概括受众与媒体接触行为，具体为受众对媒体期待和媒体接触行为受到受众心理和社会因素的影响，进而影响其需求的满足，并提出了"过程的基本模式"。

从图 1-1 我们可以看出：①人们基于具有个人特性和社会条件的基本需求的满足而接触传播媒介；②满足"媒介印象"和"媒介接触的可能性"条件才会发生实际接触行为，而"媒介印象"以以往媒介接触经验为基础；③无论人们的需求是否被满足，接触经验都将影响以后的接触行为，既有的"媒介印象"会根据"满足结果"来进行修正。在四大媒体中"使用与满足"理论都发挥着极其重要的作用。

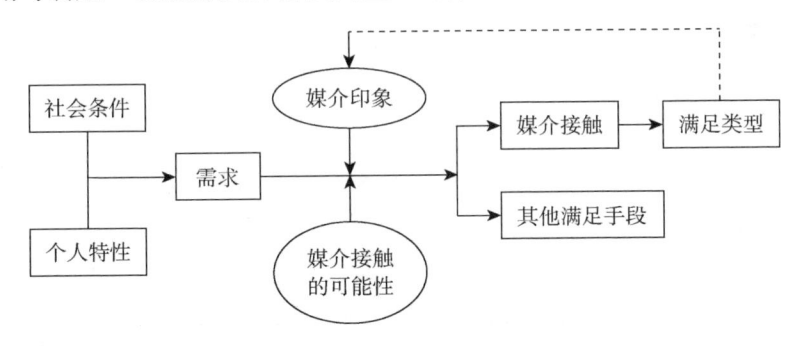

图 1-1　使用与满足理论的基本要素

20 世纪 70 年代前期，一些学者发现"用户使用媒体获得的满足"与"用户期望使用媒体获得的满足"之间的差异非常显著，认为应该区分这两个概念。1997 年，黄旦的《新闻传播学》认为使用与满足理论主要是聚焦于受众而非传播者，即其研究的视角发生了转变。另一学者宫承波认为该理论重点强调受众的能动性，突出受众的地位。传统上"使用与满足"理论研究的都是相对被动"使用"媒介的信息"接收者"。但在信息化浪潮下，伴随网络技术的发展，一系列新媒介尤其是微博、微信、微视频等的出现，使传播方法发生了翻天覆地的变化，受众也呈现出"传受合一"的特点，更多的学者开始关注使用与满足理论并把研究延伸到了这些新的传播媒介领域。近年来，该理论成为传播学研究的一个重要转折点。

在这种背景下，就需要将"使用与满足"理论贯穿在政务微博受众研究之中，在对受众特征进行分析的基础上，再研究其使用意图，从而展现粉丝（受众）的心理及社会因素。

（二）技术接受模型

技术接受模型是由美国阿肯色州立大学教授 Fred D. Davis 在 1986 年提出，延伸了理性行为模型中"信念—态度—意向—行为"关系，该模型如图 1-2 所示。

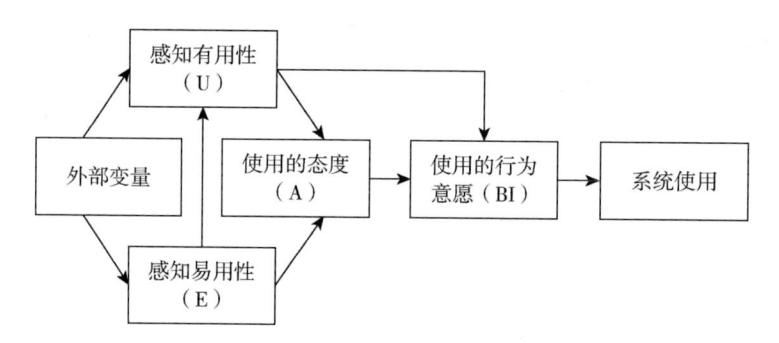

图 1-2 技术接受模型

该模型提出了两个决定因素，即感知的有用性（Perceived Usefulness，PU）和感知的易用性（Perceived Ease of Use，PEOU）。Davis 认为使用行为意向（Behavioral Intention）是影响计算机使用行为的重要因素，但他舍弃了主观规范这一因素，认为由个体的使用态度和感知有用性共同决定着个体的行为意向。[1]

---

[1] Davis, F. D., "Perceived Usefulness, Perceived Ease of Use, and User Acceptance of Information Technology", *Mis Quarterly*, 1989, 13 (3): 319-340.

由于技术接受模型在不断验证中被认定过于简单化，并且部分影响因素并未纳入其中，由此，Venkatesh 和 Davis 提出了扩展技术接受模型（TAM2）。[①] 经过不断发展的技术接受模型越来越多被应用到网络环境之下的研究当中，同时该模型的应用也开始涉及社会化媒体用户的使用行为研究。2010 年，邵兵家等将感知匹配度、信任、感知乐趣三个元素加入技术接受模型，研究了影响消费者在社交网站购物时态度的因素。[②] 2012 年，贺佳莹在微博研究中，加入信任和感知风险，来构建微博用户接受模型，但分析结果认为这两个因素对用户的使用意愿没有显著影响因素。[③]

（三）碎片传播理论

碎片传播理论在传播学、社会学等领域十分热门。碎片化在 20 世纪 80 年代末频现于后现代主义研究文献中，该理论是指社会阶层的多元裂化，并由此导致消费者细分、媒介小众化、媒介个性化。碎片传播衍生于碎片化社会的背景下，是指信息以简短的形式传播和呈现，包括原本简短的信息和提炼的简短信息。

有学者认为，碎片化传播在事实性信息传播的碎片化、意见性信息传播的碎片化两个层面上得以体现，前者主要是指信息要素的不完整性；后者指零散性以及意见的分裂性。传统媒体展现出的社会意见一致性现象在新媒体平台上几乎不再出现。新媒体平台上的意见形成，是各种碎片意见碰撞、冲突的过程。微博作为新媒体的代表，更加明显地体现出网络传播的碎片化的特征。碎片传播这一社会现象的产生迎合了大众的需求。但需要注意的是，碎片传播除了优点外还同样伴随一系列问题，包括语义不明、传播局面失控、无中心化等。

（四）媒体策略理论

在以往的研究中，媒体（媒介）策略包含了两层意思，一是其他主体

[①] Davis, V. F. D., "A Theoretical Extension of the Technology Acceptance Model: Four Longitudinal Field Studies", *Management Science*, 2000, 46 (2): 186–204.

[②] 邵兵家、高志欣、师蕾：《消费者社交网站购物态度影响因素的实证研究》，《情报杂志》2010 年第 8 期。

[③] 贺佳莹：《微博客用户接受模型及实证研究》，硕士学位论文，北京邮电大学，2012 年，第 19—31 页。

利用媒介的策略①，重点强调将媒体作为一种重要的政治资源或宣传手段；二是媒体自身的策略选择，侧重于强调媒体的主观能动性以及应对之策②，更多地体现在"术"的层面。黄煜等总结了政务微博在突发事件报道中的媒体策略，提出"互激模式""Co-Empowerment Model"，指政务微博的滚动发布议题与社会抗争在某一议题上形成的密切关系形态，使社会抗争成为舆论焦点并不断强化，从而促使行动者调整诉求，又进一步影响报道内容和报道方式。③ 通过参与式观察，学者认为互激模式推动了社会运动的议题转换。邵培仁等总结比较了政务微博突发事件或政府辟谣信息滚动发布中公共空间联结性的形成，认为社会抗争在互联网话语情境中体现的联结性动力，提供了政治权利与公众对话的新出路。④

四 政务微博受众影响力评估主要研究方法

目前，国内外对于政务微博受众影响力的评价方法可以分为以下几种。

（一）基于 PageRank 算法的评价方法

PageRank 算法是一种由搜索引擎根据网页之间相互的超链接计算的技术，谷歌的创始人 Sergey Brin 和 Larry Page 在 1998 年发明了该项技术。PageRank 算法是主要通过网络中的超链接关系来确定页面的等级，它把从页面 A 到页面 B 的链接定义为页面 A 给页面 B 投票，根据投票的来源（甚至是来源的来源，即链接到页面 A 的页面）和投票目标的等级来确定新的等级。也就是说，一个高等级的页面可以使其他低等级页面的等级提

---

① 程曼丽：《大众传播与国家形象塑造》，《国际新闻界》2007 年第 3 期；曾繁旭：《NGO 媒体策略与空间拓展——以绿色和平建构"金光集团云南毁林"议题为个案》，《开放时代》2006 年第 6 期；英纳斯·默格尔、郑思斯、袁嘉祺等：《公共部门的社交媒体策略》，《中国行政管理》2012 年第 7 期；白红义：《以媒抗争：2009 年南京老城南保护运动研究》，《国际新闻界》2017 年第 11 期。
② 张自力：《突发公共卫生事件报道中的媒体策略》，《中国记者》2005 年第 10 期。
③ 黄煜、曾繁旭：《从以邻为壑到政策倡导：中国媒体与社会抗争的互激模式》，《新闻学研究》2011 年第 109 期。
④ 邵培仁、王昀：《社会抗争在互联网情境中的联结性动力——以人民网、南方网、新浪微博三类网站为案例》，《河南大学学报》（社会科学版）2016 年第 3 期。

升。① PageRank 算法是政务微博影响力评价中最经常使用的方法，有学者根据 PageRank 算法设计了基于用户和链接结构的话题相似性的影响力排序算法。②

微博中的用户关系模型与网络超链接结构模型十分相似，用户的追随者就相当于用户的入链，追随者利用其自身影响力基数来给追随的用户投票，这是最基本的微博用户影响力排名方法。具体来说，假设微博的用户跟随链接进行若干步的浏览后转向一个随机起点微博又重新跟随其链接浏览，那么一个微博的影响力就由该微博被这个浏览者访问的频率决定。③ Jianshu Weng 等根据 PageRank 算法设计了基于用户和链接结构的话题相似性的微博影响力算法。④

（二）基于 Hits 算法的评价方法

Hits 算法由康奈尔大学的 Jon Kleinberg 博士于 1997 年首先提出，是基于搜索引擎中超级链接关系的排序算法。该算法在考虑网页链接关系的同时，也考虑了用户输入，是一种基于检索关键词的算法。⑤

Hits 算法通过内容权威度（Authority）和链接权威度（Hub）来评估网络页面的质量，它的基本思想在于利用网页之间的引用链来挖掘隐含在其中的有用信息，具有计算简单而且效率高的特点。对于一个网络页面，Hits 算法将其内容权威度与链接权威度分开考虑，在对页面内容权威度做出评价的基础上再对页面的链接权威度进行评价，然后给出该页面的综合评价。内容权威度与网页自身的内容信息的质量呈正相关，即网页被引用的次数越多，其内容权威度越高；链接权威度与网页提供的超链接页面的质量正相关，即引用的高质量页面的网页越多，其链接权威度越高。已有部分学者将 Hits 算法用于微博影响力评价的研究中。

---

① 黄德才、戚华春：《PageRank 算法研究》，《计算机工程》2006 年第 4 期。
② Weng, J. et al., "Twitter Rank: Finding Topic-Sensitive Influential Twitterers", WSDM, 2010 – 07 – 09.
③ 王德广、周志刚、梁旭：《PageRank 算法的分析及其改进》，《计算机工程》2010 年第 22 期。
④ Weng, J., Lim, E. P., Jiang, J. et al., "Twitterrank: Finding Topic-Sensitive Influential Twitterers", Proceedings of the Third ACM International Conference on Web Search and Data Mining, ACM, 2010.
⑤ 张剑金：《基于聚类算法的微博影响力评价模型研究与实现》，硕士学位论文，重庆理工大学，2014 年，第 45—50 页。

（三）基于用户行为权值的方法

为了提高微博影响力测度的准确性和客观性，一些学者提出了一种基于用户行为权值的微博影响力评价方法。该方法通过对微博用户的评论、转发与主动@等行为进行分析，将数据输入最小二乘支持向量机进行学习，找到最合理的权值，并建立传播影响力度量模型，采用具体数据对算法的性能进行仿真测试。[1] Meeyoung Cha 等学者在研究中对用户的被跟随、被转推和被提及三种行为进行研究，通过分析这三种行为代表的微博影响力类型，认为最能被跟随的用户往往传播了大量的公开图片和信息源；最能被转推的用户往往是内容聚合服务商、商务人士和新闻网站；最能被提及的用户往往是名人或焦点人物。[2]

（四）主成分分析法

主成分分析也称主分量分析，利用降维的方法，把多指标转化为少数几个综合指标，我国学者在对微博或政务微博影响力进行评估时经常使用该方法。微博影响力的作用因素较多，对多维度的影响因素进行降维，在此基础上可以进一步深入挖掘分析微博影响力的关键因素。利用主成分分析法可以将许多相关性很高的变量转化成彼此相互独立或不相关的变量。通常是选出比原始变量个数少，能解释大部分资料中变量的几个新变量，即所谓主成分，并用以解释资料的综合性指标。

第三节　全媒体时代政务微博现状研究

政务微博作为社交媒体的一种表现形式，其产生和发展都处在一个不同于传统媒体的全媒体时代。在新媒体的融合发展下，整个网络格局产生了联动变化。"三微一端"——微博、微信、微视频、移动客户端，已经逐渐成为网络舆论的重心。

---

[1] 黎明、文海英、杨杰等：《基于行为权值的微博用户影响力度量算法》，《计算机工程与应用》2014 年第 17 期。

[2] Cha, M. et al., "Measuring User Influence in Twitter: The Million Follower Fallacy", AAAI, 2010 – 11 – 13.

一 全媒体时代技术与社会的变革

任何技术的发展首先遵循 ESP 规律，即从精英化到专门化，再到大众化。另外，任何技术都是具有意识形态的，因此我们经常以工具来命名一个时代，比如黑铁时代、青铜时代等。麦克卢汉的老师英尼斯在《媒介与帝国》中就说过，媒介技术越发达，国土面积越大，国家越不稳定；媒介技术越落后，国土面积越小，统治越稳固。我国古代思想家、哲学家老子也认为一个社会比较理想的状态是：鸡犬之声相闻，老死不相往来。最后，所有的媒体在共时的状态下传播，社会将重新回归部落化时代。

我们现在从学界到业界都达成一个共识：到现在为止，人类历经三大文明。第一个文明是农耕文明，以铁器的发明为标志。第二个文明是工业文明，以瓦特改良蒸汽机为标志，工业从以煤为能源过渡到以电为能源，现在步入工业"4.0 时代"。第三个文明就是信息文明，基于互联网信息交互的文明。

互联网时代包括了三个阶段：一是传统互联网（以网站为代表，以固定 PC 机为终端），二是移动互联网（以订阅号和客户端为代表，以手机为终端），三是智慧互联网（连接一切可以连接的物体）。在互联网时代，所有传统行业或融合，或颠覆，或重构，或迭代。在这种情况下，我们在传统互联网时代做的布局，比如基于 PC 端浏览器打造的官网，在移动互联时代就需要根据移动端浏览方式重新构造。2019 年 2 月发布的第 43 次《中国互联网络发展状况统计报告》显示，中国手机网民达 8.17 亿，占网民总数的 98.55%。[1] 当前移动互联网已成为科技革新前沿且活跃的领域。同样，到了智慧互联时代，又需要重新布局。互联网技术变革表现出两大特征，即网随人走和同步传播。

（一）"互联网+"时代的全媒体环境

"互联网+"指产业互联网，是互联网与各行各业的深度融合。互联

---

[1] 中国互联网络信息中心：《第 43 次〈中国互联网络发展状况统计报告〉》，http://www.cnnic.cn/hlwfzyj/hlwxzbg/hlwtjbg/201902/t20190228_70645.htm，2019 年 2 月 28 日。

网在2000年以前是"Web1.0"的时代，即网站的时代。网站也是简单的电子报纸和电台，简单地说就是我说你听。2000—2008年是"Web2.0"的时代，就是有了互动和反馈，标志是以两微一端为代表的社交媒体的兴起，此时之前号称新媒体的门户网站，已经传统化了。2008年以后以至于未来是"Web3.0"的时代，是智慧互联网的时代。在这个时代，以前舆论主阵地的新闻评论和大V都在没落，取而代之的是自媒体人的兴起。

（二）传统网站影响力的没落

如今，全球化的十大网站中，社会化媒体已经占据了五个席位，微博已经取代门户网站，成为第一信息来源。社交类网站的PV从2008年的21%上升到2011年的73%。与此同时，门户网站的影响力则在下滑，人们看新闻的入口已经从门户网站变为移动新闻客户端，里面影响比较大的是腾讯、百度、凤凰和今日头条。2014年是媒体融合元年，这一年开始出现了一系列客户端新媒体产品，例如上海东方早报集团旗下的"澎湃"，上海报业集团联合小米推出的财经新闻客户端"界面"，还有深圳报业集团推出的"前海传媒"、《人民日报》推出的人民日报客户端等。

（三）微视频的重新崛起

一直以来，因为移动运营商网速以及流量费用等因素的限制，微视频的价值没有得到很好的体现。时至今天，随着智能手机的普及、中国移动互联网用户的爆发式增长以及4G网络的普及和5G网络全面商用的倒计时，人们又开始重新拾起微视频。"抖音""快手""微视""火山"等各类短视频App井喷式出现。中国互联网信息中心（CNNIC）数据显示，截至2018年12月，网络视频用户规模达6.12亿，占网民整体的73.9%；手机网络视频用户规模达5.90亿，较2017年年底增加4101万，占手机网民的72.2%。

微视频突出"短""精"以及"奇"的特点，用户主体为年轻人。微视频，与传统影视内容形成充分互补，并迎合了现代人社会快节奏生活方式，带给人们随时随地观看短视频的体验，满足了注意力稀缺时代人们对注意力回报率和自主参与感的需求。最具有代表性的例子是网络红人Papi酱。Papi酱的走红始于其自制上传了一段恶搞视频，在该视频中中英文口语转换以及运用台湾口音及东北口音的搞笑手段引爆网友的笑点，被大量转发后，Papi 酱顺势制作了一系列搞笑视频，内容主题多样，视频专题被各大视频网站制作播出，反响巨大。"2016 年 3 月，Papi 酱获得真格基金、罗辑思维、光源资本和星图资本共计 1200 万融资，估值 1.2 亿左右。"[①] 从 Papi 酱一夜之间从网友成为网红播主的现象可以窥见社交媒体微视频传播的巨大发展潜力。[②] 有专家指出，微视频将成为中国未来两三年的热点。微视频的"普众化"，意味着"超视像"媒体时代已经到来。

二 打造全媒体时代政府最新的宣传平台

在当下中国以"自媒体人"为核心的圈群文化开始在舆论场中发挥影响力。互联网时代下出现的新媒体中，"三微一端"——微博、微信、微视频、移动客户端，已经成为网络舆论的重心。其中，"两微一端"——微博、微信、移动客户端是当下最有效果的宣传工具。因此，要发挥出政务微博的最大效用、打造好移动互联时代政府最新的宣传平台，还应厘清这几类平台之间的关系，找准政务微博的定位并发挥出平台间的协同效能。

（一）"两微一端"的属性区分

我们将当前"三微一端"的影响力排序，第一是微信，第二是客户端，第三就是微视频，最后才是微博。而目前重要的就是客户端，在未来客户端的作用和重要性会更加凸显。而微信的本质从技术的角度看就是一个大的客户端、一个超级客户端、一个超级 App。比如新闻联播播完后，这样一句话已经成为"新常态"：如果想了解更多新闻资讯，请关注我们央视新闻的微博、微信和客户端。

1. 客户端与微信的区别

从本质而言，微信其实是一个大的客户端，但是其也有一些差别。第一，根本上是所属关系的区别，微信是腾讯公司的，而客户端 App 是媒体自己所有的。第二，两者社交属性的强弱有区别，微信更强调社交，而客

[①] 王可：《以陌陌财报为例试论"网红"对于企业发展的推动作用》，《财会学习》2017 年第 1 期。

[②] 傅海、胡兵：《社交媒体微视频传播的模式与优势》，《中国传媒科技》2019 年第 3 期。

户端更着力于服务。第三，两者发送内容容量有区别，比如微信订阅号一天推送一次，一次推送八篇文章，但客户端推送没有内容数量限制。第四，两者推广和吸引读者客户有所区别，客户端比微信更难吸引"粉丝"。比如，一般开发客户端会有两个版本，一个是基于苹果的 iOS 版本，另一个是安卓版本，只有超强粉丝才会下载客户端，并实时更新，由此个体客户端的下载量很难比肩微信。

2. 微信和微博的区别

第一，微博场域是开放的，微信场域以前是全封闭，现在其搜索功能开放后，变成半封闭的场域了。微信更具有社交属性，是具有朋友关系的一个半封闭的圈子，而微博更具有媒体属性。第二，网民在这两大平台上的情绪表现有区别，微博上情绪比较负面，微信上的网民情绪比较积极和正面。第三，两者的阅读方式不同，微博 140 个字有图有真相，到了微信时代，网民的阅读习惯又变成深度阅读了，例如"一张图教你读懂什么"以及微信公众号的推文。

3. 微博和微信当前发展趋势

微博目前正经历着内忧外患，其内忧是新人变少、老人变懒、盈利模式缺乏，其外患表现为微信冲击，以前人们都在微博上，现在人们都在微信上。微信的发展也历经五个阶段，比如二维码的使用、朋友圈的使用都是微信发展新功能的几大阶段。但是，微信目前来看比较像三年前的微博，其同样面临盈利模式的问题，微信现在开发的针对性广告投放效果也不太明显，其对目标群体的广告投放也不太精准。

（二）打造政府政务新平台中全媒体时代下的新应用

基于"两微一端"平台属性特征以及微视频的重新崛起，政府需要统筹考虑"三微一端"的建设，通过塑造统一的政务网络形象，充分发挥各个平台的优势，打造全方位的政务矩阵账号，构建政府政务新模式。

1. 一个网络新形象的重塑

首先，网络平台形象一定要拟人化，要生动形象。人的审美有一定规律可循，比如人们更倾向于喜欢自己幼年时期的形象，类似大大的眼睛，圆圆的脸，尤其出现在卡通动漫中的这种形象广受欢迎。在广告中还有"三 B"原则的运用，即美女（Beauty）、小孩（Baby）、野兽（Beast）的形象运用。所以，平台形象不能千篇一律，政府部门网络平台的形象设计可以借鉴互联网巨头的平台设计形象，如京东狗、腾讯企鹅等，使平台形象具有一定代表性。

2. 一组"三微一端"平台的搭建

"三微一端"忌讳经营成毫无生气的"僵尸账号"，经营"三微一端"需要多策划活动，找一个好的选题，结合当前社会热点话题或民生类话题。例如，针对之前热播的《爸爸去哪儿》，政府部门账号可以策划类似交警爸爸去哪儿之类的街头随手拍的活动。选择一个好的团队，找准发布信息的时机，有一个好的平台形象，结合一系列的话题，配合一些社会服务功能，比如民政卫生可以开通缴费等支付服务功能，城管 App 能开发一些找车位的功能等，真正把三微和客户端经营做活。

3. 一系列网络视频的制作

比较能代表微视频的是目前比较流行的、每 20 分钟一集的 TED 的演讲。从传播这一角度看，纪录片《超级中国》节目一出现就立马风靡海内外，从这可以窥见微视频的传播威力。再如复兴路上工作室，是一个视频制作工作室，具体信息未被披露，先后推出短片《领导人是怎样炼成的》《中国共产党与你一起在路上》《跟着大大走博鳌篇》等，网友观看后反响热烈，其成功的关键就在于其网络视频的新媒体式传播。很多传播效果好的微视频都是宏大制作、精心编排。新华社在党的十九大期间推出的《领航》中，实景航拍、动画合成制作、延时摄影技术、历史资料精选，每一样都是精益求精，仅摄像一个工种就动用了 17 人。《人民日报》推出的国家形象宣传片《中国进入新时代》，也都采用了这样的制作标准。

4. 基于 LBS 定位技术的酷炫展示

随着移动互联网技术、空间定位技术、地理信息系统技术的发展，基于位置的服务（LBS）系统体验日渐受到欢迎。在越来越多的场合，移动终端用户不仅需要知道自己确切的实时空间位置信息，还希望将这些位置信息映射到相应的电子地图上，用户只需通过手持设备就能知道自己周围更确切的地理信息及其他服务信息。为此，当前政府部门能将其办公场地、办事流程结合当前虚拟地理定位技术，选择一个合适的移动通用软件平台，开发一套能让移动设备具有展示地理信息及相关服务信息功能的终端平台也是很受群众欢迎的。

5. 一系列双系统的手游研发

平台上游戏的开发能更增强平台的黏着度，比如2013年浙江报业集团收购边锋浩方也是基于此类考虑。星巴克也在移动营销范畴不断进行手机游戏开发的尝试，2011年上线了大型的寻宝解谜游戏"SRCH by Starbucks featuring Lady Gaga"，2014年夏秋新款饮品"汽之乐"推出了手机小游戏。

在政府工作宣传层面，一旦利用好这种新兴的宣传方式便能让政府服务更好地走进人民群众的生活，拉近与人民群众的沟通距离。比如，深圳市福田区税务局在2015年税收宣传月中推出"大福翁"手机游戏，还有"福顾问""送福袋"和"福之家"等令人耳目一新的宣传项目。该局负责人表示，通过这个"五福临门"的宣传活动，使该局在今年的税收宣传既有专业性又接地气，融合了税收文化元素和福田特色，"真正让税务文化活跃起来、舞动起来"。像其中的"大福翁"手机游戏，是一款类似"大富翁"的桌游，游戏者通过掷骰子、回答问题、抽机会卡等在游戏中学到很多有益的税收知识。用户只要添加了该局的微信公众号，就能通过手机点开这个游戏。游戏中有一个大转盘，上面有"财源滚滚""福禄双喜""红运当头"等不同题目，点开之后就是与税务有关的各种问题，然后可以通过手机回答和提交来参与，寓宣传于娱乐。

政务矩阵账号打造好之后还需要日常的维护。第一，日常要形成团队，一个发言人通常需要两三个助手，其他部门也需要懂得舆情工作。第二，日常与媒体要建立长期的通讯员制度，培养关系良好的供稿制度。第三，日常多安排活动与民众互动，勤维护自己的门户网站和政务微博，避免"僵尸账号"和"僵尸粉"的出现，要有OTO的意识。比较好的如云南警方微博助高考考生寻回准考证、福建海事局微博评选福建最美海岛等。第四，经常与业务来往部门的宣传部门互动，以在突发事件中能快速地找到人帮我方说话，便捷沟通。第五，培养网评员。网评员平时要培训，培养其舆情甄别、观点分析的能力。另外，网评员需要分级，同时需要向段子手转型。

第二章 政务微博评估指标体系

互联网每天都在刷新着自己的发展纪录，在中国的信息传播生态格局中，基于互联网发展起来的新媒体逐渐成为传播社会文化、引导舆论的重要角色。新媒体若是不注重评估，往往会失信于受众，从而影响其社会表现。相应地，政务微博相关的评估议题也开始受关注。基于受众感知的政务微博定量考察评估，其中的指标量表是不可或缺的测量工具。

政府政务微博影响力的评价需要考虑的因素很多，包括内容、受众、效果等，构建政务微博评估指标体系需要全面、均衡地考虑这些因素，从而能够科学合理地评价政府政务微博影响力。

针对新媒体本身的传播学"5W"评价指标目前已有不少，但面向受众的政务微博效果感知量表却不多见。目前，学界对政务微博评估指标的研究多集中于思辨探讨和质化分析，即便有少量可操作的量化评估，但多局限于对其内容表现的客观评估，或者是机构对自身履责举措的案例或报告，存在或是分析样本过少（基于个案）或时段过短（缺少严格抽样）等问题。当前基于受众视角的政务微博评估指标量表的研究几乎没有，而既有的面向专家的政务微博量化评估指标又不适用于受众。本书试图通过理论梳理和专家咨询，从受众角度构建政务微博的评估体系并开发出量表，再对其加以验证，以期为政务微博评估受众感知的后续实证研究提供技术支持和工具保障。

第一节 评估指标体系构建原则、思路及方法

基于受众角度考虑新媒体平台的效果感知研究，本书尝试构建一套适

合我国受众的政务新媒体效果感知量表。结合既有理论成果，本书尝试开发受众视角下的政务新媒体平台效果感知的测量量表，包括常态、非常态两套指标。同时，对两套指标体系信度和效度进行测量，确保能对受众的新媒体效果感知程度进行有效测量，此外，该量表还能用于开展政务新媒体受众品牌忠诚影响的实证研究。

一　评估指标体系构建原则

科学可靠性原则。科学可靠性原则指的是在科学依据的基础上完成指标体系的建立，包括指标的选取、权重的设定、公式的推导、数据的采集、结果的计算与评判等，使评估结果能够反映政务微博受众影响力评估对象的客观实际情况。

系统性原则。系统性原则是指评估体系的完整性。整个指标体系内部要保持层次性，层次与层次之间要有适应性和一致性。除了注意评估指标体系内在联系，其否能反映出受众影响力的整体情况也十分重要。

真实客观性原则。真实客观性原则指的是评估必须要以真实客观数据为基础。评价体系和评价模型的建立和评估都必须有真实数据的支持，并对典型案例进行实证研究，确保结果客观、真实。

可观测和操作可行性原则。可观测和操作可行性原则指的是政务微博评估指标体系的可行性以及实用性。设计的指标概念要明确、定义要清楚，采集数据和收集情况能相对而言方便。指标内容要清晰简单，避免繁细和冗长，尽量规避评估工作中不必要的麻烦。

二　评价指标体系设计思路和方法选择

构建评价指标体系需要查阅和梳理国内外与政府政务微博影响力评价相关的文献资料，包括论文、研究报告、专著等，研究和比较国内外学者对政府政务微博影响力评价的异同，以此充分吸收国外学者先进研究经验，从而为我国政府政务微博影响力评价指标体系的构建提供参考。

由于信息的不对称，大多数政府政务微博影响力评价对涉及的评价主体政务微博的整体缺乏了解，对于政府政务微博影响力的描述不完整或不准确。因此，还需要咨询专业人才（包括相关领域专家、政务微博工作者等），收集专家对政府政务微博影响力评价的建议；同时，需要走访民众，更加深入、清楚地了解受众对政府政务微博的诉求，从而确保评价体系的合理性、科学性、全面性。

政务微博影响力评价指标体系设立通常有三种方法，即客观法、主客观结合法和数据挖掘法。

客观法是综合评价研究发展早期主要采用的方法，指标及其权重主要通过专家主观打分来确定，一直以来科学性都颇受质疑。随后出现了一些完全客观的指标筛选和获取方法，这些方法的应用使评价结果更加科学和客观，研究人员称之为客观法。客观法使用的都是客观的数据，完全定量化的获取结果，但其有效性受到了质疑。大量研究表明，完全客观法的结果可解释性较差，并容易破坏指标体系的整体性。因此，完全客观法的局限性依然非常大。

由于客观法的局限性，很多学者通过结合主观法的方式来建立指标体系，从而弥补客观法的一些不足，这种方式相对于完全客观法来说具有非常大的优势。通过将专家先验知识加入计算过程中，一些不确定性和模糊问题得以有效排除。主客观结合法中比较常见的是德尔菲法。

数据挖掘法在主客观结合法上又迈进一大步。该方法可以从海量的数据中找出价值信息，从而实现智能评价。例如，Python无监督的机器学习，计算机可以通过对挖掘回来的上万条或几十万条政务微博的内容进行学习，得到主题聚类、情绪判断等。

本书在综合考虑以上三种指标筛选方法的基础上，再结合其他一些方法，采用多方法结合的方式来建立政府政务微博影响力评价指标体系，包括调查问卷法、专家咨询法、文献资料法、理论分析法、频度统计法等，形成优势互补，弥补单一方法的劣势。该评价指标体系对综合评价领域的理论发展以及实际应用都具有较高的价值。

第二节　基于受众导向构建政务微博评价指标体系

本节遵循评价指标体系构建原则，对政务微博影响力的相关要素进行理论分析，根据现有的与政府政务微博影响力评价相关的指标，结合我国的具体国情，筛选针对性较强的指标，初步构建出常态环境和非常态环境下影响政府政务微博影响力的评价指标体系，评估体系层次结构具体分别见表 2-1 和表 2-2。

表 2-1　　　　　　　　　常态政务微博评估体系层次结构

	一级指标	二级指标	三级指标
政务指数	互动性指标	网民互动	原创政务微博更新频率
			原创政务微博转发总数
			原创政务微博评论总数
			原创政务微博点赞总数
		机构互动	认证受众评论次数
	规模性指标	受众规模	非认证粉丝数量（非机构、非加 V 等）
			认证粉丝数量（机构、加 V 等）
			总发布数量
			政务类内容发布数量
			非政务类内容发布数量
		服务规模	智能决策
			预警处置
			定制服务
	影响力指标	传播力度	总发布数
			总话题数
			总转发数
			总评论数
			话题内容（是否为政务类）
		覆盖力度	相关机构链接数
			相关人员链接数
			最大评论数
		影响力度	人均评论数
			最大转发数
			人均转发数
			最大政务微博评论数

续表

一级指标	二级指标	三级指标	
政务指数	影响力指标	影响力度	人均政务微博评论数
			最大政务微博转发数
			人均政务微博转发数
意见广度	受众口碑	可信度（受众信任）	报道真实性
			评论客观性
			内容全面性
			过程完整性
	传播效果	时效性	报道及时
			跟进及时
			反馈及时
		沟通性	政府形象好评度
			信息解读程度
			态度倾向程度
		配合度	其他部门配合度
			其他机构配合度
			其他加V认证个人配合度

表2-2　　　　　突发事件政务微博评估体系层次结构

一级指标	二级指标	三级指标	
主体行为	主体行为	情绪埋伏	小道消息扩散（突发事件此条取消）
		事件导火索	事件报道首条微博转发数
			事件报道首条微博评论数
		事件爆炸	事件爆发一周内微博总发布数
			事件爆发一周内微博总评论数
			事件爆发一周内微博总转发数
			事件爆发一周内微博用户参与事件讨论情绪（态度）
			事件爆发一周内微博用户参与事件讨论意愿（倾向）
		事件弥散	事件爆发一周后微博用户参与事件讨论情绪（态度）
			事件爆发一周后微博用户参与事件讨论意愿（倾向）
		网络记忆	事件爆发一周后事件总话题数
			事件爆发一周后事件总转发数
			事件爆发一周后事件总评论数

续表

一级指标	二级指标	三级指标
意见广度	意见领袖 — 用户覆盖度	微博粉丝数
		事件发生后微博更新频率
	意见领袖 — 用户影响力	事件发生后相关内容发布总数
		事件发生后评论总数
		事件发生后转发总数
	传播效果 — 时效性	反馈及时
		报道及时
		跟进及时
	传播效果 — 沟通性	政府形象好评度
		双向沟通效果
		信息解读程度
	传播效果 — 参与度	态度倾向程度
	传播效果 — 配合度	其他部门配合度
		其他机构配合度
		其他加V认证个人配合度
	受众信任度 — 信任度	评论内容态度支持
		评论内容态度中立
		评论内容态度发对

一 构建常态评价指标体系

我们发现，我国政务微博平台的政务表现为主体技术使用、政务信息流路径、内容表达框架、把关人筛选、权威主义的碎片化表达等。经过"5W"模式的逻辑归类，本书将政务微博常态表现划分为两种类型：政务指数与意见广度。

（一）政务指数

政务指数是影响政务微博受众感知的重要因素之一，主要体现在互动性、规模性和影响力三个方面。互动性指标体现了政务微博与粉丝（受众）之间的互动情况，主要是原创政务微博的转发、评论、点赞等一系列互动操作。规模性指标主要体现在受众规模和服务规模。受众规模包括粉丝（受众）数和发布内容数。服务规模则包含智能决策、预警处置、定制服务等。影响力指标指的是传播力度、覆盖力度、影响力度。传播力度涵盖了政务类和非政务类所有信息的发布、转发、评论以及话题数；覆盖力度主要体现在链接数，包括相关机构和相关人员的链接数；影响力度则通过点赞量、评论量、转发量来决定。

（二）意见广度

意见广度主要体现在受众口碑和传播效果方面。受众口碑要求政务信息传播在信息质量上应该符合真实、准确、客观并服务于公众的专业标准，以满足公众的情感需求和对高品位文化的需求。另外，还要秉持公开、公正、时效的原则，以确保传播效果。同时，口碑也体现在政务微博须"为谁传播，为什么传播"的问题上，这就要求媒体必须为社会负责，这就包括维护国家安全、社会稳定、公众利益等。传播效果则是体现在"怎样传播"的问题上，具体内容包括媒体在传播的内容导向上要弘扬社会正义、促进社会和谐、推动社会进步等；而且在传播形式上要遵纪守法，在法律许可范围内行使话语权，要注重符合社会公德、遵守职业道德，以及遵守行业的相关规章制度等。

二 构建非常态评价指标体系

在数字媒体带来的变革面前，W. Lance Bennett 和 Alexandra Segerberg 提出，非常态事件传播环境下，连结性行动是数字化网络行动的核心。史安斌等 2013 年翻译的《"连结性行动"的逻辑：数字媒体和个人化的抗争性政治》一书中指出"与以往的集体性行动相异，连结性行动从一开始就是完全自发的（尽管并不一定以自我为中心），通过在社交网络中分享已经内化或个人化的观点、计划、形象或资源来进行自我激励"。受众连结性行动的关键是作为其要素的"分享"，即网民运用个人化手段使行动和内容通过社交网络被广泛传播。传播技术使社交网络不断拓展，同时使其结构保持稳定。以技术为中介促进不同语境下的"分享"的机制取代了集体性行动中的"搭便车"逻辑，从更广义的层面上看也取代了拥有丰富资源的组织所拥有的核心地位。按照连结性行动逻辑，通过分享观点和行动而获得自己和他人认可。连结性行动网络以技术为重要的中介手段来实现自我组织，没有"中心"和"领导"，以观点为支撑，建构既开放又一致的行动框架。

三 甄选并测量受众导向指标体系的信度、效度及精度

政府政务微博影响力评价初始指标体系构建好后，需要验证该体系的合理性和有效性。

本书的测量数据收集对象为政务微博的广大使用受众。对受众来说，政务微博绩效感知评价应该有一个具体的指涉对象，因此本书会根据以上指标供受访者感知选择。本书的问卷采用李克特五分量表进行编制，要求填写者根据个人实际情况打分，其中非常不同意、不同意、不确定、同意、非常同意分别依次赋值（代表）1、2、3、4、5 分。在正式发放问卷之前，本书进行了 100 人规模的预调研，并根据数据分析结果和相关反馈意见修正了各题项的表述，最终形成正式问卷，并采取简单随机抽样方式进行问卷分发（线上＋线下）。在删除了答题带有明显规律性、不完整等无效样本后，最终得到有效问卷 187 份，有效率 89.9%。

（一）信度分析

根据所回收的 187 份被访问卷进行可靠性分析，以 Cronbach's α 系数的大小来衡量调查问卷的信度，从而监测问卷的稳定性。

量表信度检验结果如表 2-3 所示。

表 2-3　　　　　　　　　量表信度检验

维度	Cronbach's α	项数
使用动机	0.727	4
信任度	0.744	3
互动性	0.775	3
参与度	0.775	3
关注度	0.781	4
态度	0.718	3

从表 2-3 可以看出，六个维度的信度全部高于 0.7，表明信度非常好，说明量表的可信度非常好。

（二）效度检验

本书量表的效度水平通过内容效度和建构效度来检测。内容效度即量表所测量内容与实际预测的吻合程度，主要由调查问卷的逻辑处理能力决定。该量表由整合规范性文件和专家意见编码而得，再通过问卷预测试调整量表题项，整个开发过程严谨规范，有利于内容效度达到较高水平。建构效度即量表对所依据的理论的各个基本方面的反映程度。对其检验效度选择的统计学方法是验证性因子分析，其由收敛效度、聚合效度和区分效度构成。本书共收集到 187 份有效问卷，根据六个维度对量表构建结构方程图，经 AMOS22.0 运算，验证性因子分析结果如图 2-1 所示。

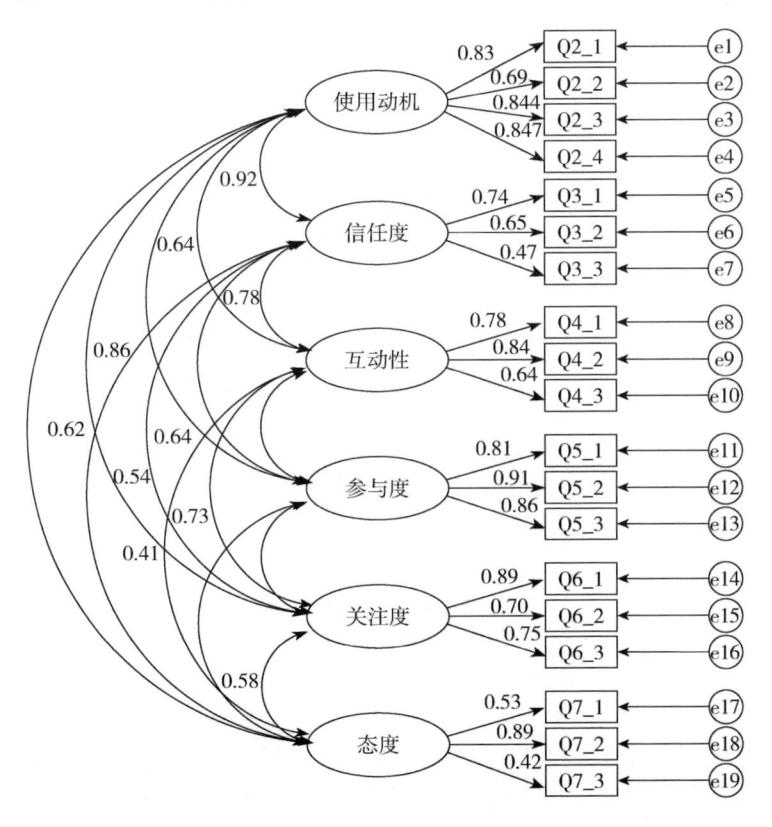

图 2-1 验证性因子分析结果示意

图 2-1 表明以上验证性因子分析模型与量表数据的匹配状况非常好,匹配指标值如表 2-4 所示。

表 2-4　　　　　　　　验证性因子分析模型整体配适度检验

拟合指标	拟合标准	运算结果	
χ^2/P	<3	2.312	是
RMR	<0.05	0.009	是
RMSEA	<0.08（若<0.05 优良；<0.08 良好）	0.048	优良
GFI	>0.90	0.992	是
AGFI	>0.90	0.971	是
NFI	>0.90	0.994	是
TLI	>0.90	0.991	是
CFI	>0.90	0.996	是

结果显示,量表的验证因子模型与观察数据的匹配状况同样非常好,量表的收敛效度、聚合效度和区分效度可以通过量表验证因子分析的结果非常客观地反映出来。

量表的收敛效度考察的统计量是平均方差抽取量（AVE）。平均方差抽取量是潜在变量可以解释其指标变量变异量的比值。数值越大,则测量指标越能反映其共同因素的潜在特质,收敛效度越大。一般认为,平均方差抽取量大于 0.5 则量表的收敛效度较好。[①]

量表收敛效度分析结果如表 2-5 所示。

表 2-5　　　　　　　　量表收敛效度分析结果

维度	题项	因素负荷量	信度系数	测量误差	组合信度	平均方差抽取量
使用动机	Q2_1	0.829	0.687	0.313	0.880	0.749
	Q2_2	0.692	0.479	0.521		

---

① 吴明隆:《结构方程模型——AMOS 的操作与应用》,重庆大学出版社 2010 年版。

续表

维度	题项	因素负荷量	信度系数	测量误差	组合信度	平均方差抽取量
使用动机	Q2_3	0.844	0.712	0.288	0.880	0.749
	Q2_4	0.847	0.717	0.283		
信任度	Q3_1	0.736	0.542	0.458	0.801	0.577
	Q3_2	0.653	0.426	0.574		
	Q3_3	0.873	0.762	0.238		
互动性	Q4_1	0.781	0.610	0.390	0.792	0.564
	Q4_2	0.843	0.711	0.289		
	Q4_3	0.609	0.371	0.629		
参与度	Q5_1	0.810	0.656	0.344	0.896	0.741
	Q5_2	0.910	0.828	0.172		
	Q5_3	0.860	0.740	0.260		
关注度	Q6_1	0.893	0.797	0.203	0.829	0.621
	Q6_2	0.704	0.496	0.504		
	Q6_3	0.754	0.569	0.431		

从以上收敛效度分析数据可以知道，量表中的19个题项因素负荷量全部在0.5—0.95，均可较好地反映各自所在的维度。

同时，本量表六个维度的组合信度大于0.6，表明量表的内在质量较好。量表六个维度的 AVE 值在0.5以上，表明量表的收敛效度较好，更进一步说明量表的内部质量非常好。

最后，验证量表的聚合效度和区分效度。量表的这两个效度可采用方差抽取检验的方法，如果量表的每两个维度的平均方差抽取值大于这两个维度的相关系数，则该量表被认为是具有聚合效度和区别效度的。

本量表的聚合效度和区别效度的计算结果如表2-6所示。

表2-6　　　　　　　　聚合效度和区别效度

	使用动机	信任度	互动性	参与度	关注度	态度
使用动机	0.749					
信任度	0.705	0.577				

续表

	使用动机	信任度	互动性	参与度	关注度	态度
互动性	0.411	0.610	0.564			
参与度	0.512	0.536	0.512	0.741		
关注度	0.743	0.412	0.530	0.436	0.621	
态度	0.381	0.295	0.171	0.213	0.338	0.718

表2-6中的对角线是各个维度的AVE，非对角线值是这两个维度相关系数的平方值。从表2-6中可以看到，AVE值都大于相关系数的平方值，因此量表的聚合效度和区分效度较好。综合以上的全部分析可知，本量表具有非常好的信度及效度。因此，可以将此量表用来进行本书中政务微博受众使用行为中六个变量的影响程度大小的测量，由此可以得到正确全面的研究结论，解决研究问题。

本书已尽量使研究中的每个环节得到完善，不过因为客观条件的限制还存在些许不足，有待在未来的研究中加以改进。首先，问卷的收集受到空间、时间等限制，一百多份样本对整个群体的代表性可能有所不足，从选取的样本看，职业上主要集中于网民，在年龄上主要集中于19—36岁。尽管样本规模已符合做因子分析的基本条件，但代表性略显不足，这也让研究结论的适用范围相对受限。其次，关于政务新媒体类型的选择范围主要针对微博，同时仅局限于广大受众获取新闻的主流渠道。本书设计的量表是否适用于其他类似抖音的政务微视频类型媒体还尚待检验，但对于本书政务微博影响力评价的研究已经足够。

第三章　政务微博受众分析

第 42 次《中国互联网络发展状况统计报告》显示，截至 2018 年 6 月，中国网民已经超过 8 亿，占全球网民总数的 1/5，互联网普及率 57.7%。[①] 新媒体技术的发展和 4G 网络的普及，为广大网络用户提供了更大的平台和更多的自由空间。微博作为社交媒体的典型代表，用户使用率达 38.7%。微博的出现不仅改变了信息沟通的方式，也加快了信息传播的速度、丰富了信息的互动形式。如今，微博已经成为大众日常获取信息、传播信息的重要工具，其"裂变式"的信息传播方式（如粉丝的评论和转发信息）使有价值的信息在短时间内迅速扩散并引起巨大的社会反响。随着"微博问政"的普及，政务微博已成为广大民众关注政务信息的重要途径之一。本书所指的政务微博为党政机构和公务人员开通的两类微博，面向的对象是广大民众，因此政务微博的受众就是微博中的所有群体。

从理论上看，微博平台凭借其强大的信息传播力和互动性可以成为政府应对网络舆情的有效工具。但从实际效果来看，政务微博往往对于自身定位模糊，并不能有效分析受众需求，因而达不到预期效果。因此，进行政务微博的受众分析是当务之急。

第一节　政务微博受众分析的理论基础

网络信息的传播与接收是一种个体行为，个体是异质的，不同信息受

[①] CNNIC：《中国互联网络发展状况统计报告》，北京，2018 年。

众个体间的特性差异对于个体行为具有较大的影响，这种差异性更多地表现在个体动机以及年龄特征上。个体在分享信息时的行为动机大体可分为两类，一类是利他动机，另一类是自我提升动机。因此，具有不同行为动机的受众对微博的转发行为存在一定的差异。Westley 和 Severin 的研究发现，年龄较轻的群体与年龄较大的群体相比更容易相信媒介；教育程度较低的群体比教育程度较高的群体也更容易相信媒介。[1] 鉴于受众个体对微博信息内容的理解程度、互动行为的参与程度以及对信息源本身的信任度差异显著，本节借鉴性别、年龄、教育水平等人口统计学变量来研究政务微博的受众行为，以期找到这些人口特征因素对受众政务微博的关注、互动行为的影响。

受众行为与大众传播是密不可分的，它决定了大众传播的方向和内容。在新媒体时代，受众已经变为选择性接受内容。同样地，大众传播的内容也会依据受众的需要而改变，以此来满足受众的信息需求，这种"供给侧的改革"与"需求侧的配适"是信息市场调节的结果。这是一个自适应的系统，而受众的需求更多的是通过受众行为表现出来的。互联网出现之前的信息传输路径中，受众往往只是信息的接收方，处于信息传输路径的最后一环，他们与媒介几乎不会产生互动，只是被动接受媒介的宣传和报道。互联网的出现为受众提供了更广阔的平台，让他们可以发表自己的看法和见解。微博就是在此基础上，让受众从被动地接受变为主动地参与。从日常小事到国家大事，每个人都可以发布自己喜欢的内容，相对自由地表达自己的看法。

一 政务微博受众的特点

政务微博受众具有主动性的特征。移动互联网时代的微博具有完善的接收信息与传播信息的功能（评论、转发和私信等），社会大众不再是被动的信息接收者，他们能够对政务微博所发布的信息进行评价，能够充分

---

[1] Westley, B. H. and Severin, W. J., "Some Correlates of Media Credibility", *Journalism Quarterly*, 1964, 41 (2): 325–335.

发挥主观能动性，对政务微博的信息甚至政务微博的主体提出自己的意见和建议。尤其在某些突发事件中，政务微博受众能够迅速反应、制造舆论，这使其他政府部门和机构都不能忽视政务微博受众的重要性。

政务微博受众同时具有活跃化、年轻化、高学历的特征。由微思敦发布的《2016 微博用户发展报告》显示，微博用户中 18—30 岁的用户占比接近 70%，大学及以上高学历用户占比高达 77.8%。他们在通过社交网络实现个人价值、扩展交际面的同时，也能够行使公共监督权力，参与社会政治生活。

政务微博受众还具有个性化的特征。一方面，受众在使用微博的过程中带有自己不同的见解，他们是作为独立的个体进行微博信息的发布、评论和转发的，从而形成了自己独立的特有的形象。另一方面，微博本身的搜索功能使受众能更精准便捷地找到自己想要关注的内容。政务微博在不断发展、不断总结经验的过程中，开始针对社会大众的不同需求，提供除发布信息、回复评论以外的便民服务，如在线咨询、业务办理等，来满足受众的个性化需求。

二　政务微博受众使用行为的理论基础

使用与满足理论认为受众是有特定需求的个人，使用媒介是基于个人的愿望和需求。该理论站在社会大众的角度，在深刻分析用户使用媒介的需求和动机的基础上，进一步分析信息传播对社会大众产生的行为和心理影响，肯定了社会大众在信息传播过程中具有不可代替的地位。受众在他们的某些特殊需求的驱动下使用政务微博等新媒介，而政务微博作为一个政府信息发布平台受到受众的认可并且被大部分人所接受和选择，也证明了受众从这一平台中找到了自己所需要的东西，并且这一平台在一定程度上满足了他们的需求。进一步了解受众关注并使用政务微博的目的和需求，有助于提高政务微博的受众影响力。

（一）使用动机

Java 等学者观察推特现象，研究推特社交网络的拓扑学特征和地理特征时发现，人们借助推特来分享日常生活，寻找或分享信息，并将用户推特使用动机大致分为信息获取、信息分享、友谊维持三类。[①] Pongsajapan 等通过调查发现，人们使用推特是出于社会联系和交往、学习新知、了解新闻时事、寻求意见、交流互动、满足好奇心、追踪他人生活等动机。[②] Jansen 等以传播学的使用与满足理论为基础来研究推特用户的使用动机和觉知到的需求满足情况，并通过比较两者间的高低来评估用户的满意度。[③]研究发现，人们使用推特的两个重要原因是社交动机和信息动机。信息动机和推特使用显著正相关。现有研究中识别的使用动机已经非常多，但是根据动机的性质，又可以将它们划分为社交性动机和信息性动机两大类。社交性动机主要体现了人们希望通过推特进行社会交往的动机，如与朋友、家人保持联系，结识新朋友等。信息性动机主要指人们希望通过推特分享、学习或提供信息的动机，如分享新闻、学习有趣的知识等。[④] 在本书中，重点将放在信息性动机上。

（二）使用行为

用户主要有页面浏览、转发、转发并评论等行为。通过文献研究发现，政务微博受众关键行为有：用户被关注度、用户活跃度、用户参与度、微博内容等。[⑤]

用户被关注度即微博用户被其他用户关注的程度。如果一个用户被关注度越高，那么该用户的受众就越多，其影响力也就越大。用户被关注度不仅可以用粉丝数来体现，被评论数和被转发数、被点赞数都可以体现用户的被关注度。粉丝数指的是关注微博博主的人数，被评论数是指微博博主在发布微博内容之后收到的评论数，被转发数则是指微博博主发布的内容被他人转发的总次数，被点赞数是指微博博主发布的内容被其他用户点

---

① Java, A. et al., "Why We Twitter: Understanding Microblogging Usage and Communities", The Joint 9th WEBKDD and 1st SNA-KDD Workshop, ACM, 2007, pp. 56–65.

② Pongsajapan, R., "Liminal Entities: Identity, Governance, and Organizations in Twitter", Dissertations & Theses-Gradworks, 2009.

③ Jansen, B. J., Zhang, M., Sobel, K. et al., "Twitter Power: Tweets as Electronic Word of Mouth", Journal of the American Society for Information Science & Technology, 2010, 60 (11): 2169–2188.

④ 何迎朝、陈红花：《微博使用动机与行为特征研究综述》，《商业经济研究》2014 年第 5 期。

⑤ 李晓：《政务微博受众影响力评估研究》，硕士学位论文，山东财经大学，2016 年，第 44—49 页。

赞的总次数。其中，粉丝数是影响用户被关注度的重要因素之一。粉丝在接收到微博博主更新的内容之后，除了评论，还会将其传播到更大的范围，进一步扩大了微博博主的影响力。一般来说，微博博主的粉丝越多，被关注度就越高，对受众的影响力水平可能也就越高。

用户活跃度代表微博用户使用微博的频率，使用频率越高，活跃度就越高，微博能够产生的价值也就越大。微博用户的活跃时间、天数、每天发布微博数都与活跃度有关。微博活跃度的高低能够反映出该微博的质量和影响力水平。微博的活跃度可以用微博总数、原创微博数和微博发布密度来反映。微博总数一般是指微博博主自开博以来所发布的微博的总数量，原创微博数是指微博博主发布的微博中自创的、非转发的微博总数，微博的发布密度是指微博的发博总数与微博发博总天数的比率。微博用户只有每天都积极参与微博活动，保证一定的微博总数，持续实时更新微博，并确保发布内容的实用可读，才能保证粉丝的持续关注，进而提高影响力。①

用户参与力度主要指的是微博博主与其粉丝的互动程度，具体表现在微博博主对粉丝评论和留言的回复率、回复速度和回复态度上，回复率是指微博博主的回复数量与粉丝评论、留言总数的比率；回复速度主要是指博主对某一留言或评论的回复时间与粉丝发表该评论时间的间隔时间，间隔时间越短，说明回复速度越快；微博博主的回复态度可以分为积极、消极和中立三种；回复率越高，回复速度越快，态度越积极，就越能够提高粉丝对该微博的满意度和关注度，避免出现粉丝"取关"微博博主的现象。②

第二节　政务微博受众行为人口特征分析

一　政务微博受众行为人口特征分析设计

虽然国内的微博运营商众多，但综合考虑，大部分党政系统的微博均在

---

① 赵阿敏、曹桂全：《政务微博影响力评价与比较实证研究——基于因子分析和聚类分析》，《情报杂志》2014年第3期。
② 蔡婷：《基于模糊多属性评价法的县域政府微博影响力评价研究》，《科技情报开发与经济》2014年第11期。

新浪微博开通，其影响力相对于其他运营商来说最大，因此本书选取了新浪政务微博受众作为研究对象。为了解读政务微博的受众行为，本书使用问卷调查法对政务微博受众的使用情况进行详细分析。调查问卷分别从性别、年龄、教育程度、职业等多个维度考量受众对政务微博使用情况的差异。

本书的量表设计主要用于调查受众人口特征变量和政务微博使用行为。问卷主体采用李克特五级量表，共分为两部分：第一部分为受众使用情况，包括使用动机、信任度、互动性、参与度、关注度、态度等；第二部分为人口统计变量，包括性别、年龄、教育程度、职业等。

在分析受众行为时，共设计了六个核心变量，分别为：①受众的使用动机。该变量重点考量受众关注政务微博的原因，受众使用政务微博是为满足其何种需要或目标。②受众对政务微博的信任度。该变量重点考量受众对政务微博所发布内容信任度的高低，包括对政府事务、民生工程、突发性事件等多方面内容。③受众的互动性。该变量重点考量浏览政务微博内容的用户中发表评论、转发的行为。④受众的参与度。该变量重点考量受众是否会主动搜索政务微博来获取相关资讯。⑤受众的关注度。该变量重点考量受众是否会对政务微博长期关注并对此类微博内容进行推荐。⑥受众的态度。该变量重点考量受众对政务微博的认可程度和决策参与程度。

而人口特征变量包含以下四个部分：①性别，男和女两种选择；②年龄，主要分为四个阶段，即11—20岁、21—30岁、31—40岁和41岁及以上；③学历，主要分为五个程度，包括初中及以下、高中、专科、本科和硕士及以上；④职业，主要分为六个类别，政府机关公务员、企业员工、教师、学生、医护人员、其他。

本书提出如下两个研究问题：

Q1：政务微博的受众群体分布状况是什么。

Q2：政务微博的受众群体在使用动机、信任度、互动性、参与度、关注度、态度上有什么样的区别。

调查问卷采取的是网络发放的方式，发放时间为2016年3月1—31日，共计回收问卷241份，因问卷设计了跳转题型，不关注政务微博的受访者在答完第一题后直接跳转至结束。经统计共计有54人勾选不关注政务微博，实际回答涉及政务微博受众行为内容的问卷共计 187 份，本书将基于此 187 份样本进行分析。

二 政务微博受众使用行为人口特征分析结果

根据所回收的总计 241 份问卷，其中不关注政务微博的人数为 54 人，占比 22.4%，可见有近八成的人关注了政务微博，虽然样本量不大，但也能体现出大部分的人对政务方面的信息还是比较感兴趣的，因此我们认为在现实生活中政务微博具有十分庞大的受众群体。通过问卷分析我们看到政务微博的用户中年龄在 21—30 岁的比重最大，达到 41.7%，其次是 11—20 岁，占比为 29.9%，这表明政务微博受众相对以年轻群体居多。被访人群中，男性 88 人，占比为 47.1%；女性 99 人，占比为 52.9%，女性人数多于男性。在教育程度中，本科学历人数最多，共计 118 人，占比为 63.1%，可知大部分被访人员受过高等教育。从职业看，学生共计 113 人，占比为 60.4%，说明学生是最主要的构成群体，其余各职业的人数均不足 10%。

本书的信度指标采用 Cronbach's α 系数作为信度分析的指标，发现整体问卷及各变量信度指标良好，受众使用动机、信任度、互动性、参与度、关注度、态度的信度分别为 0.727、0.744、0.775、0.775、0.781、0.718，整体信度达到了 0.75。

结合不同性别、年龄、教育程度、职业的人口特征，对使用动机、信任度、互动性、参与度、关注度、态度进行差异分析可得到以下结果。

（一）不同性别的差异状况分析

被调研对象受众行为各维度在性别上的差异分析结果如表 3-1 所示。

表 3-1　　　　　　受众行为各维度在性别上的差异分析

维度	性别	男（N=88）	女（N=99）	T	P
使用动机		2.95±0.79	2.92±0.64	0.28	0.78
信任度		2.92±0.80	2.65±0.74	2.40	0.02

续表

维度 \ 性别	男（N=88）	女（N=99）	T	P
互动性	3.01±0.77	2.63±0.84	3.27	0.00
参与度	2.83±0.78	2.99±0.69	-1.46	0.15
关注度	2.83±0.79	2.97±0.69	-1.23	0.22
态度	3.15±0.91	3.12±0.73	0.22	0.83

从以上的性别差异分析结果可以看出，不同性别的被调研对象在信任度、互动性上存在显著差异，P 全部小于 0.05。此外，不同性别的被调研对象在使用动机、参与度、关注度、态度上不存在显著差异。具体而言，男性在信任度上的均值为 2.92，在互动性上的均值为 3.01，均高于女性。

不同性别在信任度、互动性上的差异状况如图 3-1 所示。

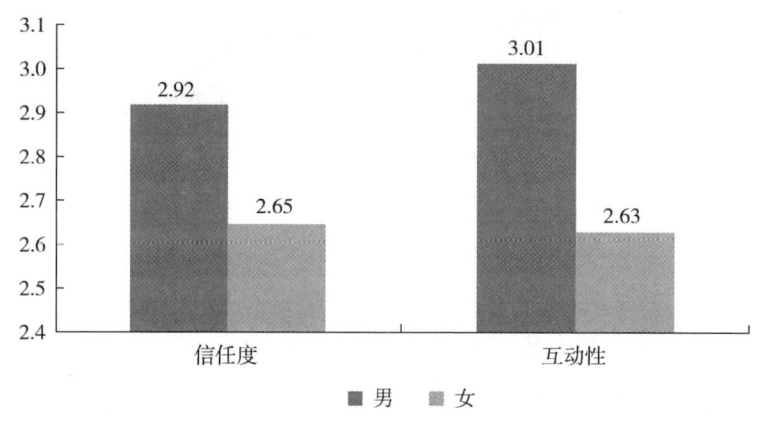

图 3-1 不同性别在信任度、互动性上的差异状况

（二）不同年龄段的差异状况分析

被调研对象受众行为各维度在年龄段上的差异分析结果如表 3-2 所示。

表 3-2　　　　　受众行为各维度在年龄段上的差异分析

维度 \ 年龄段	11—20 岁	21—30 岁	31—40 岁	≥41 岁	F	P
使用动机	2.91±0.79	2.96±0.71	2.78±0.59	3.17±0.69	1.21	0.31

续表

维度 \ 年龄段	11—20 岁	21—30 岁	31—40 岁	≥41 岁	F	P
信任度	2.63±0.92	2.89±0.78	2.67±0.58	3.00±0.56	2.01	0.12
互动性	2.49±0.94	2.95±0.79	2.86±0.65	3.08±0.67	4.33	0.01
参与度	3.14±0.77	2.75±0.71	2.96±0.76	2.83±0.49	3.31	0.02
关注度	3.01±0.78	2.84±0.65	2.72±0.76	3.27±0.83	2.69	0.05
态度	3.21±0.78	3.15±0.79	2.95±0.86	3.21±0.99	0.86	0.46

从以上的年龄段差异分析结果可以看出，不同年龄段的被调研对象在互动性、参与度、关注度上存在显著差异，P 小于或等于 0.05；此外，不同年龄段的被调研对象在使用动机、信任度、态度上不存在显著差异。具体而言，11—20 岁、21—30 岁、31—40 岁、41 岁及以上的受众在互动性、参与度、关注度上的 P 显著。从以上结果可以发现，不同年龄段的人群在互动性、参与度、关注度上均以 30 岁以上为主。不同年龄段在互动性、参与度、关注度上的差异状况如图 3-2 所示。

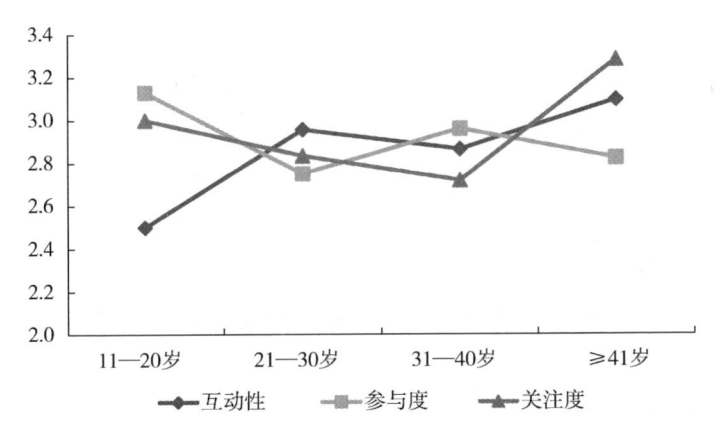

图 3-2 不同年龄段在互动性、参与度、关注度上的差异状况

从图 3-2 可以看出：

（1）对于互动性，11—20 岁的受众互动性最低，41 岁及以上的受众互动性最高，21—40 岁的受众互动性居中。

（2）对于参与度，11—20 岁的受众参与度最高，21—30 岁的受众参与度最低，30 岁以上的受众参与度居中。

（3）对于关注度，41 岁及以上的受众关注度最高，31—40 岁的受众关注度最低，31 岁以下的受众关注度居中。

（三）不同教育程度的差异状况分析

被调研对象受众行为各维度在教育程度上的差异分析结果如表 3 – 3 所示。

表 3 – 3　　　　　受众行为各维度在教育程度上的差异分析

教育程度 维度	初中及以下	高中	专科	本科	硕士及以上	F	P
使用动机	2.92 ± 0.68	2.60 ± 0.52	2.94 ± 0.66	3.00 ± 0.75	3.88 ± 0.18	2.98	0.02
信任度	2.67 ± 0.42	2.09 ± 0.58	3.02 ± 0.68	2.90 ± 0.77	3.00 ± 0.00	8.93	0.00
互动性	2.78 ± 0.89	2.00 ± 0.83	2.99 ± 0.71	2.97 ± 0.73	3.33 ± 0.47	11.04	0.00
参与度	2.61 ± 0.65	3.16 ± 0.65	2.94 ± 0.70	2.86 ± 0.76	3.17 ± 0.24	1.41	0.23
关注度	2.72 ± 1.37	2.90 ± 0.77	3.09 ± 0.70	2.85 ± 0.70	3.67 ± 0.00	1.24	0.29
态度	3.06 ± 1.32	2.89 ± 0.81	3.22 ± 0.76	3.17 ± 0.81	3.50 ± 0.24	0.94	0.45

从以上教育程度差异分析结果可以清晰看出，不同教育程度的被调研对象在使用动机、信任度、互动性上存在显著差异，P 全部小于 0.05；此外，不同教育程度的被调研对象在参与度、关注度、态度上不存在显著差异。这说明，无论何种教育程度的人群，在参与度、关注度、态度三个维度中的区分并不明显。

不同教育程度在使用动机、信任度、互动性上的差异状况如图 3 – 3 所示。

从图 3 – 3 可以看出：

（1）对于使用动机，学历越高，使用动机越强。只有高中学历的受众使用动机略微低于初中及以下的受众使用动机。学历的提升意味着知识素养的增加，同时对政府事务的参与度和关注度也会随之提高，因此学历高的人群在使用动机上要比其他学历较低的群体更强烈。

（2）对于信任度，专科、本科、硕士及以上的受众信任度基本差不多，高中学历的受众信任度显著低于其余学历的信任度。

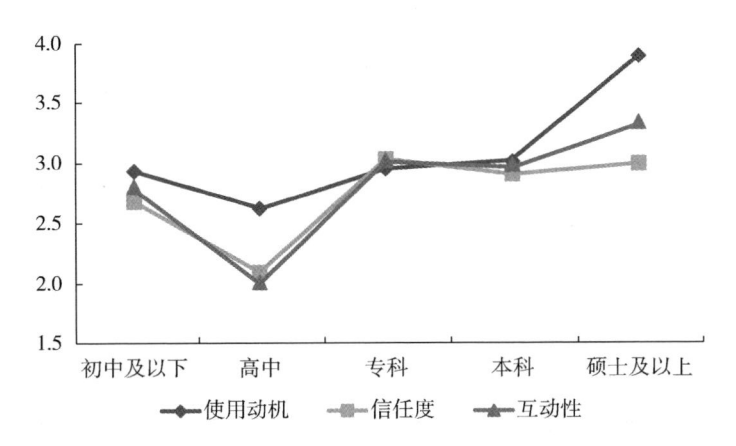

图 3-3 不同教育程度在使用动机、信任度、互动性上的差异状况

（3）对于互动性，高中学历的互动性最低，其余学历的互动性较好，其中硕士及以上学历的互动性最佳。硕士及以上学历的人群对于政府事务大多已有自己的见解，他们也更乐于与政务微博主体交流自己对于事务的看法和建议。

（四）不同职业的差异状况分析

被调研对象受众行为各维度在职业上的差异分析结果如表 3-4 所示。

表 3-4　　　　　　受众行为各维度在职业上的差异分析

	政府机关公务员	企业员工	教师	学生	医护人员	其他	F	P
使用动机	2.76±0.87	2.93±0.47	2.92±0.81	3.04±0.72	2.53±0.52	2.75±0.50	2.21	0.06
信任度	2.61±0.70	2.76±0.60	2.61±0.72	2.97±0.77	1.98±0.63	2.61±0.53	6.85	0.00
互动性	2.86±0.61	2.75±0.79	2.81±0.73	2.98±0.75	1.78±0.83	2.94±0.74	8.76	0.00
参与度	3.04±0.82	2.57±0.51	2.78±0.66	2.89±0.76	3.35±0.61	2.78±0.54	2.51	0.03
关注度	2.58±0.80	2.71±0.64	3.08±0.99	2.93±0.68	3.17±0.71	2.78±1.05	1.73	0.13
态度	2.98±1.00	2.88±0.84	2.94±0.99	3.22±0.77	3.17±0.75	2.94±1.06	0.90	0.48

从以上的职业差异分析结果可以清晰看出，不同职业的被调研对象在信任度、互动性、参与度上存在显著差异，P 全部小于 0.05；此外，不同职业的被调研对象在使用动机、关注度、态度上不存在显著差异。不同职

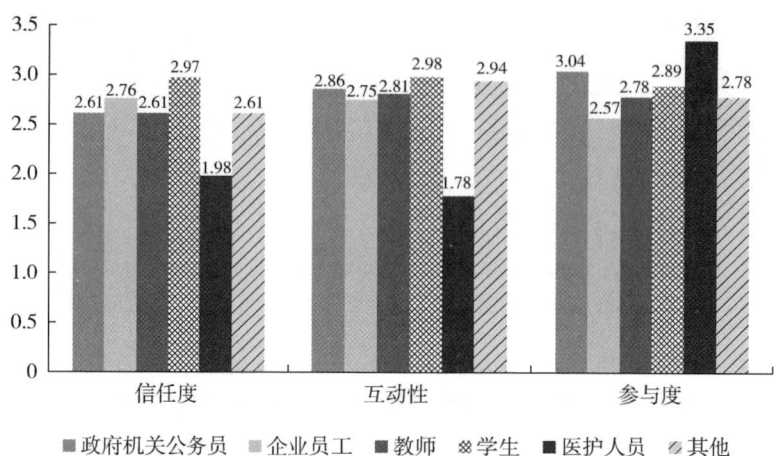

业在信任度、互动性、参与度上的差异状况如图3-4所示。

图3-4 不同职业在信任度、互动性、参与度上的差异状况

从图3-4可以看出：

(1) 在信任度上，学生对政务微博的信任度高于其他职业人群。

(2) 在互动性上，学生与政务微博的互动较高。学生群体更为年轻，在新媒介的使用上更得心应手，也更乐于和政务微博进行互动，而且相对于其他群体来说，学生群体的空余时间较多，有更多的时间可以参与和政务微博的互动。

(3) 在参与度方面，医护人员在政务微博的使用过程中的参与程度高于其他人职业人群，政府机关公务员次之，学生群体紧随其后。这表明所在单位较稳定、社会地位较高的群体更倾向于关注政务微博，这些群体在参与事务的过程中对自身的身份认同感较为强烈。

三 政务微博受众使用行为人口特征分析结论

政务微博的主体虽然是政府部门，但其受众是普通的老百姓。而对于政务微博的使用，受众的代表性群体以及身份特征的体现成为本书考虑的重点，主要结论如下。

(1) 性别不同的政务微博关注者，在对政务微博的信任度和互动性

上，存在显著差异，而在其他维度上，没有较大差异。在信任度和互动性上，男性显著高于女性，可以说明男性比女性更信任政务微博所发布的信息，并且乐意与他人分享其内容。

（2）不同年龄层次的被访者关注政务微博属性的差异明显，其中互动性以41岁及以上人群最高，同时男性互动比例远高于女性，由此综合可见41岁及以上的男性，更热衷于参与政务微博的互动。

（3）在使用动机上，学历越高的人群使用动机越强，而在互动性上，硕士及以上学历的互动效果最佳。对比性别、年龄的互动性可以发现，高学历的40岁左右男性与政务微博的互动更佳。

（4）不同职业的人群在信任度、互动性、参与度上有显著差异，其中医护人员的信任度和互动性显著低于其他类别的人群，然而医护人员的参与度显著高于其余类别的人群。

通过对人口特征变量的分析，了解受众对政务微博的使用状况，亦可以有针对性地发现关注政务微博受众的人群特征分布，在未来的政务微博发布、使用中，可以更好地对相对应人群进行信息发布。同时，通过政务微博的受众行为分析，可以发现政务微博的关注群体以41岁及以上的中年人居多，说明年轻群体对于政务的关注、信息的了解与互动相对没有中年人积极，政务微博在未来的发展使用中，可以更有针对性地面向年轻群体进行互动，以此获得更多青年人的参与和关注。本书的发现对政务微博的研究和分析有较好的推动意义。

第三节　政务微博受众影响力关系分析

政务微博对受众的影响力是基于信息传播这一渠道来实现的，其目的就是要让受众获得信息，并使其理解和接受政府的传播意图。政务微博是汇集政务信息的集合体，从政务信息传播的角度来说，政务微博能够对受众产生影响力的关键在于"受众获取信息"和"受众领会信息"两个环节的顺利展开，然后在此基础上提高政务微博的实际效用。

随着微博的普及，政务微博自身具有的互动、沟通、传达的功效被不断放大，因此对于受众为什么要使用政务微博、其使用行为方式等，则可以建立在技术接受模型的基础上进行分析。因此，本书引入上文"技术接受模型"中的部分内容，构建政务微博传播的主要路径与使用方式，探讨政务微博的用户特性六个维度之间的因果关系，补充并扩展对政务微博的研究。

一 政务微博受众影响力关系分析设计

本书选取了新浪政务微博大厅为研究对象，主要分为政府系统、党务系统两类。研究以政务系统为样本，在 2016 年 3 月 1—31 日一个月内，对受访者进行网络问卷调查。在问卷设计上参考了《2015 年上半年人民日报·政务微博影响力报告》中的评估指标体系，以及技术接受模型（Technology Acceptance Model，TAM）中的行为意图变量为参照。针对本书的研究目的与意义，采用网络问卷调查对政务微博的使用动机与行为进行详细了解。问卷调查对用户对政务微博的使用行为进行多维度的划分，对其中所涉及的变量进行操作化定义说明，所选取的测量维度包括：使用动机、互动性、关注度、参与度、信任度、态度。其中，性别、年龄、学历、职业等作为控制变量进入测量。测量指标均采用李克特五分量表从非常不同意到非常同意进行测量（问卷在附录三）。

（一）变量设计

1. 使用动机及用户态度

此次调查以技术接受模型中的行为意图变量为参考，其中为测量"信任度"设计了三个小问题，所有问题均为李克特五分量表题。受众使用动机包含了解最新政务资讯、突发性事件发生后了解事件进展、参与政务类活动、对政务类内容感兴趣四类。

2. 用户使用行为

为测量"用户使用行为"变量，本书共涉及"互动性""关注度""参与度"三个维度。其中，为测量"互动性"设计了三个小问题（您会参与评论/转发/点赞线上政务微博互动、您会参与线下政务微博互动、您会就政务微博所发布内容告知身边的人），为测量"关注度"设计了三个小问题（您会对政务微博保持长期关注、您会告知好友关注此类政务微博账号获取政务资讯、您会与身边人谈论政务微博所发布的信息内容），为测量"参与度"设计了三个小问题（您会主动搜索政务类型的微博并关注、您会告知好友关注此类政务微博账号获取政务资讯、您会与身边人谈论政务微博所发布的信息内容），所以问题均为李克特五分量表题。

3. 用户态度

为测量"用户态度"变量，本书共涉及"信任度""用户感知"两个维度。其中，为测量"用户感知"设计了三个小问题（您认为政务微博的出现给您的生活带来便利、您认为政务微博有您感兴趣的板块、您认为政务微博内容会影响您的决策），为测量"信任度"设计了三个小问题（您认为政务微博内容客观中立、您十分信任政务微博所述的政务类信息、您会将在政务微博上看到的内容作为近期规划的参考）。

（二）理论假设

相互关系，研究假设如下：

H1：受众使用动机、互动性对关注度和参与度的影响。

H2：受众信任度、关注度对互动性和态度的影响。

调查问卷采取的是网络发放的方式，发放时间为 2016 年 3 月 1—31 日，共计回收问卷 241 份，因问卷设计了跳转题型，不关注政务微博的被访者在回答完第一题后直接跳转至结束，共计有 54 人勾选不关注政务微博，因此实际回答涉及政务微博受众行为内容的问卷共计 187 份。本书将基于此 187 份样本进行分析。问卷中测量的 6 个核心变量均借鉴国内外已有研究的量表，结合微博特性和使用规范进行修改调整，最终形成可发放的、信度、效度较高的问卷。

二 政务微博受众影响力关系分析结果

（一）受众使用动机、互动性对关注度和参与度的影响

本部分将研究受众使用动机、互动性对关注度和参与度的影响，建立的结构模型如图 3-5 所示。

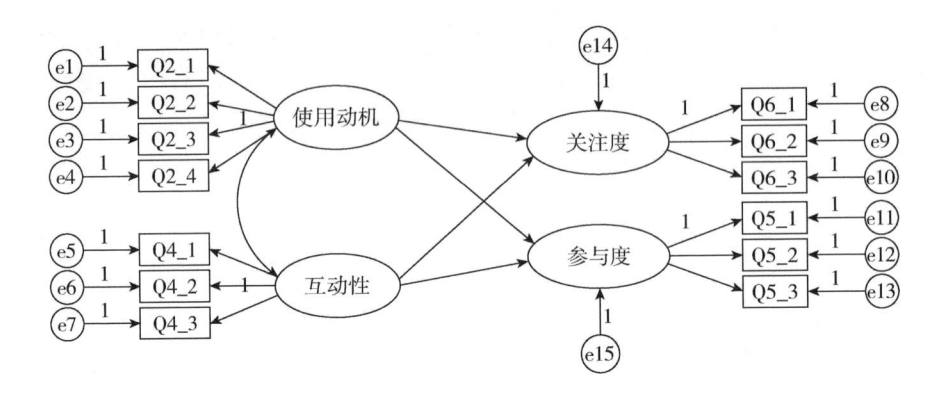

图 3-5　源结构模型

用 AMOS22.0 软件对以上的初识模型图进行运算，结果发现模型与实际数据的配适状况存在较大差异，配适指数中的 GFI、AGFI 没有达到配适标准。基于以上的配适度状况，需要对初识模型进行修正，参考 AMOS Output 中给出的修正指标，在不违背经验法则、理论基础的原则上，建立某些误差变量的相关关系，再次运用 AMOS22.0 对修正后的模型进行拟合运算，拟合度全部达标，得出的路径系数如图 3-6 所示。

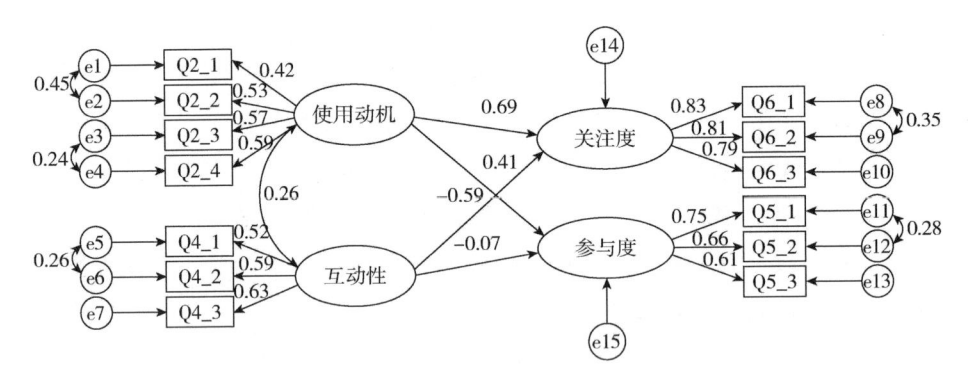

图 3-6　修正后的结构模型

以上修正后的全模型整体配适度检验结果如表 3-5 所示。

表 3-5　　全模型整体配适度检验

拟合指标	χ^2/P	RMR	RMSEA	GFI	AGFI	NFI	TLI	CFI
拟合标准	<3	<0.05	<0.08（若<0.05优良；<0.08良好）	>0.90	>0.90	>0.90	>0.90	>0.90
运算结果	2.521	0.020	0.052	0.957	0.929	0.961	0.966	0.976
	是	是	良好	是	是	是	是	是

以上的路径模型与真实数据的配适状况非常好，因此该模型的路径系数的运算结果能够非常真实可靠地反映出使用动机和互动性对关注度及参与度的影响。具体的相关拟合程度如表 3-6 所示。

表 3-6　　相关拟合程度

			估计值	S. E.	C. R.	P
关注度	<---	使用动机	0.689	2.572	5.684	0.025
参与度	<---	使用动机	-0.066	0.142	-0.465	0.642
参与度	<---	互动性	0.410	0.512	7.895	***
关注度	<---	互动性	-0.586	1.189	-5.397	0.021

注：***表示 $P<0.01$。

从以上的分析结果可以清晰看出，在 0.05 的显著性水平下：

第一，使用动机能够显著正向影响关注度，$P=0.025<0.05$，影响大小为 0.6890，意味着用户的使用动机越强烈，对政务微博的关注度就会越高。

第二，使用动机能够显著正向影响参与度，$P<0.05$，影响大小为 0.410，意味着用户的使用动机越强烈，用户的参与度就会越高。

第三，互动性能显著负向影响关注度，$P=0.021<0.05$，影响大小为 -0.586，意味着政务微博与受众之间的互动越强烈，受众对政务微博的关注度就会越高。

第四，互动性对参与度没有显著影响。

（二）受众信任度、关注度对互动性和态度的影响

本章将研究受众信任度、关注度对互动性和态度的影响，建立的结构模型如图 3-7 所示。

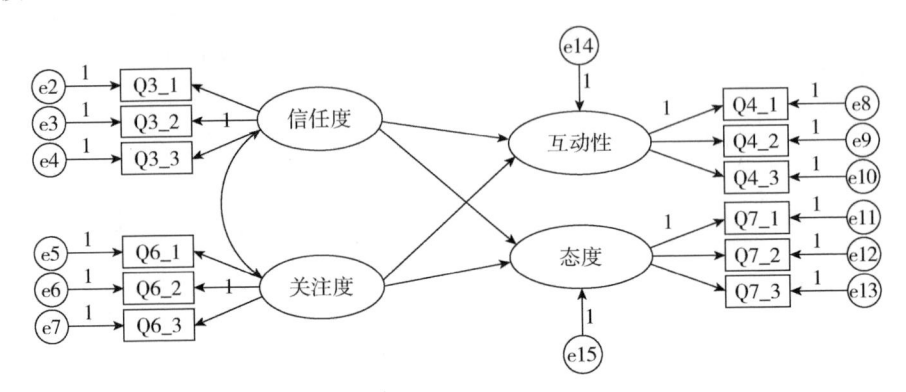

图 3-7 源结构模型

用 AMOS22.0 软件对以上的初识模型图进行运算，结果发现模型与实际数据的配适状况不太好，配适指数中的 GFI、AGFI 没有达到配适标准。基于以上的配适度状况，需要对初识模型进行修正，参考 AMOS Output 中给出的修正指标，在不违背经验法则、理论基础的原则上，建立某些误差变量的相关关系，再次运用 AMOS22.0 对修正后的模型进行拟合运算，拟合度全部达标，得出的路径系数如图 3-8 所示。

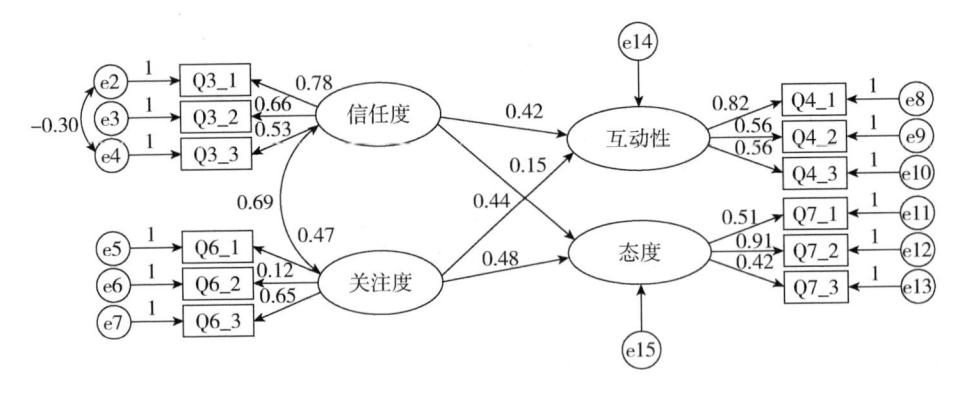

图 3-8 修正后结构模型

以上修正后的全模型整体配适度检验结果如表 3-7 所示。

表 3-7　　　　　　　　　　　全模型整体配适度检验

拟合指标	χ^2/P	RMR	RMSEA	GFI	AGFI	NFI	TLI	CFI
拟合标准	<3	<0.05	<0.08（若<0.05 优良；<0.08 良好）	>0.90	>0.90	>0.90	>0.90	>0.90
运算结果	2.271 是	0.032 是	0.078 良好	0.901 是	0.931 是	0.952 是	0.933 是	0.925 是

以上的路径模型图与真实数据的配适状况非常好，因此，该模型的路径系数的运算结果能够非常真实可靠地反映出信任度和关注度对互动性和态度的影响。具体的相关拟合程度如表 3-8 所示。

表 3-8　　　　　　　　　　　相关拟合程度

			估计值	S.E.	C.R.	P
互动性	<---	信任度	0.425	0.351	2.341	0.021
态度	<---	关注度	0.485	0.218	2.154	0.035
态度	<---	信任度	0.155	0.221	0.845	0.398
互动性	<---	关注度	0.437	0.275	2.324	0.026

从以上的分析结果可以清晰看出，在 0.05 的显著性水平下：

第一，信任度能够显著正向影响互动性，P=0.021<0.05，影响大小为 0.425，意味着信任度越强烈，互动性越高。

第二，关注度能够显著正向影响态度，P=0.035<0.05，影响大小为 0.485，意味着关注度越高，态度越强烈。

第三，关注度能够显著正向影响互动性，P=0.026<0.05，影响大小为 0.437，意味着关注度越强烈，互动性越高。

第四，信任度不能显著影响态度。

通过建构结构方程，验证了受众使用动机、互动性对关注度和参与度之间，受众信任度、关注度对互动性和态度之间的因果关系，结论如下。

三 政务微博受众影响力关系分析结论

(一) 政务微博受众影响力分析小结

通过建构结构方程模型,本节验证了使用动机、互动性、关注度、参与度、信任度和态度六个维度之间的因果关系,得出使用动机与参与度之间的相互关系,信任度与互动性之间、互动性与关注度之间的相互关系,关注度与态度之间的相互关系。通过如上因果关系可以发现:

(1) 使用动机正向影响关注度,说明动机越强烈,关注度就会越高,政务微博的实用性及高效的信息分享与沟通,是影响受众使用的重要因素。实用性作为政务微博内容的特色,将会对用户保持长期关注做出强烈影响。用户的使用动机越强,其关注行为与参与行为则会相应增加。

(2) 信任度越高,互动性越高,说明用户对该政务微博的信任度越高,越会影响用户与该账号之间的互动行为,包括评论、转发、点赞、私信等。但是,用户对账号的信任度不能显著影响态度,说明受众源于对该政务类账号的信任度而产生互动行为,但是并不会因为该账号所发布的内容,就产生对于此类事件的态度。这一方面说明受众个人的主观判断在不断提升,另一方面说明新媒体环境下受众接受信息渠道的广泛性与内容的多元性在不断影响受众。

(3) 随着微信的普及与其自身的特性,越来越多的人将信息收集与聚合的目光放于微信,而较少通过微博平台发布、浏览、对话。即便如此,微博本身所带有的公开性、时效性、实用性与互动性仍不是微信所能够超越的。

(二) 政务微博受众影响力研究未来展望

政务微博需要在增强受众参与动机、提升受众对政务微博的信任度、提高受众的使用频率等方面继续努力,在完善既有的制度环境条件下,通过互联网高效便捷的属性,发掘更多的政务微博优势,通过与受众的互动交流以达到公共服务的目的,提高受众对政府工作的满意度。

针对使用动机与参与度间的相互关系,从发布内容以及沟通互动两方面着手。首先,政务微博的发布者在发布内容的定位上需要聚焦民众聚焦的重点社会事件，对于事件的真实性、完整性需要做好把关工作，以调动受众的参与热情，提高受众的关注度。一方面，要充分利用微博所提供的各种内容发布形式，如图文、短视频等，发挥创意，吸引受众的注意力；另一方面在发布微博时，应该做到以人为本、为民服务，在保证信息真实可靠的基础上尽量地贴合公众，尽量减少官方语气，使用诙谐幽默的语言，以谦和友好的态度，与受众进行友好、接地气式的交流互动。其次，建立稳定的互动机制，政务微博应耐心倾听用户的诉求，积极及时回应、解决受众的问题，积极回复受众对相关事件的质疑，提高公众对政务微博的印象，增加受众的信任感，进而提高受众影响力，提升政府公信力。在政务微博这一平台中，受众是政务微博的服务对象，政务微博主体应充分利用政务微博平台，重视受众的建议和需求，积极与受众进行互动交流，以此增强与受众之间的互动，发挥政务微博作为公众诉求收集工具的作用，更好地服务社会公众，成为公众解决社会问题的利器，促进社会健康发展。

针对信任度与互动性间的相互关系，从内部环境、外部环境两个方面发力。首先，在政务微博内部，需要建立一套有效的长期发展机制和标准。政务微博受众影响力不是一蹴而成的，需要长期的努力和积累。要在明确政务微博主体定位的基础上，结合自身的特点选择、规划微博内容，如可以规定每天更新微博的条数、发布一定比例的原创微博以及发布政务信息等。在完成了这些基本的内容发布之后，可以考虑利用各种微博内容发布形式，组织话题讨论，调动粉丝积极性，发挥意见领袖的作用。其次，也要注重提升政务微博管理人员的专业素质，可以通过设立专门的机构，提供专业化多样化的培训，提高政务微博运营人员的媒介素养和业务水平。在内部建立起明确的标准和要求，沿着长期发展机制前进，快速提升政务微博受众影响力。

政务微博的发展不是单打独斗，需要发挥整个政务系统的整体联动优势。一方面，受众是有个性特征与个性化需求的个体。在政务微博的实际操作中，可能会遇到多种多样、重复率高、缺乏逻辑的问题，这时就需要发挥各部门政务微博的作用，整体联动，加强各政务微博之间的沟通交流，更好地解决受众所提出的问题。另一方面，对虚假、恶意、反动的微博内容要快速处理、强力整治，完善既有的管控措施，塑造有序的政务微博外部环境。

（三）不足与缺陷

（1）问卷在设计初始，在人群划分的过程中，职业的倾向与选择过于单一，因此导致受众对职业的填答并不理想，继而影响后续分析。未来将会在人口统计变量上做出相应调整，以此作为完整的数据收集途径，进行深入分析。

（2）在研究样本的选取上，大多数填答者为在校学生，样本的覆盖虽然总体数量上达到了分析的要求，但是代表性仍然有限，希望后续研究能够继续扩大样本的人群覆盖，从而增强研究结论的适用性。

（3）在技术接受模型框架下，并未完全引入技术接受模型的内容，致使部分内容并未置于受众使用动机和行为的考量范围内，导致部分信息缺失。未来会在此基础上，修改和扩展问卷设计的部分内容，进行新一轮数据收集。

第四节　政务微博受众群体特征分析

以上两节主要基于问卷调查分析探究了人口特征变量对政务微博受众行为特征的影响以及这些使用行为之间的因果关系。在本节，我们主要利用第三方工具，在政务微博粉丝数据基础上，分析和展现政务微博受众六个群体特征的不同表现，同时分析了高转发政务微博的转发情况和受众群体。

一　政务微博受众群体特征分析设计

本节包括政务微博受众群体特征分析以及高转发微博内容受众分析两个方面。对于政务微博受众群体特征分析，首先通过 BlueMC 进行 KOL 画像分析，得到政务微博的粉丝数据，再次加工后分析政务微博受众群体的特征，包括受众性别比例、受众年龄分布、受众学校分布、受众地域分布、受众职业、受众共同关注对象等，最后得到本次研究的政务微博受众群体特征。对于高转发微博内容受众分析，首先对每一类政务微博的样本进行汇总，选取其中第一层转发量最高的微博，然后分析热点微博的网络热点事件、核心转发受众信息、转发占比信息，按照十个分类进行总结。

（一）微博受众群体分析工具

BlueMC 营销捕手是品牌管理与营销服务公司蓝色光标 BlueView 自主设计研发的新一代营销工作平台，可以进行侧络分析、人群洞察等工作。BlueMC 中有一项 KOL 画像工具，它基于新浪微博设计，可以对微博上的账号进行数据采集和统计分析，从而刻画该账号粉丝的群体特征。该工具可以抓取某一微博账号的个人信息及其粉丝信息，包括性别、年龄、学校、地域、职业标签、认证标签、关注者等。

（二）分析数据来源

本次研究分析的数据均为新浪微博用户和内容的公开数据，包括新浪微博用户的昵称、性别、年龄、职业、认证信息和内容的转发情况。如用户账号设置了不对人可见则不纳入本次研究范围。

由于新浪微博并没有开放获取用户全部粉丝的接口，因此我们通过以下两种方式来获得相对较多的粉丝数据：①BlueMC 积累了 1 亿个活跃的微博用户，基于库内用户的关注关系找到被分析政务微博账号的粉丝；②在进行政务微博分析的时候抓取目前已开放的可收集到的该政务微博的粉丝相关数据。

（三）受众群体特征分析内容

1. 受众性别比例

受众性别是受众的一项基本特征。抓取所分析的政务微博受众的性别进行统计，统计分为男性、女性及未知。随后将性别比例用饼图的方式呈现，显示男性、女性及未知三个群体的百分比，可以清楚得知该政务微博的男女受众比例，从而可以推测得到该政务微博所属的政务微博类别的男女关注度差异。

2. 受众年龄分布分析

首先按照"50后""60后""70后""80后""90后"及"95后"划分受众年龄，然后将抓取得到的政务微博受众数据中的年龄按以上 6 段进行分类，形成环形图。通过环形图可以直观地看到"50后""60后""70后""80后""90后"及"95后"对该政务微博的关注度，进而推测出该政务微博所属类别的受众关注度差异。

3. 受众地域分布分析

受众地域分布分析通过研究政务微博受众填写的地理位置数据进行，将中国地图以省级行政单位进行划分。对于个别市级单位的政务微博，由于受众的地理局限，从全国范围内分析并可视化效果不佳，故仅以省内城市划分，以表格的形式展示。

4. 受众学校分布分析

通过受众学校分布分析，可以得知受众的高校教育分布，探究政务微博受众与高校教育之间的关联。通过抓取到的政务微博受众填写的学校信息，对学校人数进行排名，最后得到条形统计图，并标明来自该学校的人数，由此可以清晰得知受众的学校分布情况。

5. 受众职业分析

将抓取到的政务微博的受众职业标签及认证标签，以可视化的形式形成词云。通过职业标签词云可以知道该政务微博受众的工作单位情况，通过认证标签词云可以知道该政务微博受众的职务情况。将职业标签词云与认证标签词云进行对比分析，可以得到被研究政务微博的受众职业，进而推测分析得到该政务微博所属的政务微博类别的受众职业情况。

6. 受众共同关注分析

通过受众共同关注分析，可以得到所研究政务微博的受众社交需求偏好，将受众的关注列表数据抓取出来，排列他们的共同关注，取前十名共同关注，形成条形统计图，可以得到该受众群体的共同关注情况，进而推测分析得到该政务微博所属政务微博类别的受众共同情况。

按照本书第一章政务微博十个类别的划分方式对每个不同类别的政务微博进行受众分析，分析出每个类别的受众群体特性，并用可视化的形式表示出来，最后进行总体分析，得到政务微博的总体粉丝属性，进行小结。

7. 高转发微博内容受众分析

转发数量是政务微博的影响力及传播能力的重要指标。微博博主发布微博后，直接转发该微博，为第一层转发；转发第一层转发的微博，为第二层转发，以此类推。每一条微博的转发量为所有层级的转发之和。研究第一层转发受众的转发数量与微博总转发数量的比值，可以分析核心转发受众的影响力。对每一类政务微博的样本进行汇总，选取其中第一层转发量最高微博，分析热点微博的网络热点事件、核心转发受众信息、转发占比信息，按照十个分类进行总结，并以表格的方式呈现。

二 政务微博受众群体特征分析结果

（一）党政外交国防军事海关类

这一类政务微博选取"中国政府网"微博为样本，对其受众数据进行分析，分析结果如下。

1. 性别分析

由性别比例分析结果（见图3-9）可以看出，"中国政府网"政务微博受众性别男性占59%，女性占39%，男性受众人数约为女性受众人数的1.5倍。由男性对"中国政府网"政务微博的关注度高于女性可推出男性对党政外交国防军事海关类相关的政策、新闻的关注度高于女性受众。

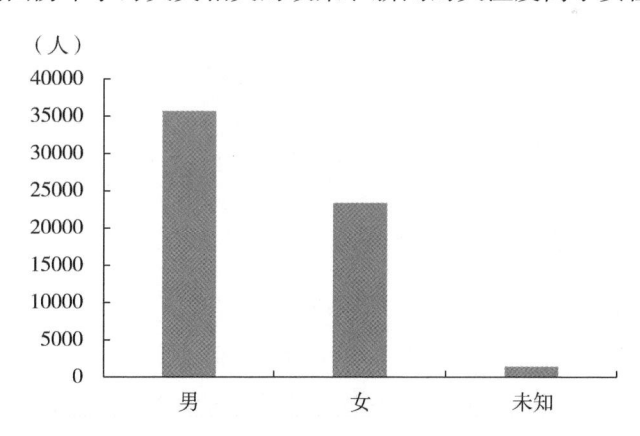

图3-9 党政外交国防军事海关类受众性别比例

2. 地域分析

从"中国政府网"政务微博受众地域分布可以看出，"中国政府网"

的受众中，广东地区关注的人数最多，其次为北京、浙江和江苏。由此可见，党政外交国防军事海关类政务微博受众的主要地理分布范围为广东、北京、浙江和江苏，这些地区的受众对我国党政外交国防军事海关类政务微博的关注度最高。

3. 年龄分析

从受众年龄分布（见图3-10）可以看出，"中国政府网"的微博受众中，"90后"受众占整体人数的1/2，"80后"占总人数的1/3，其余依次为"95后""70后""60后"及"50后"。可以得出，党政外交国防军事海关类的受众群体较为年轻。

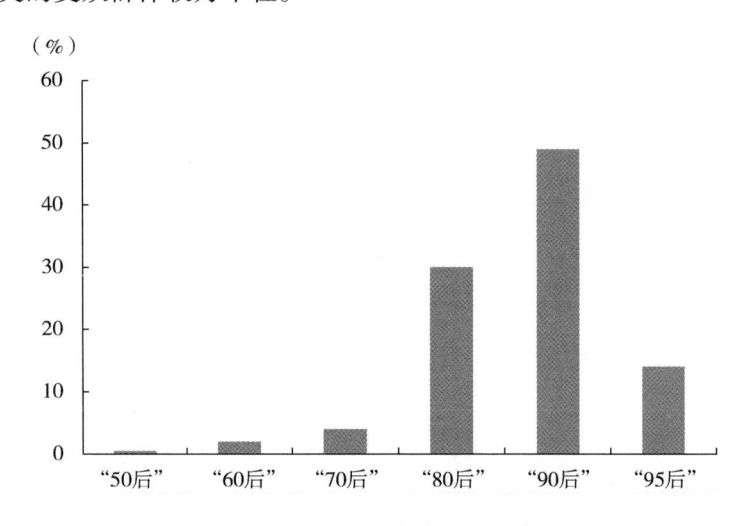

图3-10 党政外交国防军事海关类受众年龄分布

4. 学校分析

从图3-11可以看出，"中国政府网"的微博受众所属学校，受众最多的分别为武汉大学、北京大学、浙江大学和山东大学等。以上几所学校均为综合性大学，且文科学科如国际政治学、政治与行政学、科学社会主义与国际共产主义运动等学科均在全国有较高排名，这些学科的师生对中国政府发布信息的关注度相对较高。可以得出，党政外交国防军事海关类政务微博的受众的主要学校为国内优秀综合型高校，这类学生对政府事务的关注度较高。

第三章 政务微博受众分析

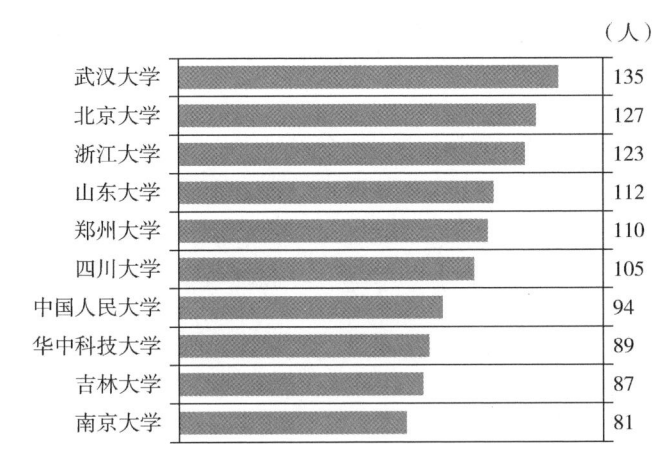

学校	人数（人）
武汉大学	135
北京大学	127
浙江大学	123
山东大学	112
郑州大学	110
四川大学	105
中国人民大学	94
华中科技大学	89
吉林大学	87
南京大学	81

图 3-11 党政外交国防军事海关类受众学校分布

5. 职业分析

从图 3-12 左边职业标签词云可以看到，"科技""学生""学院""经理"等处于中心位置，词频较高；从右边认证标签词云看到，"媒体""经理""作者""头条""科技"等词的词频较高。可见，党政外交国防军事海关类政务微博的受众主要的工作为媒体作者、高校学生、经理、科技相关的从业者。这一类受众群体接受的教育程度较高，对科技、新闻有一定的理解。

图 3-12 党政外交国防军事海关类受众职业认证分布

6. 共同关注分析

从图 3-13 可以看出，共同关注"中国政府网"微博的受众，共同关注的其他博主有：①新闻类：头条新闻、人民日报、央视新闻；②文艺工作者：韩寒、姚晨；③企业家：李开复。可以得出，"党政外交国防军事"

类的受众有四个共同关注为新闻类博主，说明该类受众群体比较愿意从微博获取新闻类相关信息。

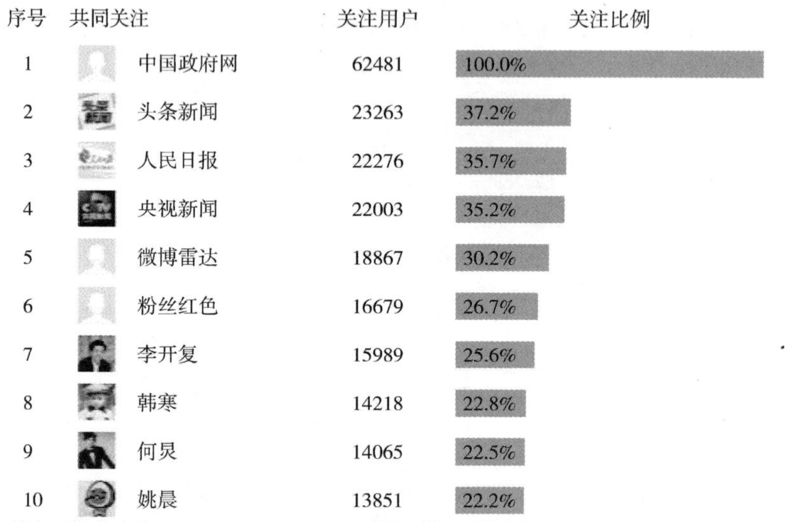

序号	共同关注	关注用户	关注比例
1	中国政府网	62481	100.0%
2	头条新闻	23263	37.2%
3	人民日报	22276	35.7%
4	央视新闻	22003	35.2%
5	微博雷达	18867	30.2%
6	粉丝红色	16679	26.7%
7	李开复	15989	25.6%
8	韩寒	14218	22.8%
9	何炅	14065	22.5%
10	姚晨	13851	22.2%

图 3-13 党政外交国防军事海关类受众共同关注

（二）国土资源气象产业类

这一类政务微博选取"自然资源部"微博，对其数据进行受众分析，分析结果如下。

1. 性别分析

由图 3-14 性别比例图可以看出，关注"自然资源部"微博的受众男性占 68%，女性占 29%，男性受众人数约为女性受众人数的 2.3 倍。可以看出，男性对国土资源气象产业类政务微博的关注度明显高于女性。

2. 地域分析

从"自然资源部"微博受众的地域分布情况看，全国范围内受众最多的五个地区依次是北京、广东、上海、浙江和江苏。以上五个省级单位关注"自然资源部"微博的人数最多。由此可见，国土资源气象产业类的政务微博受众的主要地理分布范围为北京、广东、上海、浙江和江苏。以上几个地区较为发达，人口较为密集、土地使用率较高，房价相较全国其他地区也较高，故以上几个地区的受众对国土资源气象产业类政务微博的关

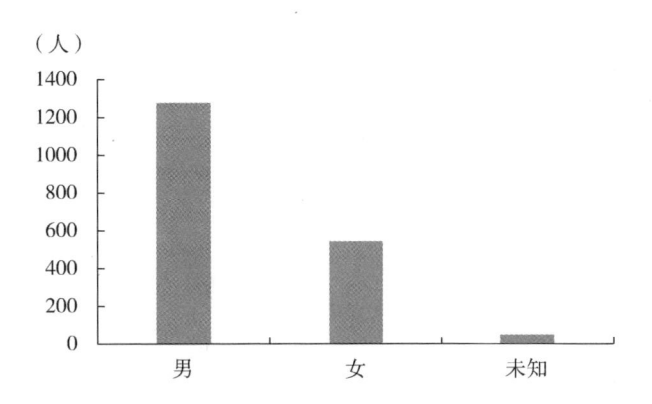

图 3-14 国土资源气象产业类受众性别情况

注度较高。

3. 年龄分析

从图 3-15 中的分布可以看出,"自然资源部"微博的受众中,"80后"的群体最大,约占整个人数的 45%,"90后"占比约 40%,其余依次为"95后""70后"及"60后"。从年龄分布来看,受众中"90后"及"95后"占到了半数以上。由此推测,国土资源气象产业类微博的受众较为年轻化。

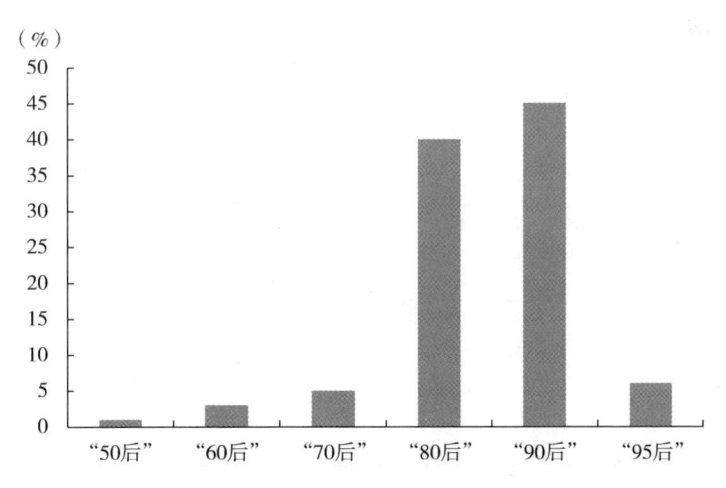

图 3-15 国土资源气象产业类受众年龄分布

4. 学校分析

从图3-16中可以看出，国土资源气象产业类政务微博受众中最多的分别是中国地质大学、武汉大学、湖南农业大学、华中农业大学等。中国地质大学、湖南农业大学及华中农业大学均为专业型较强的高校，其主要学科与土地、资源关联度较高。武汉大学有资源与环境学科等重点专业，与该类别关联度高。所以，这些学科的师生对资源、国土、产业类的关注度相对较高。可见，国土资源气象产业类的受众的专业性较强。

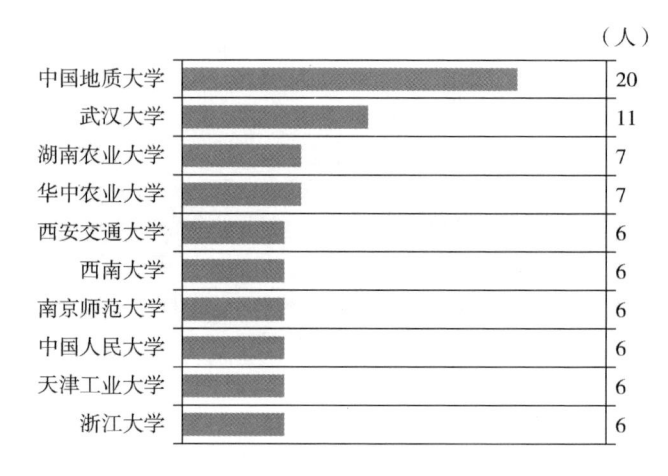

学校	人数
中国地质大学	20
武汉大学	11
湖南农业大学	7
华中农业大学	7
西安交通大学	6
西南大学	6
南京师范大学	6
中国人民大学	6
天津工业大学	6
浙江大学	6

图3-16　国土资源气象产业类受众学校分布

5. 职业分析

从图3-17左边职业标签图可以看到，"管理""媒体""人民政府""科技""研究所""环保"等处于中心位置，词频高；从右边认证标签图看到，"国土资源""记者""经理""科技""总监"等词的词频较高。所以，国土资源气象产业类政务微博的受众有较大比例来自人民政府、环保协会、研究所等，从事国土资源相关行业的管理员、研究员、记者等相关工作。

6. 共同关注分析

从图3-18可以看出，关注"自然资源部"微博的受众，共同关注的其他博主有：①新闻类：头条新闻、人民日报、央视新闻、南方周末；

图 3-17　"国土资源气象产业"受众职业认证分布

②企业家：李开复、潘石屹。在国土资源气象产业类微博受众的十个共同关注中，有四个是新闻类媒体，有三个是企业家，说明该受众群体对微博新闻媒体的接受度和认可度较高，并且比较关注我国知名企业家的动态。

序号	共同关注	关注用户	关注比例
1	自然资源部	1935	100.0%
2	头条新闻	1289	66.6%
3	人民日报	949	49.0%
4	央视新闻	872	45.1%
5	微博星座	803	41.5%
6	李开复	743	38.4%
7	潘石屹	681	35.2%
8		681	35.2%
9	南方周末	571	29.5%
10	粉丝红包	564	29.1%

图 3-18　国土资源气象产业类受众共同关注

（三）发展改革创新类

该类别政务微博选取"国家发改委"微博对其数据进行受众分析，分析结果如下。

1. 性别分析

由图3-19可以计算得出，关注"国家发改委"的受众男性占86%，女性占12%，男性受众人数约为女性受众人数的7倍。可以看出，男性对发展改革创新类政务微博的关注度很大程度上高于女性。男性对国家发展改革创新的政策、制度的关心程度明显比女性高。

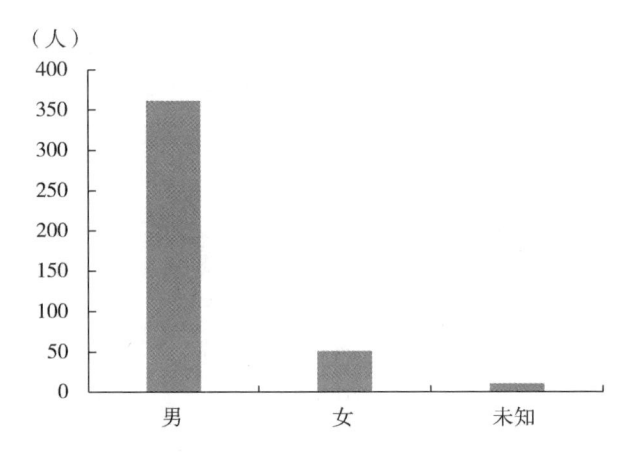

图3-19 发展改革创新类受众性别情况

2. 地域分析

"国家发改委"微博受众地域分布最多的地区为北京、广东，其次为上海，再次是浙江和湖北。以上几个省级行政单位对"国家发改委"微博的关注度最高。由此可见，发展改革创新类的政务微博受众的主要地理分布范围为广东、北京、浙江、上海和湖北。广州、深圳、北京和上海是我国一线城市，浙江杭州及湖北武汉是"新一线"城市，以上六个城市均处于发展改革创新的尖端，故这几个地区对发展改革创新类政务微博的关注度和信任度最高。

3. 年龄分析

从图3-20中受众年龄分布可以看出，"国家发改委"微博的受众中，"80后"约占总人数的一半；其次为"90后"，占全部受众的30%；之后为"95后"与"70后"，仅有少量"60后"关注。可以得出，最关注国家发展改革创新的制度、动态的为"80后"群体。并且，发展改革创新类受众"80后"及"90后""95后"占据了大部分人数，是较为年轻的受众群体。

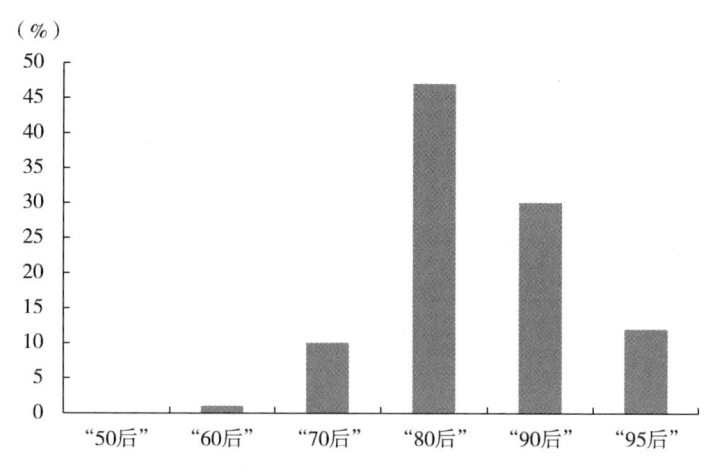

图 3-20 发展改革创新类受众年龄分布

4. 学校分析

从图 3-21 可以看出,"国家发改委"的微博受众中分布最多的学校分别为清华大学、北京大学、上海交通大学、浙江大学、香港大学等。以上几所学校均为中国顶尖的学校。并且,这几所学校所在地区在近年来均发展较快,在政策、制度等改革方面也都是国家改革的排头兵。可以看到,处于国家发达地区顶尖高校的受众对国家制度发展改革创新的关注度高。

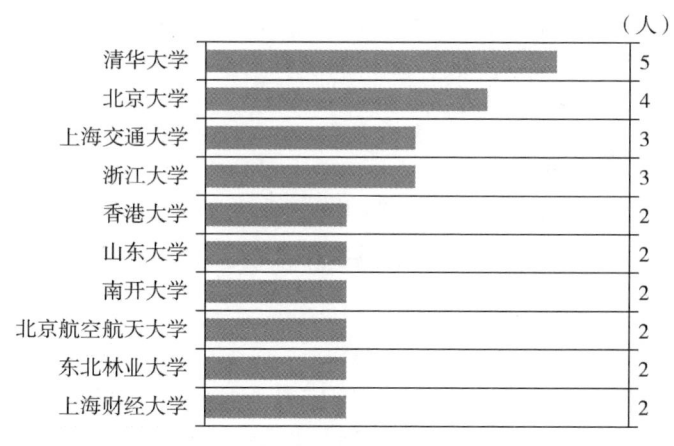

图 3-21 发展改革创新类受众学校分布

5. 职业分析

从图 3-22 左边职业标签图可以看到,"投资""证券""财经"等处于中心位置，词频高；从右边认证标签图看到，"媒体""总经理""财经""签约"等词的词频较高。所以，发展改革创新类政务微博的受众主要为投资证券行业人员，从事高层管理或相关行业媒体人的工作。这一类受众群体密切关注证券投资业的发展态势，对国家发展改革制度的关注度较高。

图 3-22　发展改革创新类受众职业认证分布

6. 共同关注分析

从图 3-23 可以看出，"国家发改委"微博的受众共同关注的其他博主有：①新闻类：头条新闻、人民日报、央视新闻、华尔街日报中文网、澎湃新闻；②财经类：新浪财经、财经网、证监发布会。以上十个共同关注中有五个是新闻类微博，三个为财经类微博。可以推测，发展改革创新类受众在微博上比较偏好获取一些新闻类、财经类的相关信息，这些信息与他们的工作和生活关联度较大。

（四）文化教育体育科技类

这一类别选取"微言教育""四川教育""辽宁教育厅官方微博""甘肃省教育厅""广州教育"五个微博进行性别、地域学校分布及共同关注分析。

1. 性别分析

对"微言教育""四川教育""辽宁教育厅官方微博""甘肃省教育厅""广州教育"的受众性别进行汇总，如表 3-9 所示。将总人数比例进行分析，如图 3-24 所示。对文化教育体育科技类政务微博的关注中，男性比例为 51%，女性比例为 46%，男性受众所占比例略高于女性受众，相差不大。

序号	共同关注	关注用户	关注比例
1	国家发改委	425	100.0%
2	头条新闻	275	64.7%
3	人民日报	272	64.0%
4	央视新闻	247	58.1%
5	微博星座	228	53.6%
6	新浪财经	211	49.6%
7	财经网	210	49.4%
8	证监会发布	205	48.2%
9	华尔街日报中文网	204	48.0%
10	澎湃新闻	198	46.6%

图 3-23　发展改革创新类受众共同关注情况

表 3-9　　　　　　文化体育教育科技类受众性别情况　　　　单位：人，%

	微言教育	四川教育	辽宁教育厅官方微博	甘肃省教育厅	广州教育	总计所占比例
男	10659	415	986	2583	5758	51.37
女	9192	360	975	1490	6230	45.94
未知	535	21	55	119	339	2.69

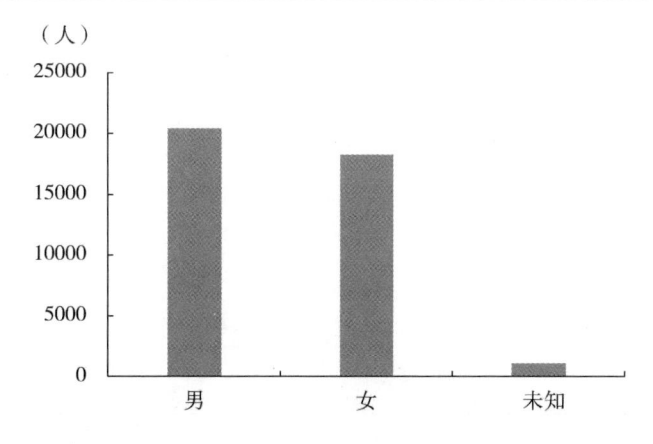

图 3-24　文化体育教育科技类受众性别情况

2. 地域分析

"四川教育""辽宁教育厅官方微博""甘肃省教育厅""广州教育"均为当地教育局所属的微博账号，故地域性强，以上几个公众号的粉丝分布基本均在当地。而"微言教育"为教育部新闻办公室的官方微博，粉丝来自全国范围，故对"微言教育"微博粉丝进行地域分析。

可以看出，全国范围内北京与广东地区受众最多，其次是上海、浙江、江苏和河南。这说明这些地区对"微言教育"的关注度较高，其中北京、上海、广州均为一线城市。河南由于人口较多，并且河南高校教育资源较为稀缺，故对文化体育教育科技类政务微博的关注较高。由此可知，文化体育教育科技类的受众主要地域分布为北京、广东、上海等发达城市及人口密度高但教育资源相对较低的地区，如河南等。

3. 年龄分析

将以上五个教育微博的粉丝按相同年龄分段叠加，对文化体育教育科技类受众的年龄进行分析（见图3-25）。关注文化体育教育科技类微博的受众中，"90后"占比最大，其次是"80后""95后""70后"及"60后"，"50后"对教育类微博的关注度较低。"80后"和"90后"目前主要为小学生的家长；"90后"和"95后"主要为博士、研究生群体；"95后"和"00后"主要为本科生。由此推测，文化体育教育科技类政务微博的受众群体为关注我国文化教育发展的高学历人群以及关注教育事业发展动态的学生家长。

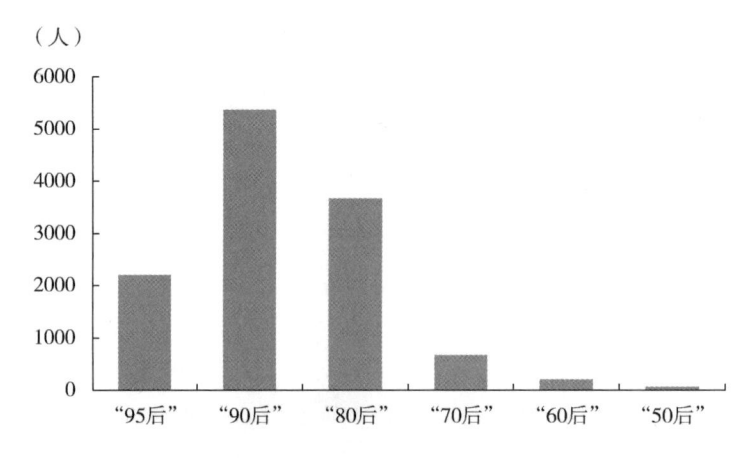

图3-25 文化体育教育科技类受众年龄分布示意

4. 学校分析

同样，我们对"微言教育"微博粉丝进行了受众学校分布分析。如图3-26 所示，"微言教育"受众学校分布中，来自北京师范大学的学生最多，其次是西南大学与北京大学。在该受众群体中，前十的学校有三所是师范类高校：北京师范大学、华东师范大学以及华中师范大学。这三所高校是我国师范类大学中最好的几所高校。由此可知，从学校类别来看，师范类学校对文化体育教育科技类政务微博的关注度较高；从学校地域性质来看，北京的高校学生对文化体育教育科技类政务微博的关注度最高。

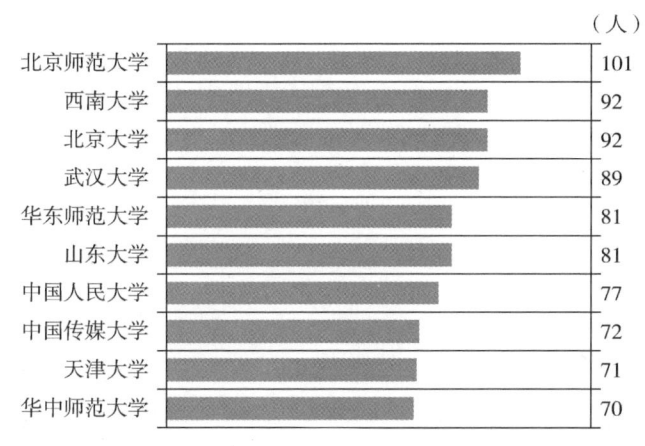

学校	人数
北京师范大学	101
西南大学	92
北京大学	92
武汉大学	89
华东师范大学	81
山东大学	81
中国人民大学	77
中国传媒大学	72
天津大学	71
华中师范大学	70

图 3-26　文化体育教育科技类受众学校分布

5. 职业分析

从图3-27 左边的职业标签词云可以看出，最主要的关键词有"教育""学院""大学"等；右边认证标签词云最主要的为"教育"，其次包含"教师""学院""科技"等关键词。可以得出，文化教育体育科技类政务微博的受众构成较为简单，主要受众来自高校，为学生或教育工作者。

6. 共同关注分析

我们选取"微言教育"微博进行文化体育教育科技类受众共同关注分析。从图3-28 可以看出，"微言教育"微博的受众中，共同关注的其他博主有：①新闻类：人民日报、头条新闻、央视新闻、南方周末；②文艺

图 3-27　文化体育教育科技类受众职业认证分布

工作者：韩寒、姚晨；③企业家：俞敏洪、李开复。以上十个共同关注的微博中，有四个是新闻类微博，而文艺工作者及企业家各为两个。可以得出，文化体育教育科技类受众普遍愿意从微博中获取新闻，并且他们对企业家及文艺工作者的关注度较高。

序号	共同关注	关注用户	关注比例
1	微言教育	21132	100.0%
2	人民日报	9892	46.8%
3	头条新闻	9774	46.3%
4	央视新闻	8675	41.1%
5	李开复	7967	37.7%
6	微博星座	7245	34.3%
7	姚晨	6750	31.9%
8	俞敏洪	6262	29.6%
9	南方周末	5776	27.3%
10	韩寒	5586	26.4%

图 3-28　文化体育教育科技类受众共同关注

（五）人事住建民政社保类

该类别选取"广州民政"微博进行受众分析，分析结果如下。

1. 性别分析

由图 3-29 性别比例可以看出，关注"广州民政"微博的受众男性占 54%，女性占 43%，男性受众人数约为女性受众人数的 1.25 倍。可以看出，男性对人事住建民政社保类政务微博的关注度高于女性。

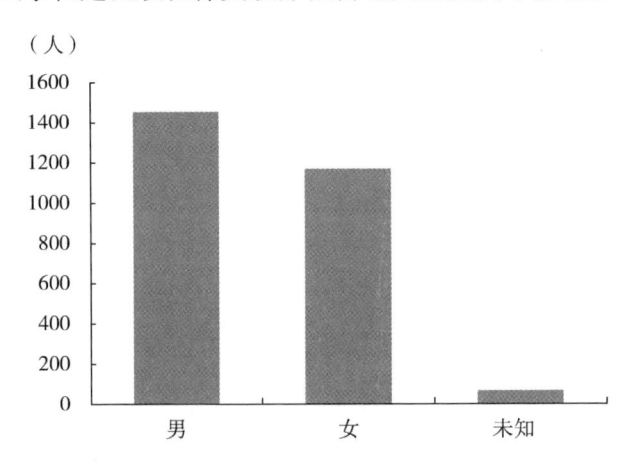

图 3-29 人事住建民政社保类受众性别情况

2. 地域分析

由于"广州民政"微博的地域性较强，故仅以表格分析广东当地副省级及市级行政单位的受众地域分布情况。对"广州民政"的受众地域进行分析，得到地域人数如表 3-10 所示。

表 3-10 "广州民政"地域分析

地区	广州市	深圳市	佛山市	东莞市	汕头市
人数	1636	87	63	55	26

从表 3-10 中数据可以得到，"广州民政"的受众绝大部分来自广州，其余依次是深圳、佛山、东莞。"广州民政"服务的群众绝大部分为广州人，故来自广州的受众对该微博的关注度较高。深圳与佛山市是广东较为发达的城市，且地理距离广州较近，对"广州民政"的关注度也相对较高。

3. 年龄分析

从图3-30受众年龄分布可以看出,"广州民政"微博的受众中,"80后"所占比例最大,超过"广州民政"微博总关注量的一半;关注度第二的受众年龄段为"90后",约占总人数的1/4。由于"80后"目前对人事、住建、社保类的咨询需求度较大,而"90后"和"95后"的受众已为适婚年龄,对人事住建民政社保类的关注度较高。因此可以看出,人事住建民政社保类的主要受众群体为"80后"和"90后",受众年龄结构较为年轻。

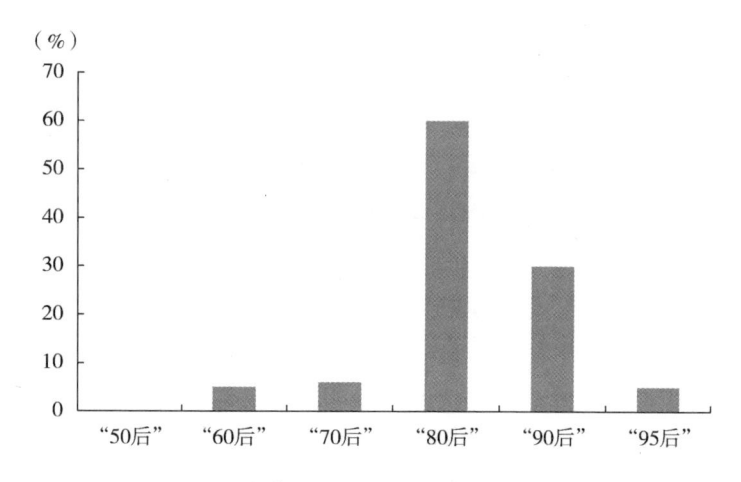

图3-30 人事住建民政社保类受众年龄分布

4. 学校分析

从图3-31可以看出,"广州民政"微博受众中人数最多的分别为广州大学、中山大学、华南农业大学、华南师范大学等,前十所高校均位于广东省,可见广东当地人对"广州民政"的关注度最高,地域性较强。因各地关于人事住建社保的制度政策略有不同,主要是当地居民关注,故可知人事住建民政社保类政务微博的地域属性较强。

5. 职业分析

从图3-32左边职业标签词云可以看到,"科技""中心""律师事务所""综合"等处于中心位置,词频高;从右边认证标签词云看到,"民政局""服务中心""电视台""委员会""记者"等词的词频较高。"广州民

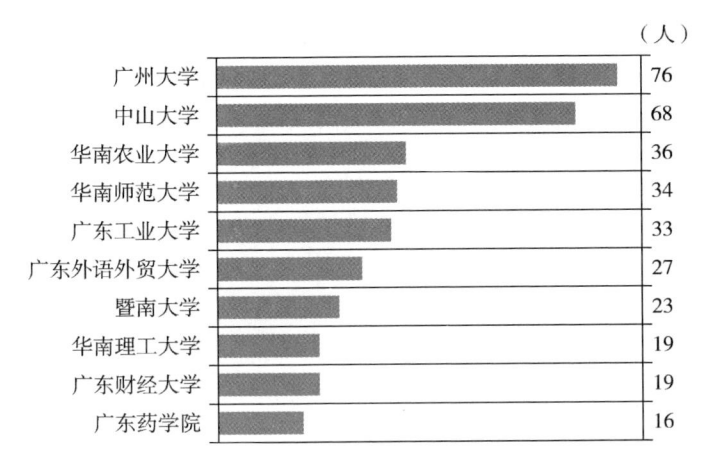

学校	人数
广州大学	76
中山大学	68
华南农业大学	36
华南师范大学	34
广东工业大学	33
广东外语外贸大学	27
暨南大学	23
华南理工大学	19
广东财经大学	19
广东药学院	16

图 3-31　人事住建民政社保类受众学校分布

政"微博的受众主要在民政局、服务中心、电视台等单位从事综合、服务类工作。可以推知，人事住建民政社保类政务微博的受众主要为人事住建民政社保等行业的相关单位从业者。

图 3-32　人事住建民政社保类受众职业认证分布

6. 共同关注分析

从图 3-33 可以看出，"广州民政"微博的受众，共同关注的其他博主有：①新闻类：头条新闻、南方都市报、广州日报、中国广州发布、人民日报。②公安检察司法类：广州公安。③企业家：李开复。以上十个共同关注微博中，有五个是新闻类微博，可知人事住建民政社保微博受众对新闻类的微博关注度也很高，他们偏向于在微博中获取新闻与政策发布。

序号	共同关注	关注用户	关注比例
1	广州民政	2781	100.0%
2	头条新闻	1161	41.7%
3	南方都市报	1143	41.1%
4	广州日报	1122	40.3%
5	广州公安	1066	38.3%
6	中国广州发布	1055	37.9%
7	微博Android客户端	1026	36.9%
8	李开复	902	32.4%
9	微博星座	871	31.3%
10	人民日报	865	31.1%

图 3-33　人事住建民政社保类受众共同关注

（六）公安检察司法类

这一类政务微博选取"中国警方在线""最高人民检察院"和"最高人民法院"微博为样本，对其受众数据进行分析，分析结果如下。

1. 性别分析

对"中国警方在线""最高人民检察院"和"最高人民法院"进行受众性别比例分析，得到如图 3-34 所示的受众性别比例，从左至右依次为"中国警方在线""最高人民检察院"和"最高人民法院"。

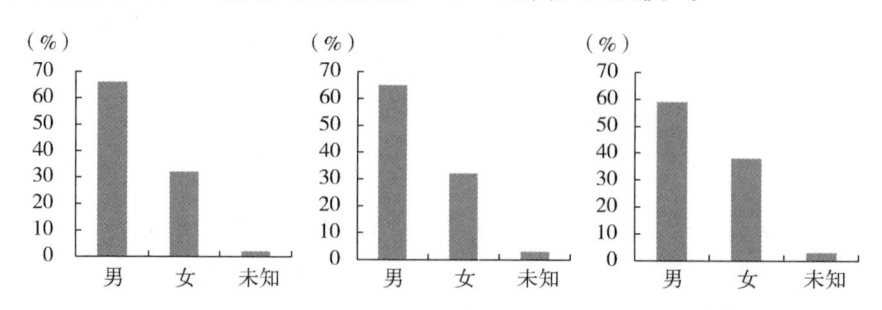

图 3-34　公安检察司法类受众性别比例

从以上性别比例分析可以看出，关注公安检察司法类中三个样本的受众性别分布大致相同。其中，"中国警方在线"的微博受众中，男性占66%，女性占32%，男性受众约是女性受众的2倍；"最高人民检察院"微博男性受众占65%，女性受众占32%，男性受众约是女性受众的2倍；"最高人民法院"的微博受众中，男性占比59%，女性占比38%，男性受众约是女性受众的1.6倍。可以得出，男性对公安检察司法类的政务微博的关注度明显高于女性。

2. 地域分析

对"中国警方在线""最高人民检察院"和"最高人民法院"进行受众地域分布分析。可以看出，全国范围内，"中国警方在线"微博的受众由多到少依次分布在广东、北京、江苏、浙江和上海等地；"最高人民检察院"的微博受众由多到少依次分布在北京、广东、江苏、浙江、上海等地；"最高人民法院"的微博受众由多到少依次分布在广东、北京、江苏、浙江和上海等地。"公安类""检察类"和"司法类"的受众分布范围基本一致，对公安检察司法类微博的关注度最高的为广东、北京两地，其次为江苏、浙江、上海。这些地区均为我国区域经济较为发达、城市治安较好的地区。可以得出，我国对公安检察司法类政务微博关注最多的地区为广东、北京、江苏、浙江和上海等发达省份。

3. 年龄分析

对"中国警方在线""最高人民检察院"和"最高人民法院"进行受众年龄分布分析，得到如图3-35所示的受众年龄分布，从左至右依次为"中国警方在线""最高人民检察院"和"最高人民法院"的年龄分布。

可以看出，"中国警方在线"的"80后"受众，占总人数的一半左右，其次是"90后"，约占1/3；"最高人民检察院"的受众中"90后"人数最多，占总人数一半以上，"80后"其次，所占比例约为1/3；"最高人民法院"的受众年龄分布与"最高人民检察院"基本一致。可以得出，关注公安检察司法类政务微博的受众的年龄结构较为年轻，主要为"80后"群体和"90后"群体。

4. 学校分布分析

对"中国警方在线""最高人民检察院"和"最高人民法院"受众的

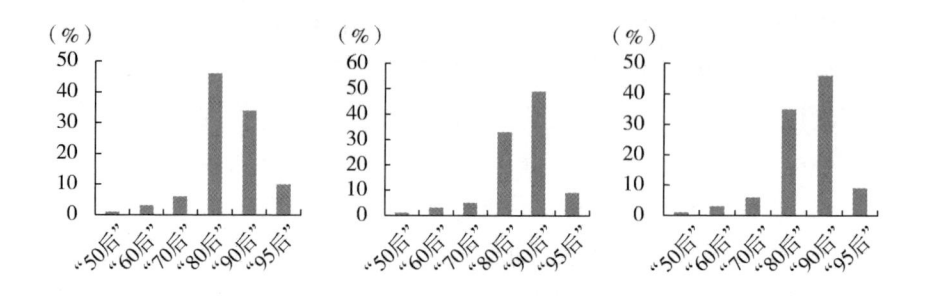

图 3-35　公安检察司法类受众年龄分布

学校进行分布分析，得到如图 3-36 所示的学校分布，从上至下依次为"中国警方在线""最高人民检察院"和"最高人民法院"学校分布。

可以看出，"中国警方在线"的受众主要来自北京大学、中国人民公安大学、中国传媒大学、中国人民大学。"最高人民检察院"与"最高人民法院"的受众的大学相似，主要来自西南政法大学、中国政法大学、华东政法大学与北京大学。"公安类"的微博受众里，公安大学所占比例较高，"检察类"和"司法类"的受众主要来自政法类大学。

可以得知，公安检察司法类政务微博的受众学校专业性较强，主要是公安大学及政法类高校。

5. 职业分析

对"中国警方在线""最高人民检察院"和"最高人民法院"进行受众职业分布分析，如图 3-37 所示，从上至下依次为"中国警方在线""最高人民检察院"和"最高人民法院"职业及认证分布。

可以看出，"公安类"的主要职业关键词为"公安局""派出所"；认证关键词为"派出所""分局""大队"等。可以得到，关注"公安类"微博的受众主要为在公安局、派出所等国家公安单位任职的人员。"检察类"的主要职业关键词为"公安局""人民检察院""律师"；认证关键词为"律师""总经理""媒体"，与"司法类"受众的职业认证分布的主要关键词大致相似。可以得出，"检察类"及"司法类"的受众主要为在人民检察院、律师事务所等从事律师和专职媒体沟通对接相关行业的从业人员。

第三章 政务微博受众分析 | 93

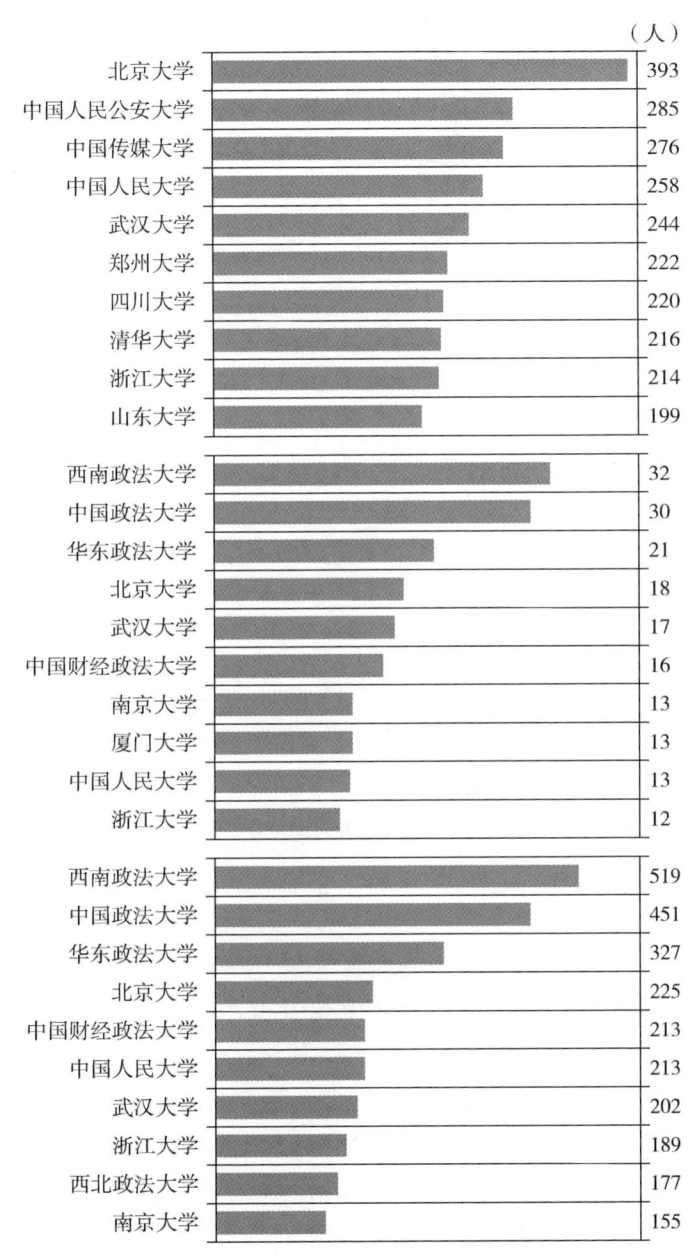

(人)
学校	人数
北京大学	393
中国人民公安大学	285
中国传媒大学	276
中国人民大学	258
武汉大学	244
郑州大学	222
四川大学	220
清华大学	216
浙江大学	214
山东大学	199
西南政法大学	32
中国政法大学	30
华东政法大学	21
北京大学	18
武汉大学	17
中国财经政法大学	16
南京大学	13
厦门大学	13
中国人民大学	13
浙江大学	12
西南政法大学	519
中国政法大学	451
华东政法大学	327
北京大学	225
中国财经政法大学	213
中国人民大学	213
武汉大学	202
浙江大学	189
西北政法大学	177
南京大学	155

图 3-36 公安检察司法类受众学校分布

可以知道，公安检察司法类微博受众主要是我国公安系统、检察系统及司法系统的行业从业者。

图 3-37 公安检察司法类受众职业认证分布

6. 共同关注分析

对"中国警方在线""最高人民检察院"和"最高人民法院"进行共同关注分析，得到如图 3-38 所示的学校分布，从上至下依次为"中国警方在线""最高人民检察院"和"最高人民法院"共同关注列表。

其中，共同关注对象有：①新闻类：头条新闻、央视新闻、人民日报。②企业家：李开复。

可以得出，公安检察司法类的政务微博的受众偏向于在微博上获取新闻，并且他们比较关注企业家的动态与信息。

序号	共同关注	关注用户	关注比例
1	公安部打四黑除四恶	110050	100.0%
2	头条新闻	54739	49.7%
3	央视新闻	43053	39.4%
4	人民日报	42413	38.5%
5	微博星座	39963	36.3%
6	李开复	37082	33.7%
7	姚晨	33368	30.3%
8	潘石屹	31547	28.7%
9	任志强	31088	28.2%
10	郭德纲	30606	27.8%

序号	共同关注	关注用户	关注比例
1	最高人民检察院	3659	100.0%
2	头条新闻	2116	57.8%
3	人民日报	1932	52.8%
4	央视新闻	1759	48.1%
5	微博星座	1448	39.6%
6	最高人民法院	1426	39.0%
7	李开复	1284	35.1%
8	任志强	1218	33.3%
9	南方周末	1138	31.1%
10		1135	31.0%

序号	共同关注	关注用户	关注比例
1	最高人民法院	50906	100.0%
2	头条新闻	24967	49.0%
3	人民日报	23264	45.2%
4	央视新闻	19956	39.2%
5	微博星座	19707	38.7%
6	李开复	18940	37.2%
7	韩寒	16479	32.4%
8		15863	33.2%
9	南方周末	15256	30.0%
10		14940	29.3%

图 3-38 公安检察司法类受众共同关注

（七）交通旅游建设类

这一类政务微博选取"中国铁路"微博,对其数据进行受众分析,分析结果如下。

1. 性别分析

由图 3-39 可以看出,关注"中国铁路"的受众中,女性占 32%,男性占 65%,女性受众的人数不到男性受众人数的 1/2。由此可以得出,男性对交通旅游建设类政务微博的关注度比女性高,对交通、旅游建设的关注度高于女性。

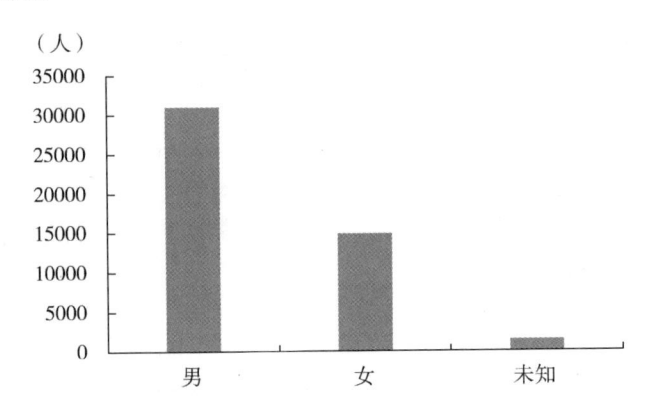

图 3-39 交通旅游建设类受众性别情况

2. 地域分析

对"中国铁路"的受众进行地域分析可以看出,全国范围内,"中国铁路"微博的受众最多的为北京,其余依次为广东、上海、江苏和浙江。可以推断出,全国范围内交通旅游建设类政务微博的主要受众来自北京、广东、上海、江苏和浙江。北京、上海、广州、深圳、南京和杭州六个城市均为我国城市交通的重要枢纽,这些地区的民众对我国交通旅游建设的关注度较高。

3. 年龄分析

从图 3-40 可以看出,"中国铁路"的受众中"80 后"与"90 后"的分布基本相同,均占全部受众的 45% 左右,其余为"95 后""70 后"和极少量"60 后"及"50 后"。可以得出,交通旅游建设类政务微博受众群体较为年轻,"90 后"及"80 后"占据了绝大部分。

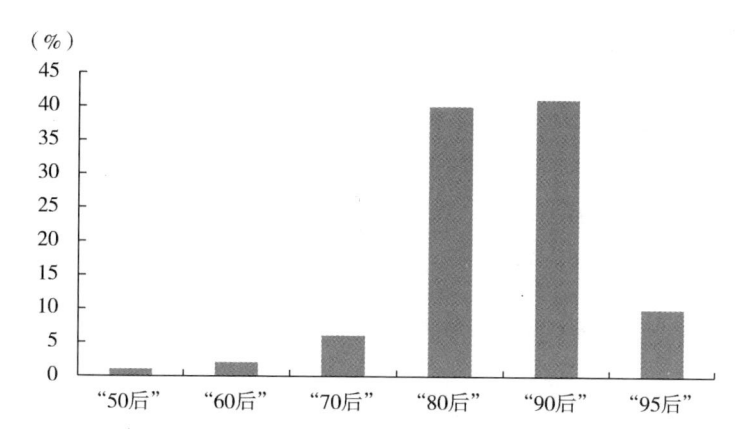

图 3-40　交通旅游建设类受众年龄分布

4. 学校分析

从图 3-41 中可以看到,"中国铁路"的关注者中,受众多的学校有西南交通大学、北京交通大学、兰州交通大学等交通类大学,这些大学的学生对交通旅游的关注度较高。此外,还有北京大学、武汉大学、中南大学、郑州大学等综合性大学。这些大学分别位于北京、武汉、长沙及郑州,均为省会城市,这些城市的铁路线路较为发达,人流量较大。可以得出,对交通旅游建设类政务微博关注度较高的受众主要来自交通类大学及铁路线路发达、人流量大的城市的学校。

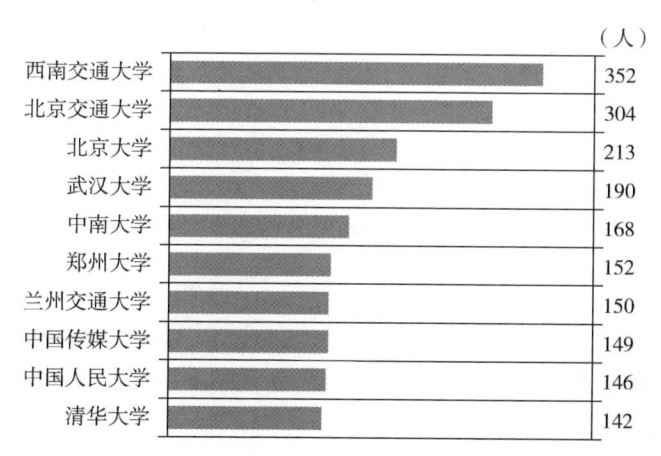

学校	人数
西南交通大学	352
北京交通大学	304
北京大学	213
武汉大学	190
中南大学	168
郑州大学	152
兰州交通大学	150
中国传媒大学	149
中国人民大学	146
清华大学	142

图 3-41　交通旅游建设类受众学校分布

5. 职业分析

图 3-42 左边的职业关键词显示,"中国铁路"微博的受众职业关键词主要有"科技""铁路""中铁""传媒"等;右图认证关键词显示,认证关键词主要有"经理""记者""铁路""电视台""科技""公安局"等。可以看出,"中国铁路"的主要受众为铁路、科技行业的从业者,包括经理、媒体记者等职业。

图 3-42　交通旅游建设类受众职业认证分布

6. 共同关注分析

从图 3-43 可以看出"中国铁路"微博受众的共同关注用户有三个类别:①新闻类:头条新闻、央视新闻、人民日报。②企业家:李开复、潘石

序号	共同关注	关注用户	关注比例
1	中国铁路	49044	100.0%
2	头条新闻	25990	53.0%
3	微博星座	20472	41.7%
4	央视新闻	19918	40.6%
5	人民日报	19831	40.4%
6	李开复	19826	40.4%
7	姚晨	17497	35.7%
8	潘石屹	15897	32.4%
9	何炅	15383	31.4%
10	微博Android客户端	15380	31.4%

图 3-43　交通旅游建设类受众共同关注

屹。③文艺工作者：何炅、姚晨。可以推知，交通旅游建设类政务微博的受众愿意从微博获取新闻消息，也比较关注企业家及文艺工作者的消息动态。

（八）医疗卫生计生类

1. 性别分析

如图3-44所示，在"健康中国"的受众中，男性受众占55%，女性受众占43%，男性受众比女性受众所占比例高1/4左右。可以得出，"健康中国"的受众中，男性比女性的关注度更高，比女性更加关心医疗卫生计生类政务微博。对我国医疗卫生计生的相关政策制度，男性比女性有更高的关注度。

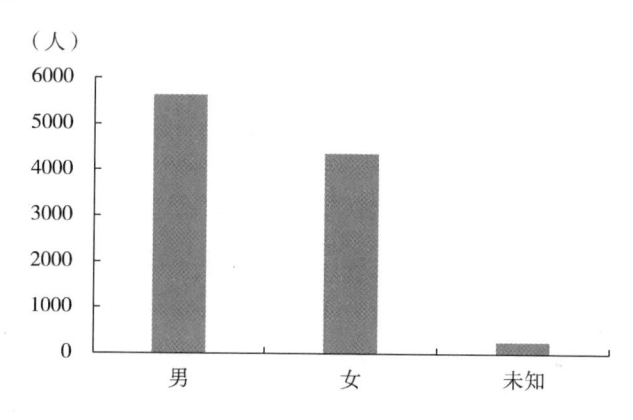

图3-44 医疗卫生计生类受众性别情况

2. 地域分析

对"健康中国"受众地域分析可以看出，全国范围内，"健康中国"微博受众最多的为北京，其余依次为广东、上海、江苏和浙江。可以得出，全国范围内医疗卫生计生类政务微博的主要受众来自北京、广东、上海、江苏和浙江，上述五个地区的民众对我国医疗卫生计生相关政策制度的关注度较高。

3. 年龄分析

从图3-45可以看出，"健康中国"的受众中，"80后"所占比例最大，约为总人数的1/2，其次为"90后"，约占总人数的1/3。之后依次为"95后""70后""60后"和"50后"。可以得出，医疗卫生计生类政务微博受众的年龄结构较为年轻，但也有一定比例的年长受众。

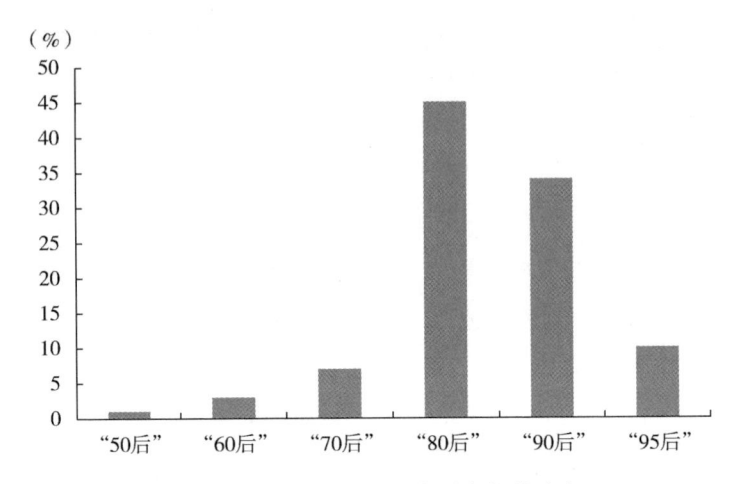

图 3-45　医疗卫生计生类受众年龄分布

4. 学校分析

如图 3-46 所示,在"健康中国"的关注者中,受众多的学校有北京大学、复旦大学、四川大学、浙江大学及中山大学等综合性大学,这几个大学分别是北京、上海、四川、浙江、广东最好的大学之一。从学科分析,北京大学医学院、四川大学华西医学院、中山大学医学院等医学院在全国排名靠前,以上几个城市最好的公立医院也为当地高校的附属或合作医院。可以得出,医疗卫生计生类的政务微博关注度较高的受众主要来自医疗水平较为发达地区的有较好的医学院的学校。

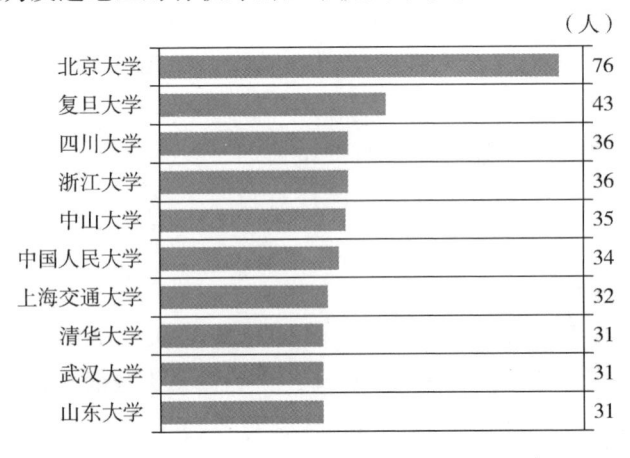

学校	人数
北京大学	76
复旦大学	43
四川大学	36
浙江大学	36
中山大学	35
中国人民大学	34
上海交通大学	32
清华大学	31
武汉大学	31
山东大学	31

图 3-46　医疗卫生计生类受众学校分布

5. 职业分析

图3-47左边的职业关键词显示,"健康中国"受众的职业关键词主要有"医院""健康""科技""医学院"等;右图认证关键词图显示,认证关键词主要有"医院""健康""科技""医师""营养师"等。可以得出,"健康中国"的主要受众为在医院、医学院、健康管理行业的从业者,从事医师、营养师、记者或者咨询行业等职业。医疗卫生计生类微博的受众大部分为医疗行业的从业者。

图3-47 医疗卫生计生类受众职业认证分布

6. 共同关注分析

从图3-48中可以看出,"健康中国"受众的共同关注用户有以下类别:①新闻类:头条新闻、央视新闻、人民日报、南方周末。②企业家:李开复、潘石屹。

序号	共同关注	关注用户	关注比例
1	健康中国	10676	100.0%
2	头条新闻	5890	55.2%
3	人民日报	4889	45.8%
4	央视新闻	4666	43.7%
5	李开复	4240	39.7%
6	微博星座	4096	38.4%
7	潘石屹	3453	32.3%
8	姚晨	3434	32.2%
9		3351	31.4%
10	南方周末	3157	29.6%

图3-48 医疗卫生计生类受众共同关注

以上十个共同关注的微博中,有四个是新闻类微博,三个是企业家微博。医疗卫生计生类政务微博的受众偏向在微博上获取一些新闻类消息,并且对企业家类的关注度很高。

(九) 财政银行商务类

该类别选取"商务微新闻"微博进行受众分析,分析结果如下。

1. 性别分析

从图 3-49 可知,"商务微新闻"的受众中,男性受众占 55%,女性受众占 43%,男性受众比女性受众所占比例高 1/4 左右。可以得出,"商务微新闻"的受众中,男性比女性的关注度更高,更加关心财政银行商务类政务微博,对于我国财政银行商务的相关政策制度有更高的关注度。

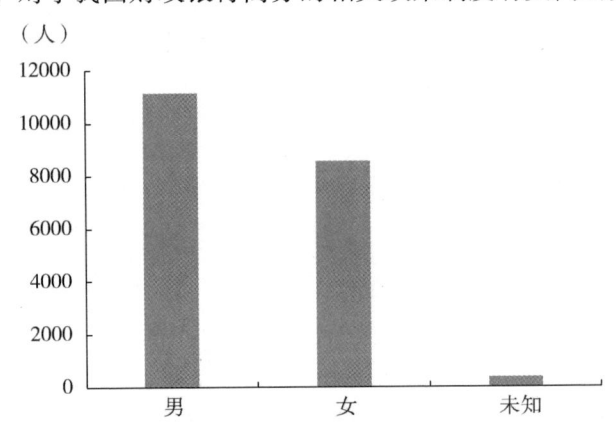

图 3-49 财政银行商务类受众性别情况

2. 地域分析

"商务微新闻"微博受众地域分布最多的为北京,其后依次为广东、上海、浙江和江苏。上述五个地区经济相比全国较为发达,民众对我国财政银行商务类相关政策制度的关注度较高。

3. 年龄分析

从图 3-50 可以看出,"商务微新闻"的受众中,"80 后"所占比例最大,约占总受众人数的 1/2;其次为"90 后",约占总人数的 1/3;最后为"95 后""70 后""60 后"和"50 后"。可以得出,财政银行商务类微博受众的年龄构成较为年轻,主要为"80 后"和"90 后"。

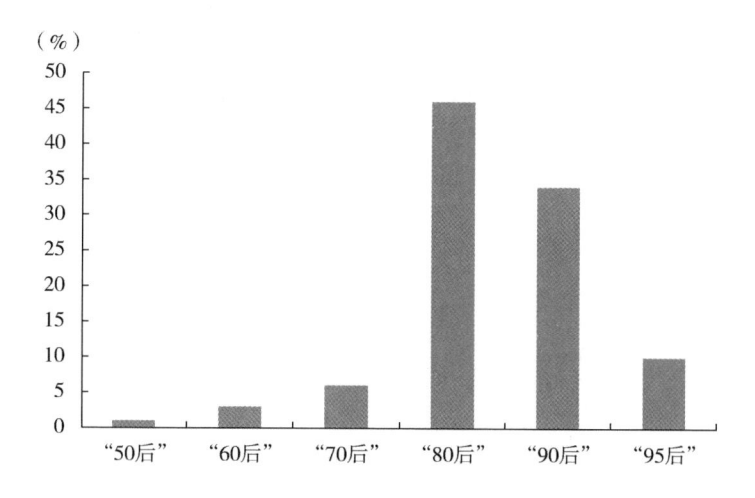

图 3-50　财政银行商务类受众年龄分布

4. 学校分析

从图 3-51 中可以看出，"商务微新闻"微博受众的学校主要为对外经济贸易大学、中国人民大学、中国传媒大学、中国政法大学等经济及政法类大学，此外，还有北京大学、清华大学、武汉大学、浙江大学等经济专业排名靠前的综合性大学。可以推知，关注财政银行商务类政务微博的人主要来自经济、政法类大学及经济学科较强的综合性的大学。

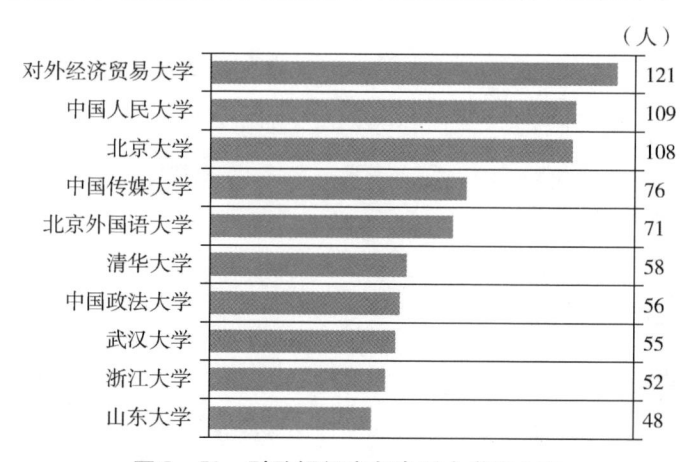

学校	人数
对外经济贸易大学	121
中国人民大学	109
北京大学	108
中国传媒大学	76
北京外国语大学	71
清华大学	58
中国政法大学	56
武汉大学	55
浙江大学	52
山东大学	48

图 3-51　财政银行商务类受众学校分布

5. 职业分析

图 3-52 左边"商务微新闻"的受众职业关键词有"科技""投资"

"经理""管理""中心""服务"等,右边的认证关键词有"总经理""总监""记者""财经""媒体"等。可知,关注财政银行商务类的受众,主要在科技、投资中心从事总经理、总监等职位,还有在投资商务行业从事记者一类的媒体工作。

图 3-52　财政银行商务类受众职业认证分布

6. 共同关注分析

从图 3-53 可以看到,"商务微新闻"受众的共同关注用户有三个类别:①新闻类:头条新闻、人民日报、央视新闻。②经济相关:郎咸平、财经网。③企业家:李开复、潘石屹。可以得知,财政银行商务类的受众愿意从微博中获取新闻类相关信息,并且获取经济类的意见领袖及经济类

序号	共同关注	关注用户	关注比例
1	商务微新闻	21093	100.0%
2	头条新闻	8031	38.1%
3	人民日报	7252	34.4%
4	李开复	6919	32.8%
5	央视新闻	6110	29.0%
6	潘石屹	5818	27.6%
7	郎咸平	5768	27.3%
8	微博星座	5734	27.2%
9	姚晨	5732	27.2%
10	财经网	5726	27.1%

图 3-53　财政银行商务类受众职业认证分布

的信息，他们也比较关注企业家的相关动态及信息。

（十）政务发布类

该类别政务微博选取"国资小新"微博进行受众分析，分析结果如下。

1. 性别分析

图 3-54 显示，"国资小新"的受众中，男性受众占 63%，女性受众占 35%，男性受众是女性受众的 1.8 倍。可以得出，"国资小新"的受众中男性比女性的关注度更高。可以推断政务发布类政务微博的受众中，男性比女性关注得更多，对于我国新闻媒体的相关信息，男性比女性有更高的关注度。

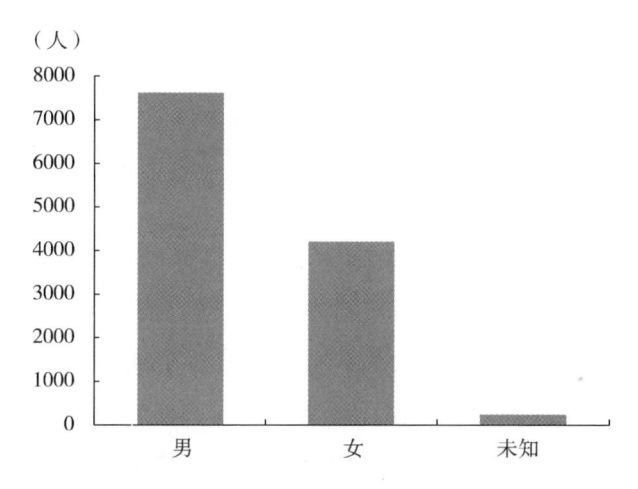

图 3-54 政务发布类受众性别情况

2. 地域分析

全国范围内，"国资小新"微博受众地域分布最多的为北京，其余依次为广东、上海、江苏和浙江。可以推断，全国范围内，政务发布类政务微博的主要受众来自北京、广东、上海、浙江和江苏，上述五个地区的民众对我国政务发布类相关政策制度的关注度较高。

3. 年龄分析

从图 3-55 可以看出，"国资小新"微博的受众中，"80 后"所占比例最大，约占总受众人数的 1/2；其次为"90 后"，约占总人数的 1/3；依次为"95 后""70 后""60 后"和"50 后"。可以得出，政务发布类政务微博的受众年龄结构较为年轻。

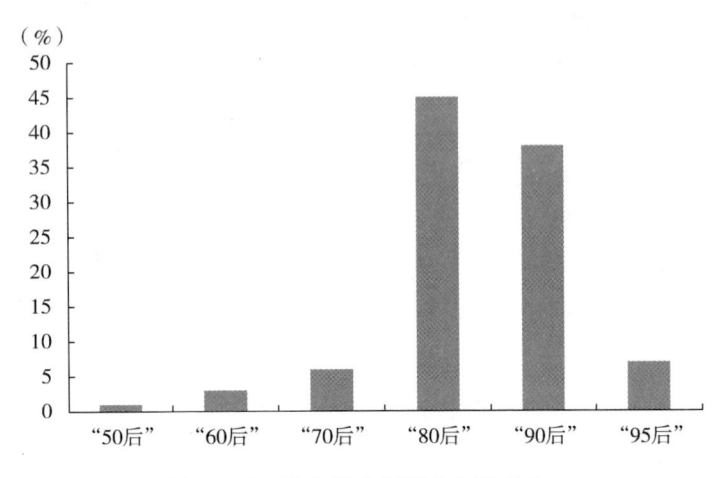

图 3-55 政务发布类受众年龄分布

4. 学校分析

从图 3-56 中可以看出,"国资小新"微博受众的学校有北京大学、中国人民大学、清华大学、武汉大学等综合性大学,这几类大学的新闻学均为优势学科。此外,"国资小新"的受众中,中国传媒大学的学生受众群体也相对较大,中国传媒大学是我国传媒类的顶尖高校。可以推知,关注政务发布类政务微博的学校主要是新闻传播专业较强的综合性大学及媒体传播类的专业性大学。

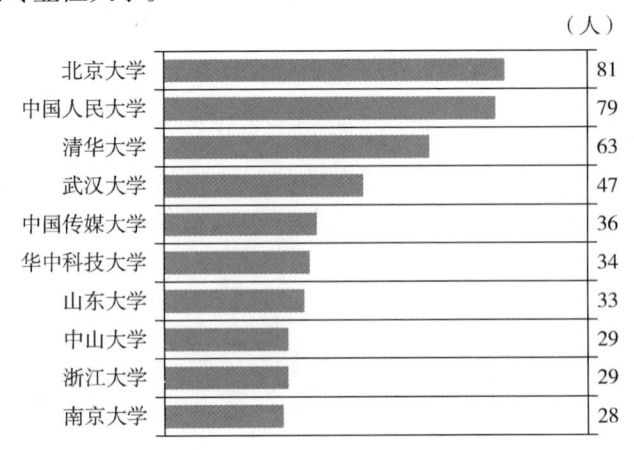

学校	人数
北京大学	81
中国人民大学	79
清华大学	63
武汉大学	47
中国传媒大学	36
华中科技大学	34
山东大学	33
中山大学	29
浙江大学	29
南京大学	28

图 3-56 政务发布类受众学校分布

5. 职业分析

图 3-57 左边的受众职业关键词有"科技""投资""技术""管理""证券""传媒"等，右边的认证关键词有"集团""经理""媒体""财经""总监"等。关注"国资小新"的受众，主要在科技、投资中心、传媒行业集团从事经理、总监等职位，或者从事记者等媒体工作。

图 3-57 政务发布类受众职业认证分布

6. 共同关注分析

从图 3-58 中可以看到，"商务微新闻"受众的共同关注用户有以下类别：①新闻类：头条新闻、人民日报、央视新闻、中国新闻周刊。②企

序号	共同关注	关注用户	关注比例
1	国资小新	12677	100.0%
2	央视新闻	5748	45.3%
3	头条新闻	4684	36.9%
4	人民日报	4500	35.5%
5	中国新闻周刊	4193	33.1%
6	姚晨	3934	31.0%
7	微博星座	3640	28.7%
8	微博小秘书	3566	28.1%
9	李开复	3499	27.6%
10	潘石屹	3272	25.8%

图 3-58 政务发布类账号类受众职业认证分布

业家：李开复、潘石屹。以上受众的十位共同关注中，有五个是新闻媒体类相关微博。可见，政务发布类政务微博的受众偏向于从微博中获取新闻信息。

三 政务微博高转发受众分析结果

（一）党政外交国防军事海关类

表3-11显示，在此类政务微博中，转发量最高的三条微博的第一层转发均为娱乐明星。第一层由"TFBOYS-易烊千玺"转发的微博均为易烊千玺相关的资讯，转发量均达到100万以上；由"胡歌"转发的微博转发量也在30万以上。三条最高转微博的转发占比均在98%以上，由此可知，娱乐明星是此类政务微博的引爆点。

表3-11　党政外交国防军事海关类高转微博受众分析

微博内容	事件属性	核心转发受众	受众属性	转发占比（%）	总转发数
首届中国国际进口博览会即将开幕！你也在和我们的上海青年推广大使@TFBOYS-易烊千玺一起期待进博会吗？	社会热点	TFBOYS-易烊千玺	娱乐明星	99.5	1468024
#向前进博青春#手势舞火热来袭	社会热点	TFBOYS-易烊千玺	娱乐明星	98	1176122
每一次开拓事业路上的担当，迎来的是成ံ绽放！每一次把不可能变为可能，成就的是从0到1的奇迹！	文艺娱乐	胡歌	娱乐明星	99.4	300646

（二）国土资源气象产业类

从表3-12中可以看出，国土资源气象产业类政务微博的转发量较少，转发量最高的微博转发数仅为132，由"自然资源部"发布。第一层由"银川国土"转发，"银川国土"是银川市国土资源局官方微博，是自然资源部的下级单位。该转发属于政务信息下发式转发传播。

表 3-12　　　　　国土资源气象产业类高转微博受众分析

微博内容	事件属性	核心转发受众	受众属性	转发占比（%）	总转发数
自然资源部不动产登记专用章启用	通知公告	银川国土	政务微博	83.3	132
《第三次全国国土调查实施方案》印发	通知公告	无			44

（三）发展改革创新类

如表 3-13 所示，发展改革创新类政务微博主要是发布新闻公告类的消息，与受众互动较少，故总转发数量较低，且无核心受众转发情况。

表 3-13　　　　　发展改革创新类高转微博受众分析

微博内容	事件属性	核心转发受众	受众属性	转发占比（%）	总转发数
中国经济稳中向好态势不会改变——国家发展改革委副主任宁吉喆回应经济热点问题	新闻公告	无			141
《"一带一路"大数据报告 2018》在夏季达沃斯论坛发布	新闻公告	无			61

（四）文化教育体育科技类

从表 3-14 中可以看出，文化教育体育科技类政务微博转发量最高的三条微博有新闻公告类信息与文艺娱乐类信息。其中，文艺娱乐类信息是由团体微博"西南医大 17 级第二团总支"转发，转发占比达到 96.6%。团体微博类受众是文化教育体育科技类政务微博信息传播的爆点。

表 3-14　　　　　文化教育体育科技类高转微博受众分析

微博内容	事件属性	核心转发受众	受众属性	转发占比（%）	总转发数
关于考研初试，你有疑问的、想知道的、容易出错的、应该知道的、需要特别注意的……都为你贴心整理好了。转发收藏	通知公告	中国研究生招生信息网	政务微博	26.2	500

续表

微博内容	事件属性	核心转发受众	受众属性	转发占比（%）	总转发数
全球"最美书店",想和谁一起去？阿根廷布宜诺斯艾利斯的雅典人书店,被誉为全球"最美书店"	文艺娱乐	西南医大17级第二团总支	团体微博	96.6	207
2019研考生,研招现场确认最全提醒,请收藏	通知公告	喵大反应	文娱大V	58.4	368

（五）人事住建民政社保类

从表3-15中可以看出，人事住建民政社保类政务微博主要是发布通知公告类的消息，由于地域性较强，关注度较低，总转发数量较低。

表3-15　　　　　　人事住建民政社保类高转微博受众分析

微博内容	事件属性	核心转发受众	受众属性	转发占比（%）	总转发数
广州173个应急庇护场所已全部向市民开放	通知公告	广州交通	政务微博	11.1	9
天津市开展脱贫攻坚志愿服务主题宣传活动	通知公告	天津志愿者	政务微博	20	5

（六）公安检察司法类

从表3-16中可以看出，公安检察司法类政务微博的最高转发为社会热点，第一层转发由企业家大V转发，转发量达到40000多条，但转发占比仅有3.5%。转发量最高的第二条及第三条转发量高，但转发占比也较少。从分析可以推知，公安检察司法类政务微博发布的信息内容受众范围广，没有特定的受众属性，转发量高，但核心转发人转发占比低。

表3-16　　　　　　公安检察司法类高转微博受众分析

热点内容	内容属性	核心转发人	认证信息	转发占比（%）	总转发数
央视·今日说法："看得见的正义"系列节目之一：十亿骗局	社会热点	浩富战法	企业家大V	3.5	43143

续表

热点内容	内容属性	核心转发人	认证信息	转发占比（%）	总转发数
社会学家花了6年时间研究，告诉我们对待孩子的"态度"，决定了他将走进大学还是监狱。这是一个让所有聆听者起立鼓掌的演讲。	娱乐休闲	王兆辉 SanSheng	体育竞技类大V	5.32	26556
乘飞机的朋友们，不要想用这类"成精"的打火机糊弄过安检	娱乐休闲	海上快递员	科学类大V	22.6	14097

（七）交通旅游建设类

从表3-17中可以看出，在交通旅游建设类政务微博中，转发量最高的三条微博的第一层转发均为娱乐明星鹿晗及其相关的数据站。最高转微博的内容均为中国高铁的相关信息，转发占比约为50%。娱乐明星是交通旅游建设类政务微博的引爆点。

表3-17　　　　　　交通旅游建设类高转微博受众分析

网络事件	事件属性	核心转发受众	受众属性	转发占比（%）	总转发数
跟鹿晗一起见证改革开放40多年中国铁路巨变	社会热点	鹿晗	娱乐明星	59.4	854588
说真的，鹿晗要送你一列"复兴号"	社会热点	DEERDATA—鹿晗堆塔数据群	娱乐明星	28.7	345347
大国重器，中国高铁，连接世界，与您同行	社会热点	DEERDATA—鹿晗堆塔数据群	娱乐明星	53.3	39704

（八）医疗卫生计生类

从表3-18中可以看出，医疗卫生计生类政务微博的高转微博第一层由政务微博及文娱大V转发。"关于基因编辑婴儿的有关报道"社会热点由政务微博"中国警方在线"转发，转发总数约为3万条，但转发占比仅有0.3%。政务微博在发布社会热点时，由其他的政务微博进行转发，存在转发平均、转发量高、转发占比低的特点。另一条高转发量的医疗卫生计生类政务微博由文娱大V转发，转发占比约为90%，转发占比高。

表 3–18　医疗卫生计生类高转微博受众分析

网络事件	事件属性	核心转发受众	受众属性	转发占比（%）	总转发数
关于"基因编辑婴儿"有关报道的回应	社会热点	中国警方在线	政务微博	0.3	29961
国家卫生健康委：健康扶贫计划救治超千万贫困患者	社会热点	崔永元	文娱大V	89.4	2875
国家卫生健康委员会科学技术部关于"免疫艾滋病基因编辑婴儿"有关信息的回应	社会热点	无			1760

（九）财政银行商务类

表 3–19 显示，财政银行商务类政务微博的关注度较低，进行信息推送的时候只是发布官方信息，互动性低，不存在第一层转发，总转发量较低。

表 3–19　财政银行商务类高转微博受众分析

网络事件	事件属性	核心转发受众	受众属性	转发占比（%）	总转发数
《区域全面经济伙伴关系协定》（RCEP）部长级会议在新加坡举行	新闻公告	无			23

（十）政务发布类

从表 3–20 中可以看出，政务发布类主要发布社会热点相关信息，最高转的微博总转发数达到两万条，转发人数多，但无核心转发受众。"改革开放 40 年"的相关微博第一层转发为"鹿晗吧_ LuhanBar"，属于娱乐明星，转发占比较高。

表 3–20　政务发布类高转微博受众分析

网络事件	事件属性	核心转发受众	受众属性	转发占比（%）	总转发数
中国兵器#珠海航展#官方宣传片来啦！在地面装备动态表演区，多型主战坦克、轮式装甲车、履带式步兵战车、防雷车	社会热点	无			22041

续表

网络事件	事件属性	核心转发受众	受众属性	转发占比（%）	总转发数
改革开放40年（1978—2018）以来，中国铁路发生了巨大变化，特别是高速铁路已经成为世界高铁的"领跑者"，复兴号的出现，大大缩短了时空距离，为人们创造了美好生活	社会热点	鹿晗吧_LuhanBar	娱乐明星	59.9	10370

四 政务微博受众群体特征分析总结

本章将政务微博分为党政外交国防军事海关类、国土资源气象产业类、发展改革创新类、文化教育体育科技类、人事住建民政社保类、公安检察司法类、交通旅游建设类、医疗卫生计生类、财政银行商务类、政务发布类十个大类，在这十个类别中分别分析研究代表性微博的受众性别比例、年龄分布、地域分布、学校分布、职业分布、共同关注分布六个方面的群体特征以及高转发微博受众的群体特征，得到了十个类别的受众群体描述。

（一）政务微博受众群体特征分析小结

所有政务微博的六种受众特征总结如下。

从受众性别比例分析，在十类政务微博受众中，男性所占的比例均高于女性，且部分类别的政务微博如交通旅游建设类、公安检察司法类的男性受众约为女性受众的两倍。

从年龄分布上分析，政务微博的主要受众为"80后"及"90后"，"80后"的关注最多。可见，"80后"对政务微博的关注度最高，其次为"90后"。从总体来说，政务微博的受众年龄结构较为年轻，年轻人对政务微博的依赖度、信任度较高。

从地域分布来看，政务微博的受众分布最多的城市在北京、广东、浙江、上海、江苏五个省级单位，其次为湖北、山东等地。以上几个省级单位均为经济较为发达、行政管理先进、教育资源优势较大的地区，该地区的受众对政务微博有更高的关注度。

从学校分布来看，学生对政务微博的关注与其专业有关，例如公安检察司法类的政务微博中，来自政法类大学的受众较多，文化教育体育科技类的政务微博中，来自师范类大学的受众较多。其他专业性不明显的政务微博类别中，主要受众的学校分布为我国顶尖的综合性大学。从总体来看，政务微博的受众的学校分布，排在前面的基本为国内最优秀的大学，如北京大学、清华大学、中国人民大学、浙江大学、武汉大学等综合大学。

从职业认证分析来看，各类政务微博的受众均来自该类别的相关行业，如公安检察司法类政务微博的受众，主要来自公安局、检察院、司法局等相关单位。此外，十个类别的政务微博基本的职业标签词云基本都出现了"科技"，认证标签词云基本都出现了"记者"。可以得知，政务微博的受众有相当大一部分从事科技行业或是记者，行业为科技或职业为记者的受众群体对政务微博的关注度较高。

从共同关注分析来看，十个类别的政务微博的共同关注主要有：①新闻类：头条新闻、人民日报、南方日报、中国新闻网等；②企业家：李开复、潘石屹；③文艺工作者：姚晨等。可以分析得出，政务微博的受众偏向于从微博获取新闻资源，他们的共同关注中有将近一半是新闻类的微博。

（二）政务微博高转发受众分析小结

对政务微博高转发微博内容及受众进行分析发现，高转发微博主要分散受众有三种群体：①娱乐明星：娱乐明星转发微博后都是由他们的粉丝再次传播转发。明星转发量高是明星人气的显现，转发量越高，为明星带来的利益越大。其粉丝均是转发内的第二层级。他们的第一层转发有转发量大、转发占比高的特点。②企业家大V：企业家大V作为意见领袖，他们的观点容易被其受众信任并传播。③政务微博：政务微博转发存在转发者多、转发占比均匀、核心转发者占比低的特点。

（三）不足与缺陷

本节主要通过 BlueMC 对政务微博受众进行分析，因此存在几点不足。

（1）微博用户在填写个人信息的时候，并不一定完整准确地进行填写，进行受众分析的时候会造成结果偏差，如性别填写的时候会出现"未知"这一情况。

（2）微博粉丝可能会存在"水军"，"水军"的出现可能会导致某个地区的微博受众集中化，对地域分析造成偏差；同一批的"水军"共同关注某个大V，可能会对政务微博受众共同关注分析造成偏差。

第四章 政务微博内容分析

美国联邦政府以及各级地方政府在使用推特时呈现出五个特征：①政府机构对于推特等社交媒体的全面涉入是"开放式政府"（Open Government）整体战略的一部分；②推特等平台被优先用来发布紧急消息；③政府在使用推特等账户时，围绕具体事务而非具体部门来灵活展开；④以专人轮流值班制度来维护政府的推特，并在账户签名档位置予以公开；⑤因地制宜，积极利用美国国内及国外的平台"为我服务"。①

与美国的框架相比，我国的政务微博也在努力经营，越来越重视与公民的互动以及公民的意见，基本上实现了公共服务的提升。大部分政务微博主要作为信息发布的平台，为公众提供资讯与服务；一部分政务微博用于开展公关工作、控制舆情、安抚群众。目前，总体状况还是着力在政府信息公开的层面。

第一节 政务微博内容分析的理论基础

通过观察新浪十大新闻办微博，可以发现国内政务微博发展的一个新亮点就是政务微博的集群化。而分析其内容特色主要体现在以下几个方面：生活服务资讯占主导、城市文化新闻是重点、新闻发布会信息优先、互动性内容做补充。从目前的状况来看，微博发布厅的内容建设以及城市政务微博群尚处于起步阶段，还存在时效性弱、分类宽泛、忽略引导、关

---

① 瞿旭晟：《政务微博的管理风险及运营策略》，《新闻大学》2011 年第 2 期。

注度低等问题。因此，需要推进编辑创新来解决这些问题。①

一 政务微博内容分类

整理已有研究，政务微博内容主要有以下几个方面。

（一）新闻资讯

政务微博的推出，是政府内容发布平台的"延伸"。政务微博主要还是以正面的形象宣传为主，受众由此可以知道政府机构的最新动态。从内容上来讲，新闻资讯占据了政务微博的绝大部分。这类新闻资讯涉及百姓日常生活的各个方面。但对于重大新闻事件，政务微博并不主动发布相关信息，主要是基于降低事件影响的考虑。

（二）趣闻逸事

为了能够适应网络环境和潮流，顺应广大群众的使用习惯和偏好，政府的微博也就不能只纯粹谈政务，也要分享趣闻逸事、生活健康理念等，让受众能从中获益，这可以有效提高政务微博的互动性和影响力，扩大宣传和覆盖面。

（三）活动信息

除了新闻资讯，网友还希望能够了解到政府机构开展的各类活动，因此活动信息也是政务微博发布的主要内容之一。通过政务微博发布活动信息，能够让更多的人参与其中，拉近政府部门与百姓的距离，调动大家参与活动的积极性。利用微博的互动功能还可以使活动变得更加丰富多彩。

二 政务微博内容分析研究现状

政务微博自 2010 年开始流行以来一直都是人们关注和研究的重点。公共管理、社会学、传播学等各个学科的学者专家以及政务微博的实践者从

---

① 曹丹：《政务微博群内容特色与编辑创新策略探析——基于新浪网"十大新闻办机构微博"的观察》，《中国报业》2012 年第 20 期。

不同的观察视角对政务微博展开了大量的研究，逐渐从最初的微博传播特征研究扩展为全方位的研究，研究的内容也逐渐深入。在看到政务微博迅速发展的同时，也应该看到当前的政务微博存在许多的问题，成为阻碍其发展的"瓶颈"。学者也纷纷对其发展提出了自己的对策和见解。

当前国内已有的研究以案例研究和描述性研究为主，一般研究者多着眼于分析微博内容呈现和传播模式，以个案为研究对象。选取一个或者几个地点在某个时段的所有微博作为样本，进行类目的构建和样本的划分。如王婧以新浪网"北京发布"在 2014 年 3 月 17 日 0：00 到 2014 年 3 月 23 日 24：00 时间段内发布的微博信息为统计样本，采取静态样本采集的方式，对数据进行类目划分整理分析来进行效果研究。①而杭孝平等对"北京发布"这一个案的研究发现，受众倾向于对自己关注的话题进行进一步的评论和再传播，而人们关注的内容主要具有利益相关性、信息形象性、话题争议性、信息实用性等特点，这就给政务微博的管理者和运营者一定的启示，只有发布与受众切身相关的、有用的、有趣的信息，才能吸引用户的关注。②郑拓选取不同部门、地区、层级的政府机构微博开展研究，选取微博信息的发文数量、信息内容、语言风格、网民评论及态度、评论群体类型和评论回复等几个方面，试图探究我国政府机构微博的内容与互动现状。郑拓认为政府机构微博中"政务信息"和"新闻报道"对政府透明度的提升作用有限，网民比较希望得到的是"互动交流信息"和"公共服务信息"。③王斌通过国内外政务微博的对比发现，我国政务微博内容上疑虑情结浓厚，具有"网络焦虑症"。④

另外，官员微博主要是个人生活感悟和公共政务处理，通常通过原创博文的发布、转发、评论、回复以及私信等方式与人们交流互动，接收并处理人们的政务需求。⑤

---

① 王婧：《基于内容分析的北京市政务微博传播效果影响因素研究》，《科技视界》2016 年第 27 期。
② 杭孝平、李彦冰：《政务微博的内容特征与发布标准——以"@北京发布"的微博内容为个案》，《当代传播》（汉文版）2014 年第 6 期。
③ 郑拓：《中国政府机构微博内容与互动研究》，《图书情报工作》2012 年第 3 期。
④ 王斌：《政府传播 2.0：微博的应用历程与发展理念》，《新媒体》2011 年第 4 期。
⑤ 林志标：《新传媒变革下官员微博探讨》，《中国报业》2011 年第 22 期。

三 政务微博内容分析视角

政务微博的功能早已从最初的政策消息发布拓展到网络问政、网友互动，使政务微博成为宣传政府和百姓参政议政的良好平台。因此，脱离与受众之间的互动，仅以传播者的视角去分析政务微博是绝对行不通的。对于政务微博的研究要更加关注信息在政务微博传播过程中的发展和反馈效果。在进行政务微博内容相关分析的时候，学者通常会从以下理论出发进行实际案例诠释。

（一）政府营销理论

政府营销是政府开展的非营利目的的特殊营销活动。国家营销处理的主要是将企业及消费者的微观经济行为同宏观经济的公共政策相连接的问题，可以认为是一种广义的政府营销。"现代营销学之父"Philip Kotler 认为，要找到加速国家发展和财富增长的最优解，就必须充分掌握和评估国家的各种环境要素，包括初始条件、机遇、优劣势等，在战略制定和执行中可以采取战略市场管理的方法。[①]

朱静在国家营销模型基础上提出了适用于我国的政府营销框架模型，即"政府在估计其起始条件、主要机遇、优势和劣势及实现增长的最可靠途径中，其核心是政府，受益于战略市场管理的方法，政府也可像企业一样经营。而且战略市场管理是一个持续的自我纠正过程，在这个过程中，从营销战略到营销战术再到营销管理系统构建等一系列政府营销问题都得到了回答"。政府营销模式全面系统地总结了影响政府营销效果的因素，基于政府营销模型的框架分析研究政务微博的传播模型，应该从四个维度——顾客、工具、战略、环境进行分析。[②]

（二）政治对话沟通理论

1948 年，美国政治学者 Karl Wolfgone Deutsch 首先对政治沟通进行了系统性研究。随后，他对政策制定过程的分析中应用了控制论的基本原理

---

① ［美］菲利普·科特勒：《国家营销：创建国家财富的战略方法》，俞利军、江春译，华夏出版社 2001 年版，第 45—49 页。

② 朱静：《政府营销：新公共管理范式视角下的制度解析》，《生产力研究》2009 年第 15 期。

和方法。直至 1963 年,他的代表作《政府的神经:政治沟通与控制的模式》的发表,为政治科学和社会科学提出了有关信息、传播和控制的理论概念,系统的政治沟通理论形成。根据他的理论,政治系统的内部机制对外部信息进行接受、选择、储存、分析和处理的过程就是沟通。政治系统必须加强这种沟通形成决策,从而达到自己想要的统治要求。同时,还需要将决策引起的变化信息反馈回政治系统,及时调整决策。可以看到,在他的理论当中,沟通的作用同时包括了信息及反馈信息的接受和处理过程。

我国研究政治沟通领域起步较晚。我国第一本对政治沟通进行全面研究的学术专著是 2006 年的《当代中国政治沟通》。作者谢岳指出,政党、舆论、科层、团体四种本动力是政治沟通发生的原因;政治沟通有八种基本功能,包括决策、执行、控制、协调等。作者除了阐述政治沟通的基本原理外,还对政治沟通的通道问题进行了分析研究。[①] 2010 年,张昆在《政治传播与历史思维》一书中强调了政治沟通中传播的重要意义,他认为政治沟通的意义就在于政治主张经过媒介并被大众所接受。[②] 另外还有一些著作,包括《政治传播学概论》[③]《政治学教程》[④] 等,都对沟通互动在政治沟通中的重要作用做了阐述。

政务微博面临的最主要的问题就是怎样利用好微博这一媒介与大众进行有效的互动。基于对话沟通理论,政务微博只有在建立有效平等对话关系的前提下才能形成良好的可沟通机制。从现有的研究来看,网络政治沟通的相关研究较少,研究较为片面,大多是对传统政治沟通理论应用于网络空间的修正,深度也不足,并无新的理论建树。

(三)"结构洞"理论

"结构洞"理论由美国社会学家 Ronald Burt 结合奥地利学派和格兰诺维特的网络分析,于 1992 年在《结构洞:竞争的社会结构》(*Structural Holes: The Social Structure of Competition*)一书中首次提出。"结构洞"指

[①] 谢岳:《当代中国政治沟通》,上海人民出版社 2006 年版,第 70—91 页。
[②] 张昆:《政治传播与历史思维》,华中科技大学出版社 2010 年版,第 35—36 页。
[③] 周鸿铎:《政治传播学概论》,中国纺织出版社 2005 年版,第 4 页。
[④] 俞可平:《政治学教程》,高等教育出版社 2010 年版,第 101 页。

的是社会网络中某些个体之间无直接联系或关系间断的现象，就像网络结构中出现了洞穴。"一个网络中占据结构洞位置的角色可以很方便地得到来自不同信息渠道和集群的信息。"[1]

到目前为止，"结构洞"理论的研究已经十分成熟，并广泛应用于人文社科领域的研究，是网络分析研究的热点问题。针对"结构洞"的研究，有学者认为研究发现弱关系才是人们获取有价值信息的重要途径，而不是一直以来认为的强关系。[2] 因此，研究者对于不同形式的网络结构都应该予以重视。同时，庞科等指出在网络参政群体领袖人物的识别中"结构洞"可以作为重要的指标。[3] 康伟指出了间接关系在信息传播网络中的重要作用。[4] 陈京民等认为，"结构洞"是一种定位网络舆情领袖的方法。[5]

政务微博同样是一个社会网络，因此也可以利用"结构洞"理论进行分析，并能通过结构和关系了解政务微博在微博社会网络中所处的位置及其拥有的力量。

（四）语域理论

语域理论就是将语言系统同情境语境、文化语境两个概念结合，并在一系列著作中加以阐述。语境就是文本研究中的上下文（Context）研究，是系统功能语言学中的一个重要概念。语言大师韩礼德认为，在一个情境语境中，语场、语旨和语式这三个决定语言特征的语境因素会影响语言的使用效果。三者分别指伴随语言进行的社会活动、涉及的人物角色以及语言所采用的符号或修辞手段。[6]

---

[1] Burt, R. S., *Structural Holes: The Social Structure of Competition*, Cambridge, MA: Harvard University Press, 1992, pp. 17-35.

[2] Rerum Politicarum, *The Role of Social Network Sites in Creating Information Value and Social Capital Dissertation*, Berlin: Humboldt University of Berlin, 2012, p. 56.

[3] 庞科、陈京民：《社会网络结构洞在网络参政领袖分析中的应用》，《武汉理工大学学报》（信息与管理工程版）2012年第1期。

[4] 康伟：《突发事件舆情传播的社会网络结构测度与分析——基于"11·16校车事故"的实证研究》，《中国软科学》2012年第7期。

[5] 陈京民、韩永轩：《基于虚拟社会网络挖掘的网络舆情分析》，《中国制造业信息化》2010年第5期。

[6] 赵巍：《语域理论视角下的中国政务微博研究》，《吉林省教育学院学报》（旬刊）2013年第10期。

语场即话语的内容，是在某一语境下的特定话题。有学者基于话题的性质把语场分为两类，即技术性和非技术性。对于政务微博的语言内容，技术类语场就是发布的官方常态信息以及非常态事件澄清说明等；非技术类语场则包括生活信息提醒、节日问候等。不同的语场对词汇、话语结构和语态的选择有很大的制约作用。

语旨即话语双方之间的关系。可以分为个人语旨和功能语旨两类。个人语旨强调话语双方的关系。有研究依据话语的正式程度将其依次分为亲密体、随意体、协商体、正式体和僵化体。如僵化体常应用于讣告发布；正式体常应用于官方信息发布等。功能语旨强调话语者试图达到的意图。也有研究把功能语旨分为教导性、寒暄性、说服性、叙述性。需要特别指出的是，功能语旨的区分并不是绝对的。

语式是指语言交际的渠道、媒介和修辞。[①] 通常可以分为口头和书面两种形式。政务微博的主要表达形式还是文字，视频、图片等都只是作为辅助工具，因此口语化的表达也常在政务微博中出现，用来传递信息和情感。总之，从语域视角来进行政务微博的分析可以很清晰地看到政府以及个人的发布习惯规律以及角色认知，这是进行微博内容分析的常用角度。

第二节　政务微博内容分析设计

传统社会环境监测方法在信息爆炸的新媒体时代已经严重滞后，远远不能满足当下政府对于社会管理的需要。而对传播内容利用内容分析法进行分析，将有助于政府充分了解社会广泛关注的议题，准确掌握舆情，从而预测社会发展状况。

内容分析法是一种常用的对传播内容进行系统、客观、量化分析的大众传播研究分析方法，经过不断的发展和完善，现已经广泛应用于社会学、心理学等多学科研究。美国传播学家 Bernard Berelson 于 1952 年在

---

① 胡壮麟：《语义功能与汉语的语序和词序》，《湖北大学学报》（哲学社会科学版）1989 年第 4 期。

《内容分析：传播研究的一种工具》一书中，对内容分析法的定义是"客观系统并量化地描述显性的传播内容的一种研究方法"。Robert Philip Weber 强调了内容分析法的程序性："内容分析法是一种研究方法，该方法使用一整套程序，从而在文本中得出有效的推论。"[①] 简单来说，内容分析法就是将非定量的传播内容按照一定的规则定量化，并使用统计工具对量化后的数据关系进行分析。内容分析法的适用范围非常广，各种类型的内容都可以分析，尤其适用于容易获得的材料。

运用内容分析法需要三个步骤：概念化、研究设计或规划、采集数据并分析。本书对政务微博的分析主要从关键词入手，进行词频统计和关键词共现矩阵、共现网络的构建。

一 中文分词和词频统计

（一）构建用户词典

（1）首先从搜狗细胞词库（http：//pinyin.sogou.com/dict/）下载相关词库，涵盖城市信息大全、公共管理、法律、社会学和政治学。然后用深蓝词库软件（https：//github.com/studyzy/imewlconverter）进行格式转换，转换为通用的 txt 格式补充到用户词典中。

（2）根据样本数据不断训练，提取关键词补充到用户词典中。比如酒后驾驶、醉酒驾驶、交通违法行为、沐足、青年突击队、毒资、五四式手枪、机动车驾驶证、乱停放、乱停乱放、治安联防员、防控网、黄标车、政协、广州日报、防盗门、煤气瓶、消防员、合同制、详情、广州金盾网、广州台、广州电视台、非进编、警视、消防中队等。

（二）补充停用词典

（1）使用目前自然语言处理领域通用的停用词典。

（2）根据样本数据不断训练，提取停用词，补充到停用词典中。比如转发、理由、微博、目前、原图、几个、以上、以下、得到、你的、我的等。

---

① Weber, R. P., *Basic Content Analysis*, Sage Pubns., 1990, pp. 45–65.

(三) 中文分词和词频统计

中文分词和词频统计由 R 语言中的 jiebaR 和 wordcloud2 软件包实现。考虑到中文信息处理的特殊性，样本数据和编程环境的编码格式统一设置为 UTF-8。

jiebaR（http：//qinwenfeng.com/jiebaR/）是"结巴"中文分词（Python）的 R 语言版本。jiebaR 有四种分词模式，包括索引模型、混合模型、隐式马尔科夫模型和最大概率法，还支持关键词提取、词性标注、文本 Simhash 相似度比较等功能。jiebaR 使用了 Rcpp 和 CppJieba 进行开发，因此具有 C++ 的效率、R 的灵活。jiebaR 的分词速度是其他 R 语言分词包的 5—20 倍。

wordcloud2（https：//github.com/Lchiffon/wordcloud2）是基于 wordcloud2.js（https：//github.com/timdream/wordcloud2.js）封装的一个 R 软件包，通过 HTML5 Canvas 元素绘制不同频次词语的词云图。与之前的 R 软件包 worldcoud（https：//github.com/timdream/wordcloud）相比，wordcloud2 还支持任意形状的词云绘制。

二 创建关键词共现矩阵

创建关键词共现矩阵由 R 语言中的 text2vec 软件包实现。考虑到中文信息处理的特殊性，样本数据和编程环境的编码格式统一设置为 UTF-8。根据中文分词和词频统计结果，首先将词频大于 170 的关键词分为 12 类。然后根据所划分的 12 类构建关键词共现矩阵，所生成的矩阵共计 12 个，涵盖党政外交国防军事海关、地名信息网络档案、国土资源气象产业、发展改革创新、文化教育体育科技、人事住建民政社保、公安检察司法、交通旅游建设、医疗卫生计生、财政银行商务、政务发布类账号、生活安全情感等。

三 关键词共现网络的绘制

将以上 12 个矩阵分别输入软件 Gephi 和 VOSviewer 中进行共现网络的

绘制。Gephi（http://gephi.org/）是一款开源跨平台复杂网络分析软件，适用于分析探索性数据、社交网络、生物网络等。VOSviewer（http://www.vosviewer.com/）工具的核心是 VOSMapping 技术，是在荷兰莱顿大学资助下开发的可免费使用的科学图谱工具。该工具既能实现"一站式"聚类和可视化，也可单独进行分析，同时优化了可视化显示，有效解决节点重叠显示问题，对于大规模数据的整体分析来说非常适合，工具还提供了三类特色的可视化方式可供用户选择。

第三节　政务微博内容分析结果

一　中文分词和词频统计

首先我们对政务微博不同的样本量进行四次词云统计测试：test1（10000 条微博）、test2（300000 条微博）、test3（500000 条微博）、test4（800000 条微博）。测试结果如图 4-1 至图 4-5 所示。

（1） test1（10000 条微博）

图 4-1　词云（词频大于等于 10）

（2）test2（300000 条微博）

图 4−2　词云（词频大于等于 100）

（3）test3（500000 条微博）

图 4−3　词云（词频大于等于 200）

(4) test4 (800000 条微博)

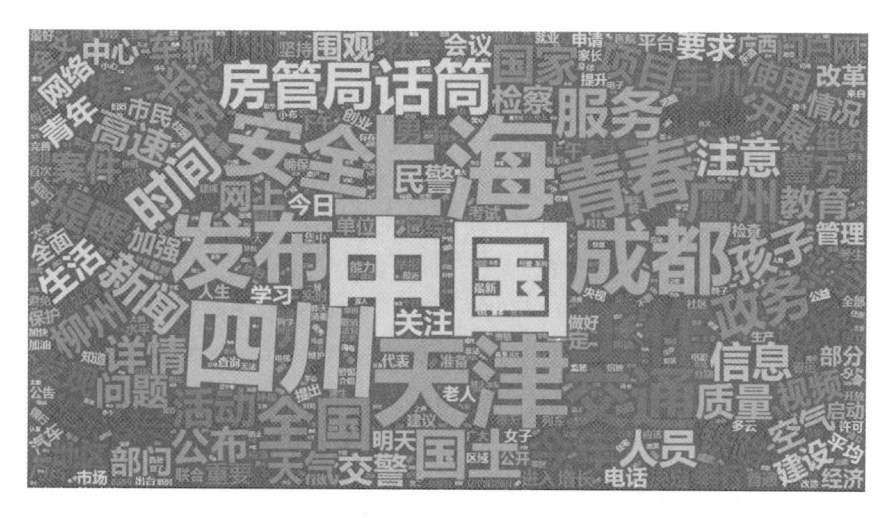

图 4-4　词云（词频大于等于 300）

(5) test5 (1048575 条微博)

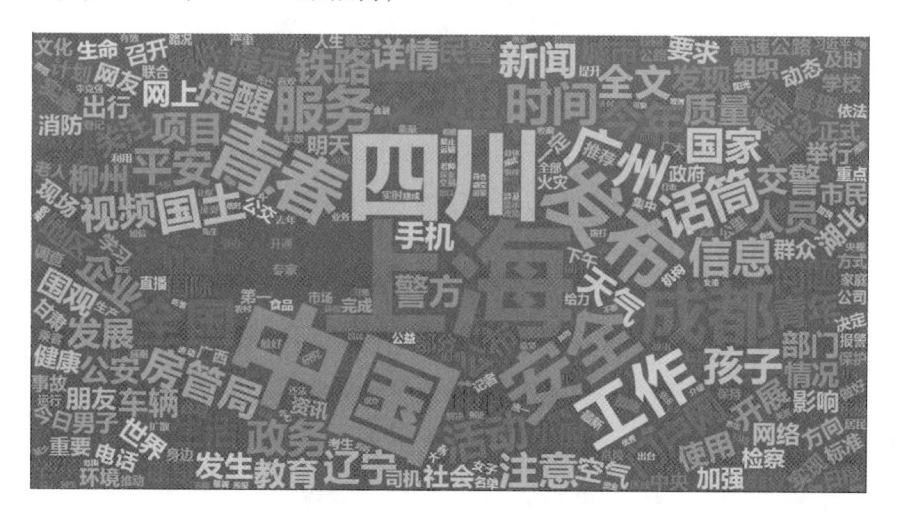

图 4-5　词云（词频大于等于 4000）

由以上词云统计可以看出，"中国""上海""交通""安全""四川""天津"等是出现频率最高的词汇，形象地向我们展示了当前政务微博的内容重点和倾向。而多次不同样本量的测试，重点词频重合度高，说明词云统计词频是了解和分析政务微博内容的一个有效方法,信度和效度都是可靠的。

二 关键词共现矩阵及转化

将所构建的 12 个矩阵转化为目前最通用的网络文件格式". net 格式",该格式被多数主流复杂网络分析软件支持。". net 格式"格式由两部分组成,第一部分是顶点列表,第二部分是边列表。在顶点列表中,第一行注明了节点数量,从第二行起每行代表一个节点,每个节点都有一个唯一的序号。每行最左侧的是节点序号,然后在双引号中填入节点的文本标签,最后还有两列到三列数值,表示节点的坐标。在边列表中,每行定义一条边,其中第一列和第二列分别为节点的序号,第三列为节点之间的联系强度(用数值表示),示例如图 4-6 所示。

```
*Vertices 277
    1 "上海"      0.4885    0.4523
    2 "中国"      0.5862    0.4781
    3 "四川"      0.6169    0.4626
    4 "天津"      0.5162    0.4626
    5 "成都"      0.6108    0.4961
    6 "广州"      0.5446    0.4548
    7 "全国"      0.5738    0.5026
    8 "信息"      0.5400    0.5232
    9 "辽宁"      0.5631    0.5284
……
  277 "平康"      0.5138    0.9000
*Arcs
    1     30    129.3333
    1     34     59.2500
    1     69      5.9000
    1    116      1.4500
    1    127      1.4500
    1    239      2.5333
    1    250      4.6000
    1    259      2.7333
```

图 4-6 .net 格式文件示例

三 关键词共现网络

网络图中每个节点表示一个关键词,关键词的大小对应节点的加权度大小，节点之间的连线表示其联系强度，不同颜色的节点代表不同类（通过 VOSviewer 的内置聚类算法生成，该算法基于网络模块度）。目前，通过网络模块度进行节点聚类（或者叫作社团划分）是比较有效的方法。网络模块度的基本思想是：让聚类内部的联系尽可能紧密，聚类之间的联系尽可能稀疏。密度图反映的是节点之间的联系强度，联系越多，颜色越深；联系越少，颜色越浅。

（一）党政外交国防军事海关

由图 4-7 可以看出，"中央""习近平""李克强""共青团""世界""国际""发布"几个节点加权度最大，内容主要集中在四个方面：中央及地方各级政府党政事务、国务院外事访问及外交接待事务、国防军事及海关进出口事务、中央及各级政府人民代表大会和政治协商会议。从图 4-8 可以看出中心节点与网络图基本上相吻合，其中以"中央""习近平""李克强""共青团""世界""国际""发布"几个节点与其他节点的联系强度最大，结合网络图可判定"习近平""中央""共青团""发布""政府"

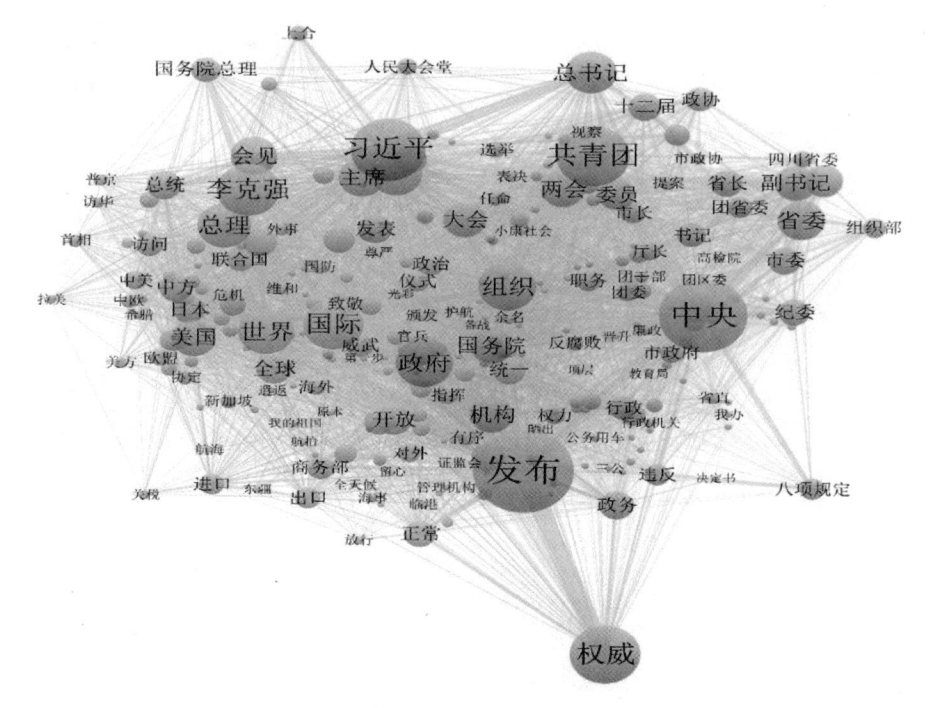

图 4-7 党政外交国防军事海关类网络示意

是党政外交国防军事海关类的中心节点。政务微博作为党政机关在互联网平台上的一种新应用,其官方信息宣传员的角色不可或缺[①],党政外交国防军事海关类的信息充分体现了政务微博的宣传员特性,这类信息几乎都是由中央政务产生,而中央领导人和中央机构在网络中必然占据了关键节点。因此,党政外交国防军事海关类的政务微博内容以中央政务为主。以党的十九大召开为例,从中央到地方的各大重要政务微博都进行了跟踪及回应,发布了相应的信息。

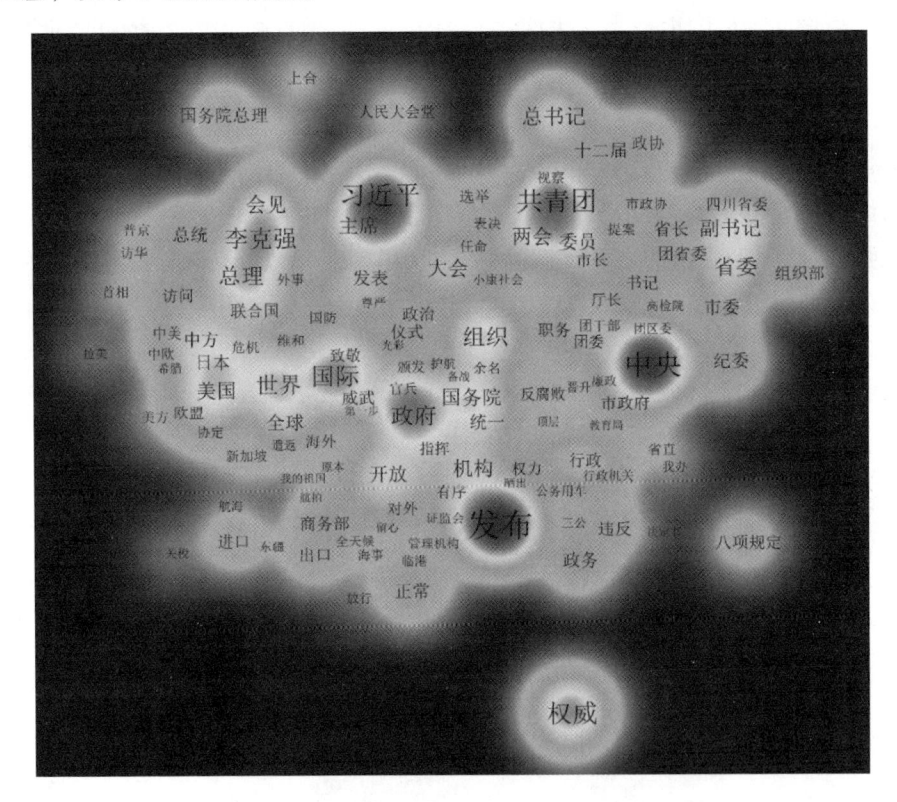

图 4-8 党政外交国防军事海关类密度示意

(二) 地名信息网络档案

从图 4-9 可以看出,"中国""四川""上海""北京""天津"加权

---

① 苗小雨:《新媒体时代政务微博的功能定位与角色演进研究》,《新媒体研究》2018 年第 15 期。

度最大，这反映出四川、上海、北京、天津等地区的政务微博相对活跃，从而使曝光度较高。从分类信息可以看出地名信息联系体现在几个方面，一是中国与其他国家和地区的联系，如中国与非洲、墨西哥等，反映了中国与其他国家的外交关系。二是全国各地区之间的联系，如重庆与浙江、江苏等。三是区域地区之间的联系，如广西、柳州与广东、广州等。这几类联系反映出各个地区间的合作与交流。四是省级行政区与下辖地区之间的联系，如上海与浦东等，体现出辖区的从属关系。从图4－10可以看出，省级政务微博在整个中国政务微博关系网中处于核心地位[①]，省级政务微博非常重视与该地区下属其他政务微博之间的互动，发挥了引领统合作用。各省级政务微博在个体网络地位和影响力方面等级差异显著，大体可分为核心和相对边缘两类。"中国""四川""上海""北京""广州""浙江""武汉"等节点与其他节点联系最为密切，处于网络中心位置。结合网络图和密度图可见，四川、上海、北京、广州、湖北、浙江等地区在政务微博的使用上处于相对突出的位置。

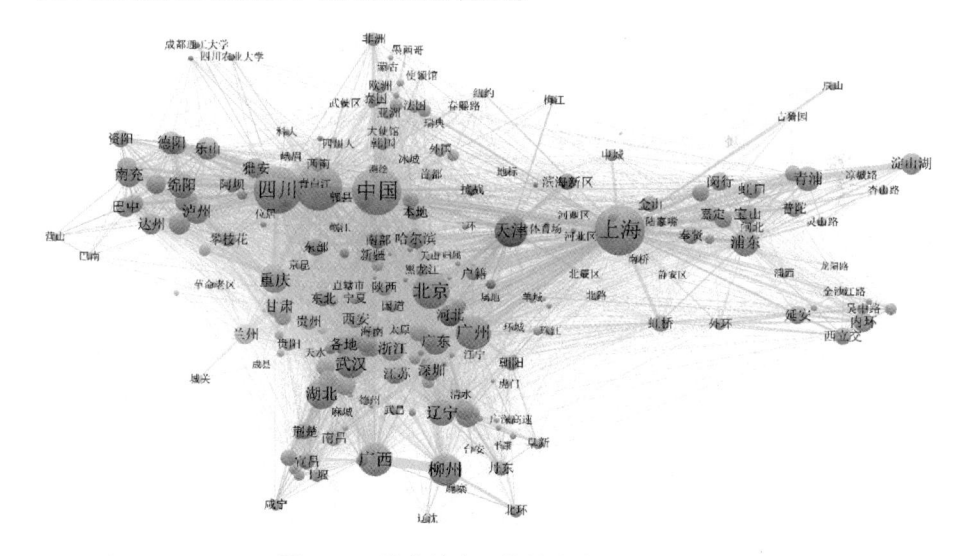

图4－9　地名信息网络档案类网络示意

[①] 沙勇忠、苏有丽：《中国省级政府微博的社会网络分析》，《暨南学报》（哲学社会科学版）2018年第6期。

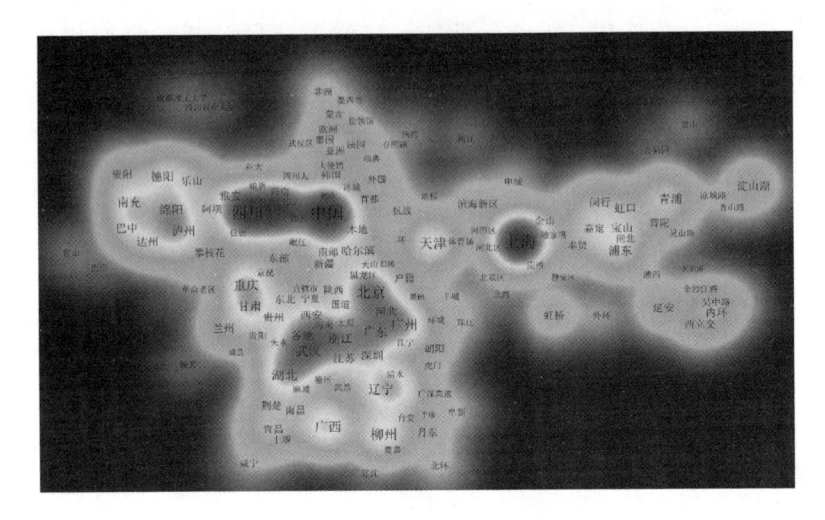

图 4-10 地名信息网络档案类密度示意

(三) 国土资源气象产业

从图 4-11 可知，国土资源气象产业类的内容集中在以下几个内容，包括环境气象、国土资源、生态环保、地震灾害等，其中"环境""空气""面积""平方米""国家"几个节点加权度最大。从图 4-12 上可以看到"面积""平方米""环境""国家"具有较强的链接密度。这体现出国土资源气象产业类内容最集中于国土资源与环境气象，而环境气象中则聚焦于空气状况。政务微博已经是连接政府与公众的重要、必要"桥梁"[①]，政府部门作为中国权威的气象预报发布者，面对气象发布对时效性的需求，政务微博以其实时传播性提供了绝佳的平台。同样，在地震播报中政务微博扮演了相似的角色。尤其是重大自然灾害面前，公众对于信息的需求量急剧增加，政务微博凭借自身的权威性、信息获取管道的便捷性成为地震中资讯发布的重要力量。以雅安地震为例，地震发生后，首先由微博"@中国地震台网速报"曝光，与地震实际发生的时间仅隔一分钟，随后信息量爆发性增长，微博信息数量远高于其他信息渠道。其他政务微博则根据党报和中央电视台讯息，总结并发布地震消息。整个过程中，政务微博在

---

① 赵盼盼：《政务微博发展十年：回眸与前瞻——一个文献综述的视角》，《现代情报》2019年第6期。

正确积极引导舆论、及时粉碎谣言、安抚民众情绪、协助紧急救援等方面都发挥了重要的作用。①

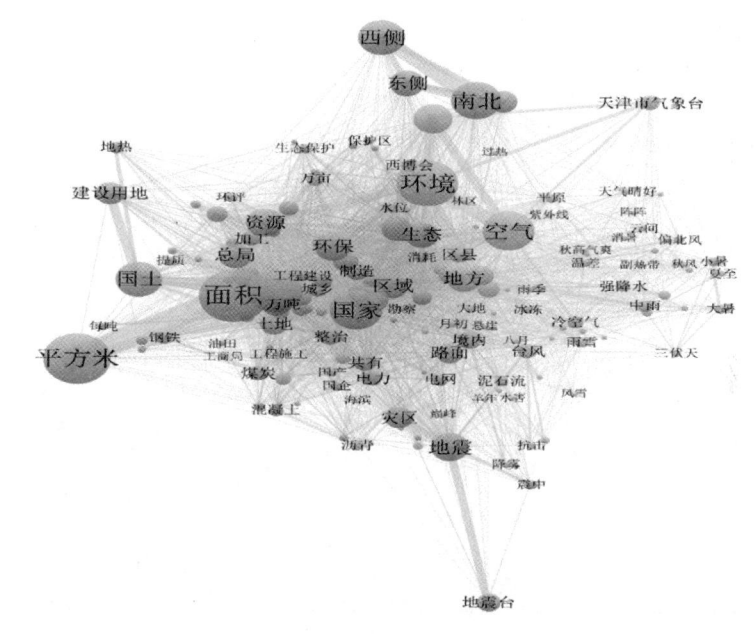

图 4-11 国土资源气象产业类网络示意

(四) 发展改革创新

从图 4-13 可以看到"发展改革创新"主要聚焦于三大类：第一类是"改革""发展""合作"；第二类是"计划""政策""制度"；第三类是"坚持""时间""行动""提高"。第一类体现了具体的内容，第二类表明了承载内容的载体，第三类是政策或计划的实现路径。图 4-14 显示"计划""全面""推动""改革""发展"处于网络的关键节点。结合两张图可以知道政务微博相较于说明载体和路径，更多地展现了"发展改革创新"内容本身。这一类同"党政外交国防军事海关"一样，同样体现了政务微博的宣传员特性。发展、改革、创新等相关的政策制定一般都是由中央来制定的。对所在政府部门而言，通过政务微博发布这类信息可适当降低对传统媒体作为传播中介的依赖，从而更加自主地、快速地发布信息，

---

① 由园：《雅安地震中政务微博的功能研究》，硕士学位论文，辽宁大学，2014 年，第 46 页。

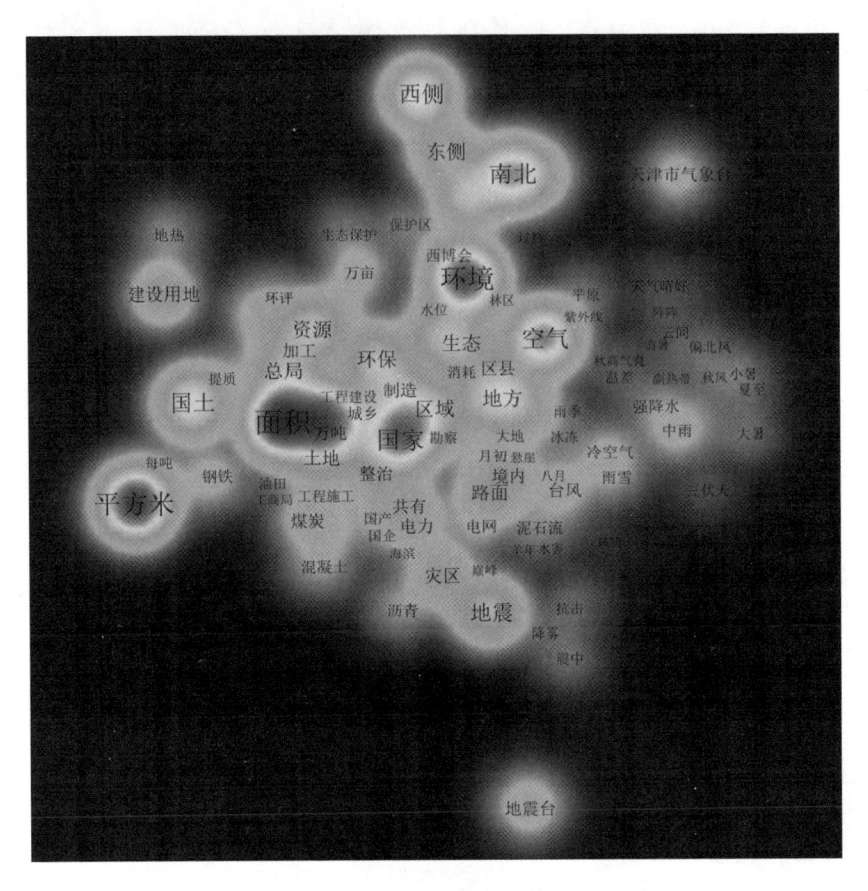

图 4-12　国土资源气象产业类密度示意

构建正面形象、适时引导舆论，培育政府和民众之间良性互动的关系。①同时，通过政务微博可以对即将出台或已出台的政策法规等进行细致全面的解读，对社会关注度高、影响范围广、理解难度大、专业性强的政策法规，尤其是刚出台的新政策，邀请相应的专家在线访谈，运用数字解析、图表图解等通俗易懂、一目了然的形式，深入浅出地对民众予以阐释说明。②

---

① 张志安、章震：《政务机构媒体的兴起动因与社会功能》，《新闻与写作》2018 年第 7 期。
② 苗小雨：《新媒体时代政务微博的功能定位与角色演进研究》，《新媒体研究》2018 年第 15 期。

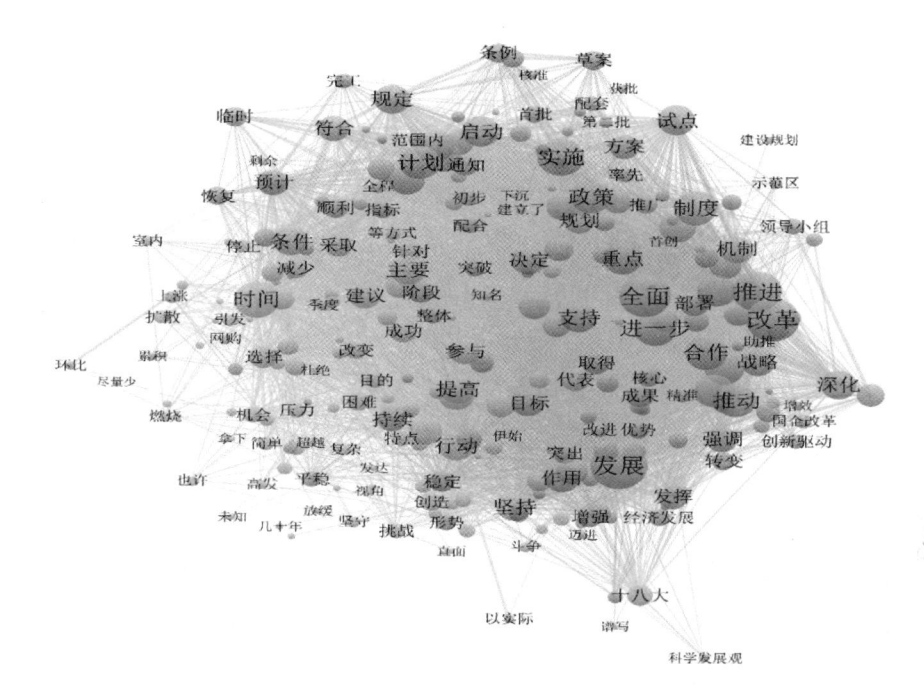

图 4-13 发展改革创新类网络示意

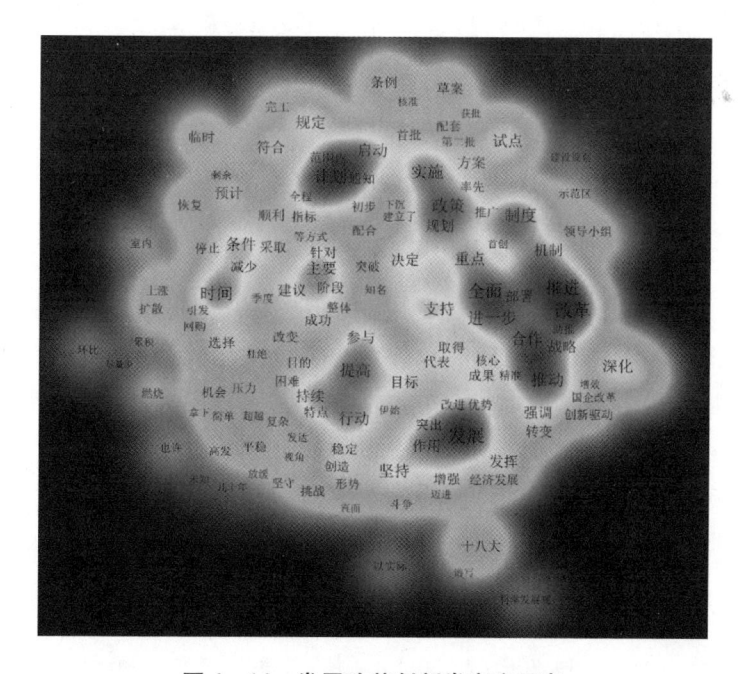

图 4-14 发展改革创新类密度示意

（五）文化教育体育科技

文化教育体育科技类网络图（见图4-15）中加权度较大的节点包括"青春""学生""学校""高校""考生"等，在密度图（见图4-16）上与其他节点联系最密切的是"学校""学生""教师"以及"高校"几个节点。可以看出，该类下同样表现出三大类，包括义务教育、高等教育、文化活动。在聚类图左上角还有一个小类体育运动。这体现出政府在文化教育体育科技类问题导向的倾向性，重视高等院校、青年文化活动、考试、招生而较为忽略体育活动。文化教育体育科技类政务微博内容的特殊性在于青少年以及学生家长是其最广泛的受众群体，而教育系统政务微博发展相对滞后，虽然与政府直接对话解决教育问题的局面已渐有雏形，但当前我国教育舆情爆发点日益增多，以群众力量主导的日常化、随机性、全程式的社会监督可能随时置教育部门于风口浪尖，而教育系统政务微博的舆情治理能力普遍较差，在整个政务微博体系中处于薄弱一环，人民群众日益增长的表达利益诉求、解决教育问题的需求同落后的教育政务微博建设的矛盾亟待解决。① 但也不乏亮眼表现，2018年11月，浙江高考英语科目加权赋分引发争议，"@教育之江"迅速致歉，一定程度上挽回了民众对教育考试的信心，维护了教育机关的形象。

（六）人事住建民政社保

从图4-17可以看出，该网络的加权度较大的节点是"人员""服务""社会""管理"等，类与类之间的分界不明显，但可以划分为公益福利、住房管理、工程建设、基本民生保障几个大类，从图4-18可以看出"服务""人员""部门""管理""社会""问题"等与其他节点联系最密切。结合两张图可以看到人事住建民政社保类重点关注就业、住房等一些最基本、最迫切的民生。党的十九大报告指出，就业是最大的民生，就业是民生之本、和谐之基、安国之要，稳则心定家宁。就民生服务而言，政府机构媒体突破了传统媒体以信息传播为主导的功能，实质上成为多元功能的政务信息服务平台，通过创建政务微博减少中间环节、提高办事效率。政

---

① 解雅健：《政治沟通视角下政务微博"互动力"关联因素探究》，硕士学位论文，安徽大学，2018年，第15—45页。

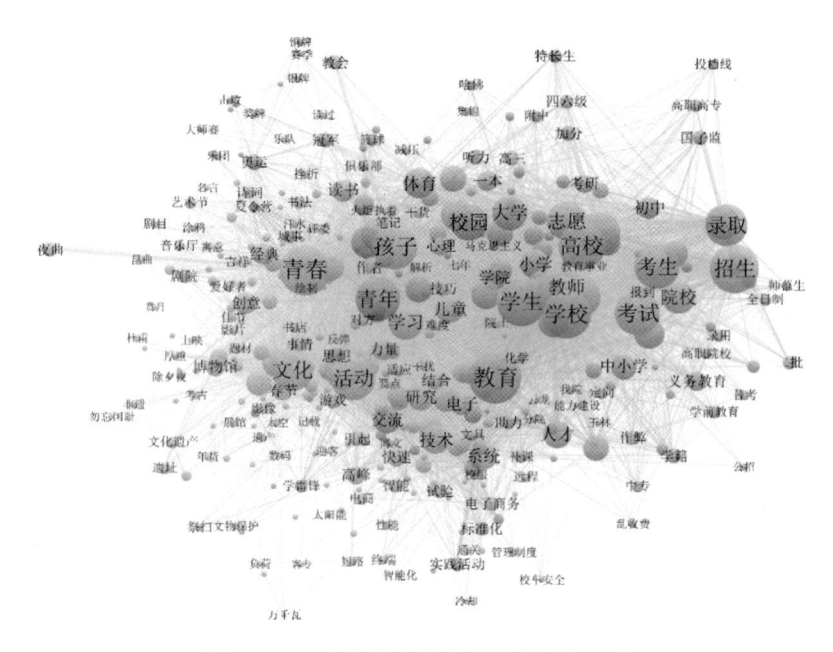

图 4-15 文化教育体育科技类网络示意

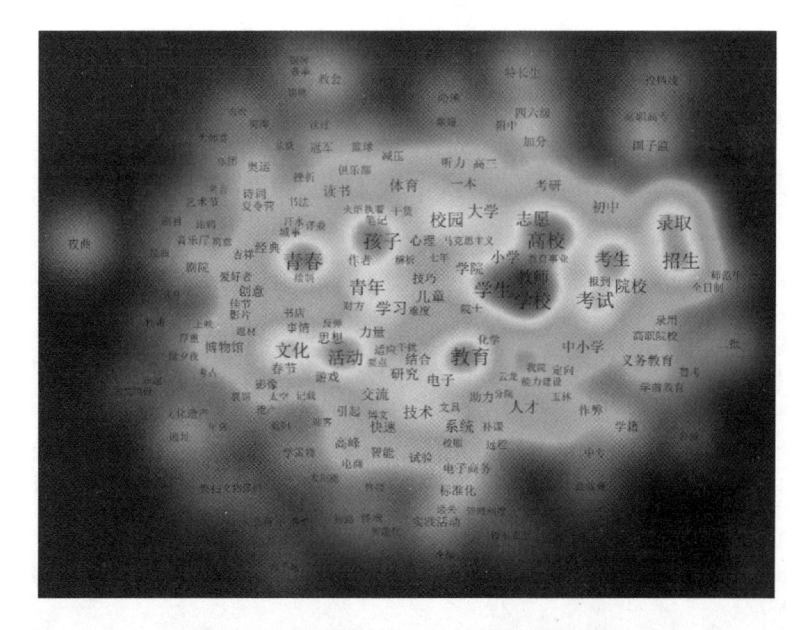

图 4-16 文化教育体育科技类密度示意

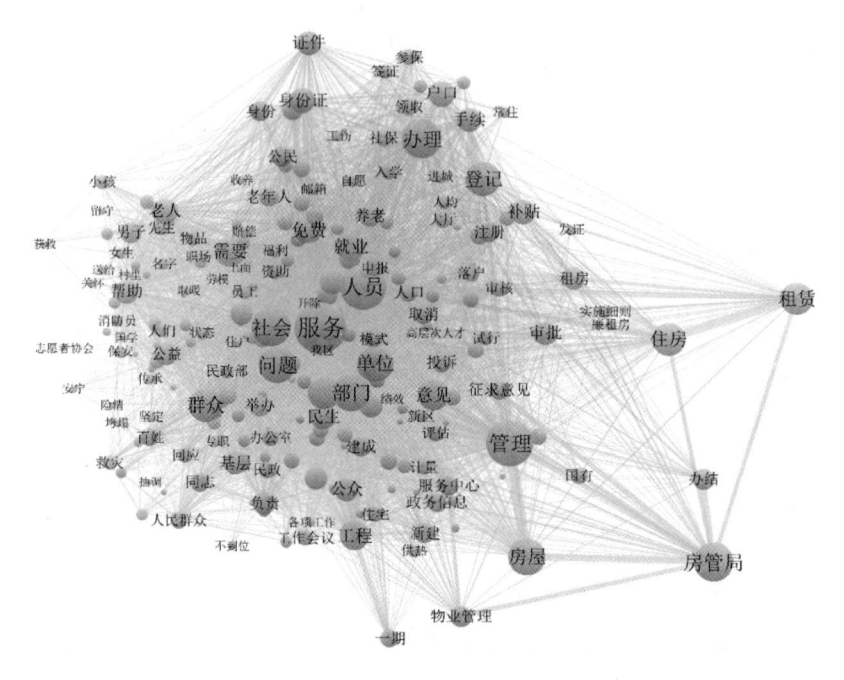

图 4-17 人事住建民政社保类网络示意

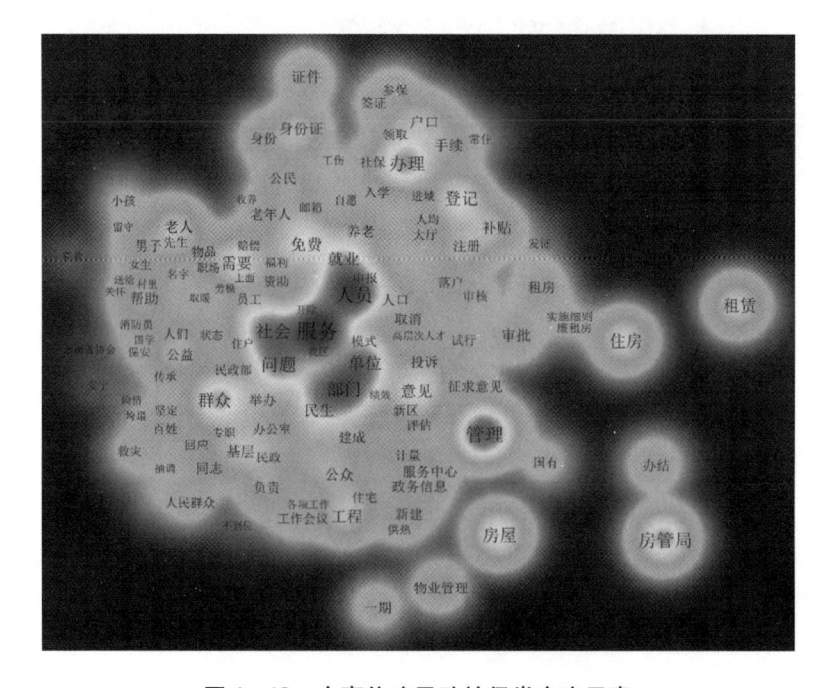

图 4-18 人事住建民政社保类密度示意

务微博以为民服务为主线，及时发布民生信息，收集民生建议，开展民生服务，敞开为民办实事的大门。宁夏银川的微博矩阵既通过"@银川发布"传达政策信息以及便民资讯，也通过"@银川问政"及时回应社会关切、转办督办网民诉求，以此形成两翼联动运行机制，实现新型的政务服务。①"@安徽日报"更是为民"卖菜"。现在，大至一个投资项目，小到一盏路灯，层级完善的"安徽微博发布厅"已成为全省网民信赖的民生服务台。②

（七）公安检察司法

公安检察司法类网络图（见图 4-19）中较大的节点为"案件""犯罪""警方""民警""依法""检察机关"。类之间的联系较为紧密，可以分为防范教育、监督监管、线索举报、案件调查、司法检察等。密度图（见图 4-20）中最深色处的节点为"民警""公安部""警方""犯罪""案件""检察""依法"。有数据显示公安政务微博在我国党政机构微博中占据了很大的比例，2017 年政务微博类型中公安政务微博占总类型的 39%，开设的微博数量最多。③ 此类的微博通常由公安检察司法类政务微博发布，基本上以网民较为关心的警务、案件等信息公开为主，同时提供一定的防范宣传教育，在维护社会治安、打击违法犯罪和宣传社会主义核心价值观方面都发挥了强大作用。④ 例如，2016 年"天津交警"官方微博转发了演员冯绍峰骑摩托车的微博，同时点评"摩托车在最右侧车道行驶是对的，但这辆车的牌照在哪里呢？……"诙谐的语言和正确的交通知识相伴输出，再加上冯绍峰的名人效应，让这条微博瞬间成为当日微博的热搜话题。后来冯绍峰微博回应，是拍摄角度问题未显示出号牌，表示一定会认真遵守交通规则。警方幽默的处理，既聚集了人气，又起到了良好的规则知识普及作用。⑤

---

① 张志安、章震：《政务机构媒体的兴起动因与社会功能》，《新闻与写作》2018 年第 7 期。
② 宋昌进：《壮大主流舆论服务百姓民生——以安徽政务微博为例》，《新闻世界》2014 年第 2 期。
③ 高倩伟：《公安政务微博与网民互动仪式研究》，硕士学位论文，河北大学，2018 年，第 35—37 页。
④ 卢桦：《公安政务微博公众参与行为影响因素研究》，硕士学位论文，电子科技大学，2018 年，第 15 页。
⑤ 黄彩丽：《论网络信息时代的公安舆论导向——以"平安北京"公安政务微博为例》，《采写编》2017 年第 5 期。

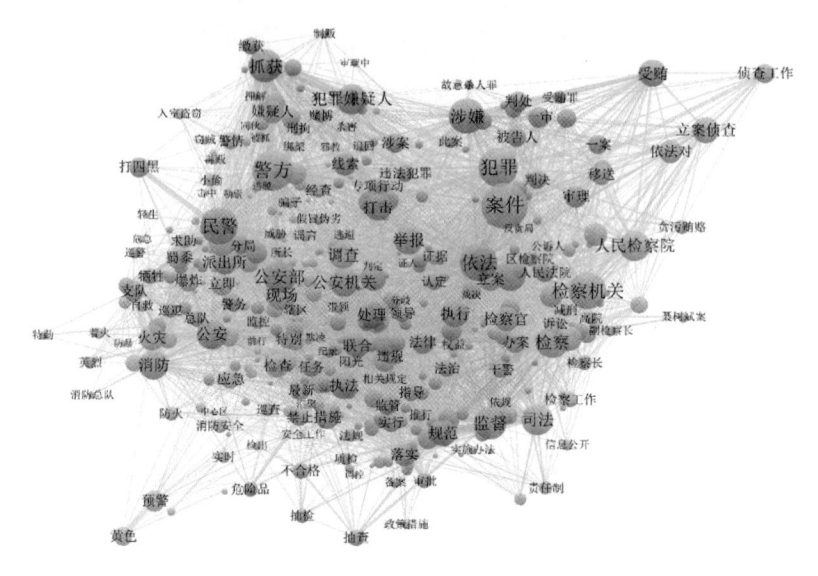

图 4-19　公安检察司法类网络示意

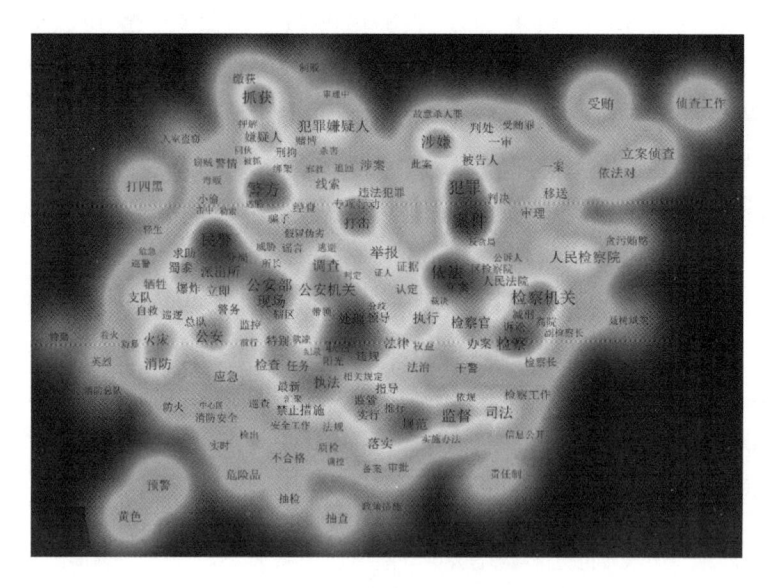

图 4-20　公安检察司法类密度示意

(八) 交通旅游建设

交通旅游建设类网络图 (见图 4-21) 中"交通""高速""路段""车辆""铁路"等节点加权度较大,可以分为公路交通、铁路交通、航运、旅游以及事故处理。密度图（见图4-22）中与其他节点联系较为密切的是"高速""交通""路段""铁路"。可见，该类下最多关注的是公路交通的高速路段情况，其次为铁路以及地铁。可以看到，网络图中节点较大的"春运"在密度图中颜色并不深，可见春运常以独立性事件出现在政务微博中。在这类信息中大部分是实时性信息，尤其是在春运信息、高速路况信息、铁路客运信息等方面，充分发挥了微博及时、快速的特点。例如，上海市公路路网管理中心政务微博的主要内容是为市民提供高速公路实时路况和提示信息，虽然有反对者指出驾驶员行驶途中不能打手机，微博信息对驾驶员没有作用。但经过分析，对路况信息需求不仅仅有出车前的驾驶员，还有车辆中的乘客，这些都可能是政务微博的服务对象。事实证明，公路路网中心的政务微博"路线·途"和快速路监控中心的"乐行上海"提供的信息，得到了网友的认可。以播报轨道交通

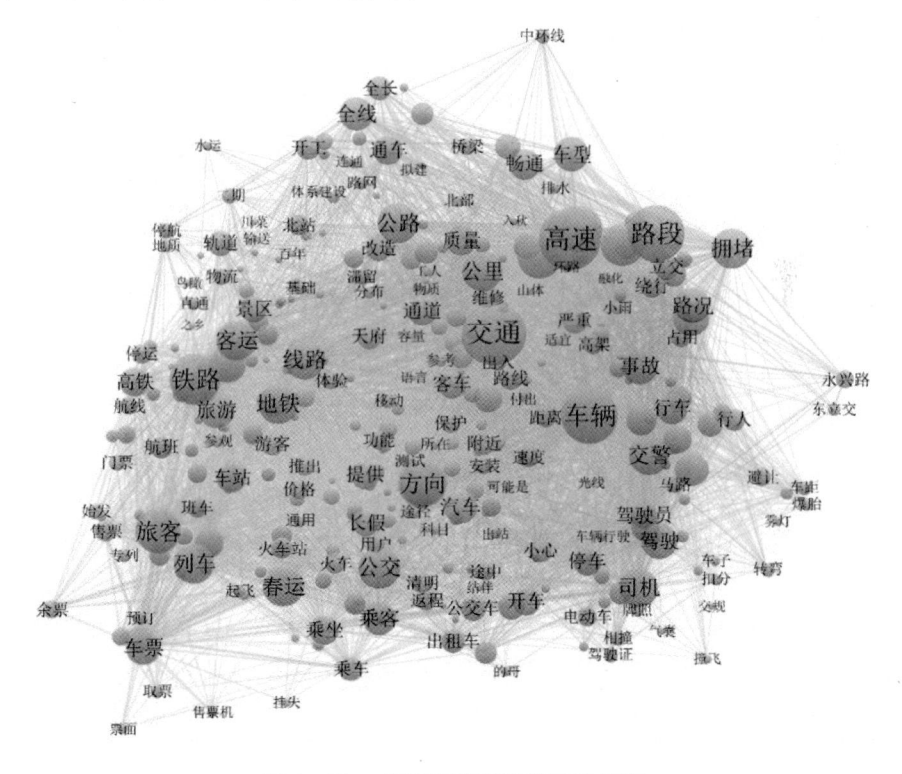

图4-21 交通旅游建设类网络示意

实时运营状况和紧急提示信息为主的上海轨道交通官方微博"上海地铁shmetro"在新浪微博的粉丝量大大超出上海市大部分传统报纸和杂志的发行量。①

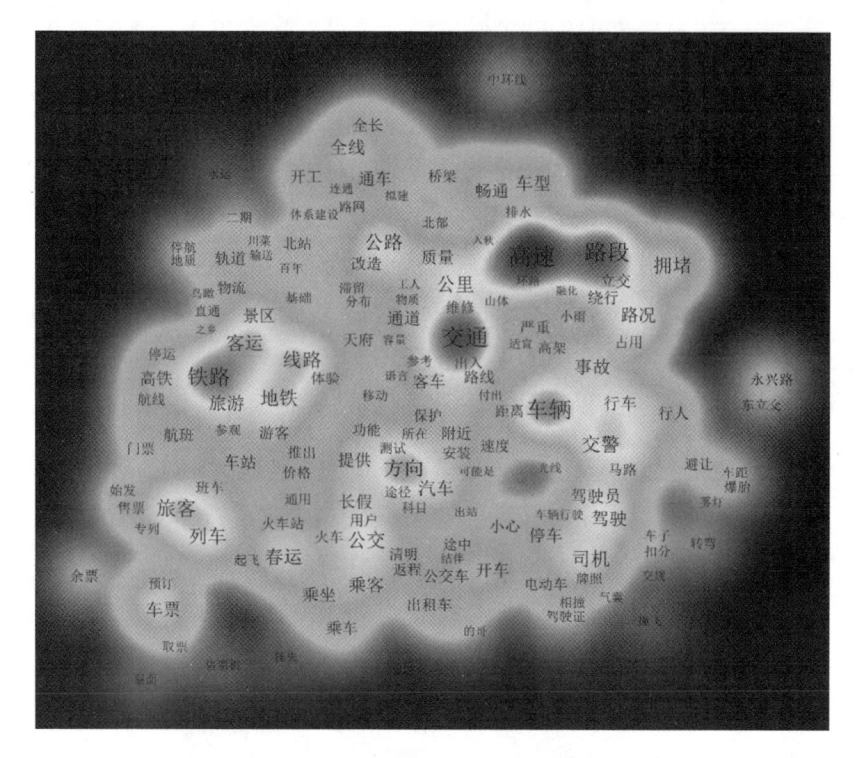

图 4-22 交通旅游建设类密度示意

（九）医疗卫生计生

从网络图和密度图（见图 4-23 和图 4-24）来看，节点最大的是"健康""医院""卫生""生命"。从类别划分来看，医疗卫生计生类下可以分为医疗、保健、计生，还有一个小类——急救。医疗类里面我们可以看到疫苗、吸烟以及慢性病的关注。保健类里面比较大的节点是"食品安全""医疗""救助"。计生类里面可以看到对女孩和女子的关注。可以看到，公众在对医疗卫生计生类微博的接受会出现明显偏好，比如健康、

---

① 王榕：《通过政务微博体现"服务为本"——以上海建设交通行业政务微博为例》，《新闻记者》2011 年第 6 期。

疾病知识的获取，突发事件、重大疫情、妇幼保健、预防免疫等也是公众喜好接受的内容。① 医疗卫生计生类的微博内容通常由医疗卫生类政务微博发布，据 CNNIC 数据显示，截至 2018 年 6 月，在政府开设的 89832 个政务微博中，共开设 5002 个此类政务微博，位居第四。目前，中国医疗卫生政务微博服务提供主要还是以信息互动为主，公共服务提供较少见。医疗卫生政务微博服务与应当承担的公共服务功能相比，还存在较大差距。②

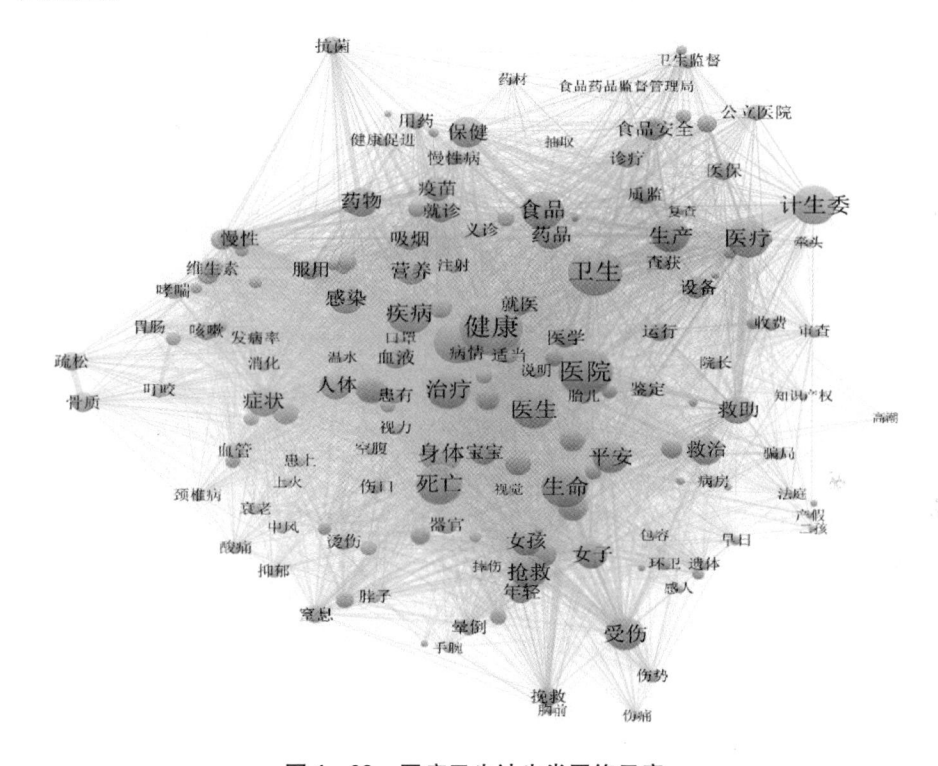

图 4-23 医疗卫生计生类网络示意

---

① 易可：《医疗卫生政务微博公共服务优化研究》，硕士学位论文，电子科技大学，2016 年，第 29 页。
② 汤志伟、易可、韩啸等：《医疗卫生政务微博服务内容优化研究——基于中国 21 个省会城市的数据》，《情报杂志》2015 年第 8 期。

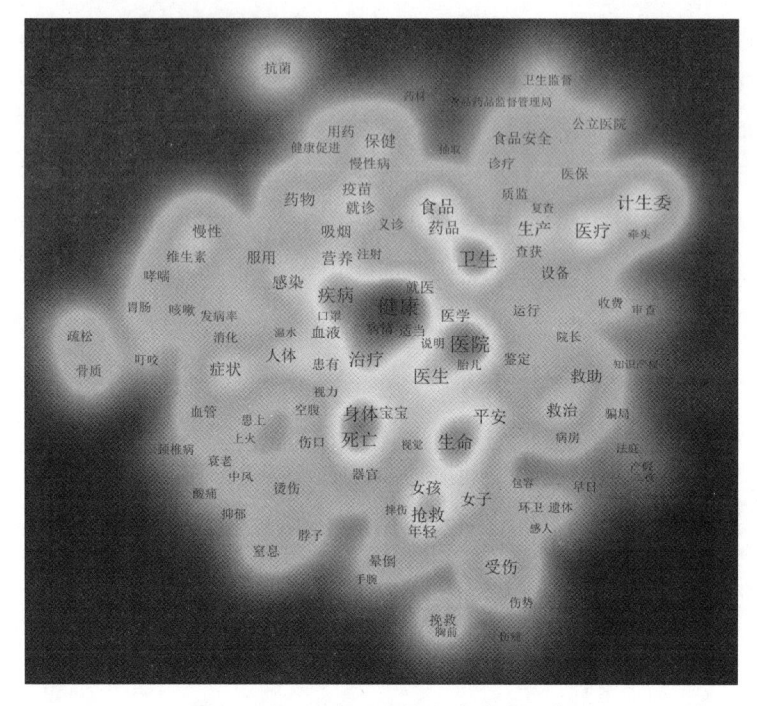

图 4-24 医疗卫生计生类密度示意

(十) 财政银行商务

从图 4-25 中可知，财政银行商务类密度较大的节点较多，包括"亿元""企业""商品房""工作""同比""增长"等，体现出政务微博对该类别的重视程度。从类别划分上大致可以看出几个重点，包括财政收入增长、商品房销售等。密度图（见图 4-26）中颜色较深的节点为"亿元""企业""工作"等。该类下可以看到政务微博对经济增长类信息发布的倾向性以及对房地产市场的关注度。财政银行商务类下的政务微博通常同样主要作为官方信息宣传员的角色出现，向群众传播财政银行商务类信息，包含宏观政策、经济形势、财经指标、产业动态、市场状况、房地产资讯等方面。这一类信息对时效性并不十分敏感，而且这类信息的深度较深，微博平台的展现形式使其难通过微博得以完全展现，受众对于这一类信息的接受并不以微博为主要渠道。因此，财政银行商务类政务微博下的无论是内容、受众以及互动都较其他类型的政务微博少，体现出不同类别政务微博发展的不平衡性。

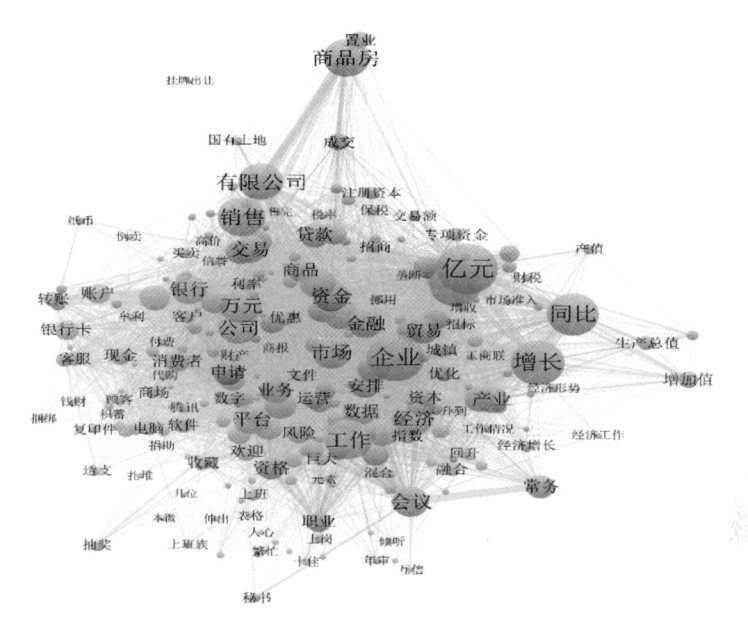

图 4-25　财政银行商务类网络示意

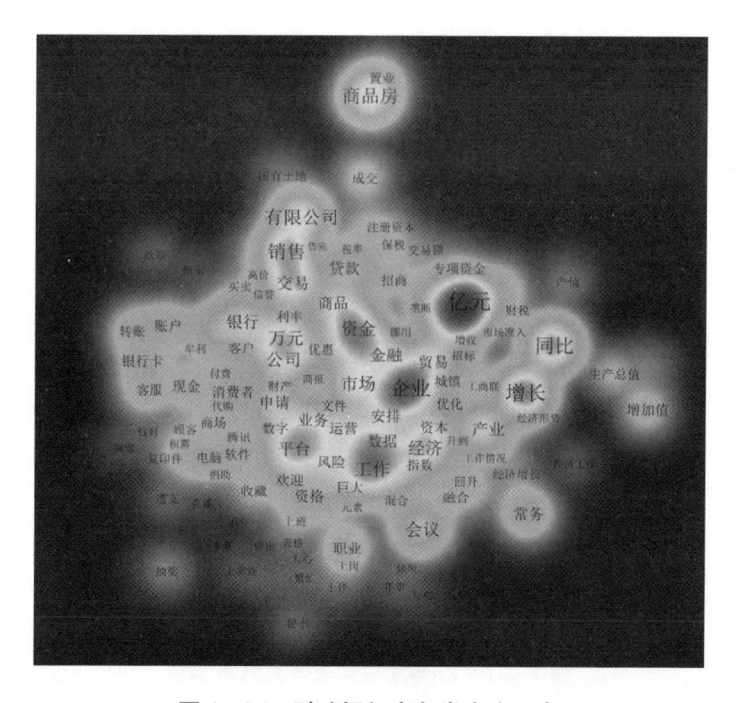

图 4-26　财政银行商务类密度示意

（十一）政务发布类账号

从网络图（见图4-27）可以看到较大的节点为"门户网""网上""网络""视频"等，其余较大的节点也基本以网络新媒体为主，节点之间的分类界限并不明显。密度图（见图4-28）上颜色较深的节点为"门户网""网上""话筒""手机"等。从两张图看"视频"和"直播"两个节点的加权度以及和其他节点之间的联系强度都较大，"门户网"的加权度和联系强度虽然比较大，但联系的节点较少。图4-27中"广播""电视""日报""晚报"等传统媒体的节点都较小，可见政务发布类账号类主要以关注网络在线媒体内容为主。可以看到，虽然政务微博依然关注门户网站，但显然重点已经转移至视频、直播等新媒体领域。随着移动社交形式的升级，短视频渐渐成为继图文、声音之后，又一个社交新浪潮，并正逐步渗透政务新媒体领域。以抖音短视频为例，据抖音官方的最新数据，其国内日活超1.5亿，月活超3亿，入驻抖音的政府机构和媒体数量已超过500家，包括各级公安单位、旅游发展委员会、新闻中心等。

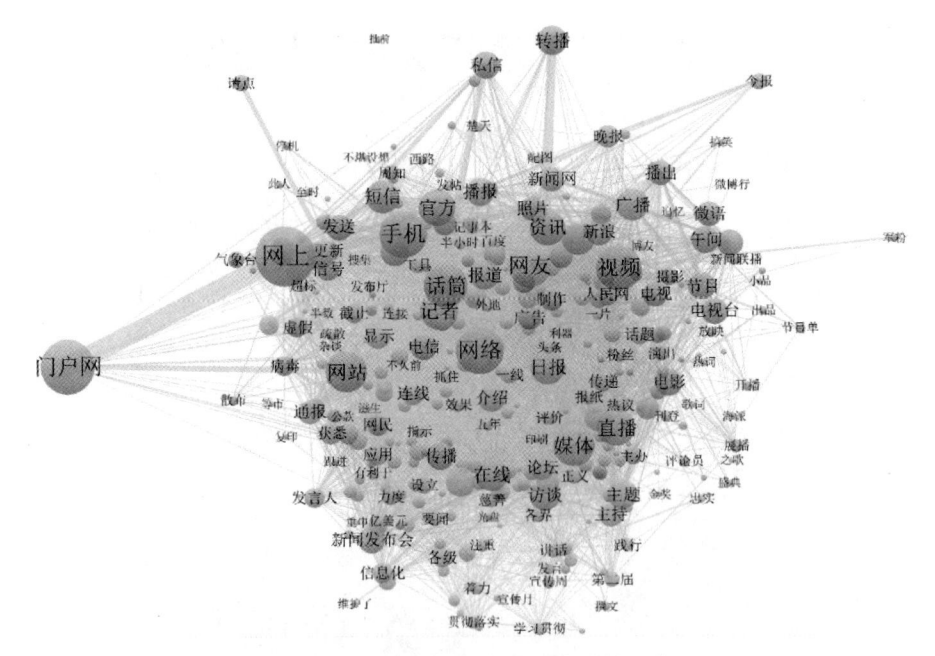

图4-27 政务发布类账号类网络示意

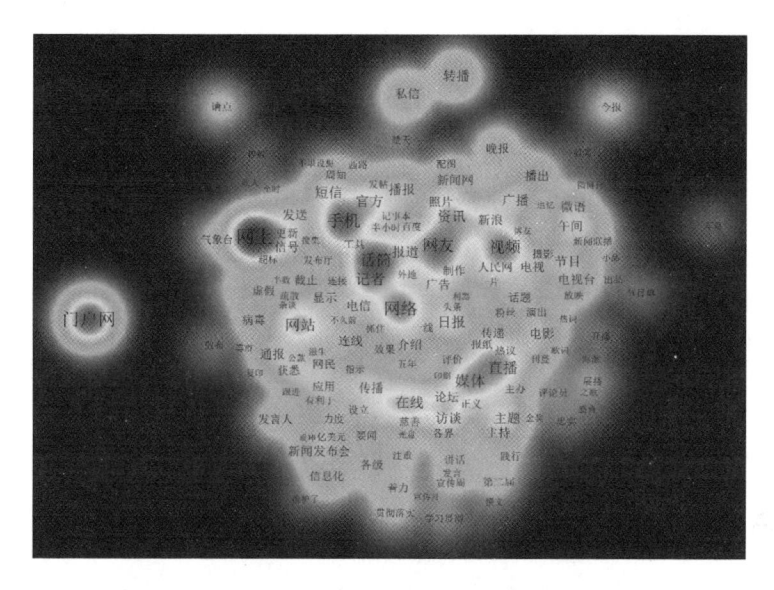

图 4-28　政务发布类账号类密度示意

（十二）生活安全情感

网络图（见图 4-29）中节点较大的是"安全""天气""生活""朋友"，可以看到除了生活、安全、情感，还有一个相对独立的类——天气。密度图（见图 4-30）中颜色较深的节点为"安全""生活""朋友""身边""习惯""天气"。生活安全情感类政务微博的内容拉近了政府机关部门与网民的距离。政务微博的用语上以及表达内容上为了迎合网友，都呈现出娱乐化的特点。微博研究报告中，无论是党政机构微博还是公务人员微博，私人性、情境性的微博信息都占 50% 以上。很多政务微博获得大家关注更多是因为内容的亲民化，微博推荐菜谱、发布"淘宝体"或"凡客体"的公告、提供生活常识、会"卖萌"、够幽默，吸引了大量粉丝。[1] 微博的娱乐性能吸引广大民众的注意力，只要政府能利用好微博，准确、有效地传达政务信息，言简意赅，突出重点，也能够让政务微博充分发挥传播政务信息的功能。但也会带来一些弊端，例如消解了政务的严肃性、权威性，可能导致消息表达的不准确，一定程度上影响政府形象。[2]

---

[1] 毛高杰：《政务微博的"娱乐化"及其对策》，《新闻界》2012 年第 7 期。
[2] 陈聪：《新媒体语境下政务微博的娱乐化与利弊分析》，《新媒体研究》2018 年第 11 期。

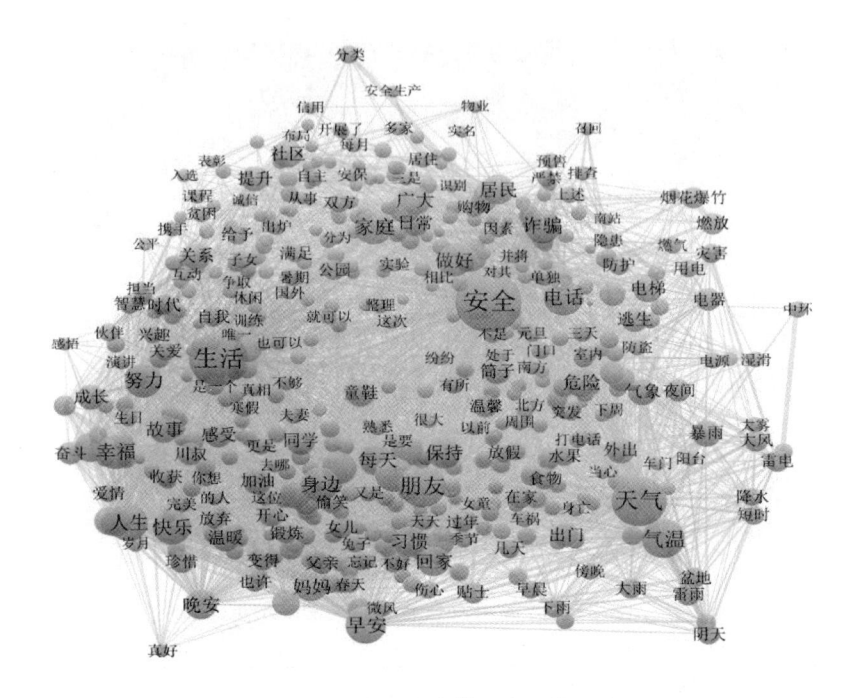

图 4–29　生活安全情感类网络示意

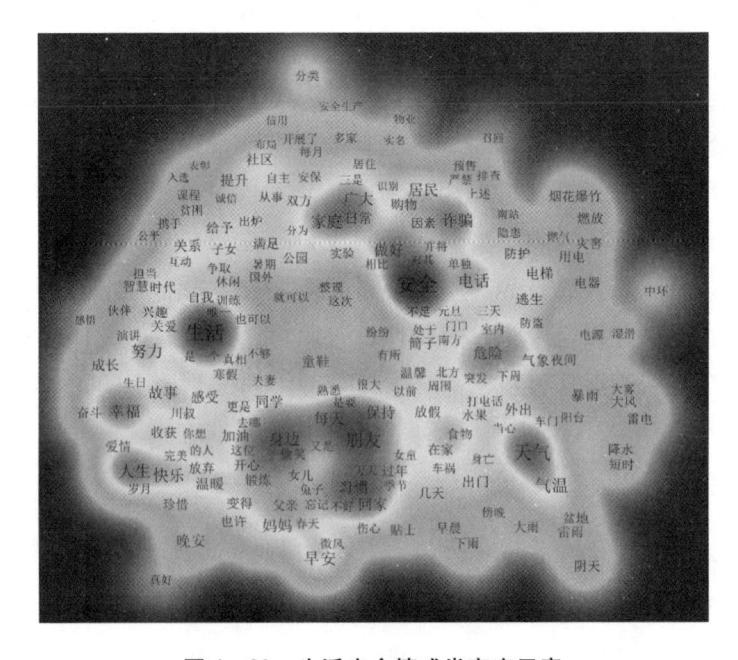

图 4–30　生活安全情感类密度示意

四 政务微博内容分析结论

利用内容分析法对政务微博进行分析,有助于我们提升政务微博研究的质量和科学性,全面了解政务微博广泛关注的问题,预测政务微博发展状况,可以帮助在未来的政务微博发布、使用中采用更好的调整方式、改进内容,提升政务微博发挥的作用。

通过以上研究我们得出如下结论:

(1)政务微博内容涵盖面广,但结构上不平衡。从前文的分析可以得出,12个类别政务微博的内容基本上涵盖了各个领域和维度,但同时可以看到在地域、行政级别、职能部门分布的不平衡,也可以看到内容上对不同问题关注的不平衡。在总体上,政务微博呈现结构性失调状态。

(2)政务微博呈现娱乐化。主要表现为非政务信息的大量存在以及多元化微博内容,包括纯粹的娱乐化内容,以及为了吸引受众结合政务和非政务信息而产生的内容。政务微博的娱乐化能够吸引高关注度,但在一定程度上会消解政务的严肃性、权威性,弱化政务信息所需要的专业性,甚至会误导民众对信息本身的理解。

(3)政务微博汇聚民意功能渐显,但切实解决社会问题的能力不足。当前政务微博已经开始从信息发布为主转向集资讯发布、民意汇聚、舆论引导等功能于一体。有些微博依赖于亲民的内容受网友欢迎,但在解决百姓切身问题方面仍显不足,施政效果有限。

(4)我国政务微博国际化建设滞后,影响我国国际话语权竞争。可以说在传统媒体国际舞台上,我国一直处于弱势。这一轮新媒体时代的浪潮中,我国政府能否抓住机遇迎头赶上,与西方媒体展开竞争,成为一个必须面对的现实问题。但从现在的情况看,在国际微博平台依然缺少我国政务微博的身影,政务微博国际化建设严重滞后。

第五章　基于受众角度政务微博传播效果分析

传播效果一直以来是美国学者的研究重点，传播效果理论也经历了魔弹论—有限效果论—强效果论的演变。在新媒体时代，传播主体更加多元，受众可获取的信息更加丰富，加之媒介素养的提升，传播效果受到一定的影响。微博提供的评论、转发、点赞等功能为受众表达意见提供了渠道，而公众对某一事件的看法形成"意见气候"又在一定程度上影响了一部分公众的意见表达和政务微博的传播效果。本章将基于受众角度对常态政务微博传播效果和非常态政务微博传播效果进行分析。

第一节　政务微博传播效果的理论基础

一　传播效果的定义

传播效果是传播学领域重要的研究对象，关于传播效果的定义，各国学者皆有不同的看法，但都强调传播行为对受众产生的影响。周鸿铎认为，传播效果有两方面的含义，一是强调传播行为对受众所产生的影响，二是强调传播行为给受众、社会及传播者本身所带来的一些本质性变化。[①]张国良则认为，传播效果就是信源发出的信息经过一定的媒介对受众的思

---

① 周鸿铎：《传播效果研究的两种基本方法及其相互关系》（上），《现代传播》2004年第3期。

想、心理或行为造成的影响。[1] 郭庆光从两个维度对传播效果进行解释定义；一是指受传者在接收带有说服动机的传播信息后包括行为、态度等的一切变化；二指报刊、广播电视等大众传媒的传播活动对社会和受众所产生的影响总和。[2]

传播效果的维度方面，国外学者 Melven L. Defleur 指出，对受众总体而言，会产生几种类型的传播效果：情感类、认识类、行为类。[3] Richard E. Petty 等指出，效果层级分为认知学习、情感反应、行动效果三个层级。[4] Darrel D. Muehling 等指出，早期研究中通常将传播效果按照从认知、情感到行为的逻辑顺序加以处理，暗喻着影响力的增加[5]。由此可以看出，将传播效果分为认知、情感、行为是被广为接受的一个理论。

基于以上综述，本章将传播效果定义为传播主体的传播行为对传播对象产生的结果，具体包括受众在接收信息之后，在认知、态度、行动等方面发生的变化。从传播效果的定义出发，传播效果分为三个层次：认知层次，传播主体所传播的信息对受众的认识和记忆系统产生作用，引起受众知识的增长和知识构成的变化；态度层次，传播主体所传播的信息对受众的价值观念产生作用，并给受众带来情绪或者情感上的变化；行动层次，传播主体传播的信息引起受众在言行举止方面的变化。

二 传播效果的理论基础

本章主要以两级传播理论、"沉默的螺旋"理论和"把关人"理论作为分析政务微博传播效果的理论基础。

---

[1] 张国良：《传播学原理》，复旦大学出版社2009年版，第29—39页。
[2] 郭庆光：《传播学教程》，中国人民大学出版社1999年版，第45页。
[3] [美]梅尔文·德弗勒、桑德拉·鲍尔-洛基奇：《大众传播学诸论》，杜力平译，新华出版社1990年版，第7页。
[4] Petty, R. E., Cacioppo, J. T., Schumann, D., "Central and Peripheral Routes to Advertising Effectiveness: The Moderating Role of Involvement", *Journal of Consumer Research*, 1983, 10 (2): 135 – 146.
[5] Muehling, D. D., Sprott, D. E., "The Power of Reflection: An Empirical Examination of Nostalgia Advertising Effects", *Journal of Advertising*, 2004, 33 (3): 25 – 35.

（一）两级传播

1940 年，Paul Lazarsfeld 通过调查大众媒介对政治活动的影响时发现：在总统选举中大众传媒很少直接影响选民的政治倾向，更为关键的是直接的面对面交流。基于这个发现，Paul Lazarsfeld 提出了两级传播理论，即信息从大众媒介到受众，经历了两个阶段：首先从大众传播到舆论领袖，再从舆论领袖传到社会公众。[①]

舆论领袖通过微博这个传播平台发布各类信息，关注该微博的网友从中选择感兴趣的内容进行回复、转发和评论等。在长期的交流沟通中，微博用户也相应地被关注对象进行了分类，受众的思想观点和行为态度尽可能地与信息传播者保持一致。舆论领袖对原始信息进行过滤，微博受众相应地接受过滤后的信息。

（二）沉默的螺旋

1974 年，Elisabeth Noelle – Neumann 这位德国女传播学者发表了《重归大众传播的强力观》，在此文中提出了"沉默的螺旋"一词。该假说由三个命题构成：第一，表达个人意见是一个社会心理的过程；第二，"沉默"的扩散和表达意见是一个螺旋式的社会传播过程；第三，营造"意见环境"可以影响和制约舆论，这是大众传播的扩散和影响。[②]

1980 年，她在《沉默的螺旋：舆论——我们的社会皮肤》一文中完善了上述假说，她认为当人们感觉到自己的意见不在大多数范围内时，或者认为自己的意见偏离舆论时，他们就会倾向保持沉默；但当他们觉得自己的意见是属于多数人的意见时，他们倾向于大胆地表明自己的观点。[③]

在大众传播时代，由于受社会地位、知识水平等一些外在因素的影响，话语权可以说是由社会精英和意见领袖掌握。因而在一些具有争议的舆论环境中，即使一些少数人存在不同意见，也会迫于舆论形式和环境压力而采取从众行为，形成"沉默的大众"。但"沉默的螺旋"效应在新媒体的传播环境下是逐渐弱化的。

---

① 胡正荣：《传播学总论》，北京广播学院出版社 1997 年版，第 29—33 页。
② 郭庆光：《传播学教程》，中国人民大学出版社 2004 年版，第 93 页。
③ 郜晋亮：《浅析网络传播中"沉默的螺旋"理论失效缘由》，《山西经济管理干部学院学报》2011 年第 2 期。

当然受众采取从众行为的原因是担心自己发出不同的声音后,会在网络话语空间中受到孤立以及排挤。不过值得庆幸的是,在目前的网络话语空间中,个性化的声音越来越多。可以说,社交平台匿名性这一特征为广大受众提供了一个相对民主、安全和自由的环境。在网络时代,网民在一些事件中不再保持沉默,而是能表达自己的意见,对官方的说法提出质疑。可以说,政务微博给大众提供了一条新的参与政事的渠道,人们的民主意识不断提高。①

(三) 把关人

1947年,传播学四大奠基人之一的 Kurt Lewin 在《群体生活的渠道》一文中,首先提出"把关人"(Gate Keeper)一词。他认为"信息总是沿着含有门区的某些渠道流动,在那里,或是根据公正无私的规定,或是根据'守门人'的个人意见,对信息或商品是否被允许进入渠道或继续在渠道里流动做出决定,信息传播网络中布满了把关人。后来,传播学家 Whiter 把'把关人'引入新闻传播学。传媒组织成为实际中的'把关人',由他们对新闻信息进行取舍,决定哪些内容最后跟受众见面"。"把关人"可能是记者、编辑、主持人等特定的个人,也可能是媒介组织,如报社、广播电台、电视台等。

把关人理论是在单向传播的传播环境下提出的。面对新的传播环境,一方面作为把关人的传统媒体显得有心无力,而另一方面受众则在新的传播环境中不再处于被动地位,甚至会常常影响信息传播者。也正因如此,我们更需要不断提升公众的媒介素养,在信息发布之前严格做好新闻把关工作,从源头上遏制可能会产生不良影响的网络信息的传播。一些群体性突发事件多是由于网络新媒体未能做好新闻把关工作。

政务微博应当提前做好舆情预警工作,对可能出现的网络群体性突发事件给予正确引导,而不是一味控制信息的传播流通。此外,相关网络运营商应该在微博平台上对信息进行技术把关,防止各类虚假新闻、不良信息的扩散。值得注意的是,政务微博不同于一般的微博,政务微博代表着

---

① 张薇薇:《社会转型期我国政务微博的传播效果探析》,硕士学位论文,江西财经大学,2013年,第29—31页。

国家政府机构和官员的态度和主张，可能会影响政府公信力。在发布信息之前，发布者需要充分考虑其可能会带来的影响，应当加强信息把关，而不是随心所欲地发布各类信息，因而政务微博本身就具有"把关人"的作用。[1]

三 基于受众角度的政务微博传播效果相关研究

政务微博作为微博的重要组成部分，它的传播和微博传播既有相同的地方，也存在差异。由于政务微博的传播主体和传播内容的特殊性，在传播过程中形成了自身特有的传播模式。

（一）基于受众视角的政务微博传播模式

何帆从政务微博传播行为本身出发进行了研究。[2] 他认为，政务微博的传播不仅是一种传播行为，也是一种政府管理行为，是政府和其他政治参与者通过微博这一传播渠道、运用各种不同的传播符号，向目标受众传达信息并进行沟通的传播行为。在此基础上，他将传播模式分为三个类别，一是以"粉丝"为基础的传播力分析。政务微博是一种新型的政务信息的传播媒介，公民在使用微博时可以关注一些政务微博，即成为政务微博的"粉丝"，此时只要政务微博发布了一条信息，其所有的"粉丝"都能看到这条信息。如果有"粉丝"转发这条信息，那么"粉丝"的"粉丝"也会看到，信息得以突破传统点对点、点对面的传播方式，裂变式、多中心式广泛传播。二是以"内容"为基础的"关系"分析。在微博的平台上，关系是内容的渠道信息，基于内容的关系链条决定了政务微博内容的扩散程度[3]，碎片化的信息通过关系链实现有效传播。政务微博以"关系"这一信息传递渠道来实现内容快速传播，以此来实现信息价值的增长。三是基于"社群关系"视角下的传播策略分析，包括对政务微博"转发""评论""点赞"等功能的使用和在线互动。政府部门通过政务微博发

---

[1] 胡正荣：《传播学总论》，北京广播学院出版社1997年版，第15—39页。
[2] 何帆：《政务微博传播特色与功能研究》，硕士学位论文，湖南师范大学，2013年，第43页。
[3] 何国平、何瀚玮：《内容—关系的组合界面：微博传播力考察》，《山东社会科学》2012年第4期。

布信息，可以回应网民关切的话题，增加网民对政府部门的理解和支持，而网民通过对政务微博"转发""评论""点赞"等，和政府部门之间形成在线互动，促进官民互动"正能量"的传播。①

陈然、刘洋从受众的转发行为角度出发，将政务微博信息传播模式分为六大类别。一是两级传播模式：政务微博发出信息后，除被推送给接收者外，同时借助部分接收者的转发行为实现了信息的再传播；二是普通多级传播模式：政务微博发出的信息，随着时间的推移在部分接收者和转发者的传递下向外扩散；三是卫星传播模式：信息以原微博内容为中心向外扩散，并形成多条传播路径，在部分路径中，由于高影响力用户（多个意见领袖）的转发参与，形成多个以转发帖为中心而聚集的传播子群；四是双核心传播模式：政务微博仍是信息的主要转发中心，但也存在某一意见领袖的发声，从而形成以意见领袖转发帖为中心而聚集的另一个影响力辐射中心；五是借力传播模式：政务微博在信息传播中未发挥主动作用，而是借助于其他意见领袖的转发带来的话题效应进行持续扩散；六是"滚雪球"传播模式：在信息传播过程中除了原微博内容之外还出现了多个聚集的转发中心，而使这些转发中心得以形成的关键用户就是政务微博自身。②

梁芷铭从"5W"角度分析了政务微博的传播机制。在微博语境下，从传播主体来看，实现了"所有人面向所有人"的社会化传播；从传播内容来看，主要有"指令性内容""解释性内容""宣传性内容"，政府传播的内容开始由"指令性"行政信息向"解释性"政务公开信息和"宣传性"生活服务信息转变；从传播媒介来看，政府媒介的渠道已经从单一传播媒介走向多媒介乃至全媒体融合；从传播受众来看，受众并没有改变，依然包括社会各阶层、各民族、各党派、各类社会组织、人民团体等普罗大众；从传播效果来看，传播效果分析的关键是受众能否通过微博所设置的反馈机制如"关注""评论""转发"等来实现与政府的互动。③

综上所述，政务微博的传播模式主要有以下两种：一是多中心的一对多传播模式。中心既可以是政务微博自身，也可以是意见领袖，有多个传

---

① 何帆：《政务微博传播特色与功能研究》，硕士学位论文，湖南师范大学，2013年，第33页。
② 陈然、刘洋：《基于转发行为的政务微博信息传播模式研究》，《电子政务》2017年第7期。
③ 梁芷铭：《政务微博传播机制初探》，《新闻爱好者》2012年第24期。

播中心，每个中心都有辐射的好友圈，信息由多个中心实时传播。二是网状的裂变式传播。多个影响力辐射中心形成信息传播网络，实现信息的传播与推广。

（二）基于受众视角的政务微博效果影响因素研究

史丽莉运用问卷调查和深度访谈等方法，结合 Glaser 和 Strauss 提出的扎根理论和议程设置理论，从内因和外因两个维度分析了影响我国地方政务微博传播效果的几个主要因素：一是角色定位因素以及下属的权威性、影响力、公信力子因素；二是综合素质因素以及下属的议程设置能力与语言表达能力子因素；三是外界环境因素以及下属的媒体报道和人际交互子因素；四是微博自身功能因素；五是信息因素以及下属的便捷性、重大性、原创性、多样性、时新性、地域性、不确定性子因素；六是受众主观因素以及下属的提升自我、获得帮助、表达观点、舆论监督子因素。①

李志翔基于网络问政的背景，以新浪微博"@上海发布"为例，对"上海发布"的传播要素——传播者、传播内容、传播受众进行了分析，并结合深度访谈和问卷调查的方式，提出影响政务微博"@上海发布"传播效果的六大因素，即评论有无回复、信息有无及时传达、内容有无针对性、语言有无接地气、粉丝有无转发以及实际效果有无解决民众的问题。同时提出了增强传播效果的几个策略：①强化宣传，提高知晓率；②积极引导舆论；③注重解决民众的实际问题；④加强互动、评论和转发功能。②

甘家月探讨了不同类型的政务微博传播效果的影响因素，通过问卷调查的方法获取数据并对数据进行回归分析，主要得到如下结论：①受众认知不会显著影响受众情感，而与受众认知相比，受众情感对受众行为的影响更大；②信息源可信度正向影响两种不同发布主体的政务微博的传播效果；③信息内容的公正性对于不同发布主体的政务微博会产生显著的负面影响；④不同发布主体的政务微博，其信息内容的情感倾向、信息内容易

---

① 史丽莉：《我国地方政务微博传播效果的影响因素研究》，硕士学位论文，电子科技大学，2013年，第44—49页。

② 李志翔：《网络问政视野下的政务微博传播效果研究》，硕士学位论文，上海交通大学，2013年，第31页。

读性、信息发布形式的多样性及其影响力产生作用的方式是不同的。①

（三）政务微博传播效果评价研究

常海利构建了基于政府营销理论视角下的政务微博传播效果评价理论模型和框架（见图 5 - 1），从受众个体需求、服务组合质量评价、受众利益反馈三个角度对政务微博传播效果进行了评价。②

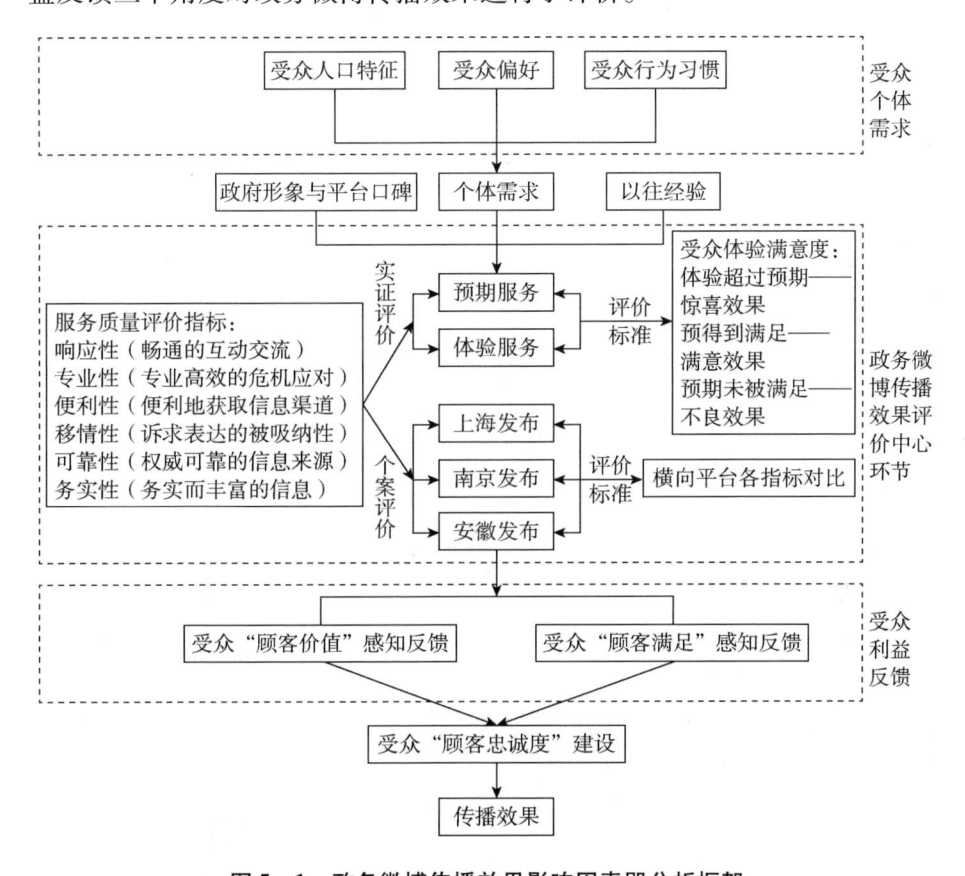

图 5 - 1　政务微博传播效果影响因素即分析框架

资料来源：根据 SERVQUAL 服务质量相关模型构建。

---

① 甘家月：《基于传播视角的不同类型政务微博传播效果影响因素研究》，硕士学位论文，北京邮电大学，2015 年，第 33 页。
② 常海利：《政府营销理论视角下政务微博传播效果评价研究》，硕士学位论文，华东理工大学，2014 年，第 45—47 页。

周培源等学者在经过深入调查研究后发现政务微博在整个传播过程中存在"存在感"有余但"好感度"较低的现象,且官民互动的形式比较单一,话语引导技巧和意识都有待提高。于是他引入三个效果测度标准,即政务微博的"好感度"、政治传播意识、政务微博的"存在感",并进一步探讨了政务微博传播效果的路径和策略,为进一步深化政务微博思维创新和实践创新提供了一定程度的理论支持。[1]

刘志明等在已有研究的基础上,引入新的指标——用户活跃度,从而构建较全面的微博意见领袖的评价指标体系,并采用层次分析等相关研究方法识别微博意见领袖的角色,分析相关角色特征。结果发现,微博意见领袖很大程度上依赖社会性话题,极个别微博用户可以在参与不同话题讨论中成为意见领袖。[2]

(四) 政务微博传播效果策略研究

王晓芸在研究微博传播内容、媒介、主题和受众的基础上,提出应创新政务微博的互动形式,从而提升微博传播效果,使政务微博真正成为反映民情、汇聚民智、解决民忧的互动平台。[3]

刘畅在《地方政府政务微博的传播效应研究》中采用文献分析、案例分析、实证研究相结合的研究方法,分析造成地方政务微博传播效果不理想的原因,并论述了政务微博的积极影响以及存在的一些问题,提出了如何提高地方政务微博传播者的媒介素养,推动地方政务微博国际化建设等对策。[4]

张超在对政务微博"@北京发布"的内容进行分析中,提出从以下四个方面着手提高政务微博传播效果:一是提高从业人员素养,建立使用规范;二是把握第一时间,注重时效性;三是引入经营理念,健全发布机制;四是实行规模化操作,提供"一条龙"服务。[5]

---

[1] 周培源、姜洁冰:《政务微博的传播效果研究——以新浪微博为例》,《新闻世界》2012年第9期。
[2] 刘志明、刘鲁:《微博网络舆情中的意见领袖识别及分析》,《系统工程》2011年第6期。
[3] 王晓芸:《基于内容分析的政务微博传播效果研究——以"@陕西发布"为例》,《陕西行政学院学报》2013年第8期。
[4] 刘畅:《地方政府政务微博的传播效应研究》,硕士学位论文,大连理工大学,2013年,第33页。
[5] 张超:《政务微博传播效果分析——以"北京发布"为例》,《新闻世界》2013年第8期。

第二节 常态政务微博传播效果分析

一 研究方法与研究设计

针对常态政务微博的传播效果分析，本节采用实证研究的方法，选取了99个政务微博（见表5-1），采取等距抽样的方法，抽取了从2014年1月5日至2016年12月30日99个政务微博共9360条内容作为样本进行分析。

在样本的类目构建方面，根据所抽取样本的微博内容，将其分为智能决策、定制服务、预警处置三个方面。

表5-1　　　　　　　　　政务微博样本

湖北省人民检察院	健康辽宁	质量四川
平安北京	天津高新区THT	甘肃交通
广州公安	辽宁教育厅官方微博	浙江团省委
柳州公安	上海质监发布	湖北高院
我爱柳州	广州质监	天津健康
四川发布	中国广州发布	四川卫生计生
平安荆楚	广州交通	甘肃卫生纪委
甘肃发布	国资小新	四川高院
上海交通	哈尔滨发布	哈尔滨市卫生局
辽宁共青团	天津国土房管发布	天津消防特勤支队
广州共青团	广州中院	广西公安
青春湖北	上海卫生计生监督所	天津消防开发支队
打四黑除四害	广州民政	四川商务
健康上海	甘肃公安	辽宁高院
平安辽宁	湖北发布	最高人民法院
辽宁交通	共青团甘肃	中国政府网
天津发布	湖北省政府门户网站	黑龙江发布
警民直通车上海	健康中国	国土之声

续表

上海发布	商务微新闻	甘肃高院
中国铁路	广州检察	之江天平
四川共青团	天津商务信息	公安部刑侦局
广州政府法制	天津民政	甘肃检察
外交小灵通	天津环保发布	最高人民检察院
柳州交警	四川公安	哈尔滨市中级人民法院
天津消防	浦江天平	广西检察
黑龙江旅游局	津法之声	四川省人民检察院
平安哈尔滨	上海商务	上海检察
四川交通	四川教育	天津市人民检察院
哈尔滨检察	微言教育	辽宁发布
甘肃教育	广州教育	辽宁检察
浙江检察	甘肃质监	国家发改委
青春上海	浙江民政	浙江商务
天津消防高新区支队	湖北民政	

其中，政务微博传播效果评价指标体系下设四个一级指标、七个二级指标。一级指标包括互动性指标、关注度指标、整合力指标和活跃度指标。二级指标则为粉丝变化数、粉丝数、微博关注净增数、点赞数、平均被评论率、原创率、平均被转发率，具体如表5-2所示。

表5-2　　常态政务微博影响力指标评价体系及相应阐释

一级指标	二级指标	指标说明
活跃度	平均被评论率	该微博账号一个月内的所有微博内容的评论总数/一个月内总发文数量
	粉丝变化数	账户一个月内的粉丝变化数量
互动性	平均被转发率	该微博账号一个月内的所有微博内容的转发总数/一个月内总发文数量
	点赞数	微博内容的点赞数。点赞数可以反映用户的关注与互动程度，点赞数越高，说明该微博内容越受到用户的关注

二 常态政务微博传播效果分析结果

(一) 基本状况

研究的基础数据见表5-3,党政微博的当天点赞数、当天转发数和当天评论数的平均值分别为201、471和132,活跃度平均值为268;智能决策、定制服务和预警处置的平均值分别为0.34、0.15和0.21。偏度均大于0,均呈现出右偏态,数据位于均值右边的比位于左边的少,有少数变量值很大,算术平均数>中位数>众数。这说明以上指标整体均数量较少。预警处置的峰度为0.045,较为接近于0,说明数据集的分布峰度与正态分布较为相似,极端值较少,分布较为集中,两侧数据较少。而其他指标的峰度系数均不接近于0,说明其数据集的分布峰度与正态分布不相似,极端值较多,分布不集中,两侧数据较多。

表5-3　常态政务微博传播效果数据

个案数		当天点赞数	当天转发数	当天评论数	微博活跃度	当天微博数	智能决策	定制服务	预警处置
个案数	有效	9359	9359	9359	9359	9359	9052	9052	9052
	缺失	0	0	0	0	0	307	307	307
平均值		201	471	132	268	9	0.34	0.15	0.21
中位数		14	32	8	21	5	0.00	0.00	0.00
标准差		1107	1775	623	1051	10	0.474	0.360	0.407
方差		1225900	3149438	387728	1105412	95	0.224	0.130	0.165
偏度		20	12	17	11	5	0.675	1.928	1.43
偏度标准误差		0.025	0.025	0.025	0.025	0.025	0.026	0.026	0.026
峰度		642	256	467	178	53	-1.5	1.718	0.045
峰度标准误差		0.051	0.051	0.051	0.051	0.051	0.051	0.051	0.051

(二) 相关性

在微博活跃度与当天微博数、智能决策、定制服务、预警处置这4个因素的相关性分析中,零假设H0为两总体均值之间不存在显著差异,也就是微博活跃度不受当天微博数、智能决策、定制服务、预警处置这4个因素的影响。

根据同质性检验（见表5-4）可知，F值检验中，推特样本和传统媒体样本的显著性Sig.值均为0.000，小于显著性水平0.05，表示两个组别群体变异数不相等，故认为总体方差不相等。原假设不成立，即不同分组之间异质，存在显著差异。

表5-4　　　　　　　常态政务微博传播效果双侧检验

		当天微博数	智能决策	定制服务	预警处置
微博活跃度	皮尔逊相关性	0.306**	0.204**	0.140**	0.221**
	显著性（双尾）	0.000	0.000	0.000	0.000

注：**表示在0.01级别（双尾），相关性显著。

所以，当天微博数、智能决策、定制服务、预警处置这4个因素均对微博活跃度有显著影响。皮尔逊相关性分别为0.306、0.204、0.140和0.221，说明当天微博数、智能决策、定制服务、预警处置对微博活跃度分别会正向产生30.6%、20.4%、14.0%和22.1%的影响，当当天微博数、智能决策、定制服务、预警处置增强时，微博活跃度就会增强。

（三）党政微博对比

政府的微博活跃度远高于党的微博活跃度。党和政府的微博活跃度标准差和方差均很大，说明党和政府的不同微博号活跃程度差异均很大（具体见表5-5）。

表5-5　　　　　　常态政府和党政微博活跃度对比

	个案数	平均值	中位数	标准差	方差
党的微博的活跃度	494	143	23	1189	1412574
政府的微博活跃度	8865	275	21	1043	1087529

（四）中央政府微博与地方政府微博对比

抽取中央政府样本156个和地方政府样本844个共1000个政府微博样本进行分析。

由表 5-6 和表 5-7 可知，中央政府微博的活跃度远高于地方政府的活跃度，其中尤其是当天转发数，中央政府微博的当天转发数远大于地方政府微博的当天转发数。但是，地方政府的当天平均微博数略高于中央政府的。智能决策方面，中央政府微博优于地方政府微博；而预警处置方面，地方政府优于中央政府。

表 5-6　　　　　　　　　常态中央政府微博活跃度

个案数		微博活跃度	当天点赞数	当天转发数	当天评论数	当天微博数	智能决策	定制服务	预警处置
个案数	有效	156	156	156	156	156	156	156	156
	缺失	0	0	0	0	0	0	0	0
平均值		1322	726	2513	728	9.51	0.56	0.19	0.46
中位数		302	110	681	46	8.00	1	0	0.00
标准差		1964	1430	3490	1355	7.116	0.498	0.395	0.5
方差		3859400	2046106	12182999	1835191	50.639	0.248	0.156	0.25

表 5-7　　　　　　　　　常态地方政府微博活跃度

个案数		微博活跃度	当天点赞数	当天转发数	当天评论数	当天微博数	智能决策	定制服务	预警处置
个案数	有效	844	844	844	844	844	844	844	844
	缺失	0	0	0	0	0	0	0	0
平均值		295	160	538	189	10	0.39	0.19	0.23
中位数		43	23.00	74	20	6	0	0	0
标准差		715	498	1161	691	9	0.488	0.391	0.419
方差		510798	248002	1347965	478146	82	0.239	0.153	0.175

三　常态政务微博传播效果分析结论与对策

基于以上分析，我们得到如下结论。

（1）从前文的分析可以得出，在常态政务微博的信息传播中，当天微博数、智能决策、定制服务、预警处置这四个因素均对微博活跃度有显著影响。

（2）政府的微博活跃度远高于党的微博活跃度，且党和政府的不同微博号活跃程度差异均很大。

（3）在中央政府和地方政府的政务微博对比分析方面，中央政府微博的活跃度远高于地方政府的活跃度，其中尤其是当天转发数，中央政府微博的当天转发数远大于地方政府微博的当天转发数。地方政府的当天平均微博数略高于中央政府的。智能决策方面，中央政府微博优于地方政府微博；而预警处置方面，地方政府优于中央政府。

因此，政务微博在发布常态性内容时，要想增强传播效果，要做好以下几点。

首先，要了解公众所感兴趣的话题和关注的重点，传播引起受众注意和兴趣的内容，才有可能在受众当中产生传播效果。

其次，要了解受众的认知结构，注重传播技巧，比如在传播便民生活信息时，加强对内容的把控，灵活使用多种微博信息发布方式，在不影响信息准确性的前提下，采取活泼不失严肃的措辞与语气，拉近与公众之间的距离。在与公众的沟通交流方面，要做到及时、准确、亲切，为公众答疑解惑。

再次，根据沉默的螺旋理论，政务微博可以通过舆论引导，营造意见环境，推动优势意见的发展，进而影响沉默的受众的观点，促进社会共识的产生，达到预期的传播效果。

最后，地方政府微博应该发挥联动优势，整合地方的政务微博资源，加强地方各政务微博的联系互动，形成政务微博矩阵，形成传播合力。

第三节 非常态政务微博传播效果分析

一 研究方法与研究设计

针对非常态政务微博的传播效果研究，本节采用实证研究的方法，选择了若干突发事件，分析事件发生一周内及一周后政务微博的表现。研究样本依旧为常态政务微博传播效果分析中所提到的 99 个政务微博。

本节构建了四个一级指标和七个二级指标的关于政务微博传播效果评价指标。其中，一级指标下设互动性指标、关注度指标、整合力指标和活跃度指标；二级指标是对一级指标的进一步细分，具体包括粉丝变化数、关注微博净增数、平均被评论率、粉丝数、原创率、点赞数、平均被转发率，具体阐释如表 5-8 所示。

表 5-8　非常态事件政务微博影响力指标评价体系及相应阐释

一级指标	二级指标	指标说明
活跃度	平均被评论率	该微博账号一个月内的所有微博内容的评论总数/一个月内总发文数量
	粉丝变化数	该账户一个月内的粉丝变化数量
互动性	平均被转发率	该微博账号一个月内的所有微博内容的转发总数/一个月内总发文数量
	点赞数	微博内容的点赞数。点赞数可以反映用户的关注与互动程度，点赞数越高，说明该微博内容越受到用户的关注

二　非常态政务微博传播效果分析结果

（一）基本状况

由表 5-9 可知，在非常态事件中，微博数、转发数之和、评论数之和与点赞数之和的平均值分别为 74.28、3784.14、1290.73 和 9.379630239000000E+82；微博活跃度平均值为 2.344907560000000E+82。偏度均大于 0，均呈现出右偏态，数据位于均值右边的比位于左边的少，有少数变量值很大，算术平均数 > 中位数 > 众数，说明以上指标整体均数量较少。微博数的峰度为 15.038，较为接近于 0，说明其数据集的分布峰度与正态分布较为相似，极端值较少，分布较为集中，两侧数据较少。而转发数之和与评论数之和的峰度分别为 160.180 与 165.582，均不接近于 0，说明其数据集的分布峰度与正态分布不相似，极端值较多，分布不集中，两侧数据较多。

表 5-9　　　　　　　　非常态事件微博传播效果基本情况

		微博数	转发数之和	评论数之和	点赞数之和	活跃度
个案数	有效	1282	1282	1282	1282	1282
	缺失	0	0	0	0	0
平均值		74.28	3784.14	1290.73	9.379630239000000E+82	2.344907560000000E+82
中位数		43.00	148.00	49.00	71.000000000000000	109.875000000000000
标准差		89.037	17849.997	6448.498	2.373805615000000E+84	5.934514037000000E+83
方差		7927.509	318622386.500	41583120.230	5.635E+168	3.522E+167
偏度		3.033	11.067	11.514	25.288	25.288
偏度标准误差		0.068	0.068	0.068	0.068	0.068
峰度		15.038	160.180	165.582	0.	0.
峰度标准误差		0.137	0.137	0.137	0.137	0.137
最小值		1	0	0	0.000000000000000	0.250000000000000
最大值		954	353680	123726	6.012342983000000E+85	1.503085746000000E+85

(二) 相关性

由表 5-10 可知,在非常态事件中,在微博活跃度与微博数、转发数之和、评论数之和、点赞数之和这 4 个因素的相关性分析中,零假设 H0 为两总体均值之间不存在显著差异,也就是非常态事件中,微博活跃度不受微博数、转发数之和、评论数之和、点赞数之和这 4 个因素的影响。

表 5-10　　　　　非常态事件中政务微博因素相关性分析

		微博数	转发数之和	评论数之和	点赞数之和
微博活跃度	皮尔逊相关性	0.037	-0.004	-0.002	0.600**
	显著性(双尾)	0.191	0.887	0.936	0.000

注:**表示在 0.01 级别(双尾),相关性显著。

根据同质性检验可知，F 值检验中，微博活跃度与微博数、转发数之和与评论数之和这三个因素的显著性 Sig. 值分别为 0.191、0.887 和 0.887，大于显著性水平 0.05，表示两个组别群体变异数相等，故认为总体方差相等。原假设成立，即不同分组之间同质，不存在显著差异。而微博活跃度与点赞数之和这个因素的显著性 Sig. 值为 0.000，小于显著性水平 0.05，表示两个组别群体变异数不相等，故认为总体方差不相等。原假设不成立，即不同分组之间异质，存在显著差异。

所以在非常态事件中，微博数、转发数之和和评论数之和这三个因素对微博活跃度均没有显著影响。而点赞数之和对微博活跃度有显著影响，其皮尔逊相关指数为 0.600，说明点赞数之和对微博活跃度会正向产生 60.0% 的影响，表示当点赞数之和增多时，微博活跃度就会增强。

由表 5-11 可知，在非常态事件中，在转发数之和、评论数之和、点赞数之和这 3 个因素与微博数的相关性分析中，零假设 H0 为两总体均值之间不存在显著差异，也就是非常态事件中，转发数之和、评论数之和、点赞数之和这 3 个因素不受微博数的影响。

表 5-11　　　　　　非常态事件中政务微博因素皮尔逊检验

		转发数之和	评论数之和	点赞数之和
微博数	皮尔逊相关性	0.455**	0.460**	0.037
	显著性（双尾）	0.000	0.000	0.191

注：**表示在 0.01 级别（双尾），相关性显著。

根据同质性检验可知，F 值检验中，点赞数之和这个因素与微博数的显著性 Sig. 值为 0.191，大于显著性水平 0.05，表示两个组别群体变异数相等，故认为总体方差相等。原假设成立，即不同分组之间同质，不存在显著差异。而转发数之和与评论数之和这两个因素与微博数的显著性 Sig. 值均为 0.000，小于显著性水平 0.05，表示两个组别群体变异数不相等，故认为总体方差不相等。原假设不成立，即不同分组之间异质，存在显著差异。

所以在非常态事件中，点赞数之和这个因素对微博数没有显著影响。

而微博数对转发数之和评论数之和这两个因素有显著影响,其皮尔逊相关指数分别为0.455和0.460,说明微博数对转发数之和与评论数之和分别会正向产生45.5%和46.2%的影响,表示当微博数增多时,转发数之和与评论数之和就会增多。

(三)非常态事件中央政府微博与地方政府微博对比

非常态事件中,一共有1171个微博样本,其中包括152个中央微博账号样本和1019个地方微博账号样本。账号统计如表5-12和表5-13所示。

表5-12　　　　　　　　非常态事件中央微博账号统计

个案数		微博数	转发数之和	评论数之和	点赞数之和	活跃度
个案数	有效	152	152	152	152	152
	缺失	0	0	0	0	0
平均值		59.11	7082.45	974.63	2043.717105000000000	2539.976973999999700
中位数		45.00	1036.50	154.00	410.500000000000000	485.000000000000000
标准差		51.400	19606.176	2575.603	7587.234359000000000	6343.726220000000000
方差		2641.994	384402117.700	6633733.042	57566125.220	40242862.360
最小值		4	38	1	2.000000000000000	22.250000000000000
最大值		356	185481	21998	90917.000000010000	54942.000000010000

表5-13　　　　　　　　非常态事件地方微博账号统计

个案数		微博数	转发数之和	评论数之和	点赞数之和	活跃度
个案数	有效	1019	1019	1019	1019	1019
	缺失	0	0	0	0	0
平均值		72.37	1675.43	724.09	1.180047690000000E+83	2.950119226000000E+82

续表

	微博数	转发数之和	评论数之和	点赞数之和	活跃度
中位数	40.00	75.00	33.00	42.000000000000000	66.750000000000000
标准差	88.725	5801.839	3004.770	2.662307655000000E+84	6.655769136999999E+83
方差	7872.142	33661339.840	9028640.547	7.088E+168	4.430E+167
最小值	1	0	0	0.00000.00000000	0.250000000000
最大值	694	102787	66209	6.012342983000000E+85	1.503085746000000E+85

由表 5-12 和表 5-13 可知，中央政府微博的活跃度远高于地方政府的活跃度，其中尤其是转发数之和与点赞数之和，中央政府微博的转发数之和与点赞数之和远大于地方政府微博的转发数之和与点赞数之和。但是地方政府的平均微博数略高于中央政府的平均微博数。

（四）常态与非常态政务微博传播效果影响因素分析

由表 5-14 可知，在中央地方党政微博常态事件数据中，当天微博数、智能决策、定制服务、预警处置这 4 个因素均对微博活跃度有显著影响。皮尔逊相关性分别为 0.306、0.204、0.140 和 0.221，说明当天微博数、智能决策、定制服务、预警处置对微博活跃度分别会正向产生 30.6%、20.4%、14.0% 和 22.1% 的影响，表示当当天微博数、智能决策、定制服务、预警处置增强时，微博活跃度就会增强。

表 5-14　　　常态与非常态政务微博传播效果影响因素统计　　　单位：%

影响因素	常态	非常态
当天微博数	30.6	无
智能决策	20.4	无
定制服务	14.0	无
预警处置	22.1	无
点赞数之和	无	60.0

在中央地方党政微博非常态事件数据中，微博数、转发数之和与评论数之和这三个因素均对微博活跃度没有显著影响。而点赞数之和对微博活跃度有显著影响，其皮尔逊相关指数为0.600，说明点赞数之和对微博活跃度会正向产生60.0%的影响，表示当点赞数之和增多时，微博活跃度就会增强。

三 非常态政务微博传播效果分析结论与对策

基于以上分析，我们得到如下结论。

（1）在非常态事件中，微博数、转发数之和和评论数之和这三个因素均对微博活跃度没有显著影响。而点赞数之和对微博活跃度有显著影响，表示当点赞数之和增多时，微博活跃度就会增强。

（2）在非常态事件中，点赞数之和这个因素对微博数没有显著影响。而微博数对转发数之和评论数之和这两个因素有显著影响，表示当微博数增多时，转发数之和与评论数之和就会增多。

（3）非常态事件中，对中央政府和地方政府的政务微博进行对比分析发现，中央政府微博的活跃度远高于地方政府的活跃度，其中尤其是转发数之与和点赞数之和，中央政府微博的转发数之和与点赞数之和远大于地方政府微博的转发数之和与点赞数之和。但是地方政府的平均微博数略高于中央政府的平均微博数。

因此，在非常态事件中政务微博要做好以下几点。

首先，在非常态事件中要加强政务微博之间的合作，充分整合各个政务微博并形成政务微博矩阵，实现突发事件信息共享，用"合唱"取代"独唱"，形成传播合力，通过共振效应，起到更好的舆论引导效果。

其次，同时加强政务微博与媒体之间的配合，促进新旧媒体的结合，共同引导舆论。在非常态事件中政务微博能否发挥作用，在相当程度上依赖其之前建立的影响力和传播力，除了日常精心运营，传统媒体的力量值得借助。两者配合既能保证发布信息的准确性、及时性，又能扩大政务微博的传播力，保障公众的知情权，避免网络舆情恶化。

第六章　常态政务影响力：浙江案例

微博、微信均为现今较受用户认可、使用度较高、受众范围较广的新媒体平台。截至2016年，微博月活跃用户数（MAU）达到2.82亿人，微信月活跃用户数达到6.5亿人。与其他社交工具相比，微博、微信的用户量、时效性、沟通性、互动性是无法用其他社交软件所比拟的。这也使微博、微信成为单一的社交工具，也是政务信息沟通的重要平台。政务微博，主要指代表政府机构和官员，因公共事务而设的官方微博账户。政务微信是指国家在社会管理过程中，发布行政性事务消息和回应民众关心事务的微信公众平台。

本章以浙江省各县市区设立的政务微博、政务微信为分析对象，在定性分析其发展现状的基础上，构建数据指标定量分析评价其现阶段的社会影响力以及社会传播效果，得出相关结论进而提出提升其社会影响力的针对性建议。

第一节　浙江政务微博、微信发展情况

一　浙江政务微博发展基本情况

2018年8月3日，2018"效·能"政务V影响力峰会在天津滨海新区举行，会上发布了《2018年上半年人民日报·政务指数微博影响力报告》，报告指出，微博仍是中国最大的政务新媒体平台，新浪微博认证的政务机构微博数量达到17.58万个，相比2014年增加了约5.67万个，中国大陆共有31个省、自治区、直辖市开通政务机构微博，其中浙江省开通了7911个，居全国第

六位。全国省份政务微博竞争力排行榜上,浙江省政务微博竞争力指数77.83,居全国第六位,其中传播力指数79.11,服务力指数84.54,互动力指数70.04。

截至2015年年底,浙江省已开通92个市级或县级政务微博账号(见表6-1),其中每个政务微博公众号每月平均净增微博数237条,全浙江省全年较去年新增微博数一共261648条,平均原创率达到78.06%,平均转发率达到4.79%,政务微博社会覆盖率和影响力不断扩大。

表6-1　　浙江省92个县市区政务微博账号开通认证情况

序号	名称	序号	名称	序号	名称	序号	名称
1	杭州发布	24	下城发布	47	诸暨发布	70	蓬莱仙岛浙江岱山
2	宁波发布	25	舟山发布	48	桐乡发布	71	浙江嵊泗
3	安吉发布	26	长兴发布	49	温岭发布	72	龙游发布
4	江干发布	27	嘉兴发布	50	微博苍南	73	秀洲发布
5	镇海发布	28	建德发布	51	江山发布	74	平湖发布
6	乐清发布	29	温州鹿城发布	52	南湖发布	75	微博文成
7	桐庐发布	30	象山发布	53	海曙发布	76	新昌发布
8	吴兴发布	31	微博宁海	54	东阳发布	77	永嘉发布
9	西湖发布	32	丽水发布	55	江东发布	78	中国定海
10	拱墅发布	33	上城发布	56	泰顺发布	79	柯桥网络民生直通车
11	临安发布	34	海盐发布	57	仙居发布	80	武义发布
12	湖州发布	35	富阳发布	58	魅力台州官微	81	南浔发布
13	衢州发布	36	海宁发布	59	青田发布	82	衢江发布
14	余姚发布	37	平阳发布	60	兰溪发布	83	童话云和V
15	义乌发布	38	嘉善微博	61	瑞安发布	84	路桥发布
16	萧山发布	39	奉化发布	62	瓯海发布	85	柯城发布
17	北仑发布	40	江北发布	63	洞头发布	86	椒江发布
18	温州发布	41	淳安发布	64	婺城发布	87	常山发布
19	玉环发布	42	金华发布	65	浙江微上虞	88	金东发布
20	绍兴发布	43	滨江发布	66	磐安发布	89	开化发布
21	德清发布	44	黄岩发布	67	三门发布	90	浙江微天台
22	慈溪发布	45	鄞州发布	68	龙湾发布	91	浦江发布
23	余杭发布	46	中国普陀	69	永康发布	92	越城发布

通过文献调研、问卷调查以及实地调研等方法对浙江省县市区政务微博进行分析总结，发现其共有六大特征。

第一，以多样化形式、多元化内容展现政府形象。浙江省各大政务微博在构建符合政务微博的定位的内容如政策解读、权威发布、本地动态新闻等的基础上，添加天气预报、生活小常识等实用信息，以及与旅游相关的美景、美食、美图等来吸引粉丝用户。此外，某些政务微博账号还将视野扩展到所属地区外，发布关于国内外热点事件及热点新闻评论的相关内容。

第二，以创新性的宣传方式适应新媒体平台的特点。①搭建当地政务微博网络体系：如与当地其他政务微博（公安、社区等微博）适时联动，保持适度互动，充实信息量。②与时俱进地使用流行微博工具：善用长微博、九宫格图片等微博工具，图片文字相结合，营造视觉美感，同时加以解读，提升用户体验。③严谨的微博内容中适度使用活泼亲切的网络用语、表情，赢得用户好感。

第三，以政务微博的权威发布作用实时报道跟进突发舆情。浙江省大部分政务官微均已具备"快速通报，积极引导"的意识，及时有效向社会大众发布热点事件相关内容。

第四，以精心设置的话题栏目与社会公众进行互动。目前，浙江省已开通的政务微博账号大多都设置了话题栏目，通过精心设置议题，吸引网友互动，具备良好的运营意识。如"德清发布"开设了"便民德清""美丽德清"等栏目，"建德发布"开设了"部门直通车""乡镇连心桥""便民小贴士"等栏目，"萧山发布"开设了"民生萧息""萧然视野"等话题，这些话题栏目内容上与大众生活息息相关，形式上将相关内容归类形成系列，方便网友识别、搜索。

第五，以接地气的互动方式与社会大众沟通进而服务大众。政务微博是一个网络问政平台，除发布政务信息、便民资讯外，更重要的是倾听网民意见并及时给予反馈。浙江省大多数政务微博都能做到以接地气的方式与网民互动，如当网友"笑是会传染的"询问"海曙发布""灵桥路上的新垃圾桶啥时间换上的"等一系列问题时，"海曙发布"答复：请"海曙城管"的小伙伴帮忙解答下。这种接地气的互动，既起到了信息沟通的桥梁作用，又体现了政务微博的作为。例如，"德清发布"设置"热点回应"、"淳安发布"开设"热线链接"等栏目，以便回应网友反映的各种社会问题。

第六，以流行有效的吸粉方式吸引用户。如"镇海发布"将"微竞猜"作为常规活动，以较低的成本（大约每期奖励 3 名网友 30—50 元不等的花费），活跃了网络互动气氛，传播了镇海特色文化，目前已经形成规模，"微竞猜"转发数多在 700 以上。

二　浙江省政务微信发展基本情况

从全国来看，《中国电子政务年鉴（2014）》显示，截至 2014 年 12 月，我国共开通政务微信公众号 17217 个，其中江苏、浙江、广东三个省份的公众号均突破 1000 个。超过半数的公众号分布在县级区域。发布类、民生类、服务类公众号"百花齐放"。公众号推送期数超过 300 万期次，推送信息达到 1200 余万条，累计阅读数超过 15.3 亿次。

从浙江省来看，截至 2015 年 9 月，全省 101 个县市区中，已有 83 个开通市级或县级政务微信公众号（具体见表 6 - 2 和表 6 - 3），其中超过 4/5 的公众号保持每日发布信息的活跃状态；累计推送信息 34998 条、阅读数 47310681 次、点赞数 448261 次，公众号受众群体和社会影响力不断扩大。

表 6 - 2　　浙江省 11 个地级市政务微信公众号开通认证情况

序号	微信号名称	微信号	微信认证
1	杭州发布	hzfbwx	该账号服务由杭州市人民政府新闻办公室提供
2	宁波发布	nbfb0574	该账号服务由宁波市人民政府新闻办公室提供
3	温州发布	wenzhoufabu	该账号服务由温州市人民政府新闻办公室提供
4	绍兴发布	sxfabu	该账号服务由绍兴市人民政府新闻办公室提供
5	湖州发布	huzhoufabu	该账号服务由湖州市人民政府新闻办公室提供
6	嘉兴发布	jxfabu	该账号服务由嘉兴市人民政府新闻办公室提供
7	金华发布	jhfabu	该账号服务由中共金华市委宣传部提供

续表

序号	微信号名称	微信号	微信认证
8	衢州发布	quzhoufb	该账号服务由衢州市人民政府新闻办公室提供
9	舟山发布	zjzsqdxq	该账号服务由舟山市委市政府新闻办公室提供
10	台州发布	tzfb001	该账号服务由中共台州市委宣传部提供
11	丽水发布	wxlishui	该账号服务由丽水市人民政府新闻办公室提供

表6-3　　浙江省90个县市区政务微信公众号开通认证情况

序号	名称	微信ID	序号	名称	微信ID
1	今日拱墅	jrgs1921	22	奉化	未开通
2	上城发布	hzscfb	23	象山发布	xsfabu
3	下城发布	hzxcfb	24	宁海	未开通
4	江干发布	jgfabu	25	温州鹿城发布	luchengfabu
5	美丽西湖	xihunet	26	龙湾	未开通
6	滨江发布	gxbjfb	27	瓯海	未开通
7	萧山发布	gh_4437b5f84b56	28	瑞安发布	ruianfabu
8	桐庐发布	tlfabu	29	乐清发布	yqwxb814
9	富阳发布	fuyangfabu	30	洞头发布	DongTouFaBu
10	临安发布	linanfabu	31	永嘉发布	yongjiafb
11	建德发布	JDFB64734823	32	平阳	未开通
12	淳安发布	chunanfabu	33	苍南发布	cnfabu
13	余杭发布	yhqxwb	34	文成发布	wcxc66
14	海曙新闻	hsxw2012	35	泰顺发布	gh_c06ad93a9baa
15	江东民生服务网	jdmsfww	36	南湖发布	nanhufabu
16	（宁波）江北	未开通	37	看秀洲	kanxiuzhou
17	北仑发布	beilunfabu	38	海宁	未开通
18	镇海	未开通	39	平湖发布	phfabu
19	鄞州	未开通	40	桐乡发布	tongxiangfabu
20	微余姚	gh_4bcbd85ac3ca	41	嘉善新闻	zjjsxww
21	慈溪	未开通	42	海盐发布	zhongguohaiyan

续表

序号	名称	微信 ID	序号	名称	微信 ID
43	爱上吴兴	aishangwuxing	67	开化发布	gh_7b437b21179f
44	南浔发布	未知	68	微龙游	weilongyou2014
45	德清发布	gh_f9e5dcb799e5	69	定海山	zsdinghaishan
46	长兴发布	cxvoice	70	中国舟山普陀	PTXWB2014
47	安吉发布	anjifb	71	蓬莱仙岛 浙江岱山	zjdaishan
48	越城	未开通	72	嵊泗	未知
49	诸暨发布	gh_7c1f2d97e2a2	73	仙居发布	xianjufabu
50	上虞	未开通	74	神秀天台	sxtiantainmen
51	嵊州	未开通	75	掌上三门	zssa
52	柯桥	未开通	76	玉环发布	yuhuanfabu
53	新昌发布	gh_7096798128b8	77	临海发布	gh_73045b8b70a7
54	婺城发布	wcfabu	78	温岭发布	wenlingfabu
55	金东发布	jindongfb	79	路桥发布	gh_0f966ff49f5f
56	兰溪发布	lxfabu	80	黄岩发布	huangyanfabu
57	义乌发布	yiwufb	81	微椒江	iweijj
58	东阳发布	dongyangfabu	82	掌上庆元	qynews2008
59	永康	未开通	83	云和发布	zjyhgov
60	武义发布	wyx321200	84	新松阳采编中心	zgsynews
61	浦江	未开通	85	遂昌发布	scxzfgfwx
62	磐安 fabu	pafabu	86	缙云县	未开通
63	柯城发布	kechengfabu	87	世界青田	sjqt0578
64	衢江发布	qujiangfabu	88	掌上龙泉	lqgovwx
65	江山	未开通	89	莲都宣传	ldxc2014
66	常山发布	changshanfabu	90	掌上景宁	wxzsjn

第二节 浙江政务微博传播效果评估

一 浙江政务微博粉丝的基本结构

本节选取浙江省 76 个县市区的政务微博作为分析对象。76 个微博直接覆盖人口 30 万左右，间接覆盖在 200 万左右，具体情况的变动要看是否有重大事件发生或者其他大 V 转发，因此本节第四部分重点分析了重大热点事件中浙江省县市区政务微博的表现。从数据上看 76 个政务微博中"乐清发布""慈溪发布""中国普陀"是运营方面最具代表性的三个。本节分析中，将一周互动数即评论数和转发数作为衡量粉丝质量的最大权重指标。

数据 1：纸面总数：4104172 人。纸面总数指微博页面上显示的粉丝总数，包括"僵尸粉"和真实粉丝在内。

数据 2：实际预估数：184194 人。预估数及真实粉丝数，区别于"僵尸粉"。由于机器判断粉丝是否为"僵尸粉"采取的是人工算法，与实际数会有一定的出入。比如，平时很少发微博甚至不发的人也可能会被算入在内，根据经验应该会比实际粉丝数少 50% 左右。所以，实际预估数仅在微博横向比较中有一定的参考意义。

数据 3：一周七天"慈溪发布"新增粉最多，为 +5187 人，其余处于 0—100 人，其中"北仑发布"和"余姚发布"新增粉丝数分别为 -349 人和 -740 人。新增粉指纸面粉丝数量中的新增粉。显然，浙江政务微博的增长活力普遍不高。

真粉率为真实粉丝数与纸面粉丝数的比值。表 6-4 展示了真粉率最高的 10 个微博账号，由于微博纸面粉丝数都只有百位级别，影响力有限，真粉率即便进入前十，其参考意义也有限。

表 6-4　　　　　　　　　真粉率 Top10　　　　　　　　单位：%

微博号	真粉率
乐清发布	48.6
三门发布	46.9
青田发布	46.9
常山发布	44.1
永康发布	41.9
浙江上虞	40.5
秀洲发布	40.1
海宁发布	38.4

续表

微博号	真粉率
龙泉发布	34.4
浙江微天台	33.0

注：真粉率即真实粉丝占粉丝总数的百分比，根据软件误差，真粉数量的误差在正负50%左右（一般偏低），即加减数据×1.5差不多就是真实粉丝的数量。

真粉数为纸面粉丝数乘以真粉率得到的估计值。由于基于同样一个算法，横向比较相对来说比较准确。从表6-5可以看到，这些排名靠前的地区都是浙江经济相对发达的县市区。

表6-5　　　　　　　　　真粉数Top10　　　　　　　　　单位：人

微博号	真粉数
中国普陀	23000
北仑发布	19000
慈溪发布	16000
乐清发布	15000
余姚发布	15000
义务发布	7624
开化发布	6795
嘉善微博	6791
镇海发布	6135
海宁发布	5428

表6-6、表6-7和表6-8中的数据仅供参考。结合表6-5中的真实粉丝数可以看到，普遍来说县市区微博都有刷粉丝的行为（自己主动刷粉或新浪被动增粉）。

表6-6　　　　　　　　　纸面粉丝Top10　　　　　　　　　单位：万人

微博号	粉丝数
嘉善微博	128
北仑发布	58

续表

微博号	粉丝数
义乌发布	46
中国普陀	21
慈溪发布	19
安吉发布	17
童话云和	15
鄞州发布	11
开化发布	10
余姚发布	7.6

表6-7　　　　互动数（一周转发和评论综合数）Top10　　　　单位：人

微博号	粉丝数
乐清发布	3815
慈溪发布	1799
象山发布	1360
吴兴发布	833
富阳发布	643
下称发布	376
中国普陀	313
海盐发布	305
拱墅发布	283
玉环发布	243

注：互动数是指一周转发和评论的综合数，互动数越高则说明微博人气相对越高。

表6-8　　　活跃度（平均微博数和一周微博数的加权值）Top10　　　单位：人

微博号	粉丝数
乐清发布	80.52
象山发布	30.11
淳安发布	28.12
安吉发布	20.01
桐庐发布	19.67

续表

微博号	粉丝数
慈溪发布	19.09
玉环发布	17.88
富阳发布	17.20
吴兴发布	17.06
奉化发布	16.45

对浙江政务微博粉丝的数据进行分析,我们可以得到以下结论。

(一)性别:男性高于女性,接近互联网整体性别特征

在浙江省政务微博用户的性别比例方面,男性用户数量为 2327065 人,占 56.7%;女性用户数量为 1777106 人,占 43.3%。男性用户比女性用户高 13.4%。而中国整体网民的性别比例为男 56%、女 44%。据 2010 年第六次全国人口普查数据,中国男性占 51.27%,女性占 48.73%。从性别特征看,浙江省县市区政务微博用户男性比例高于女性,基本接近互联网用户整体性别特征。

(二)年龄:18—34 岁用户占超七成,青壮年是绝对主体

从用户的年龄统计来看,0—17 岁占 5%,18—24 岁占 20%,25—34 岁占 52%,35 岁及以上占 23%,其中 18—34 岁占比达到 72%,说明微博覆盖人口绝大多数为青壮年。

(三)学历:各学历人数分布较均匀

从学历方面来看,大学本科占 28.8%以上,高中(包括高职高专)占 37.9%,初中及以下占 33.3%。如果算到具体人口,就是大学本科 79571 人,高中 69810 人,高中以下 60784 人。

二 常态传播环境下样本政务微博表现

(一)常态环境政务微博表现分析

本小节采用系统采集与专业人工分析的方式获取 2018 年 9 月上半月的微博数据,构建微博活跃度、微博传播力、微博引导力三个指标,经过统计、汇总、加权得到综合评价总分排名,即常态传播情况下,浙江省县市区排名前十的政务微博，如表6-9所示。

表6-9 综合得分 Top10

序号	名称	综合得分	粉丝数	粉丝变化数	微博净增数	微博原创率（%）	微博平均被转发数	微博平均被评论数	评论倾向指数（%）
1	余姚发布	95.43	76635	8439	199	79.40	50.31	1.63	92.90
2	北仑发布	94.56	582923	1471	249	82.73	18.07	3.73	94.30
3	乐清发布	89.98	31480	216	555	85.59	8.65	4.46	66.80
4	镇海发布	84.89	31542	1241	143	83.22	39.26	5.11	61.70
5	温岭发布	82.46	12616	4255	59	72.88	12.59	4.03	77.50
6	吴兴发布	81.02	53797	2	226	92.035	7.37	3.05	68.30
7	海盐发布	67.18	17730	209	101	53.465	4.20	2.34	64.40
8	慈溪发布	65.85	179707	107	148	74.32	3.04	0.92	61.50
9	象山发布	65.76	71804	131	278	69.42	1.21	0.32	82.00
10	海宁发布	62.28	13633	278	226	78.319	1.32	0.55	74.70

注：榜单指标说明——政务微博排行主要从微博活跃度、微博传播力、微博引导力三个指标进行综合评判。通过系统采集结合专业人工分析的方式，将政务微博的十多项指标，经过统计、汇总，对其进行权重叠加，最终得到综合排名。
主要指标说明及影响力计算公式：
微博净增数：指定时段内所发微博总数。
粉丝变化数：指定时段内粉丝的增加量，如果减少则是负数。
微博原创率：指定时段内原创性微博占指定时段内所发所有微博的比例。
单条微博被转发数：指定时段内平均每条微博被转发量。
单条微博被评论数：指定时段内平均每条微博被评论量。
网友评论倾向指数：网友对微博进行讨论内容的正面或负面。
综合得分 = 微博活跃度 × 30% + 微博传播力 × 35% + 微博引导力 × 35%

（二）常态环境政务微博表现分析结论

根据表6-9的浙江省政务微博的综合评价总分排名以及相关指标数据，我们得到以下结论。

1. 发布积极性两极分化，11个账号更新量为零

9月上半月，浙江省76个已开通的县市区新浪官微共发布微博6247条，原创微博数达到5152条，增幅分别达到1.78%和5.12%。具体来看，"乐清发布""淳安发布""象山发布""北仑发布"排位占据前四席。上述4个账号与"安吉发布""海宁发布""吴兴发布""桐庐发布"的微博

净增数均超过200条。其中,"乐清发布"以555条的净增量领先。与之形成鲜明对比的是,除了"浙江微天台""青田发布""常山发布""黄岩发布""新昌发布""开化发布"继续零更新量外,另有"柯桥网络民生直通车""婺城发布""龙游发布""江山发布""龙泉发布一"更新量为零。

2. 69个账号粉丝数上涨,部分十万级微博后劲不足

9月上半月,76个县市区政务微博账号共增粉37199个,其中69个账号粉丝数呈上涨趋势,仅有7个账号出现掉粉或零增长。从现有粉丝基数看,76个账号中粉丝数超过1万的有33个,超过5万的有13个,超过10万的有9个,超过50万的仅有"嘉善微博"和"北仑发布"2个,其中"嘉善微博"粉丝达132.4万。不过,从9月上半月的粉丝变化数来看,账号间吸粉能力差距逐渐拉大:一方面,"东阳发布""余姚发布""江干发布""奉化发布""瓯海发布"等后起账号,涨粉迅猛;另一方面,"嘉善微博""义乌发布"等粉丝基数在数十万以上的微博账号,出现粉丝流失量较大的情况,分别掉粉9258、2673。同时,"平阳发布"(掉粉1927)、"常山发布"(掉粉51)、"童话云和V"(掉粉18)、"开化发布"(掉粉10)也出现一定程度的掉粉现象。

3. 线上互动、权威发布效果有所显现

9月上半月被转发总量及单条被转发数最高的官微均是"余姚发布",转发总量为10011次,单条被转发数为50.31次;被评论总量最高的官微为"乐清发布",达2473条;单条被评论数最高的是"永康发布",平均被评12.8次。具体来看,"余姚发布""镇海发布"的高转评率,与其积极的线上互动密不可分,尤其是邀请网友"关注+转发+@好友"的模式吸引不少网友的注意力。

三 非常态传播环境下样本政务微博表现

在非常态传播环境下,本节重点关注样本政务微博在重大事件发生时的表现。对此,本节对政务微博意见广度和政治活跃度的相关性进行了指标设计和测量。

本节以2014年1—9月发生的五大公共危机事件为起点,采用案例分

析的研究方法辅助数据分析、数据挖掘等技术手段,以浙江省县市区政务微博综合影响力排行榜前十位政务微博为研究对象,对政务微博在特定公共危机事件中的传播表现进行实证研究,把握政务微博危机传播的"信息流"和"影响流"模式。

(一) 非常态环境政务微博表现分析指标设立

政务微博的非常态环境表现由政治活跃度和意见广度(信息流模式、影响流模式)构成。

政务微博的政治活跃度是指它在政治事务方面发表意见和参与的程度,即政务指数。不同类型的政务微博表现出来的政治活跃度明显不同。活跃度可理解为产生有内容博文的情况,表示特定微博每天主动发博、转发、评论的有效条数。具体来说,活跃度受微博信息数量、发布频率、微博原创率、微博评论数、关注数、微博栏目、微博政务指数等因素的影响。

政务微博的意见广度指的是其意见的客观表达以及被受众主观认可的程度,包括传播力和覆盖度两个维度。政务微博的意见广度受粉丝数、粉丝活跃率、微博被转发率、评论倾向指数、媒体关注度、媒体倾向指数、网下实际推动力等因素的影响,不同政务微博的意见广度也存在很大的区别。

意见广度其中一项重要指标是政务微博对微博热点事件的发布情况。根据统计,样本微博在选定的 2014 年 1 月 1 日至 9 月 24 日时间段内,"@乐清发布"以 9463 条的总量、日均 26 条的发布量排名第一。其政治活跃度的各项数据显示如表 6-10 所示。

经统计发现,"@乐清发布"的微博文本中涉及了五大事件中的三件,而且都获得了不少粉丝的转发、评论,共计被转发 381 次,评论 78 条。

相比之下,"@余姚发布""@镇海发布""@吴兴发布"的微博未有一条涉及五大事件中任意一件。

(二) 政务微博政治活跃度与意见广度的相关性检验

为了进一步验证政务微博政治活跃度和意见广度的相关性,笔者在调研已有研究成果的基础上,结合科学指标设计的科学合理性与数据可得性两个重要原则,构建测量相关性的指标。在此基础上,根据设计的指标爬取相关数据,然后使用 SPSS 软件对指标数据进行相关性检验分析,得到数据如表 6-11 所示。

表6-10 样本选取时间段（2014年1月1日至9月24日）

一级指标	二级指标	指标说明	@余姚发布	@北仑发布	@乐清发布	@镇海发布	@温岭发布	@吴兴发布
微博政务指数	发布总量	选定时间内，发布多少条原创微博	3355	4749	9463	1718	756	2292
政治活跃度	原创政务微博数		2531	3843	7341	1456	519	2155
	政务内容发布更新频率		9.2条/天	13条/天	26条/天	4.7条/天	2.1条/天	6.3条/天
政务微博影响力	相关链接部门数		1	3	2	5	2	2
	总转发数		824	906	2111	262	237	137
	对重大事件关注度	2014年五大微博热点事件	0	2	3	0	2	0
内容的广度	意见指向	经常互动@的部门或领域	@余姚交警大队 @余姚气象等	@北仑公路 @北仑交警大队	@乐清水利等	@镇海气象 @镇海网络问政等	@温岭水利 @温岭日报等	@浙江发布 @湖州发布等
意见广度	粉丝数量	关注该微博的粉丝数	76705	583147	31627	32901	12696	53832
意见传播广度	总被转发数	涉及五大事件的内容的微博被转发数	0	27	381	0	4	0
	总被评论数	涉及五大事件的内容的微博被评论数	0	3	78	0	1	0

表 6-11 相关性检验

			政治活跃度			政务微博影响力	
			微博政务指数				
			政务内容发布总量	原创政务微博数	政务内容发布更新频率	相关链接部门数	总转发数
意见广度	内容的广度	对重大事件关注度	0.641	0.620	0.642	0.655	0.688
	意见传播广度	粉丝数量	0.624	0.701	0.623	0.473	0.156
		总被转发数	0.918**	0.908*	0.919**	0.063	0.917*
		总被评论数	0.752	0.747	0.752	0.866	0.743

注：*表示在 0.05 水平（双侧）上显著相关，**表示在 0.01 水平（双侧）上显著相关。

从所得的相关性分析结果中我们可以看到，政务微博对重大事件的关注度与政治活跃度的每一项指标都呈强相关性，所得结果反向验证了我们的假设。

根据相关性分析，我们可以看到政务内容发布更新频率与总被转发数相关性最高，为 0.919；其次为政务内容发布总量与总被转发数相关性，为 0.918；再者是总转发数与总被转发数的相关性，为 0.917；相关链接部门数与总被转发数的相关性最低，为 0.063。

（三）非常态环境政务微博影响力计算公式及县市区政务微博的表现

根据已有的研究成果，结合本次研究的指标设定了非常态传播情况下政务微博影响力的计算公式：

$$影响力 = 40\% \times 活跃度 + 60\% \times 意见广度$$

其中：

活跃度 = 原创内容发布量 × 60% + 转发微博数量 × 40%

意见广度 = 30% × 微博粉丝数 + 对重大事件的关注度 × 30% + 发布重大事件微博引发评论转发 × 40%

将公式应用于样本政务微博影响力计算，最后得到非常态环境政务微博的影响力得分，如表 6-12 所示。可以看到，乐清发布对国内重大事件的关注程度最高，在突发事件中的影响力最大。

表6-12　　　　非常态环境政务微博的影响力得分对比

	内容	@余姚发布	@北仑发布	@乐清发布	@镇海发布	@温岭发布	@吴兴发布
政治活跃度（40%）	原创政务微博数60%	3	4	5	2	1	2
	总转发数40%	4	4	5	1	1	1
意见广度（60%）	对重大事件关注度30%	0	4	5	0	4	0
	粉丝数量30%	3	5	2	2	1	3
	总被转发评论数40%	0	1	5	0	1	0
综合得分		4.3	7.1	9.1	2.2	2.9	2.5

四　浙江政务微博传播对策建议

（一）发展态势

综上所述，对浙江省政务微博发展现状与趋势深入分析，浙江省政务微博未来发展中有以下几点需要重点关注。

第一，县市区政务微博有很大的发展上升空间。

从用户数据来看，自2010年微博诞生以来，中国微博用户已经与中国的互联网用户数据极为接近，微博已经拥有了较为稳固的用户并成为相对成熟的应用。与此对应，政务微博同样呈现出良好的发展态势，经过了起步阶段，政务微博的日常运营已经趋于成熟，能够较好履行政府信息公开、为公众提供咨询等职能。随着微博与公众生活关系的愈加密切，强化服务职能将成为政务微博升级的驱动力。

第二，县市区政务微博的功能将更加多样化。

随着移动互联网的高速发展，政务微博作为一种顺应新媒体移动化、融合化和社交化发展大势而蓬勃发展的官方网络互动平台，功能多样化是必然趋势。此外，政务微博的功能除了发布信息、与大众互动外，更重要的是服务大众。微博粉丝服务平台的升级为互动服务型政务微博的成长提供了优良土壤，为政务微博和用户之间构建了一种新型互动服务方式。

第三，县市区政务微博伴随着微传播的常态化将会有更大的发展空间。

当前，在移动互联网的高速发展带动下以及新媒体移动化的促引下，微信等即时通信方式成为中国新媒体最热门的应用，造就了微传播的日益常态化，使之成为主流传播方式。

（二）发展建议

第一，在纵向上与其他本地区大 V 形成联动机制，横向上与其他县市区微博形成联动机制，相互扩大影响力。各政务微博应该积极主动地与当地公安、社区等官微联动，并保持适当程度的互动，这样一方面可以充实信息量，另一方面可以进一步搭建当地政务微博网络体系。比如"桐庐发布"与"平安桐庐"积极互动推广本地企业，而且还主动联系"浙江发布""杭州发布"等官微，宣传环保微电影。

第二，政务微博可根据本地域的特征，形成地区微博联盟，联合发布信息，进而简化微博构成。微博平台的特点是细化的结构覆盖面，然而过于细化的结构覆盖面会在一定程度上造成资源的浪费。

第三，政务微博应当加强内容建设以弥补微博吸粉后劲不足的普遍弱点。主要可以从以下三个方面入手。

（1）深化普及，加强与网民互动、服务网民的意识。

（2）与时俱进地使用流行微博工具：善用长微博、九宫格图片等微博工具，图片文字相结合，营造视觉美感并加以解读，提升用户体验。

（3）与时俱进，适度使用流行网络用语、表情。比如"桐庐发布""蓬莱仙岛浙江岱山"等账号摒弃官方公文用词，适度采用"童鞋们""小伙伴"等网络热词，搭配活泼亲切的流行表情，拉近了与用户的距离，提升了用户体验，吸引了大量粉丝。

第四，对于突发事件，政务微博应该加入更多的地方情感。研究发现，具有很高地方情感类的微博互动量较高。

第五，优化团队建设，完善政务微博相关管理制度。当前的政务微博管理团队基本上都不专业，普遍没有形成固定的微博话题或栏目。

第六，经济欠发达地区应寻找一到两个突破口，结合本地特色运营微博而不是当成官方板报。

第三节 浙江政务微信传播效果评估

自 2014 年开始，全国政务微信如火如荼发展起来，在此背景下，浙江省各县市区顺应大势，陆续建立了自己的政务微信公众号。本节收集了 2015 年 1—9 月浙江省各县市区政务微信公众号的政务内容和传播力评估数据，研究该省政务微信公众号的发展状况。通过实证数据分析影响政务微信公众号传播力的变量因素及这些因素之间的相互关系，并在此基础上提出进一步推进政务微信建设、提升政务微信传播力和舆论引导力的相关建议与对策。

一 浙江省政务微信发展的主题特点

为分析探测浙江省政务微信发展的主题，本节以 2015 年第一至第三季度浙江省政务微信公众号为分析对象，筛选出公众号内阅读总数排名前 1/10 的文章，共 170 篇（见表 6-13）。深入分析这 170 篇文章包含的信息属性，并根据这些属性将文章分成时事政治、文化教育、城市人物、景点游玩、金融经济、暴恐灾情、生活养生、交通出行、医疗卫生九大类别，按阅读数低于 10 万以及接近或超过 10 万阅读数两个层次分别统计其文章数（及其占比）、阅读总数与点赞总数。最终的分析结果如表 6-13 所示。

表 6-13　　2015 年 1—9 月浙江省政务微信公众号阅读 Top170

分类	文章数	占比（%）	阅读总数	点赞总数
城市人物	36	21.18	2159900	24613
景点游玩	35	20.59	1972056	18950

续表

分类	文章数	占比（%）	阅读总数	点赞总数
时事政治	30	17.65	1862981	17806
文化教育	20	11.76	922784	5602
生活养生	19	11.18	1022606	4967
金融经济	13	7.65	608722	3308
暴恐灾情	9	5.29	591201	3055
交通出行	3	1.76	199195	1196
医疗卫生	5	2.94	131354	580
共计	170	100	9470799	80077

根据表6-14及图6-1至图6-3可以看出，浙江省政务微信公众号阅读Top170九个类别的热点分布情况排名依次为城市人物（36）、景点游玩（35）、时事政治（30）、文化教育（20）、生活养生（19）、金融经济（13）、暴恐灾情（9）、交通出行（3）和医疗卫生（5）。而九个类别文章的阅读数以及点赞数排名分别依次为城市人物（23%，24613）、景点游玩（21%，18950）、时事政治（20%，17806）、生活养生（10%，5602）、文化教育（11%，4967）、金融经济（6%，3308）、暴恐灾情（6%，3055）、交通出行（2%，1196）和医疗卫生（1%，580）。可以看出，热点分布情况与阅读数、点赞数排名基本一致，说明九个类别文章的阅读数以及点赞数排名与热点分布呈现正向相关关系。

表6-14　　2015年1—9月浙江省政务微信公众号阅读Top25

月份	发布	标题	分类	阅读数	点赞数	文章位置
1月上	杭州发布	日子就是要这样过！	生活养生	95773	530	5
1月下	杭州发布	27条新政	时事政治	100000+	149	1
3月上	杭州发布	3月的周末这样安排	景点游玩	100000+	693	3
3月下	湖州发布	湖州新形象片	城市人物	100000+	608	2
4月下	淳安发布	千岛湖又摊上大事啦	景点游玩	100000+	2483	2
5月上	桐庐发布	这些统统免费	时事政治	91225	422	3
5月下	杭州发布	习近平考察高新企业和钱江新城	时事政治	100000+	1640	1

续表

月份	发布	标题	分类	阅读数	点赞数	文章位置
5月下	杭州发布	13幅照片，家这么美！	城市人物	100000+	878	1
5月下	温州发布	温州11县市最美古村	城市人物	100000+	410	1
6月上	杭州发布	专写杭州的16首歌	文化教育	100000+	1137	1
6月上	温州发布	温州哪里好玩？	景点游玩	100000+	565	1
6月下	黄岩发布	王丹萍，好样的！	城市人物	100000+	3665	1
6月下	安吉发布	欢乐风暴乐园今日落成，近日开业	景点游玩	100000+	506	1
7月上	杭州发布	强台风直扑浙江，要做的10件事	暴恐灾情	100000+	413	1
7月上	湖州发布	湖州人不可忘却78年前的劫难	城市人物	100000+	338	1
7月上	温岭发布	温岭市长李斌防台讲话	时事政治	94636	746	1
7月下	温州发布	温州市公安机关成功抓获暴恐团伙	暴恐灾情	100000+	1664	1
8月上	安吉发布	今晚，咱大安吉上《新闻联播》啦	城市人物	100000+	1026	1
8月上	衢州发布	衢州旅游宣传大片，美翻了！	景点游玩	100000+	520	1
8月上	丽水发布	国务院今发文周五下午职工可放假	时事政治	97995	154	1
9月上	杭州发布	大阅兵，这些细节你没注意到？	时事政治	100000+	3920	1
9月上	诸暨发布	有诸暨的将军带领方阵走过天安门	城市人物	100000+	2145	1
9月上	杭州发布	"五险一金"不会用，等于白交钱	生活养生	94257	210	1
9月下	杭州发布	杭州获得2022年亚运会主办权	时事政治	100000+	2474	1
9月下	海盐发布	世界级主题乐园将落户海盐	景点游玩	100000+	1402	1

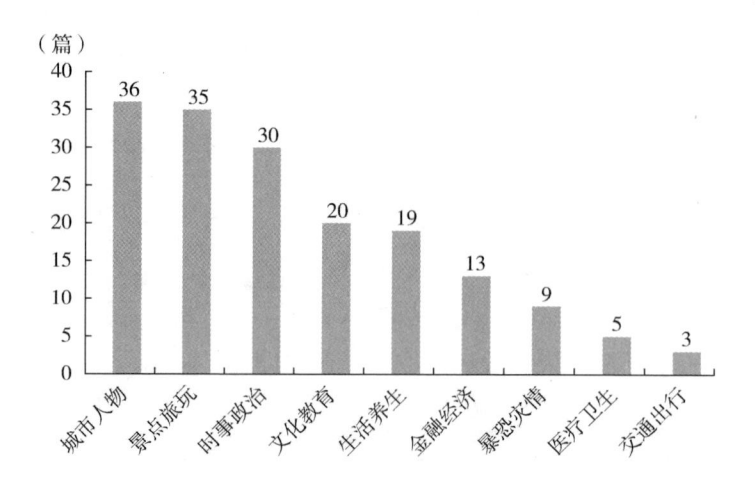

图6-1　2015年1—9月浙江省政务微信公众号阅读Top170热点分布

城市人物 36；景点旅玩 35；时事政治 30；文化教育 20；生活养生 19；金融经济 13；暴恐灾情 9；医疗卫生 5；交通出行 3

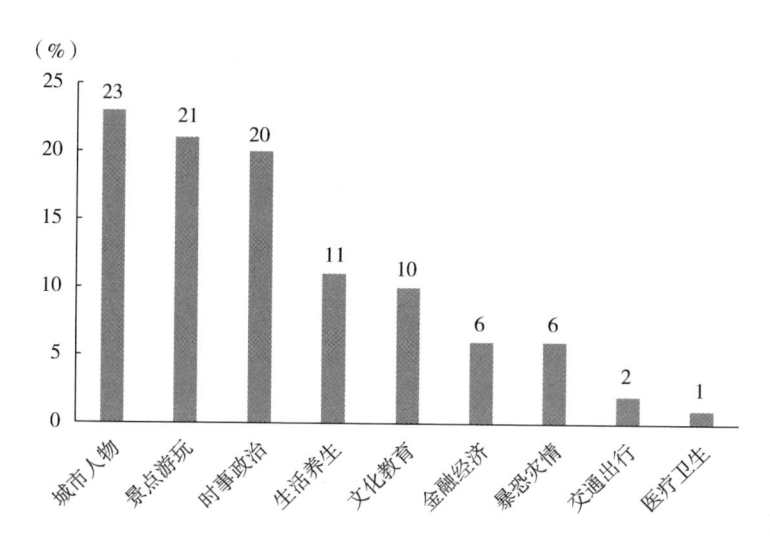

图 6-2　2015 年 1—9 月浙江省政务微信公众号阅读 Top170 阅读数比率

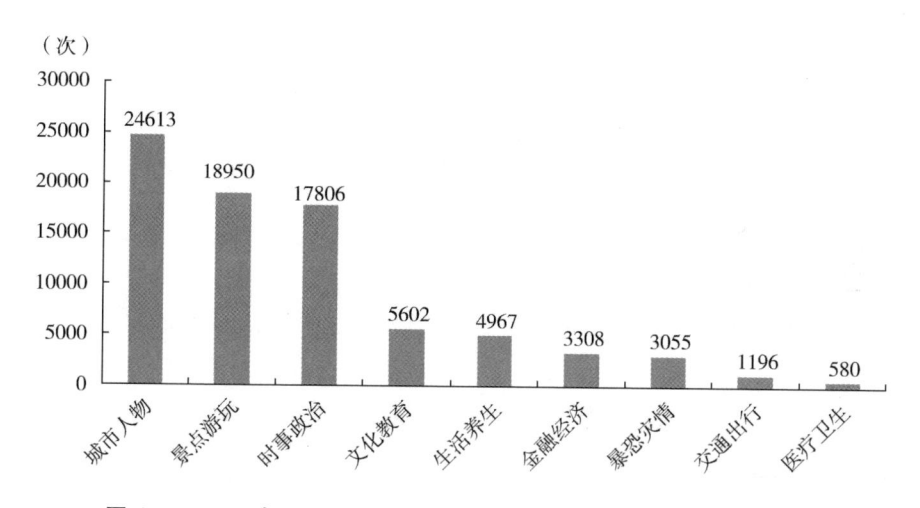

图 6-3　2015 年 1—9 月浙江省政务微信公众号阅读 Top170 点赞数

根据上述数据分析结果,我们可以总结出浙江省微信发展主要有以下两个特征:

第一,创造性地变革微信主题传播内容与传播模式。从表 6-14 的分析结果可以看出,微信热点分布前四位的类别分别为"城市人物""景点游玩""文化教育""生活养生",这在一定程度上说明了在移动互联网背景下,浙江省政务微信公众号已经逐步从传统的"政务告知"模式向"文化对话"模式转变，显现出鲜明的主题传播模式变革，而且更加重视通过历史文化相关的人物、故事等，在传播正能量的同时增强用户黏性、提升社会和谐度。浙江省微信公众号比较典型地从现代性、历史性、人物、风光等多种角度建构城市形象，凝聚城市认同感和自豪感的案例如"湖州新形象片""温州11县市最美古村""王丹萍，好样的！""有诸暨的将军带领方阵走过天安门""衢州旅游宣传大片，美翻了！""世界级主题乐园将落户海盐"等文章。

第二，彰显政务核心价值。从上述数据中可以看出，时事政治类别在热点分布、阅读数与点赞数三个维度都稳居第二位；在公众号阅读Top25中，"习大大考察高新企业和钱江新城""温州市公安机关成功抓获暴恐团伙""大阅兵，这些细节你没注意到？""杭州获得2022年亚运会主办权"等文章阅读数超过10万次，点赞数过千次。这些数据充分说明了社会大众已经建立起通过微信公众号获取时政信息、政务信息的习惯，彰显出了政务微信公众号作为权威信息发布、热点事件回应、民生信息服务新渠道的核心价值。

二 政务微信传播力及其影响因素分析

（一）政务微信公众号影响力评价

通过文献调研发现，目前测度微信影响力的指标体系比较权威的是清博大数据提出的WCI指数，该指数由清华大学新闻传播学院提供学术支持，国内多个知名高校的知名学者担任学术顾问。WCI指数英文全称是WeChat Communication Index，中文全称是微信传播指数，其通过微信公众号推送文章的传播度、覆盖度及其公众号的成熟度和影响力来反映微信公众号整体热度。该指数设计了最高阅读数、日均阅读数、篇均阅读数、日均点赞数、篇均点赞数、最高点赞数6个指标来对微信公众号进行评估。为了让不同维度的指标之间可以相互比较、运算，对各个指标进行了对数形式标准化，最后考虑到各指标在反映传播能力方面存在的差距，赋予6个指标不同的权重，然后加权计算得出结果。

从计算结果可以看出，浙江政务微信公众号影响力指数位居前三的分别是萧山发布、平湖发布、杭州发布，影响力指数分别为625.01、615.3、398.6。

(二) 影响力指数变量相关性分析

在上一节对浙江省微信政务传播力分析的基础上，我们进一步探究影响政务微信公众号影响力与传播力的具体作用因素之间的关系。本节使用皮尔逊（Pearson）相关系数对影响力指数与阅读总数、文章总数、头条文章阅读数、单条最大阅读数、单条最大赞数之间的相关关系进行分析。其目的是准确测度公众号的传播力与相关变量之间的量化指标关系及相互之间的关联度。

变量之间的相关程度取值范围为 –1—1，其中 –1—0 代表变量之间负相关，0—1 代表变量之间正相关，0 则代表变量之间不相关，相关程度的绝对值越大，表示变量之间的关系越紧密。P 值为相关系数检验值，P 值大于 0.05 代表相关性无效。

从表 6 – 15 可以看出以下几方面。

表 6 – 15   政务微信影响力指数变量相关性分析

		影响力指数	阅读总数	点赞总数	文章总数	头条文章阅读数	单条最大读数	单条最大赞数
影响力指数	皮尔逊相关	1.000	0.986	0.993	0.128	0.995	0.990	0.778
	显著性（双尾）		0.000	0.000	0.784	0.000	0.000	0.040
阅读总数	皮尔逊相关	0.986	1.000	0.994	0.264	0.996	0.988	0.703
	显著性（双尾）	0.000		0.000	0.568	0.000	0.000	0.078
点赞总数	皮尔逊相关	0.993	0.994*	1.000	0.227	0.996	0.985	0.743
	显著性（双尾）	0.000	0.000		0.624	0.000	0.000	0.056
文章总数	皮尔逊相关	0.128	0.264	0.220	1.000	0.181	0.124	–0.402
	显著性（双尾）	0.784	0.568	0.624		0.697	0.791	0.371
头条文章阅读数	皮尔逊相关	0.995	0.996	0.996	0.181	1.000	0.996	0.761
	显著性（双尾）	0.000	0.000	0.000	0.697		0.000	0.047
单条最大读数	皮尔逊相关	0.990	0.988	0.985	0.124	0.996	1.000	0.789
	显著性（双尾）	0.000	0.000	0.000	0.791	0.000		0.035
单条最大赞数	皮尔逊相关	0.778	0.703	0.743	–0.402	0.761	0.789	1.000
	显著性（双尾）	0.040	0.078	0.056	0.371	0.047	0.035	

注：*表示相关性在 0.05 水平上显著（双尾）。

（1）微信公众号的文章总数不是影响微信传播指数的因素，而阅读总数、点赞总数、头条文章阅读数、单条最大读数、单条最大赞数是影响微信传播指数的关键因素。从表中数据可以看出，影响力指数与阅读总数、点赞总数、文章总数、头条文章阅读数、单条最大读数、单条最大赞数之间的 R 值为 0.986、0.993、0.128、0.995、0.990、0.778；P 值为 0.000、0.000、0.784、0.000、0.000、0.040。

（2）文章总数与阅读总数、点赞总数、单条最大读数、头条文章阅读数、单条最大赞数均呈现不相关关系，即文章发布总数的多少与阅读总数、点赞总数、单条最大赞数的多少无关。从表中可以看出，阅读总数、点赞总数、头条文章阅读数、单条最大读数与文章总数间的 P 值分别为 0.568、0.624、0.697、0.791，均大于 0.05。因此，政务微信公众号应着重在文章质量上下功夫，绝不能一味追求文章数量，一般每期控制在 3—5 篇文章为宜。

（3）单条最大读数与阅读总数、点赞总数、单条最大赞数、头条文章阅读数均呈现较强的正相关关系，即单条文章阅读数越大，那么阅读总数、点赞总数、单条最大赞数以及头条文章阅读数越大。单条最大读数、单条最大赞数与头条文章阅读数间的 R 值分别为 0.996、0.761，P 值分别为 0.000、0.047，表明单条最大赞数与头条文章阅读数的相关关系不强，表明受众并不完全认可头条文章，因此政务微信公众号要重视头条文章的主题内容以及主题形式的选择并加强改进创新。单条最大读数与阅读总数间的 R 值为 0.988，P 值为 0.000，说明单条最大读数（头条文章阅读数）越大，公众号阅读总数则越大，表明头条文章在一定程度上可以吸引受众涉猎其他文章，可以将自己的阅读数一部分转化为其他文章的阅读数。

总结上述结论可以看出，浙江省政务微信公众号的微信传播力与文章总数无关，与文章阅读总数、点赞总数、头条文章阅读数、单条最大读数、单条最大赞数有较强相关关系。政务微信公众号应当重视头条文章主题的选择以及形式创新，头条文章阅读数是影响政务微信公众号微信传播力的关键因素。

三 浙江政务微信传播对策建议

展望未来微信的发展,浙江省政务微信的发展应当关注以下几点。

(1)要注重分析用户阅读规律,精准把握用户需求。在高速发展的移动互联网时代,新媒体平台不断出现,而主题内容是掌握时代脉搏的一把利器。浙江省政务微信公众号要充分利用微信公众号后台的用户阅读数据进行查询、追溯、统计,构建微信数据自动统计平台和定期分析制度,精准了解受众的对象变化、需求偏好、阅读评价,及时对微信发布的主题、条目、内容做出对应性调整,着力打造出一批导向正确、特色鲜明、受众欢迎的品牌栏目和系列文章。

(2)要注重人才队伍建设,打造专业人才梯队。要通过案例分析、名家讲课、轮岗顶岗等形式,着力培养一批既懂新闻采编又懂网络传播的政务微信发布工作领导者、组织者、管理者、编辑者队伍。特别是要与知名政务和商务微信公众号的主编、策划、编辑等核心人员建立交流或聘任关系,使相关人员能学习借鉴其成功的工作理念、工作流程、工作方式,及时掌握微信宣传的前沿趋向和具体对策。

(3)要掌握媒体运营专业知识,建设政务媒体集群。首先,要大力推进集群化建设,打造微信、微博、移动客户端相结合的"两微一端"媒体传播平台。其次,要发挥县级政务微信公众号的带动作用,带动推进各县级以下各乡镇街道层面的政务微信公众号建设,形成县乡镇街道一体化运营的政务微信公众号体系。再次,要积极扩大运营体系,与社会组织类、知名商务类微信公众号形成微信公众号联盟,定期开展紧扣经济社会发展、城乡新风新貌、群众民生服务等重点领域的专题宣传活动。最后,要积极打通与突发公共事件应急系统的联系,通过集群化的政务媒体传播平台扩大对突发灾情以及重大事件的信息传播范围,加快信息传播速度。

(4)要重视运用先进的微信公众号管理模式,构建团队协作运营机制。第一,确立审核标准。微信公众号发布的政务信息要符合意识形态和社会主义核心价值观,要突出政务微信应当具备的培育功能、导向功能。

第二，完善政务微信公众号的机制体系。主要包括协调机制、发布机制、应急机制、反馈机制、激励机制等，在此基础上建立区域内政务信息互信互通、信息共享的协作机制，使政务微信公众号成为汇聚和获悉区域内重要信息的即时平台。

（5）要注重运用信息传播规律，扩展信息传播渠道，使政务微信号成为惠民便民的施政利器。首先，要充分挖掘微信系统所具有的互动反馈和移动支付等功能；其次，开辟创新性的交互模块，包括党务政务公开、民生事务咨询、行政执法查询、违法违纪举报以及公共服务缴费、违规违章罚款等。

第四节 政务微博、微信影响力比较研究

政务微博、微信作为相同类型的社会媒介，其覆盖的用户群体与影响范围必然有所差异，研究两者影响力的不同对于今后有针对性地优化政务微博、微信具有十分重要的意义。政务微博、微信的研究不在少数，而有针对性地将两者进行梳理比较的则较为少见。本节研究希望在收集的浙江省政务微博、微信的数据基础上进行梳理罗列，给出浙江省政务微博、微信的比较分析，探讨在相同类型的社会媒介（Social Media）中，政务微博、微信各自的辐射范围和影响力，填补前人研究的空白，也为未来有针对性地进行微博、微信影响力的比较研究打下基础。

一 影响力比较研究设计

（一）影响力比较研究数据来源

从浙江省政务微博来看，截至2016年3月，全省共有92个市级政府微博公众号样本，综合得分的平均值是37.0341，最大值是42.0713，最小值是32.1355。标准差为25.01399，离散程度较大。这92个政府微博公众号的综合得分较为不均衡，差距较大。

从浙江省政务微信来看，截至2016年3月，全省101个县市区中，已有83个开通政务微信公众号，其中超过4/5的公众号保持每日发布信息的

活跃状态；累计推送信息 34998 条、阅读数 47310681 次、点赞数 448261 次，公众号受众群体和社会影响力不断扩大。

(二) 影响力比较研究指标设定

1. 政务微博指标构建

本节基于浙江省政务微博的基本特征以及基于指标体系设计的科学性、合理性等基本原则构建政务微博影响力评价指标体系。该体系主要设计了 4 个一级指标和 7 个二级指标。一级指标分别为关注度指标、活跃度指标、互动性指标和整合力指标。二级指标包括关注微博净增数、粉丝数、微博平均被评论率、粉丝变化数、微博平均被转发率、点赞数、微博原创率。

表 6-16 对政务微博影响力指标评价体系作了详细描述。

表 6-16   政务微博影响力指标评价体系

一级指标	二级指标	指标说明
关注度	微博净增数	比上个月净增加的微博数量，即此月新发的微博数量
	粉丝数	被关注的总数。粉丝数反映了该微博账户的关注情况与受众覆盖范围
活跃度	微博平均被评论率	该微博账号一个月内的所有微博内容的评论总数/一个月内总发文数量
	粉丝变化数	该账户一个月内的粉丝变化数量
互动性	微博平均被转发率	该微博账号一个月内的所有微博内容的转发总数/一个月内总发文数量
	点赞数	微博内容的点赞数。点赞数可以反映用户的关注与互动程度，点赞数越高，说明该微博内容越受到用户的关注
影响力	微博原创率	原创率为该微博账号原创内容占总内容的比率。原创比率越高，越能说明该账号的运营效率，自身影响力也会越高

其中，政务微博的使用者行为包括：微博平均被评论率、微博平均被转发率、微博原创率；用户行为包括：微博净增数、粉丝数、粉丝变化数、点赞数。根据功能将政务微博的影响力划分为关注度、活跃度、互动性、影响力。具体如图 6-4 所示。

```
使用者行为    微博平均被评论率   微博平均被转发率   微博原创率
                    ↓              ↓              ↓
              关注度    活跃度    互动性    影响力
                ↑         ↑        ↑        ↑
用户行为     微博净增数   粉丝数   粉丝变化数   点赞数
```

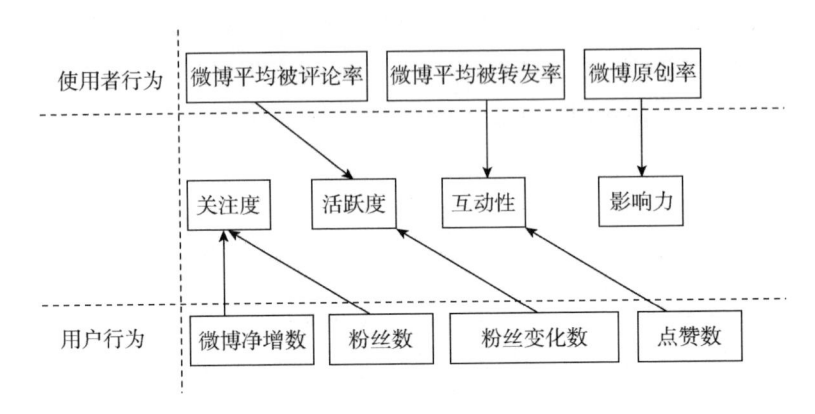

图 6-4 政务微博的使用情况

作为影响力指数的关注度、活跃度、互动性、影响力的含义如下。

关注度：关注度是关注政务微博的微博用户的数量。政务微博作为政务信息第一时间传递的重要途径和网民参与时事政治的重要平台，其关注度是体现其影响力的重要方面。

活跃度：政务微博的活跃度指一段时间内该平台用户的活跃程度，用户的评论、转发、点赞等行为的频率越高，活跃度越高。

互动性：微博作为现有的使用最广泛的社交平台之一，其重点在于互动。微博平台中的评论和转发是互动性的体现。互动性越高说明受众对于该事件的关注度越高，则影响力越大。

影响力：政务微博作为信息传递的重要平台，其最主要的特点就是影响力。无论何种形式的政务类信息宣传，最终的落脚点都体现在影响力上。因此，本节将影响力划分为关注度、活跃度、互动性等方面，从中找寻政务微博的影响力指标。

2. 政务微信指标构建

基于浙江省政务微信的基本特征以及基于指标体系设计的科学性、合理性等基本原则，设计政务微信影响力评价指标体系。该评价指标体系包括4个一级指标和7个二级指标。一级指标包括关注度指标、活跃度指标、互动性指标和影响力指标。关注度指标包括单条最大读数、点赞总数；活跃度指标包括发布文章数、头条文章阅读数；互动性指标包括单条最大赞数；影响力指标包括阅读总数、WCI 指数。

政务微信影响力指标评价体系的指标说明以及相关关系详细描述如表 6-17 所示。

表 6-17　　　　　　　　政务微信影响力指标评价体系

一级指标	二级指标	指标说明
关注度	单条最大读数	该账号所发布内容在一个月内文章的最大阅读数。阅读数越高说明用户的关注度越高
	点赞总数	该账号所发布内容在一个月内的点赞总数。点赞总数越多，说明用户关注度越高
活跃度	发布文章数	该账户在一个月内共计发布文章数量。发布文章数量越多，说明该账户活跃度越高
	头条文章阅读数	微信账户具有发送多条文章的功能，头条文章一般为最重要的信息，头条文章的阅读数可以作为活跃度的体现
互动性	单条最大赞数	该账户在一个月内所发文章的最大单条点赞数。点赞数量越多，说明用户的互动性越强
影响力	阅读总数	该账号所发布内容在一个月内文章的累计阅读数。阅读总数越高说明该账户的覆盖范围越广，影响力越大
	WCI 指数	通过微信公众号推送文章的传播度、覆盖度及其公众号的成熟度和影响力来反映微信公众号整体热度

政务微信的使用者行为包括：WCI 指数、发布文章数；用户行为包括：单条最大读数、点赞总数、头条文章阅读数、单条最大赞数、阅读总数。根据政务微信的功能以及指标体系设计的原则将政务微信的影响力划分为关注度、活跃度、互动性、影响力。具体内容如图 6-5 所示。

其中，WCI 指数是指通过微信公众号推送文章的传播度、覆盖度及其公众号的成熟度和影响力来反映的微信公众号的传播能力和传播效果。该指数使用公众号推送文章的传播度、覆盖度和点赞率三个指标加权计算得到综合评价总分，以反映公众号整体热度和发展走势。WCI 指数计算公式如下所示。

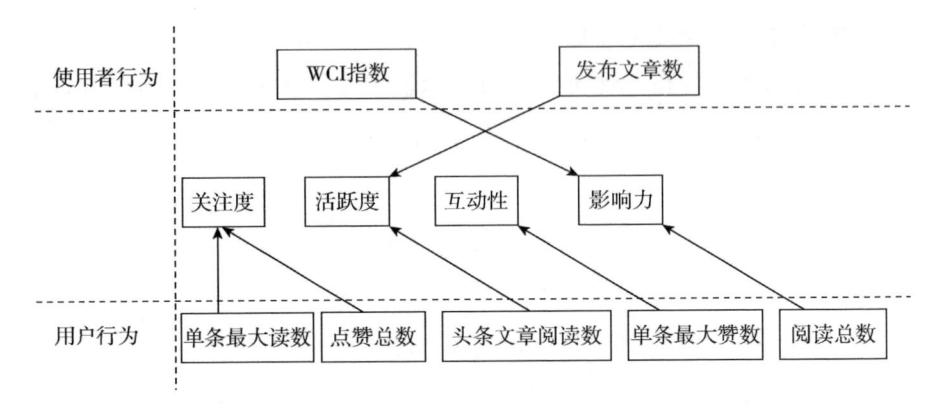

图 6-5 政务微信的使用情况

$$WCI = \begin{cases} \left[60\% \times \ln\left(70\% \times R + 25\% \times \dfrac{R}{N} \times 5 + 5\% \times R_{max} \times 3\right) + 40\% \times \ln\left(70\% \times Z + 25\% \times \dfrac{Z}{N} \times 4.5 + 5\% \times Z_{max} \times 2 + 2\% \times \dfrac{Z}{R} \times 1000\right)\right]^2 \times 10 & \text{若 } 1000 \leqslant R \\ \left[60\% + \ln\left(70\% \times R + 25\% \times \dfrac{R}{N} \times 5 + 5\% \times R_{max} \times 3\right) + 40\% \times \ln\left(70\% \times Z + 25\% \times \dfrac{Z}{N} \times 4.5 + 5\% \times Z_{max} \times 2\right)\right]^2 \times 10 & \text{若 } R < 1000 \end{cases}$$

上述公式中，N 为发布文章数，R 为阅读总数，R/N 为平均阅读数，R_{max} 为单条最大读数，Z 为点赞总数，Z/N 为平均点赞数，Z_{max} 为单条最大赞数，Z/R 为点赞率。通过此项公式，可计算出政务微信的 WCI 指数。

其中，作为影响力指数的关注度、活跃度、互动性、影响力的含义分别为：

关注度：关注度是指关注微信公众号的微信用户数量。政务微信作为政务信息第一时间传递的重要途径和网民参与时事政治的重要平台，其关注度是其影响力体现的重要方面。

活跃度：政务微信的活跃度指一段时间内该平台用户的活跃程度，用户的评论、转发、点赞等行为的频率越高，说明活跃度越高。

互动性：微信作为现有的使用最广泛的社交平台之一，其重点在于互动。微信平台中的分享至朋友圈等行为，是互动性的体现。互动性越多说明受众对于该事件的关注度越高，则影响力越大。

影响力：政务微信作为信息传递的重要平台，其最为主要的特点就是影响力。无论何种形式的政务类信息宣传，最终的落脚点都体现在影响力指数上。因此，本节将影响力划分为关注度、活跃度、互动性等方面，从中找寻政务微信的影响力指标。

二 政务微博、微信影响力评价结果

根据研究设计，本节用回归分析、方差分析、因子分析、相关性分析等方法进行数据处理，找出浙江省政务微博、微信影响力中最重要的影响因素。

（一）回归分析

1. 微博

由表6-18可知，微博净增数、点赞数、微博平均被评论率、微博平均被转发率、粉丝数、微博原创率、粉丝变化数七个因素经过F检验后的显著性为0.000，小于0.05，表示线性关系很显著，回归方程的解释性良好。这七个因子的回归系数均大于0，说明这七个自变量均与政务微博的综合得分在一定程度上存在相关关系。按相关关系由强至弱的顺序排列依次为：微博净增数、点赞数、微博平均被评论率、微博平均被转发率、粉丝数、微博原创率、粉丝变化数。因此，提升浙江省各地区政务微博的传播效力，应当着重提升微博净增数、点赞数、微博平均被评论率这三个对综合得分影响最大的因素。

表6-18　　　　　　　　　　微博回归分析

指标	回归系数	R^2	Sig. 值
微博净增数	0.791	0.621	0.000
点赞数	0.713	0.502	0.000
微博平均被评论率	0.571	0.319	0.000
微博平均被转发率	0.540	0.284	0.000
粉丝数	0.416	0.164	0.000
微博原创率	0.400	0.151	0.000
粉丝变化数	0.322	0.093	0.000

2. 微信

由表 6-19 可知,WCI 指数、发布文章数、单条最大读数、点赞总数、头条文章阅读数、单条最大赞数、阅读总数七个因素 F 检验的显著性为 0.000,小于 0.05,表示线性关系很显著,回归方程的解释性良好。这七个因子的回归系数均大于 0,说明这七个自变量均与这个因变量在一定程度上存在相关关系。按相关关系由强至弱的顺序依次排列为:WCI 指数、发布文章数、单条最大读数、点赞总数、头条文章阅读数、单条最大赞数、阅读总数。因此,提升浙江省各地区政务微信的影响力,应当着重提升 WCI 指数、发布文章数、单条最大读数这三个对影响力指数影响最大的因素。

表 6-19　　微信回归分析

指标	回归系数	R^2	Sig. 值
WCI 指数	0.949	0.900	0.00
发布文章数	0.766	0.582	0.00
单条最大读数	0.601	0.355	0.00
点赞总数	0.582	0.331	0.00
头条文章阅读数	0.566	0.313	0.00
单条最大赞数	0.524	0.267	0.00
阅读总数	0.494	0.236	0.00

而且,调查研究的数据显示,点赞数在政务微博上的回归系数高于在政务微信上的回归系数,说明点赞数对政务微博的影响程度要大于对政务微信的影响程度;而政务微博上的微博净增数的回归系数高于政务微信上的发布文章数。因此,政府公众号新增的发布内容数量对政务微博的影响程度大于对政务微信的影响程度。

(二) 方差分析

1. 微博

在方差分析之前首先进行可行性检验,原假设为各分组方差无差异,也就是浙江省 92 个政府微博公众号的传播效力不受地区不同的影响。根据同质性检验可知,Sig. 值为 0.511,大于显著性水平 0.05,故认为总体方差相等，原假设成立，即不同分组之间同质，没有显著差异。方差是齐性的，可进行方差分析。

单因素方差分析表（见表6-20）显示：粉丝数、粉丝变化数、微博原创率、微博平均被转发率、微博平均被评论率、点赞数这六个因素的Sig.值均为0，达到了显著性水平，说明这六个因素对微博的传播效力有显著影响。而微博净增数这个因素的Sig.值为0.002，大于0.001小于0.005，说明这个因素并未对微博公众号的传播效力产生显著影响。

表6-20　　　　　　　　　微博单因素方差分析

指标	Sig.值
浙江省总体	0.511
粉丝数	0.000
粉丝变化数	0.000
微博原创率	0.000
微博平均被转发率	0.000
微博平均被评论率	0.000
点赞数	0.000
微博净增数	0.002

2. 微信

在方差分析之前，先进行可行性检验。原假设为各分组方差无差异，也就是浙江省92个政府微信公众号的传播效力不受地区不同的影响。根据同质性检验可知，Sig.值为0.521，大于显著性水平0.05，故认为总体方差相等。原假设成立，即不同分组之间同质，没有显著差异。方差是齐性的，可进行方差分析。

单因素方差分析显示，阅读总数、点赞总数、发布文章数、头条文章阅读数、单条最大读数、单条最大赞数、WCI指数这七个因素的Sig.值均为0，达到了显著性水平，说明这七个因素对微信的传播效力均有显著影响。

（三）因子分析

1. 微博

变量共同度列表显示的是我们提取的因素能够解释多少自变量，值越接近 1 越好（最大值是 1）。

由表 6-21 可知，按影响程度从强到弱排列，影响政务微博传播效果的七个因素按顺序可排列为：微博平均被评论率、微博平均被转发率、点赞数、微博净增数、粉丝数、粉丝变化数、微博原创率。

表 6-21　　　　　　　　　　　变量共同度

指标	原始	抽取
粉丝数	1.000	0.562
粉丝变化数	1.000	0.353
微博净增数	1.000	0.613
微博原创率	1.000	0.191
微博平均被转发率	1.000	0.852
微博平均被评论率	1.000	0.869
点赞数	1.000	0.790

表 6-22 展示了因子成分矩阵，根据公式"变量 v1 = 系数 1 × 成分 1 + 系数 2 × 成分 2"，可以求出这七个因子的标准分数表达式。如表 6-23 所示，这七个因子在原始变量上的载荷，按由大到小依次排列为：微博平均被转发率、微博平均被评论率、微博原创率、点赞数、微博净增数、粉丝变化数、粉丝数。

表 6-22　　　　　　　　　　　因子成分

指标	成分 1	成分 2
粉丝数	0.594	-0.457
粉丝变化数	0.503	-0.316
微博净增数	0.728	-0.289
微博原创率	0.429	0.082
微博平均被转发率	0.552	0.740
微博平均被评论率	0.608	0.707
点赞数	0.845	-0.275

表 6 – 23　　　　　　　　　　因子载荷

指标	计算后因子载荷
粉丝数	– 0.32
粉丝变化数	– 0.129
微博净增数	0.15
微博原创率	0.593
微博平均被转发率	2.032
微博平均被评论率	2.022
点赞数	0.295

表 6 – 24 所列的是旋转后因子成分矩阵。在因子旋转以后，这七个因子在原始变量上的载荷，按由大到小依次排列为：微博平均被评论率、微博平均被转发率、点赞数、微博净增数、微博原创率、粉丝数、粉丝变化数（见表 6 – 25）。所以，要想提升政务微博的传播效力和影响力，应当着重提升微博平均被评论率、微博平均被转发率、点赞数这三项指标。

表 6 – 24　　　　　　　　　　旋转后因子成分

指标	成分 1	成分 2
粉丝数	0.749	– 0.037
粉丝变化数	0.593	0.027
微博净增数	0.763	0.177
微博原创率	0.306	0.312
微博平均被转发率	0.032	0.923
微博平均被评论率	0.097	0.927
点赞数	0.851	0.256

表 6 – 25　　　　　　　　　　旋转后因子载荷

指标	旋转后因子载荷
粉丝数	0.675

续表

指标	旋转后因子载荷
粉丝变化数	0.647
微博净增数	1.117
微博原创率	0.930
微博平均被转发率	1.878
微博平均被评论率	1.951
点赞数	1.363

2. 微信

由表 6-26 可知，按影响程度从强到弱排列，影响政务微信传播效果的七个因素为：头条文章阅读数、阅读总数、点赞总数、发布文章数、单条最大读数、WCI 指数、单条最大赞数。

表 6-26　　　　　　　　　变量共同度

指标	原始	抽取
阅读总数	1.000	0.935
点赞总数	1.000	0.931
发布文章数	1.000	0.900
头条文章阅读数	1.000	0.945
单条最大读数	1.000	0.873
单条最大赞数	1.000	0.585
WCI 指数	1.000	0.861

表 6-27 展示了因子成分矩阵。根据公式"变量 v1 = 系数 1 × 成分 1 + 系数 2 × 成分 2"，可以求出这七个因子的标准分数表达式。这七个因子在原始变量上的载荷，按由大到小依次排列为：发布文章数、WCI 指数、单条最大赞数、点赞总数、单条最大读数、头条文章阅读数、阅读总数（见表 6-28）。

表 6 – 27　　　　　　　　　　　　因子成分

指标	成分	
	1	2
阅读总数	0.928	-0.271
点赞总数	0.950	-0.168
发布文章数	0.482	0.817
头条文章阅读数	0.946	-0.225
单条最大读数	0.918	-0.171
单条最大赞数	0.763	-0.051
WCI 指数	0.700	0.609

表 6 – 28　　　　　　　　　　　　因子载荷

指标	计算后因子载荷
阅读总数	0.386
点赞总数	0.614
发布文章数	2.116
头条文章阅读数	0.496
单条最大读数	0.576
单条最大赞数	0.661
WCI 指数	1.918

表 6 – 29 是旋转后因子成分矩阵。在因子旋转以后，这七个因子在原始变量上的载荷，由大到小依次排列为：WCI 指数、发布文章数、点赞总数、单条最大读数、头条文章阅读数、单条最大赞数、阅读总数（见表 6 – 30）。所以，要想提升政务微信的传播效力和影响力，应当着重提升 WCI 指数、发布文章数、点赞总数这三项指标。

表 6 – 29　　　　　　　　　　　旋转后因子成分

指标	成分	
	1	2
阅读总数	0.957	0.141

续表

指标	成分 1	成分 2
点赞总数	0.934	0.243
发布文章数	0.097	0.944
头条文章阅读数	0.953	0.190
单条最大读数	0.906	0.227
单条最大赞数	0.715	0.272
WCI 指数	0.383	0.846

表 6-30　　　　　　　　　　旋转后因子载荷

指标	旋转后因子载荷
阅读总数	1.239
点赞总数	1.42
发布文章数	1.985
头条文章阅读数	1.333
单条最大读数	1.360
单条最大赞数	1.259
WCI 指数	2.075

（四）相关性分析

1. 微博

在浙江省 92 个市级政府微博公众号样本中，综合得分的平均值为 37.0341，最大值为 42.0713，最小值为 32.1355。标准差为 25.01399，离散程度较大。这 92 个政府微博公众号的综合得分较为不均衡，差距较大。在浙江省 92 个市级政府微博公众号样本中，12 个月的粉丝数平均值为 91653.53，综合得分平均值为 45.17。

从表 6-31 可以看出，这七个指标的 Sig. 值均小于 0.05，说明这七个指标均有显著性意义，即认为这七个指标和综合得分变量的总体趋势有一致性。但是，粉丝变化数这一指标的相关系数小于 0.4，未能通过相关性检验，其他六个指标通过了检验。按相关性由强至弱的顺序排列为：微博净增数、点赞数、微博平均被评论率、微博平均被转发率、粉丝数、微博原创率、粉丝变化数。其中,微博净增数、点赞数、微博平均被评论率、微博平均被转发率这四个指标是影响综合得分最为关键的因素。

表6-31　　　　　　　微博指标和综合得分变量的相关性

指标	与综合得分的相关系数	Sig. 值	平均值
点赞数	0.710	0.000	790.110
微博净增数	0.791	0.000	237.430
微博平均被评论率	0.570	0.000	2.540
微博平均被转发率	0.540	0.000	6.630
粉丝数	0.416	0.000	91653.530
微博原创率	0.400	0.000	76.960
粉丝变化数	0.322	0.002	2630.710

在浙江省92个市级政府微博公众号样本中,粉丝数与综合得分的相关系数为0.416,Sig. 值为0.000,小于之前设置的显著性水平0.05,通过显著性检验,即粉丝数和综合得分这两个变量总体趋势有一致性,且相关性比较显著。

粉丝变化数的平均值为2630.710,与综合得分的相关系数为0.322,Sig. 值为0.002,小于之前设置的显著性水平0.05,通过显著性检验,即粉丝变化数和综合得分这两个变量总体趋势有一致性,且相关性比较显著。

微博净增数的平均值为237.430,与综合得分的相关系数为0.791,Sig. 值为0.000,小于之前设置的显著性水平0.05,通过显著性检验,即微博净增数和综合得分这两个变量总体趋势有一致性,且相关性显著。

微博原创率的平均值为76.960,与综合得分的相关系数为0.400,Sig. 值为0.000,小于之前设置的显著性水平0.05,通过显著性检验,即微博原创率和综合得分这两个变量总体趋势有一致性,且相关性比较显著。

微博平均被转发率的平均值为6.630,与综合得分的相关系数为0.540,Sig. 值为0.000,小于之前设置的显著性水平0.05,通过显著性检验,即微博平均被转发率和综合得分这两个变量总体趋势有一致性,且相关性显著。

微博平均被评论率的平均值为2.540,与综合得分的相关系数为0.570,

Sig. 值为 0.000，小于之前设置的显著性水平 0.05，通过显著性检验，即微博平均被评论率和综合得分这两个变量总体趋势有一致性，且相关性显著。

点赞数的平均值为 790.110，与综合得分的相关系数为 0.710，Sig. 值为 0.000，小于之前设置的显著性水平 0.05，通过显著性检验，即点赞数和综合得分这两个变量总体趋势有一致性，且相关性显著。

综上所述，按与综合得分的相关系数从大到小的顺序排列，依次为：点赞数、微博净增数、微博平均被评论率、微博平均被转发率、粉丝数、微博原创率、粉丝变化数。所以，要想提升政务微博的传播效力，应当着重提升点赞数、微博净增数、微博平均被评论率这三项指标。

2. 微信

在浙江省 92 个市级政府微信公众号样本中，影响力指数的平均值为 45.89，最大值为 51.74，最小值为 40.14。标准差为 29.858，离散程度较大。这 92 个政府微信公众号的综合得分较为不均衡，差距较大。

阅读总数的平均值为 38096.63，最大值为 65407.49，最小值为 20814.12。标准差为 124842.076，离散程度较大。粉丝数在这 92 个政府微信公众号之间的分布不均衡，差距较大。

在浙江省 92 个市级政府微信公众号样本中，12 个月阅读总数的平均值为 65919.17，影响力指数的平均值为 45.89。

如表 6-32 所示，在浙江省 92 个市级政府微信公众号样本中，阅读总数的平均值为 38096.63，与影响力指数的相关系数（Pearson Correlation）为 0.494，Sig. 值为 0.00，小于之前设置的显著性水平 0.05，通过显著性检验，即认为粉丝数和综合得分这两个变量总体趋势有一致性，且相关性较为显著。

表 6-32　　　　　　　微信指标和综合得分变量的相关性

指标	与影响力指数的相关系数	Sig. 值	平均值
WCI 指数	0.949	0.00	51.06
发布文章数	0.766	0.00	38.08
单条最大读数	0.601	0.00	5566.62

第六章　常态政务影响力：浙江案例 | 211

续表

指标	与影响力指数的相关系数	Sig. 值	平均值
点赞总数	0.582	0.00	261.44
头条文章阅读数	0.566	0.00	15530.69
单条最大赞数	0.524	0.00	43.69
阅读总数	0.494	0.00	38096.63

点赞总数的平均值为261.44，与影响力指数的相关系数为0.582，Sig.值为0.00，小于之前设置的显著性水平0.05，通过显著性检验，即点赞总数和影响力指数这两个变量总体趋势有一致性，且相关性显著。

发布文章数的平均值为38.08，与影响力指数的相关系数为0.766，Sig.值为0.00，小于之前设置的显著性水平0.05，通过显著性检验，即发布文章数和影响力指数这两个变量总体趋势有一致性，且相关性显著。

头条文章阅读数的平均值为15530.69，与影响力指数的相关系数为0.566，Sig.值为0.00，小于之前设置的显著性水平0.05，通过显著性检验，即头条文章阅读数和影响力指数这两个变量总体趋势有一致性，且相关性显著。

单条最大读数的平均值为5566.62，与影响力指数的相关系数为0.601，Sig.值为0.00，小于之前设置的显著性水平0.05，通过显著性检验，即单条最大读数和影响力指数这两个变量总体趋势有一致性，且相关性显著。

单条最大赞数的平均值为43.69，与影响力指数的相关系数为0.524，Sig.值为0.00，小于之前设置的显著性水平0.05，通过显著性检验，即单条最大赞数和影响力指数这两个变量总体趋势有一致性，且相关性显著。

WCI指数的平均值为51.06，与影响力指数的相关系数为0.949，Sig.值为0.00，小于之前设置的显著性水平0.05，通过显著性检验，即WCI指数和影响力指数这两个变量总体趋势有一致性，且相关性显著。

综上所述，按与影响力指数的相关系数从大到小的顺序排列，依次为：WCI指数、发布文章数、单条最大读数、点赞总数、头条文章阅读数、单条最大赞数、阅读总数。所以，要想提升政务微信的传播效力和影响力，应当着重提升WCI指数、发布文章数、单条最大读数这三项指标。

(五) 信度检验

Cronbach's α 系数是最常用的信度检验方法，笔者使用它对政务微博的评价指标体系信度进行测量，以评价其内部一致性系数。一般说来，信度系数值越大，表示内部一致性程度越高。对于信度系数值的作用，许多学者进行了系统研究。1979 年 Wortzel 提出，α 值在 0.7—0.98 为高信度，低于 0.35 则表示不可信，应当不使用。1991 年，学者 DeVellis 提出将 Cronbach's α 系数值分为四个层次，在 0.80 以上是信度非常好，在 [0.70, 0.80] 区间表明信度相当好，在 [0.65, 0.70) 区间为最小可接受值，信度系数在 [0.60, 0.65) 区间时最好不要使用。

1. 微博

从表 6-33 中可知，Cronbach's α 系数为 0.710，基于标准化项的 Cronbach's α 系数为 0.803，均超过了 0.7，表明数据内部一致性程度高，量表信度较好，可以进行下一步的数据分析。

表 6-33　微博可靠性统计量

Cronbach's α 系数	基于标准化项的 Cronbach's α 系数	项数
0.710	0.803	8

表 6-34 中这 7 个因子与其他因子之间也都存在一定程度上的相关关系，表明量表各个因子之间能够相互影响，为检验数据信度提供了依据。

表 6-34　微博项目间相关性矩阵示意

	综合得分	粉丝数	粉丝变化数	微博净增数	微博原创率	微博平均被转发率	微博平均被评论率	点赞数
综合得分	1.000	0.416	0.322	0.791	0.400	0.540	0.571	0.713
粉丝数	0.416	1.000	0.287	0.369	0.088	0.077	0.072	0.567
粉丝变化数	0.322	0.287	1.000	0.257	0.138	0.072	0.118	0.391
微博净增数	0.791	0.369	0.257	1.000	0.296	0.171	0.185	0.664

续表

	综合得分	粉丝数	粉丝变化数	微博净增数	微博原创率	微博平均被转发率	微博平均被评论率	点赞数
微博原创率	0.400	0.088	0.138	0.296	1.000	0.167	0.207	0.211
微博平均被转发率	0.540	0.077	0.072	0.171	0.167	1.000	0.769	0.234
微博平均被评论率	0.571	0.072	0.118	0.185	0.207	0.769	1.000	0.341
点赞数	0.713	0.567	0.391	0.664	0.211	0.234	0.341	1.000

2. 微信

表6－35显示，Cronbach'α系数为0.811，基于标准化项的Cronbach'α系数为0.904，均超过了0.8。这表明数据内部一致性程度高，量表信度较好，可以进行下一步的数据分析。

表6－35　　　　　　　　　　微信可靠性统计量

Cronbach's α 系数	基于标准化项的 Cronbach's α 系数	项数
0.811	0.904	8

表6－36中这7个因子与其他因子之间也都存在一定程度上的相关关系，表明量表各个因子之间能够相互影响，为检验数据信度提供了依据。

表6－36　　　　　　　　　　微信项目间相关性矩阵示意

	影响力指数	阅读总数	点赞总数	发布文章数	头条文章阅读数	单条最大读数	单条最大赞数	WCI指数
影响力指数	1.000	0.494	0.582	0.766	0.566	0.601	0.524	0.949
阅读总数	0.494	1.000	0.944	0.263	0.981	0.872	0.595	0.466
点赞总数	0.582	0.944	1.000	0.342	0.939	0.840	0.703	0.542
发布文章数	0.766	0.263	0.342	1.000	0.285	0.295	0.286	0.723
头条文章阅读数	0.566	0.981	0.939	0.285	1.000	0.888	0.616	0.532
单条最大读数	0.601	0.872	0.840	0.295	0.888	1.000	0.687	0.547

续表

	影响力指数	阅读总数	点赞总数	发布文章数	头条文章阅读数	单条最大阅读数	单条最大赞数	WCI指数
单条最大赞数	0.524	0.595	0.703	0.286	0.616	0.687	1.000	0.478
WCI指数	0.949	0.466	0.542	0.723	0.532	0.547	0.478	1.000

（六）效度检验

本节采用因子分析法对量表进行效度检验，包括聚合效度与区分效度。在此之前，通过 KMO 值和 Bartlett 球体检验来确定问卷中各变量是否适合做因子分析。通常而言，KMO 值越接近于 1，意味着变量间的相关性越强，原有变量越适合作因子分析。Kaiser 认为，如果 KMO 值在 0.9 以上，说明非常适合做因子分析；在 [0.8，0.9] 则很适合；低于 0.5 则应该放弃，不适宜进行因子分析。

1. 微博

首先对影响政务微博综合得分的各变量做 KMO 和 Bartlett 检验，探讨变量之间是否存在一定的相关关系。由表 6-37 可知，Bartlett 球体检验显著性小于 0.01，说明各变量间的相关性较高，存在因子结构；同时 KMO 值为 0.810，很适合做因子分析。

表 6-37　　　　　　微博 KMO 和 Bartlett 球体检验

KMO 取样适切性量数	Bartlett 球体检验		
	近似卡方	df	Sig.
0.810	380.195	28	0.000

以政务微博的综合得分作为因变量，以粉丝数、粉丝变化数、微博净增数、微博平均被评论率、微博平均被转发率、微博原创率、点赞数作为自变量，进行多元线性回归分析，得到调整后的 R^2 为 0.855，表示自变量可以解释的变异量占因变量总变异量的 85.5%，说明本书中所采用的此模型的回归拟合度良好，模型的统计学意义良好；同时，F 检验的显著性为 0.000，小于 0.05，表示线性关系很显著，回归方程的解释性良好（见表 6-38）。

表 6-38　　　　　　　　　　微博模型概述

模型	R	R^2	调整后的 R^2	预估标准差	R^2 变化	F 变化	df1	df2	Sig. F 变化
1	0.931[a]	0.866	0.855	9.51768	0.866	77.794	7	84	0.000

注：a 表示预测变量。

2. 微信

由表 6-39 可知，Bartlett 球体检验显著性小于 0.01，说明各变量间的相关性较高，存在因子结构；同时，KMO 值为 0.889，适合做因子分析。

表 6-39　　　　　　微信 KMO 和 Bartlett 球体检验

KMO 取样适切性量数	Bartlett 球体检验 近似卡方	df	Sig.
0.889	1106.174	28	0.000

以政务微信的综合得分作为因变量，以 WCI 指数、阅读总数、单条最大赞数、发布文章数、单条最大读数、点赞总数、头条文章阅读数作为自变量，进行多元线性回归分析。

由表 6-40 可知，调整后的 R^2 为 0.936，表示自变量可以解释的变异量占因变量总变异量的 93.6%，说明本书中所采用的此模型的回归拟合度良好，模型的统计学意义良好；同时，F 检验的显著性为 0.000，小于 0.05，表示线性关系很显著，回归方程的解释性良好。

表 6-40　　　　　　　　　　微信模型描述

模型	R	R^2	调整后的 R^2	预估标准差	R^2 变化	F 变化	df1	df2	Sig. F 变化
1	0.970[a]	0.941	0.936	7.526	0.941	196.838	7	86	0.000

注：a 表示预测变量。

政务微信的测量量表比政务微博的测量量表更为准确，解释性能更好。政务微博和政务微信的测量量表模型都具备优良的信度和效度，均通过了信度和效度检验，可以用来进行数据收集和数据分析，能够得出真实准确的结论，为提升浙江省政务微博和微信的传播效力提供了可行的具体措施。

三 政务微博、微信影响力评价结论与对策

本章根据所获取的 2015 年浙江省政务微博、微信的基本数据，分别设计出政务微博、政务微信影响力指标体系。通过分析可以发现，整体上看用户对政务类信息的接受和认可程度相对较高，这说明政务类信息已经成为用户生活中不可缺少的关注部分。虽然浙江省政务平台整体表现较好，但仍有一些需要改进的方面，如政务微博的点赞数和微博净增数相对较低，微信中的 WCI 指数也有待提高。

根据回归分析、方差分析和因子分析，得出浙江省政务微博影响力的最大影响因素依次为微博净增数、点赞数、微博平均被评论率；浙江省政务微信影响力的最大影响因素依次为 WCI 指数、发布文章数、单条最大读数。且根据数据显示，点赞数在政务微博上的回归系数高于在政务微信上的回归系数。点赞数对政务微博的影响程度要大于对政务微信的影响程度，而政务微博上的微博净增数的回归系数高于政务微信上的发布文章数，因此政府新增发布内容数量对政务微博的影响程度大于对政务微信的影响程度。

通过相关性分析可得出，对政务微博的综合得分影响最大的三个因素分别是微博平均被评论率、点赞数、微博净增数。而对政务微信的影响力指数影响最大的三个因素是 WCI 指数、阅读总数、发布文章数。因此，为了提升政务微博和微信公众号的传播效力，使之能够更好地为人民服务、履行政府职能，应当着重提升政务微博的平均被评论率、点赞数、微博净增数以及政务微信的 WCI 指数、阅读总数和发布文章数。

根据上述研究发现，本章得出以下结论。

（1）浙江省政务微博、微信发展水平仍不均衡。

（2）影响力较高的浙江省政务微博、微信较少，呈现"倒金字塔模式"。也就是，覆盖广、受众多、互动强、影响力大的微博、微信账号相对单一，有些公众账号运营一段时间后，由于某些问题停止更新，影响了

整个区域的政务类账号内容运营。

（3）影响浙江省政务微博的因素中前三个为微博净增数、点赞数、微博平均被评论率，此三项均为微博运营中的影响活跃度、互动性、关注度的重要指标。影响政务微信的因素为 WCI 指数、发布文章数、单条最大读数。相对不勤于且不善于经营的微博、微信账户，可以从此类较为重要的影响因素入手，积极改良政务微博、微信账户的运营模式，获取更高、更广泛的影响力。

（4）在政务微博平台上，要定期新增一定数量的微博，特别是涉及本地民众关切的重点社会事件，做到及时发布最新信息，一方面将党委政府的决策部署公布出去，另一方面及时回应社会关切；还要注重与粉丝的互动，及时详细地回复粉丝对微博内容的评论，调动粉丝的积极性，让粉丝能够更方便、活跃地参与政务信息的讨论，满足对公共事务热心的网友的参与感。对比政务微信，微博能够提供更多的互动服务与即时通信，因此政务微博要想扩大影响力，应在这方面多做文章。

（5）在政务微信平台上，不仅要定期推送与自己定位相符合的文章，更新最新动态，还要注重以更多贴近民众生活、关系到用户切身利益的"干货"来吸引新的订阅者，做到内容取胜，以内容来吸引和培养忠实的订阅者，使订阅者养成定期查看政府的微信公众号文章的习惯，从而提升每次新发布文章的阅读数。与政务微博相比，政务微信的优势在于用户的黏性较高，且可以推送长文，因此应在内容方面多下功夫。

总而言之，通过实证横向对比政务微博与政务微信的影响力可以发现，两者在各自的受众群体中均具有较高的社会影响力，且并不存在互相取代的关系，而是能够实现优势互补，分别在互动性、及时性、内容性方面发挥重要的影响力。政务微博应注重微博用户的反馈，提供更加实用、相关、可信、丰富、及时、持续的信息。[1] 因此，本章建议未来浙江省政务微博、微信账号积极发挥自身的舆论导向功能，发挥新媒体自身的特性，积极、全面、直观地与受众互动，保持定期的内容更新和回复频次，扩大自身影响力，更好地发布政务信息，与网民进行良性沟通，传递正能量。

---

[1] 郑磊、任雅丽：《中国政府机构微博现状研究》，《图书情报工作》2012 年第 3 期。

第七章　非常态传播力指数：重大城市活动案例

近年来，我国国际地位和国际影响力快速提升，但目前拥有的全球传媒资源和国际话语权依旧十分有限。在信息全球化与国际权力格局变迁的今天，加强我国媒体国家传播力建设，成为一个迫在眉睫的任务。有学者这样定义国际传播："国际传播是以国家为基本单位，以大众传播为支柱的国与国之间的传播。"国际传播力就应该是国与国之间进行传播的能力和传播效果，而且这是一种双向互动的传播。

重大城市活动是增强国际传播力的一个重要内容，利用活动的受关注性与时效性，可以通过对活动的传播，大大提升我国的国际传播力。本章将重大城市活动列为突发事件，基于国家叙事理论对重大城市活动的国际传播力进行效果分析。国家叙事理论的三个重要维度包括故事范式、话语范式和文化范式。本章以国家叙事理论为基础，探讨政务传播账号在国际舞台上讲好中国故事的可行路径和实施策略。

第一节　国家叙事理论背景下的重大城市活动国际传播力

本章将廓清"政务微博国家叙事内容""政务微博国家叙事规则""政务微博国家叙事语境"，实施策略包括选择好的故事资源、遵循从物质层面到意识形态的文化元素的话语规则，熟悉国际文化传播规则，做好故事传播等。通过梳理"讲故事—话语权—软实力"的对话机理和叙事结构，构建结合语境和内容的讲好中国故事、提升国际话语权和国际认同的路径。本节主要讨论国家叙事理论背景下重大城市活动国际传播力相关概念、研究现状和理论基础。

一 国家叙事理论背景下重大城市活动国际传播力相关概念

(一) 国家叙事的定义

很早之前，西方世界就开始试图了解中国。自从 Edward Waefie Said 的《东方学》提出代表西方的对中国的总体认知和评判的"西方中国观"后，以美国为首的欧美发达国家主流知识界和决策层的"西方中国观"经历了三次转换。2000—2005 年的西方同中国处于半敌半友期，"西方中国观"的主导情绪混杂着傲慢、质疑和惊讶三重色彩。2006—2009 年，"中国责任论"开始挑战"中国威胁论"，西方同中国进入亦敌亦友期，主导西方学术界、国家媒体传播界、决策界集体情绪的三条主线是震惊、反思和恐惧。2009 年以后，西方同中国进入实敌虚友期，恐慌、警觉和失落贯穿了"西方中国观"的主线。这种转换折射出整个世界正在以超乎想象的速度进行站位与重组，而"敌人"与"朋友"的概念也不再完全对立或割裂。如何消除西方因为中国的崛起而带来的恐慌、警觉与失落，成为国家叙事学的一个核心问题。

讲述中国国家叙事的已有文献主要集中在以下两个方面：一是国际关系层面，主要针对"国际话语权"，结合福柯的文化霸权理论，将国际话语权聚焦为符合西方霸权思想的国家隐性权力，即话语控制力。二是文化软实力，主要针对软实力，其通过文化、意识形态吸引力体现出来。这一概念是哈佛大学肯尼迪政治学院院长、美国国防部前助理部长约瑟夫·奈提出的。约瑟夫·奈在 1989 年出版的《注定领导：变化中的美国力量的本质》一书中明确指出，软实力是一种通过吸引而不是强制、利诱达成目标的能力。软实力最可能的资源是制度、价值观念、文化和政策，是一种"软性同化权力"，能够影响他国意愿的无形的精神力，即话语能力。

当前，我国在国际舆论空间的影响日盛，中国已经成为各国媒体高度关注的议题。然而，近年来全球舆论尤其是西方国家的媒体刻意"制造"

了中国"经济暴发户"的形象，这种根源于意识形态、政治偏见和嫉妒心态的框架，严重扭曲了中国的形象。中国加入全球分工体系后，由于在国际竞争中提升影响力的需要，国际话语权和国家文化软实力问题逐渐在中国兴起。"讲述中国故事"要开发中国的本土性概念表述和话语体系，这是综合国力的重要组成部分，也是进一步提升我国国际形象即转向积极主动推进"构建人类命运共同体"传播战略需要解决的首要问题。

党的十九大以来，以习近平为总书记的党中央高度重视"讲述中国故事"的国际传播能力建设，多次强调要着力打造融通中外的新概念、新范畴、新表述。传播好中国声音、讲好中国故事是全面提升中国大国形象更有效的路径，也为维护和巩固我国国际话语权提供了理论支撑。国际传播力，实质就是在国际舞台上通过提高文化软实力来提升国际话语权。

（二）国际传播力的定义

1. "传播力"的提出

复旦大学教授朱春阳在国内最早提出"传播力"这一概念，他将其定义为传媒实现社会价值共享的能力。这种通过媒体传播而获得受众认知的能力可以看作广义的传播力。而衡量一家媒体传播力的指标可以通过受众的人数、知晓的程度、接受的层次来构建。①

2. "传播力"的定义

传播力，实质上就是实现有效传播的能力。国内研究者目前关于传播力的争论主要集中于"传播的能力"和"传播的效力"两点，前者着眼于传播的硬件与到达范围；后者认为媒体的传播力同时取决于传播的广度和精度。衡量传播力的重要标准就是传播效果。这两类评价的标准都有一定的不足之处，应从"效果"与"能力"相平衡、相统一的视角来看待和使用传播力这一概念。简言之，传播力就是运用各类方法和手段实现传播主题的有效传播能力。

归根结底传播力还是取决于传播内容与传播手段。

郭明对传播力的定义，关注的是企业在媒体传播中的借势行为。同时，传播力还被引入广告学界，并被赋予新的定义。

---

① 孟国凤、乌桂生：《论地方广播媒体传播力的实现与拓展》，《中国广播》2009年第7期。

在传播力的定义中，朱春阳和刘建明的定义比较具有代表性。"传播"对应的英文单词communication，传播学中常常强调其"共享"的含义。朱春阳认为，人的社会化过程是一个个体与群体价值共享的过程，传媒这种实现社会价值共享的能力，可以被称为传播力。①

刘建明提出，在国外学者的著述中，对传播力解读的视角很多，如Manuel Castells以新媒体为研究对象，关注"传播的效力"；又如Dell Hymes从语言学和人际互动的角度，将传播力表述为"传播能力"。从媒介研究出发，刘建明认为"影响效果是媒介传播力的主要表征"，他将媒体的传播力界定为"媒介的事例及其搜集信息、报道新闻、对社会产生影响的能力，包括媒介的规模、素质，传播的信息量、速度、覆盖率及影响效果"。②

郭明全认为，传播力是指"媒体通过各种传播方式的组合，将信息扩散所产生尽可能好的传播效果的能力。这种能力的构成包括传播的信息量、传播速度与准确度、信息的覆盖面以及影响效果"。③

刘先根与屈金轶认为，传播力就是媒体传播（获取、采集、加工、整理、制作、发布）信息与发表思想观点并产生效果的能力。通俗地讲，就是指媒体通过合理的传播渠道及巧妙的传播方式的组合，将信息发布扩散，产生预期传播效果的能力。它由传播的信息量（强度）、传播速度、深度、广度与精度，有效阅读率（目标受众率），有效覆盖率（有效发行）及影响效果等多项衡量指标体现出来。④

3. 国际传播力的定义

《中国记者》2009年第8期发表评论"多方面认识、研究增强国际传播力"指出："打造一流媒体，切实提高传播能力。"自2008年以来，中央领导同志多次对此明确指示，指出要认真贯彻落实胡锦涛同志关于宣传思想工作的一系列重要讲话精神，深入贯彻落实科学发展观，把提高国际国内传播能力放在突出位置。坚持走改革创新之路，不断提高新闻报道的

---

① 朱春阳：《传播力　传媒价值竞争回归的原点》，《传媒》2006年第8期。
② 刘建明：《当代新闻学原理》，清华大学出版社2003年版，第11页。
③ 郭明全：《传播力——企业传媒攻略》，南京大学出版社2006年版，第30—36页。
④ 刘先根、屈金轶：《论省会城市党报传播力的提升》，《新闻战线》2007年第9期。

原创率、首发率、落地率，积极构建覆盖广泛、技术先进的传播体系，形成与我国经济社会发展水平和国际地位相称的国际国内传播能力。要深入研究国内外受众心理及特点和接受习惯，善于利用现代传播技巧，增强报道的亲和力、吸引力、感染力。①

关于国际传播力概念的提出及学界的定义，刘耐霞与乔哲认为"传播力"这一概念的提出和拓展，迅速引起了国内众多学者与媒体从业人员的广泛关注与讨论。而针对架构于"传播力"这一概念之上的"国际传播力"，目前国内尚未有明确定义。有学者提出，国际传播力是一个主权国家所具有的一种特殊力量，是一个国家为实现国家利益在国际范围内进行信息交流的一种能力。② 李宇认为，国际传播能力主要包括五部分，即采编播能力、传输与覆盖能力、推广与营销能力、受众服务能力以及研发与创新能力。这五种能力之间存在内在关联。③ 蒋晓丽与彭楚涵认为，国际传播力即国际传播能力，是一国新闻传播机构能够在境外进行有效信息传播以产生良性传播效果并扩大自身国际影响的能力。④

二　国家叙事理论背景下国际传播力相关研究现状

（一）不同媒介中的国际传播力研究

国家广电总局局长王太华在全国广播影视局长会议上的讲话中提出了"传播力决定影响力"的论断，认为传播力是扩大影响力的有效手段，媒体之间的竞争，可以看作传播力的竞争。

作为传播力的一种理论延伸，国际传播力有其特殊性，而重大城市活动的国际传播力是针对具有重大影响力的城市活动所传播的国际影响，主要依靠平台与媒介，进而在全球传播。重大城市活动国际传播的媒介力包含报纸及报业集团的传播力、网络传播力、电视传播力、政治传播力。

---

① 《多方面认识、研究增强国际传播力》，《中国记者》2009年第8期。
② 刘耐霞、乔哲：《从半岛电视台看发展中国家如何提高国际传播力》，《湖北广播电视大学学报》2008年第9期。
③ 李宇：《增强国际传播力背景下驻外记者的素养与选拔》，《中国记者》2011年第11期。
④ 蒋晓丽、彭楚涵：《从全球性事件报道看我国电视财经新闻的国际传播力——以央视〈直击华尔街风暴〉与"世博会报道"为例》，《广州大学学报》（社会科学版）2011年第6期。

1. 报纸及报业集团的传播力

业务实践层面的研究文献多来自媒体从业人员。总的来说，报纸传播力的提升需要技术的创新、政策的支持以及媒体人才的培养。

李建国认为，随着数字传播技术的发展，报业集团需要顺应传播技术、通信技术的发展趋势和市场需求，发挥主流媒体的引导作用，不断增强传播力建设。[1]

新技术环境下，"三屏（手机屏、电视屏和电脑屏）""三动（移动、运动和互动）""三合（竞合、整合和融合）"正以无处不在的超便捷方式引发任何时间、任何地点和任何屏幕的信息消费革命。对传统报业而言，这种挑战是巨大的甚至是颠覆性的。因此，报业要向全媒体转型，关键是要深入研究新形势下受众的心理特点和接受习惯，善于运用现代信息技术，全面提升自身的传播力。[2]

石飘芳认为，国际新闻在各媒体中的比重日益提高，受众不断扩大。区域性的地市党报，不但要满足广大读者对地方新闻、国内新闻的需求，还要不断满足广大读者对国际新闻的需求。只有通过为广大读者提供世界各地最新的资讯，更多地吸引和影响读者，才能培育和强化地市党报的市场竞争优势。[3]

2. 网络传播力

在现有的文献中，网络传播力通常指的是网络新闻的传播力。《中国旅游报》记者汪平认为：传播力是一种争夺注意力的传播技巧，是通过整合传媒资源所产生的一种传播影响力，也就是通过各种传播方式的组合，将信息扩散，产生尽可能好的传播效果的能力。传播力最终表现为影响力，在特别注重"影响力"的传播环境下，媒体之间竞争的实质是传播力的竞争，而这已成为传播机构应对的新课题。

作为 2010 年国家社会科学基金课题"提升中国互联网国际传播力研究"项目的成果，伍钢的《提升中国互联网国际传播力——构筑中华民族

---

[1] 李建国、陈沁蓉：《数字报业战略全面提升传播力》，《新闻战线》2011 年第 2 期。
[2] 匡导球：《传播力：发展现代报业传媒的根本》，《新闻战线》2011 年第 11 期。
[3] 石飘芳：《地市党报的国际视野——〈闽西日报〉加强国际报道、提升传播力的几点体会》，《新闻战线》2011 年第 5 期。

伟大复兴的软实力》指出，面向未来中国互联网传播体系，如何为一个经济总量跃居全球前列的大国和平崛起做好准备，需要从如下方面着手：①积极营造与中国崛起相称的国际一流网络媒体；②用全球化视角建设全球公认的标准话语体系；③一个世界、多种声音：创建独具中国特色的中华民族互联网传播体系；④充分适应网络巨变时代，提高中华民族网络核心竞争力。

互联网在国际话语权争夺中，具有独特的优势，这既表现在互联网本身所具有的技术优势，也表现在互联网体现出来的传播特征、内容特征等方面。互联网传播是一种非对称的传播方式，在一定条件下，小网站甚或个人的力量可以抗衡一家强势媒体，弱小的声音可以急剧放大并成为挑战不合理传播秩序的力量，后发国家完全可以把互联网作为开展国际传播、参与话语权竞争的重要手段。①

3. 电视传播力

当代电视新闻审美价值观作用于电视新闻的传播力，而电视新闻的传播力又是电视新闻审美价值的一种体现。因此，我们的电视新闻媒体和记者，务必跟进先进的思想、先进理念和先进技术，前瞻思考，勇于探索，不断创造，放眼未来，真正让我们的电视新闻在"新"中求美，在"播"中求力。②

金彪在文章中写道，近年来，浙江卫视坚持新闻立台理念，精心布局打造"新闻纵贯线"，在重大主题宣传和热点事件报道中，坚持正确导向，坚持"入耳入眼入脑"，坚持及时准确公开透明，在媒体竞争中积极赢得话语权，牢牢掌握主动权，在强化自身传播能力建设方面积极探索、大胆实践，有效地增强了主流媒体的权威性和影响力。第一，完善新闻立台新格局，是主流媒体加强传播能力建设的必要基础；第二，坚持正确导向，是主流媒体加强传播能力建设的内在灵魂；第三，聚焦重大主题，报道策划凸显权威性，是加强传播能力建设的重要抓手；第四，推进学习型团队

---

① 谢新洲、黄强、田丽：《互联网传播与国际话语权竞争》，《北京联合大学学报》2010年第8期。
② 孙国太：《在"新"中求美，在"播"中求力——刍议当代电视新闻的审美观与传播力》，《新闻传播》2011年第5期。

建设，是主流媒体提升传播能力的可持续后劲。①

4. 政治传播力

政治传播力指的是媒体在政治事件或者政治活动中表现出的影响力，也是对政治事件产生的影响作用。

胡菡菡分析了新媒体在总统大选中的政治传播力：新媒体不仅让奥巴马获得募捐上的成功，还改变了竞选游戏规则。新媒体实现了候选人与选民的直接互动，还动员了更多的年轻人参与大选，使所谓的"参与式民主"得到了增进。新媒体政治传播存在一定局限性：首先，博客媒体在公信力上无法与传统主流媒体相媲美；其次，竞选网站因为无法回避的宣传色彩而在公信力上大打折扣；最后，未来真正具备最为强大的政治传播力的可能是传统媒体与新媒体融合的产物。②

（二）国际传播力建设研究

专家学者对于如何进行国际传播力建设做过很多探索和研究，既包括对传播强度、深度、精度等方面的改进，也包括国际传播队伍建设、议题设置、对接话语体系等多方面的探索。学界普遍认为，着力打造传播力才能有好的注意力和影响力。

2009 年，中央出台了《2009—2020 年我国重点媒体国际传播力建设总体规划》，明确提出增强国际传播能力、打造国际一流媒体是中国媒体今后发展的方向。

有关传播力建设的相关文献中以程曼丽的论文《如何提高我国媒体的国际传播力——亦此亦彼辩证眼光的培养》为代表。③

唐世鼎在文章中写道，中国经济发展举世瞩目，时至今日已成为世界第二大经济体，国际影响力不断提升。在新的形势下，"中国需要更多地了解世界，世界也需要更多地了解中国"。④ 关于如何提高国际传播力，首

---

① 金彪：《新闻立台格局下的传播能力建设》，《中国广播电视学刊》2010 年第 8 期。
② 胡菡菡、文平：《新媒体凸显政治传播力——以 2008 年美国总统大选为例》，《新闻记者》2008 年第 12 期。
③ 程曼丽：《如何提高我国媒体的国际传播力——亦此亦彼辩证眼光的培养》，《新闻与写作》2010 年第 5 期。
④ 唐世鼎：《创新"走出去"方式讲好中国故事——以开办海外本土化中国时段和频道为例》，《对外传播》2017 年第 11 期。

先，由硬件建设为主向软件建设与硬件建设相结合转变；其次，由电视传播为主向多媒介融合、全媒体传播转变；最后，由传统的外宣拓展方式向本土化与商业化方式转变。此外，还要由"立足自我、直接传播为主"向"直接传播和借助外力、间接传播相结合"转变，在自建渠道、平台做大做强的同时，积极加强与海外华语媒体、国外主流媒体的合作，善于利用国际媒体发出中国声音，借船出海，扩大影响，以产生事半功倍的效果。由"只注重短期效果"向"短期效果与长期效果并重"转变；由"自我评价为主"向"注重海外受众调查"转变，加快建立健全一套科学的传播效果评估体系。除了媒体自身建设外，更需要政府部门的有力支持，如加快改革对外新闻的管理办法，给媒体提供良好宽松的外部环境，同时在财政、税收、金融等方面出台更加优惠的扶持政策等。[1]

王文则认为，在今天，中国媒体拥有与世界传媒巨头竞争的"天时、地利与人和"，但首先中国媒体要建立自信。[2] "天时"是指当下发展中国家不断发展，西方国家的"霸主"地位有所动摇，新媒体冲击等因素使西方强国新闻创造力有所削弱，加之中国崛起所带来的"落差效应"，中国媒体与欧美传统媒体巨头的报道能力差距大大缩小。"地利"是指中国快速崛起的"明星效应"，使中国新闻越来越具有重大的国际新闻价值，中国媒体具有本地报道的天然优势，进而拥有引导国际媒体报道的潜力。"人和"是指近年来中国媒体人整体呈现出的积极进取与从业激情。有关国际传播力建设的三点思考：第一，在中国新闻尤其是国内重大突发事件的报道上，中国媒体的报道能力理应比外国媒体强；第二，在纯粹的国际新闻的报道上，中国媒体也越来越展现出国际一流的实力基础；第三，中国媒体与西方媒体的竞争隐含着意识形态斗争。[3]

国际传播能力是国家软实力的重要组成部分，是党的执政能力的重要体现，关系到我们的国家利益、国家形象、国家安全和国际地位，关系到我国改革开放和社会主义现代化建设大局。我们要进一步认识到提高国际传播能力建设的重要性、紧迫性，为此做出切实努力。

---

[1] 唐世鼎：《国际传播能力建设的发展转型》，《中国广播电视学刊》2013 年第 10 期。
[2] 王文：《中国媒体软实力何时崛起》，《人民论坛》2011 年第 19 期。
[3] 王文：《自信：当前国际传播力建设的关键》，《中国记者》2011 年第 6 期。

如何提高传播能力？专家学者和业界针对不断变化的新形势、新情况也做过诸多探讨研究，涉及传播强度、深度、精度、速度、宽度、广度等方面的改进，也包括国际传播队伍建设、议题设置、对接话语体系等多方面探索。一个共识是，传播力产生注意力，造就影响力；着力打造传播力才能有好的注意力和影响力。①

程曼丽提出，首先要了解国际传播的规律：舆论的形成有其规律性，国际舆论的形成同样如此。这个规律就是利益——国家利益、大的利益集团的利益，它决定着国际关系的状态，也决定着国际舆论的走向。其次，要了解大国关系的常态化特征：大国关系本身就是复杂的，中美关系则因利益的多重交织而更具复杂性。最后，要以我为主地设置议程，引导舆论：长期以来，在国际新闻传播领域，特别是在国际议题设置方面，西方国家始终占据主导地位，我国一些媒体则不由自主地被西方国家的议程设置所引导，处于被动境地。因此，如何以我为主设置议题、引导舆论，形成信息传播上的优势，是当前中国媒体的一门必修课。

国际舆论的议程设置有规律可循，也有不少成功的案例可资借鉴，我们应当进一步加强这方面的研究，将国际舆论引导具体化为切实可行的方案，全面提高我国媒体的国际传播力。②

刘国轶等认为，在新媒体时代，传播越发容易，受众也能够越来越方便地选择到对自身有用的信息。这对于传统国际传播主题来说，既是机遇，又是挑战，应该积极顺应国际潮流，研究利用新媒体平台；尽量用简明的真相去影响虚拟的世界；适应新媒体的特点，发挥传统媒体的职业化优势；做到以客观与平和的心态面对国际舆论。③

（三）重大城市活动的国际传播力研究

1. 重大城市活动的国际传播力历年研究趋势

在知网数据库中以"重大城市活动"及"国际传播力"为主题词进行检索，学科类别选取"新闻与传媒"，按相关度进行排列，共有 72 条结果。

---

① 《多方面认识、研究增强国际传播力》，《中国记者》2009 年第 8 期。
② 程曼丽：《如何提高我国媒体的国际传播力——亦此亦彼辩证眼光的培养》，《新闻与写作》2010 年第 5 期。
③ 刘国轶：《运用新媒体提升中国国际传播力的有效性》，《现代传播》2012 年第 12 期。

为方便文献的总结归纳与整理,同时也为了让文献研究更加权威,本章选取的是新闻学领域核心期刊上的文章,共计26条结果,见表7-1和表7-2。

表7-1　　　　　　　　　　　期刊统计　　　　　　　　　　单位:篇

刊物名称	数量
《青年记者》	1
《中国记者》	7
《新闻战线》	2
《中国广播电视学刊》	4
《电视研究》	4
《现代传播(中国传媒大学学报)》	3
《新闻与写作》	1
《新闻记者》	2
《新闻与传播研究》	1
《传媒》	1

资料来源:笔者整理。下同。

表7-2　　　　　　　　　　　按照时间统计　　　　　　　　　　单位:篇

发表年度	数量
2010	7
2011	7
2012	2
2013	7
2016	3

从所检索的结果来看,完全与"重大城市活动的国际传播力"主题相一致的文献较少,这一领域的研究需要我们多加关注。

2. 重大城市活动的国际传播力相关研究

云南师范大学周小燕的硕士学位论文通过分析央视对2008年北京奥运会和2012年伦敦奥运会报道策略的异同,较为全面地说明了电视媒体奥运会报道的策略和角度;并通过对央视北京奥运会和伦敦奥运会报道的角度、内容、覆盖面、人文、专题栏目等方面进行量化对比,分析产生差异的原因，发现由于媒介环境、新闻选择的根本原因以及文化层面的原因造成报道策略上的差异，媒介通过一次又一次奥运会报道的历练，在伦敦奥运会上的报道策略和方式已经有了很大的进步和提升。媒介通过对奥运会等重大活动的报道，可以提升媒介自身，提高国际传播力，让奥林匹克文化与世界各国文化更好地交流和融合。[1]

东北林业大学张燕英的硕士学位论文对目前"中国梦"对外宣传工作中出现的问题与面临的挑战进行了系统的阐述与深刻的剖析。通过运用跨文化传播理论、国际话语权理论，从外宣理念、渠道、方式、话语四方面提出有针对性的建议：深化"中国梦"对外宣传需要强化外宣战略的意识，重视相关理论研究的工作；要整合数字媒体资源，充分发挥传统媒体、新兴媒体的外宣合力；要丰富外宣的方式，增强外宣信服力、亲和力、感染力及影响力；要善于转换话语、形成具有特色的言语表述、主动出击，从而提升对外宣传能力，增强"中国梦"的国际传播力、影响力和吸引力，为顺利实现中华民族伟大的复兴创造良好的国际舆论环境。[2]

中共中央党校吴立斌的博士学位论文从国家综合实力、国际传播战略、媒体传播体制、国际传播活动空间、媒体发展路线、机遇意识等方面论述了国内媒体与国际媒体传播的差距，得出提高中国媒体在国际上影响力的两条建议：第一，快速发展中国综合国力，强化推进中国媒体的国际传播力建设，推动中国媒体国际传播力建设跨越式发展；第二，实施国际传播新战略，打造中国媒体的国际公信力，进而提升中国媒体的国际话语权。[3]

中国艺术研究院何晓燕的博士论文分别从理论维度、历史演进、内容形态、产业机制和政策推动五个方面对中国电视剧的跨文化传播进行了具体深入的研究。[4]

---

[1] 周小燕：《央视奥运报道策略研究——基于北京奥运会和伦敦奥运会报道的比较》，硕士学位论文，云南师范大学，2013年，第15—35页。
[2] 张燕英：《"中国梦"的对外宣传研究》，硕士学位论文，东北林业大学，2016年，第29—31页。
[3] 吴立斌：《中国媒体的国际传播及影响力研究》，博士学位论文，中共中央党校，2011年，第44页。
[4] 何晓燕：《全球化语境下中国电视剧的跨文化传播研究》，博士学位论文，中国艺术研究院，2012年，第19—31页。

吴瑛所写的《中国声音的国际传播力研究》主要通过对政府国际传播力、媒体国际传播力、智库国际传播力以及民间国际传播力的分析，评估当前中国声音国际传播的效果，总结存在的问题。在此基础上，提出中国声音国际传播的新渠道与新路径，为"讲好中国故事，传播好中国声音"，构建中国特色话语体系做出努力。①

刘霆昭所写的《北京奥运新闻传播之研究：北京奥运新闻传播与提升北京国际影响力》主要探讨了媒体是如何围绕提升北京国际影响力这一中心进行北京奥运新闻传播的；媒体在通过北京奥运实现国际影响力提升方面发挥了哪些作用；媒体在巩固奥运成果，促进"人文奥运、科技奥运、绿色奥运"向"人文北京、科技北京、绿色北京"转化方面发挥了哪些作用；北京奥运新闻传播的成功实践为我们提供了哪些重大盛事宣传的规律性东西；北京奥运新闻传播在媒体运行模式和新闻职业理念方面为我们积累了哪些宝贵经验。这值得我们在重大盛事宣传中参考、借鉴。②

黄家雄所写的《新闻评论传播力研究》一书包括"关注力：受众满足的欲望实现""信息力：受众认知心理的颤动""论辩力：思想交锋中的机智表达""逻辑力：信息组合的心灵直达""品味力：信息传播的心理直击""增值力：内容为王的反叛""启蒙力：新思想文化建构的担当""示范力：打造传播力的案例分析"等内容。③

三 国家叙事理论背景下重大城市活动国际传播力的理论基础

（一）国家叙事的理论范式和功能研究

1. 国家叙事的理论范式

叙事就是讲故事。④ 国家或地区叙事学是受结构主义影响产生的研究叙事的理论，自20世纪60年代成长为一门独立的学科，已走过50余年的

---

① 吴瑛：《中国声音的国际传播力研究》，上海交通大学出版社2016年版，第67—90页。
② 刘霆昭：《北京奥运新闻传播之研究：北京奥运新闻传播与提升北京国际影响力》，同心出版社2010年版，第48页。
③ 黄家雄：《新闻评论传播力研究》，武汉出版社2008年版，第19页。
④ ［美］阿瑟·阿萨·伯格：《通俗文化、媒介和日常生活中的叙事》，姚媛译，南京大学出版社2006年版，第22页。

发展历程。这一理论范式可分为"经典"与"后经典"两个不同派别。经典国家叙事学旨在分析特定的地区或国家的作品或文本,对作品的构成成分、结构关系、叙事语法、运作规律等展开具体叙事作品之意义的诗学探讨。后经典叙事学扩大了文本研究的范围,将特定地区或国家的社会现象也作为大文本解读,将注意力转向了结构特征与读者阐释相互作用的规律。在过去的半个世纪里,国家叙事逐渐形成了故事、话语、语境和文化四大范式。

(1)故事范式:国家叙事学早期以"故事"为研究对象,后期对社会共识和共同遵守的社会规范进行叙事结构主义研究。

(2)话语范式:国家叙事怎样表述社会共识,促成社会经验的固化。故事是话语的题材,话语是故事的表达形式。

(3)语境范式:不同的国家或统一国家的不同发展阶段,社会共识是怎么通过实际使用而产生的?比如,故事、神话和传奇在不同的发展阶段和地域是怎样被讲述的?社会共识的意义只有根据语境才能确定。

(4)文化范式:是语境范式的一个重要分支,从社会、历史、意识形态角度研究叙事。

2. 国家叙事功能研究

人类学家布鲁纳在指出"国家叙事天赋"是一种深刻的、跨文化的癖性时,也指出了国家叙事与国家民族认同之间的关系。

(1)故事范式:结构国际社会经验。美国人类学家 Clifford Geertz 指出,故事是一种"从经验中领悟并赋予其形式和顺序的内驱力","与生理需求一样既真实又迫切"。布鲁纳认为,叙事是"我们在文明社会中集体生活的前提条件"。个体经验经叙事的象征手法转化为可流通的"共同货币",所以如果人类没有按叙事方式处理和交流经验的能力,那将无法形成社会集体生活。在国际社会里表达我国传统文化故事,打造故事软实力、巧实力有三大神器:一是概念隐喻,即故事的修辞工具和叙事技巧;二是神话原型,即故事的品牌个性和人物特征;三是价值观,即故事的主题诉求。

(2)话语范式:黏合国际异质社会(解释文化异质性)。故事的本质应当是通过一定的规则组成的话语,也就是通常所说的讲故事。读懂别人的话语规则不再指依靠共享狭隘的人际生态位，而要依靠共享由神话、传说和常识组成的"共同基金"。同时，话语规则还承担着社会交际和文化适应的重要功能。布鲁纳认为，故事可以担当文化的"黏合剂"，而相互理解的开端是国际社会分享故事。这是基于故事能提供一整套普遍规范以及帮助我们理解和接纳特殊性的作用。布鲁纳同时指出，文化会长存正是由于它的这种"解决冲突、阐析差异和重构共识"的扩展能力。他将异质文化的特殊性渲染为"有悖于常规的但可以理解的偏差"，这对于文化建构来说必不可少。

（3）语境范式：促进国际社会文化之间的交流。故事的语境能超越民族、政党概念，使同一国家文化内聚力得到提升。这在国家文化间故事的语境中也同样适用。比起简单的人际交流，分享人类共性的故事，促进不同民族、不同文化的人群之间的相互理解，建立在一个更为宽泛的基础之上。正如 Smith 所言，"人类在相互讲故事的过程中会找到最深挚的友谊"。他解释国家叙事又有如下阐述："向他人透露自身的故事，还包括了显露和分享建构自我的要素。依此我们能从深层次上了解彼此——超越纯粹的差异，形成建设性关系，并可能获得真正的关爱。"

（二）政务微博多维度国际叙事组合传播

第一，从议题级别看，需要建立传统中国、现代中国、全球中国的宏观、中观、微观三级议题；第二，从议题生产角度看，需要依靠传统中国故事资源库生产中国国际民间话语，依靠现代中国故事资源库生产中国国际官方话语，依靠全球中国故事资源库生产中国国际公共话语；第三，从议题框架角度看，需要依靠中国国际民间话语框架规范建构中国文化价值观国际话语权，需要依靠中国国际官方话语框架规范建构中国政治性国际话语权，需要依靠中国国际公共话语框架规范建构中国全球化治理国际话语权；第四，从国际传播力生成机制角度看，需要通过文化价值观话语权生成文化感召力等话语能力维度，需要通过政治性国际话语权生成文化创造力等话语权利维度，需要通过全球治理国际话语权生成文化公信力等话语控制力维度。总之，实施国际叙事多维组合传播策略，即整合提升国际民间话语资源、中国文化价值观国际话语权和中国文化感召力，整合提升国际官方话语资源、中国政治性国际话语权和文化创新力，整合提升国际公共话语资源、中国全球治理国际话语权与中国文化领导力。

（三）面对国际受众的国家叙事学语境

当前，我国政务微博国际传播立足三个方面：传统中国古老文明的文化感召力、现代中国现代化发展过程中的文化创造力和全球中国在国际治理中的文化公信力（见表7-3）。

表7-3　　　　　　　　讲述中国故事的三种模式

国家叙事类型	领域	功能层面	影响层面	典型案例	叙事范式
传统故事	特定文化资源	结构国际社会经验	感召力	舌尖上的中国 了不起的村落	故事范式
现代化发展故事	物质技术层面	黏合异质文化	创造力	金砖会议 G20	话语范式
全球化故事	各类文化价值观（或各类规范共识）中的相通点	促进异质文化交流	公信力	"一带一路" 乌镇峰会	语境范式 文化范式

（1）在国际民间话语场：对外建构传统中国文化故事的国际民间话语体系，以此提升中国文化价值观的国际话语权和文化感召力。

在世界话语体系中赢得席位的根本在于中华文化的博大精深。针对传统中国故事、文化价值观话语权和文化吸引力的思想渊源应该进行基础概念与理论的梳理，研究建立传统中国故事母题库，建构传统中国故事、中国文化价值观国际话语权与文化感召力的互文叙事模型。研究讲好传统中国故事的三级议题设置，分析传统中国的"文明国家"想象，研究中国文化传统中的共享性价值观，研究中国文化五元内涵及其应用。在我国传统文化里，打造故事软实力、巧实力的三大神器：一是概念隐喻，即故事的修辞工具和叙事技巧；二是神话原型，即故事的品牌个性和人物特征；三是价值观，即故事的主题诉求，发掘具有共享性意义的文化价值观，寻找不同国家或地区之间的文化价值观的"最大公约数"。

近年来，好莱坞电影中点缀中国元素变得流行起来，由早期的一味堆积拼凑中国元素到开始领悟中国文化的深意，但基本都是借用中国古典故事的框架，特别是在 2016 年，BBC 接连推出三部有关中国的纪录片《中华的故事》《中国新年：全球最大的庆典》及《中国创造》。这三部纪录片采用了比较客观、中立的角度来讲述中国故事，塑造了相对立体真实的中国形象。

（2）在国际官方话语场：建构现代中国发展故事，以此提升中国政治性国际话语权和中国文化创造力。

现代中国的五个现代化的故事资源库是由工业现代化、农业现代化、科技现代化、军事现代化、国家治理现代化构成的元故事。中国发展故事在于搜寻现代不同国家发展文化之间的相通点，比如讲好互联网故事，发掘具有共享性意义的文化价值观，寻找国际话语空间的"最大公约数"。

通常认为，文化是人类在改造世界、处理各方面关系的实践活动中创造和积累起来的生存和发展的智慧，是各个族群改造自然对象的智慧（技艺）和整合、协调生产及生活实践的智慧（规则），以及作为这两种智慧之结晶的物质产品和精神产品的综合体。文化具体表现为人类在实践活动中处理三重关系的结果，即人与自然、人与人和人与观念的关系。而中国和发达国家相比，工业化基础、技术创新和产业转换等底子不足。但中国在某些领域已经领先，具备了"弯道超车"的可能。比如，在金融科技创新和移动支付领域中国都遥遥领先；无人驾驶、大数据应用上的进步很快。当下区块链、AI 医疗、新零售、金融科技、人工智能这些热门概念构成了现代中国故事丰富的资源库。

（3）在国际公共话语场：建构全球中国故事国际公共话语体系，以此提升中国全球治理国际话语权和文化公信力。

命运共同体故事是由政策沟通、设施联通、贸易畅通、资金融通、民心相通构成的五通故事，围绕着中国的全球化作为、"一带一路"倡议及其"五通"故事元素。比如，从叙事的场域看"一带一路"有利益攸关的地缘政治，有休戚与共的经济联系，也有水乳交融的文化关联。站在历史和世界的层面思考"一带一路"，从人类命运的高度解读"一带一路"，激活了沉寂数百年的丝路精神，重现了古老丝绸之路互尊互信的理念、文明互鉴的力量。讲好现代命运共同体故事，可以助推中国立场、中国特色、中国风格、中国气派走向世界。

第二节 重大城市活动国际传播力的分析设计

本节采用 DataMiner® 大数据技术辅助网络挖掘与内容分析法、数据分析法和框架研究法相结合的研究方法，结合机器学习及内容挖掘获取整体大数据样本，以获悉话题整体趋势的结果。进一步，针对具体议题及意向态度的分析判断，使用随机抽取样本的方式，通过机器自动分析、网络挖掘结合人工在线内容分析等方法，得到准确并具有价值的深度分析结果。

一 国家叙事中政务微博传播力的总体架构

研究通过叙事提升国际认同需要解决好两个问题：政务微博中什么样的故事是适用于提升国际认同度的好故事？政务微博以什么样的语言、逻辑和方式讲述"命运共同体"的国家形象能被国外民众所接受？

第一，选择好的故事资源。首先，确立故事范式，与构建相关传播要素、传播资源的能力匹配；其次，话语范式拥有针对国际政治经济秩序的话语控制力；最后，语境范式拥有良好国际关系所赋予的话语发表权利。通过讲好中国故事，提升中国国际话语权，必须围绕上述维度下足功夫，将重点置于具有自我掌控性的传播能力提升方面，提高故事话语质量，创新战略沟通话语规则策略，增强公共关系意识和战略传播技巧，彰显"巧战略"思维的国家叙事意识。

第二，把握好话语规则。遵循从物质层面到意识形态的文化元素的话语规则，尽可能降低故事被误读或曲解的可能性。物质层面和意识形态的文化元素对于塑造国家形象作用巨大，而且其中物质层面的文化元素是去价值观的和去主观性的，不易被误读或曲解。国际叙事中推介文化元素时值得遵从的路径就是从物质层面入手并逐步上升到意识形态层面，以物质文化的认同为前提，夯实精神文化的认同基础。中国传统故事中"和谐发展""和而不同""平等互利"等价值理念值得扩充到国际社会的价值观中。讲好中国发展故事也要搜寻现代不同国家文化之间的相通点，相通点是连接不同文化的纽带，是两者深化互动关系的基础。依托感兴趣的共同的发展话题，构造有吸引力的故事，讲述经济发展模式，为后进国家的现代化之路拓宽思路。就人与人的关系而言，亲情、友情和爱情始终是联通不同文化的相通点。公共外交活动通过讲述亲情、友情或爱情故事，通常能够很好地达到预期效果。组合讲好三套故事，是一种具有中国特色的新概念、新范畴、新表述，可有效回避和祛除文化霸权色彩，具有可交流性、可体验性、可共享性。建构一种强调文明间互补、注重跨文化对话的多元价值体系，帮助世界重新审视"文明标准"，成为变革当今世界单调的政治话语格局的主流思路。

中国故事解决的是发生在中国的世界性问题，与其他国家发生的故事在某种意义上是共通的。其他国家的人既可以当听故事的听众，也可以同中国人一起讲述中国故事。用别人的嘴来说话，比我们自己说更有说服力。当然，在讲故事过程中要超越"中国"，讲好中国故事，首先要讲好自己的故事，要以个人魅力折射中国魅力。

第三，锤炼特定语境下的叙事技能。熟悉国际文化传播的游戏规则，做到"讲好故事"与"传播好故事"齐头并重。叙事既可能表现为叙事者与受众之间的直接交流，也可能表现为叙事者经由媒体中介与受众进行间接交流。随着互联网等新媒体的兴起，中介化的叙事占据主流，叙事与大众传媒紧密地结合起来，好的中国故事借助于国际媒体渠道的多级传播能极大地拓展受众规模。因此，我们不仅需要合理评估故事的传播价值，还需要评估媒体平台的影响力，更需要追踪故事传播过程中的发酵反应，做好故事的跟进讲述和后续反馈，延缓正面效应的衰减，遏制负面效应的扩散。"故事内容—话语规则—语境场域"叙事结构示意如图 7-1 所示。

二　国家叙事中政务微博传播力分析维度

结合前文国家叙事理论相关研究可以知道，国家叙事逐渐形成了故事、话语、语境和文化四大范式。这些范式在特定文化资源、物质技术层面、各类文化价值观（或各类规范共识）中具有相通点，在三种模式下讲述的中国传统故事、现代化发展故事、全球化故事构成了我国政务微博国

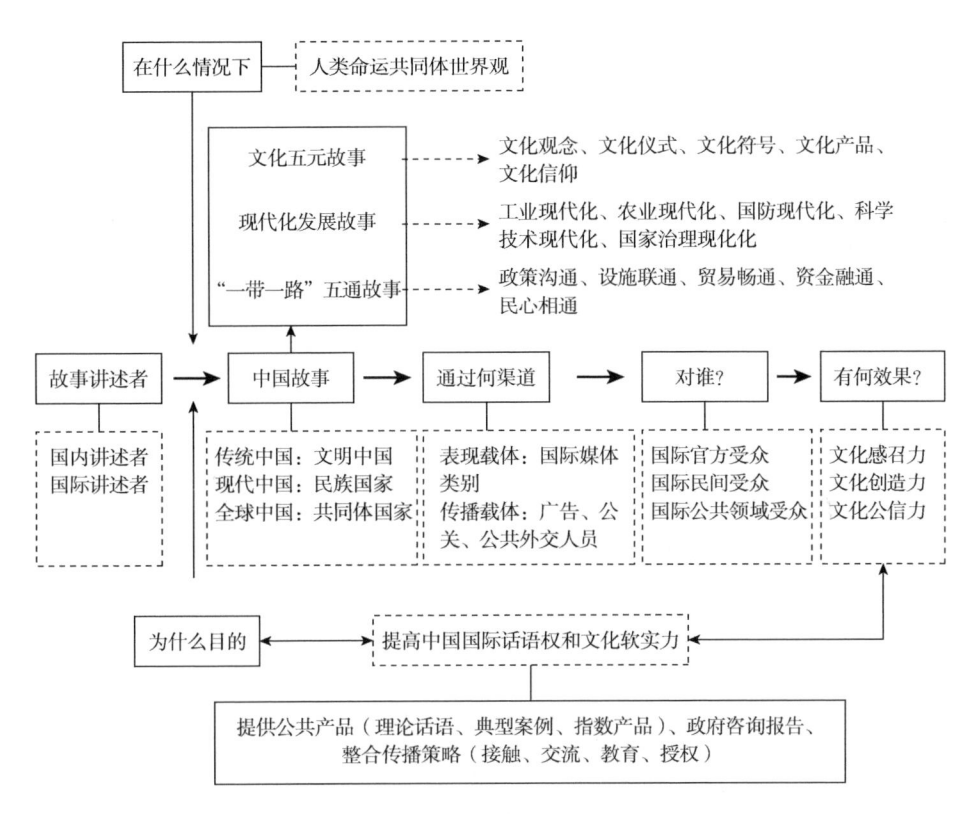

第七章 非常态传播力指数：重大城市活动案例 | 237

```
在什么情况下 ----> 人类命运共同体世界观

         ┌─ 文化五元故事 ----> 文化观念、文化仪式、文化符号、文化产品、
         │                    文化信仰
         │
         ├─ 现代化发展故事 --> 工业现代化、农业现代化、国防现代化、科学
         │                    技术现代化、国家治理现化化
         │
         └─ "一带一路"五通故事 --> 政策沟通、设施联通、贸易畅通、资金融通、
                                   民心相通

故事讲述者 → 中国故事 → 通过何渠道 → 对谁？ → 有何效果？

国内讲述者     传统中国：文明中国   表现载体：国际媒体   国际官方受众    文化感召力
国际讲述者     现代中国：民族国家   类别              国际民间受众    文化创造力
              全球中国：共同体国家  传播载体：广告、公   国际公共领域受众  文化公信力
                                   关、公共外交人员

为什么目的 ←→ 提高中国国际话语权和文化软实力

              提供公共产品（理论话语、典型案例、指数产品）、政府咨询报告、
              整合传播策略（接触、交流、教育、授权）
```

图7-1 "故事内容—话语规则—语境场域"叙事结构示意

际传播的主要内容。

当前，我国政务微博国际传播立足三个方面：传统中国古老文明的文化感召力、现代中国现代化发展过程中的文化创造力和全球中国在国际治理中的文化公信力。我国政务微博国际传播有三个话语场，即国际民间话语场、国际官方话语场、国际公共话语场，共同构成了我国政务微博国际传播的主要平台。

本章分别从内容、渠道、平台三个细分领域分析政务微博在重大城市活动中的传播力。其中，内容"走出去"分析政务微博高频词，渠道"走出去"分析政务微博账号，平台"走出去"分析新旧媒体平台/机构账号和自媒体网民账号，如表7-4所示。

表 7-4　　　　　　　重大城市活动国际传播力分析维度

分析维度	说明
内容"走出去"	高频词分析
渠道"走出去"	微博账号分析
平台"走出去"	新旧媒体平台/机构账号和自媒体网民账号分析

三　政务微博国际传播力的指标体系建构

为研究我国政务微博境外账号对国际大型会议的报道情况，本章设计了一套政务微博国际传播力的研究指标体系。在发布时间、发布力度、报道结构、报道主题、报道语气态度 5 个一级指标下，又分别建构了二、三级指标，如表 7-5 所示。本指标体系针对两大搜索源：谷歌新闻（代表传统媒体报道量）、政务新媒体（政务微博的 Facebook、推特账号）。有了传统媒体的谷歌热度作参照，政务新媒体的传播力更有说服力。

表 7-5　　　　　　　　新闻报道研究指标体系

一级指标	权重	二级指标	权重	三级指标	权重
发布时间	0.20	发布年份	0.05		
		发布月份	0.05		
		发布日期	0.10	周一至周五	0.050
				周六—周日	0.050
发布力度	0.20	文本属性	0.10	是否带图片	0.025
				是否附链接	0.025
				是否有视频	0.025
				是否为头版	0.025
		文本字数	0.10		
报道结构	0.20	框架 A	0.10	主体性结构	0.05
				情节性结构	0.05
		框架 B	0.10	政治框架	0.025
				经济框架	0.025
				人文框架	0.025
				社会框架	0.025

续表

一级指标	权重	二级指标	权重	三级指标	权重
报道主题	0.20	政治政策	0.02		
		筹备内容	0.02		
		环境内容	0.02		
		经济内容	0.02		
		人文内容	0.02		
		开幕内容	0.02		
		政府组织民间活动	0.02		
		民生内容	0.02		
		非政府组织活动	0.02		
		其他内容	0.02		
报道语气态度	0.20	正面	0.07		
		中立	0.06		
		负面	0.07		

在这个指标体系中，为研究发布信息的宣传力度，设计了位置和字数两个指标。为研究信息结构，设计了框架 A 即主体性结构（宏大主体）和情节性结构（有细节描述）两个指标以及框架 B 即政治框架、经济框架、人文框架、社会框架四个指标。为研究信息内容，将信息主要内容细分为政治政策（国际及中国外交事务、国内行政政策和事务等）、筹备内容（场馆建设、安保措施等峰会筹备相关内容）、环境内容（环境保护相关内容）、经济内容（经济领域相关内容）、人文内容（文学艺术活动等相关内容）、开幕内容（峰会开幕准备情况、领导人出席信息等内容）、政府组织民间活动（政府组织的峰会相关活动）、民生内容（民生相关如道路交通管理、峰会期间放假安排、食品安全等内容）、非政府组织活动（民间自发的聚会相关活动等）和其他（以上未涉及内容）十项。

四 国际传播平台中传统媒体与新媒体的传播力比较

很多研究都认为，网络热点事件与传统媒体报道议程之间是热点互动的，那是否我国在境外媒体平台上国际大型会议的热点推送都能赢得境外优质传统媒体的大量报道？国际平台上网络热点报道事件与当时该国家的媒体报道是不是同步或者是分离，其热度是不是有相互呼应的关系？比如，我们投大量的资源在国际优势传统媒体上，什么样的大型会议或国际活动能获得国外三个舆论场的一致关注？什么样的大型会议或活动国外官方舆论场、公共舆论场和民间舆论场是背离的？什么样的事件只是我们自己政务微博的海外账号强势发帖，国外三个舆论场都不关注？据此，我们设计了差序指标如表7-6所示。

表7-6　　　　　　　　两大舆论场的差序指标体系

大型国际会议或活动	事件属性分类	谷歌新闻报道量	媒体报道相对等级（数量降序处理）	网络讨论	网络讨论相对等级	等级差
杭州G20峰会、乌镇峰会、金砖国家会议、"一带一路"系列会议	科技、人文、政治、经济	一年报道篇数	1—5级	点击量或者转载量	1—5级	级差

话语权和软实力要实现的目标是认同最大化，即国际认同的最大化。故事可以是多元的，包括传统故事、全球化传统故事、现代故事、全球化现代故事等。传播的场域与话语规则也是多样的。多维度传播要实现的目标就是各种故事实施的多种资源库组合使国际受众抗性最小，即国际认同的最大化，这就是最优传播路径。中国故事在跨国性传播中必然卷入不同国家或地区的文化价值观冲突，这种文化价值观的挑战同时也带来受众效果的复杂性，不同国家或地区的受众接受度、认知水平、外部环境的差异都会导致一个国家或地区的最优传播在其他国家或地区的无效。即使在同一个国家或地区的同一时刻，讲述国家故事也是有多种组合的可能。因此，实现最优传播的影响因素和实现条件是不同的。因而，研究必须聚焦中国故事所传递的文化感召力、创造力、公信力，发掘具有共享性意义的文化价值观，寻找国际话语空间的"最大公约数"。

第三节　政务微博在重大城市活动中传播力的表现

一　重大城市活动的选取

针对重大城市活动的国际传播力，本章经过多方比较对照，最终选取四个会议作为样本，分别是2016年杭州"G20峰会"、2016年乌镇峰会、2017年金砖国家峰会和"一带一路"系列会议。

基于上文研究流程，本节针对全球主要语种国家关于四大国际会议的新闻报道和网民议题，重点收集来自美国、欧洲、阿拉伯语种、日韩等主流新闻媒体的新闻报道，并通过网络挖掘和机器学习技术采集、清理相关媒体关于四大国际会议的海量信息，分析整体数据来显示舆情信息的整体趋势，以及整体信息报道中提及四大国际会议的主要新闻机构和推特主页。另外，以随机抽取部分样本的方式，人工分析在线内容，进一步挖掘变量间的差异和关系，快速并深度挖掘国际新旧新闻媒体对于四大国际会议的舆情信息。

（一）四大会议

1. 杭州"G20峰会"

作为参与国家最多、在全球经济金融中作用最大的高峰对话之一，"G20峰会"对于应对国际金融危机、促进国家合作有着重大作用。[①] 本节以峰会召开时间前后为界（以2016年1月1日至8月5日为会议前期筹备阶段，2016年8月6日至9月6日为会议顺利召开和后期评价阶段），对两个阶段中"G20峰会"在境外新旧媒体上的宣传力度、主题、框架、效果进行汇总分析与评估。

2. 乌镇峰会（世界互联网大会）

2014年至2016年，桐乡乌镇先后成功举办了三届世界互联网大会。这是我国举办的规模最大、层次最高的互联网大会，对于提升我网络空间国际话语权、树立我网络大国良好形象具有重要意义。

[①] 夏立平：《联合国与战后国际机制》，《当代世界与社会主义》2015年第5期。

世界互联网大会由国家互联网信息办公室、浙江省人民政府共同主办，浙江省互联网信息办公室、浙江省经济和信息化委员会、桐乡市人民政府、中国互联网络信息中心联合承办。三届大会的基本情况如下。

（1）会议时间和地点。三届大会的举办时间分别为2014年11月、2015年12月、2016年11月，会期均为三天，举办地点均在桐乡乌镇。

（2）会议主题和形式。三届大会的主题分别为"互联互通共享共治""互联互通共享共治——构建网络空间命运共同体""创新驱动造福人类——携手共建网络空间命运共同体"。大会形式主要有开幕式、分论坛、闭门会议、圆桌会议、签约仪式、闭幕式等。

（3）会议代表。三届大会共有参会嘉宾4600余人，境外代表主要来自有关国家的政府代表、国际互联网机构和互联网企业的负责人、知名专家学者等，境内代表主要为我国相关部委领导和主要互联网企业的负责人。

（4）组织架构。大会在中央层面成立组委会，由中央各部委领导组成，中央网信办主任、浙江省省长任组委会主任。省级层面成立承办工作领导小组，由浙江省委常委、宣传部长葛慧君任组长，省委办公厅、省政府办公厅、省委宣传部、省委网信办、省经信委等23个省直部门以及嘉兴市、桐乡市为成员。领导小组统筹负责大会各项承办工作，研究解决承办工作中的重大问题。设立领导小组秘书处，负责领导小组的日常工作和有关具体协调工作。下设会务部、信息化部、新闻宣传部、外事工作部、志愿服务部、安全保卫部、环境保障部7个工作部门，分别由省委宣传部（省委网信办）、省经信委、省外侨办、团省委、省公安厅、省环保厅牵头负责。桐乡市成立市承办工作领导小组，由市委书记和市长共同任组长，下设办公室、会务接待组等专项小组。

3. 金砖国家峰会

金砖国家峰会是由巴西、俄罗斯、印度、南非和中国五个国家召开的会议。传统"金砖四国"引用了巴西、俄罗斯、印度和中国的英文首字母。由于该词与英语单词的砖类似，因此被称为"金砖四国"。南非加入后，其英文单词已变为"BRICS"，并改称为"金砖国家"。十年来，金砖国家经济总量在全球经济中的占比从12%提升到23%，贸易总额的占比从11%升至16%，对外投资比重从7%上升到12%，对世界经济增长率贡献达到50%。金砖国家在贸易和投资领域具有广阔的合作前景。金砖国家不仅因为经济规模和经济活力为全球瞩目,更是作为上一轮全球化的得益者和后发国家中的优等生在全球治理议程中发挥着越来越重要的作用。2017年9月3—5日,金砖国家峰会在福建厦门举行,主题是"深化金砖伙伴关系,开辟更加光明未来"。

4. "一带一路"系列会议

"一带一路"倡议的提出,在扩展中国的对外经济、文化、政治交流合作的同时,也不断扩大了中国的国际影响力。而这种持续增加的影响力,在很大程度上得益于国际新旧主流媒体的发声。为了积极配合国家"一带一路"倡议的全面、深入实施,以国际新旧主流媒体对"一带一路"倡议的看法为研究对象,在此基础上探讨提升"一带一路"倡议的国际影响力显得非常重要。

(二)抽样时间及方式

1. 杭州"G20峰会"抽样

"G20峰会"主体抽样是2016年1月1日至9月6日所有关于G20杭州峰会的境外英语媒体内容。在样本的选取上,先以时间为标准分为会议筹备期和会议后段,其次区分新旧媒体。在会议筹备期(2016年1月1日至8月5日),针对国外传统报纸库,以谷歌搜索指数为依据,以"G20"和"杭州"为关键词,对境外的英语报纸进行全网搜索,依据谷歌指数大小保留了前100条外文报纸数据;针对国外网络新媒体,在Facebook、推特、YouTube三大境外主要社交平台上以"G20""summit"为关键词进行搜索,得到样本国外新媒体消息发布1352条。共计1452条样本信息。在会议后段(2016年8月6日至9月6日),依据谷歌搜索指数,再次对境外英语报纸进行全网搜索,依据谷歌指数大小保留了前180条外文报纸数据。同时针对国外网络新媒体,在Facebook、推特、YouTube等境外主要社交平台上以"G20""summit"为关键词进行搜索,得到样本国外新媒体报道1210条。共获取1390条样本信息。

2. 乌镇峰会抽样

数据范围覆盖2014年6月1日至2017年5月31日,为期三年。在全球的新闻媒体中,采集到与乌镇峰会相关的消息总量达681599篇(见表7-7)。

这一部分通过整体数据和抽样数据两部分呈现，从整体数据中获知乌镇峰会在媒体中报道的总体趋势概貌。以查重整理后的样本为分析对象，以人工在线内容分析法针对乌镇峰会所涉及的主要合作探讨领域、议题框架来源、报道力度态度、峰会形式设计、改善和调整措施、建议、意向态度，以及各议题之间的交叉关系进行分析，以期从具体的议题及议题之间的关系回答本节的研究问题，试图呈现全球媒体对乌镇峰会的报道和看法，挖掘舆情热点及相应的改善措施，为后面峰会以及全国相应级别的会议召开提供参考。

表 7-7　　　　　　　　乌镇峰会大样本总量分布

年份	媒体	数量
2014	推特等	377060
2014	新闻	70
2015	推特等	198724
2015	新闻	169
2016	推特等	105421
2016	新闻	155

经过机器查重，删掉内容重复的信息，从中随机抽取 2038 篇新闻报道作为分析样本，分析单位为全球主要语种新旧媒体中关于乌镇峰会的单篇新闻报道（见表 7-8）。

表 7-8　　　　　　　　数据清洗后的样本

样本总数 2038	英 1901	小语种 137							
		德	日	韩	法	意	俄	阿	西
社交媒体 1550	英 1522	1	14	0	7	3	0	3	0
		28								
传统机构新闻 488	英 379	1	4	7	7	5	16	47	22
		109								

观察 2014 年 6 月 1 日至 2017 年 5 月 31 日新旧媒体对乌镇峰会总新闻报道量的时间趋势，可以发现，乌镇峰会的整体消息发布量呈持续递减趋势，

其中传统新闻报道量持平，但是新媒体平台信息发布量持续递减（见图7-2）。

（篇）

年份	推特	新闻
2014	70	377060
2015	169	198724
2016	155	105421

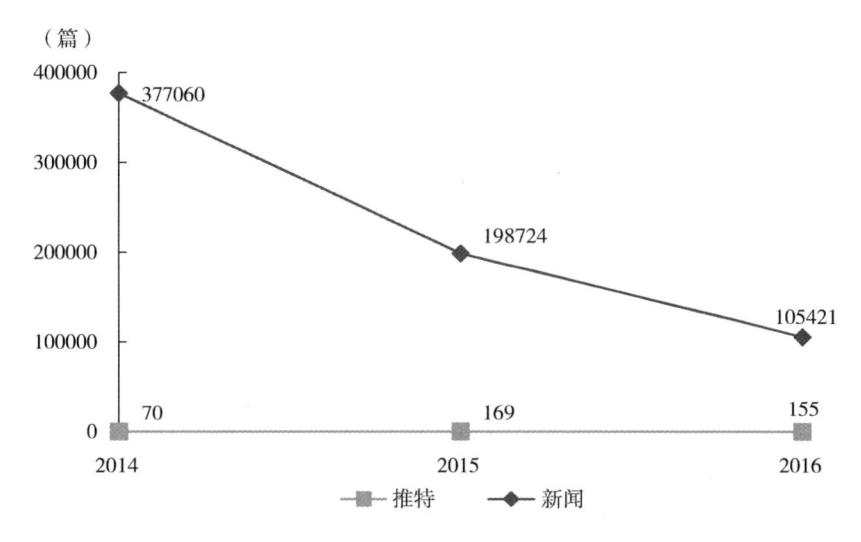

图7-2　传统媒体与推特信息量分布结果

3. 金砖会议抽样

数据范围覆盖2017年9月3—5日，为期三天。在全球的新闻媒体中，采集到与金砖会议相关的消息总量达629篇。

以629篇内容为分析对象，以人工在线内容分析法针对金砖峰会所涉及的主要合作探讨领域、议题框架来源、报道力度态度、会议形式设计、改善和调整措施、建议、意向态度，以及各议题之间的交叉关系进行分析，以期从具体的议题及议题之间的关系回答本节的研究问题，试图呈现全球媒体对金砖会议的报道和看法，挖掘舆情热点及相应的改善措施，为后面会议以及全国相应级别的会议召开提供参考。

4. "一带一路"系列会议抽样

"一带一路"系列会议抽样是2013年1月1日至2017年12月31日所有关于"一带一路"系列会议的国内外新旧媒体的报道，共计317个（见表7-9）。

在317个对"一带一路"的报道样本中，按照报道年份可列为2013—2017年，其中2016年和2017年的报道最多，分别占34.7%和35.6%。而且随着年份的推进，国际新旧主流媒体对"一带一路"的报道也逐渐增多。这体现出国际新旧主流媒体对"一带一路"关注度的持续增加。

按照月份划分，国内外新旧媒体的报道主要集中在 4 月、5 月和 6 月，分别占 26.8%、9.8% 和 9.5%。而报道日期主要集中在周一和周四，均占报道总数的 18.9%。在一定程度上，这意味着国内外新旧媒体在报道"一带一路"中具有特定的时间偏好，即相关报道集中于各年份的年中偏前时期，以及每周的开始和中间时段。这种规律性体现国内外新旧媒体对维持读者吸引力的策略，客观上也反映了国内外新旧媒体对"一带一路"相关事项的重视。因此，总体来说体现出了"一带一路"突出的国际影响力。

表 7-9　　　　　　　　　　　新闻报道来源　　　　　　　　　　单位:%

		频率	百分比	有效百分比	累计百分比
有效	国外报纸	60	18.9	18.9	18.9
	国内社交媒体平台（微信、微博等）	254	80.1	80.1	99.1
	推特或者 Facebook、YouTube 等	3	0.9	0.9	100.0
	总计	317	100.0	100.0	

二　重大城市活动内容"走出去"

高频词分析可以充分展现我国重大城市活动国际传播过程中的内容表现。

（一）杭州"G20 峰会"的高频词分析

表 7-10　　　　　"G20 峰会"全网高频词汇 Top30

序号	词汇	中文翻译	词频	序号	词汇	中文翻译	词频
1	G20	G20	155	10	group	组织	18
2	summit	峰会	135	11	Shanghai	上海	18
3	China	中国	42	12	global	全球	18
4	Hangzhou	杭州	40	13	Chinese	中文	16
5	September	九月	32	14	host	主办	15
6	city	城市	25	15	finance	金融	15
7	held	举办	21	16	leaders	领导者	14
8	meeting	会议	21	17	ministers	部长	13
9	2016	2016	18	18	world	世界	12

续表

序号	词汇	中文翻译	词频	序号	词汇	中文翻译	词频
19	central	中央	12	25	Xinhua	新华	10
20	20	20	11	26	Beijing	北京	10
21	minister	部长	11	27	said	说过	10
22	president	主席	11	28	major	重大的	10
23	China's	中国的	11	29	year	年份	10
24	foreign	国外	10	30	government	政府	9

表7－11　"G20峰会"推特高频词分布Top30

序号	词汇	中文翻译	频次	序号	词汇	中文翻译	频次
1	summit	峰会	1931	16	sue	起诉	76
2	G20	G20	1787	17	detained	被拘	74
3	China	中国	326	18	host	主办	73
4	Hangzhou	杭州	251	19	meet	遇到	72
5	@ g7_ g20	一个推特用户	142	20	G20 Summit	G20峰会	70
6	says	说	121	21	Chinese	中文	68
7	2016	2016	115	22	people	人	67
8	Toronto	多伦多	112	23	police	警察	67
9	G7	G7组织	109	24	meeting	会议	64
10	world	世界	92	25	news	新闻	64
11	global	全球	89	26	finance	金融	63
12	Shanghai	上海	89	27	economic	经济	62
13	leaders	领导者	88	28	growth	发展	59
14	Putin	普金	86	29	right	正确	59
15	September	九月	81	30	economy	经济	56

从杭州"G20峰会"的高频词（见表7－10和表7－11）可以看出：

1. 议题广泛，开幕式备受关注和高度好评

此次杭州"G20峰会"国际传播的议题颇为广泛，统计峰会开始前的8月到峰会举办期间的国际传播的具体议题，从传统媒体看，政治内容占比最高（43.9%），其次为经济内容（23.9%），然后依次为开幕式（9.4%）、

环境内容（7.8%）、人文内容（5.6%）、筹备内容（5.6%）、民间活动（2.2%）和民生内容（1.7%）。在新媒体方面，政治内容占比最高（39.2%），其次为经济内容（18%），然后依次为开幕式（12.5%）、民生内容（9%）、人文内容（7.1%）、筹备内容（6.7%）、环境内容（3.9%）和民间活动（3.5%）。

特别值得关注的是，开幕式不仅在传统媒体和新媒体均获得较高的关注度，还获得一致好评。从报道倾向来看，传统媒体上积极正面的达到64.7%，中立的占35.3%，没有负面报道；新媒体上正面的占43.8%，中立的占46.9%，负面的仅有9.4%。

此外，关于会议的筹备内容，国际传播中都是正面（58.8%）和中立（41.2%），没有差评。由此可见，国际媒体对杭州"G20峰会"的会议准备工作、人员安排持较高评价。

2. 政治议题在杭州"G20峰会"国际传播最受关注

一般而言，对于中国举办的大型国际会议或活动，西方主流媒体的报道议题热衷于"政治化"，并且抨击和丑化中国的政治体制。此次峰会，政治相关的议题仍然是备受国际传播关注，但需要指出的是，政治议题的相关报道倾向出现了很大变化，如传统媒体上正面态度占38.0%、中立为55.7%、负面仅占6.3%，新媒体上政治内容的正面态度占31.0%、中立49.0%、负面20.0%，综合来看传统媒体的正面和中立的内容已达到九成，新媒体上也达到八成。其中，政治负面报道已没有太大市场和吸引力。政治议题在杭州"G20峰会"国际传播最受关注，但积极正面成为主流倾向，负面报道没有市场。

3. 在经济上，期待中国能给世界经济注入新的活力

当前全球经济形势低迷，作为参与国家最多、在全球经济金融中作用最大的高峰对话之一，"G20峰会"自然被寄希望于在经济发展层面有所作为，这也反映在杭州"G20峰会"的国际传播经济议题中。在有关经济内容报道中，传统媒体上的正面内容高达60.5%，中立占39.5%，没有负面声音；在新媒体上，正面占67.4%，中立占30.4%，负面仅为2.2%。这说明，对于本次杭州峰会，境外媒体还是比较期待中国这个最大的发展中国家能给世界经济注入新的活力。一部分负面态度主要是认为中国在世界

4. 人文、环保、气候、民生等内容是"G20峰会"国际传播的重要"配菜"

人文艺术内容是这几大内容中正面比例最高的,主要对印象杭州的主题晚会进行了较多正面报道,对晚会的艺术效果和人文内涵给予高度赞扬。

关于环境内容,正面占71.4%,中立占21.4%,负面占7.1%。中美两国在峰会前同时向联合国提交《巴黎协议》的签署协议让全世界看到了减缓气候问题的希望,也对中国在此中的努力给予了较高评价。

(二) 乌镇峰会全网高频词分析

从表7-12高频词汇中可以看出,"互联网""网络空间""网络""网站"等与此次大会属性相关的词出镜率最高,"网络安全""国家主权""防火墙""管理""共享""免费"等词语出现频率也相对较高,表明"互联互通共享共治""网络空间命运共同体"的主张成为各方共识,同时,也要看到,以彭博社、CNN为代表的西方媒体仍然对我国存在意识形态偏见。此外,马化腾、小米、阿里巴巴、诺基亚、脸谱等大型互联网以及IT企业的表现也可圈可点,展现了大型企业在构建良好的对外形象中的巨大潜力。值得注意的是,"假货"在高频词汇中出现,表明与中国相关的互联网企业将致力于打假工作,使其更好地服务于全世界人民,更好地互联互通。

表7-12　　乌镇峰会全网高频词分布Top100

序号	词汇	翻译	频次	序号	词汇	翻译	频次
1	internet	互联网	1952	10	president	主席	120
2	world	世界	1835	11	Chinese	中国的	77
3	conference	会议	1760	12	first	第一次	72
4	China	中国	1059	13	technology	技术	67
5	Wuzhen	乌镇	444	14	block	阻止	62
6	second	第二次	215	15	address	演讲	57
7	host	东道主	212	16	global	全球	54
8	Xi Jinping	习近平	171	17	website	网址	54
9	censorship	审核	122	18	web	网络	52

续表

序号	词汇	翻译	频次	序号	词汇	翻译	频次
19	town	城镇	47	49	vision	视野	18
20	eastern	东方的	46	50	volunteer	志愿者	18
21	Zhejiang	浙江	45	51	BBC	英国之声	17
22	December	十二月	44	52	execs	执行者	17
23	leader	引领者	43	53	international	国际化	17
24	declaration	声明	42	54	Twitter	推特	17
25	foreign	外国	39	55	government	政府	16
26	cyber	网络	34	56	official	官方的	16
27	Facebook	脸书	33	57	guest	客人	15
28	firewall	防火墙	33	58	security	安全	15
29	November	十一月	32	59	site	网址	15
30	week	周	32	60	highlights	强调	14
31	Wuzhen Summit	乌镇大会	32	61	Nokia	诺基亚	14
32	ratify	批准	30	62	Pakistan	巴基斯坦	14
33	cyberspace	网络空间	29	63	urge	主张	14
34	governance	监管	29	64	Wednesday	周三	14
35	online	线上	27	65	committee	委员会	13
36	Jack Ma	马化腾	26	66	digital	数码	13
37	share	共享	25	67	key	关键	13
38	cybersecurity	网络监管	24	68	tycoons	企业巨头	13
39	free	免费	24	69	unravel	阐明	13
40	control	控制	23	70	organize	组织	12
41	ceremony	盛典	22	71	scenic	风景优美的	12
42	infographics	信息图像	22	72	shape	塑造	12
43	sovereignty	主权	22	73	upcoming	即将到来的	12
44	country	国家	21	74	chairman	主席	11
45	sham	假货	21	75	common	共同的	11
46	access	接近	19	76	connect	连接	11
47	company	公司	19	77	culture	文化	11
48	Xiaomi	小米	19	78	ICANN	互联网名称与数字地址分配机构	11

续表

序号	词汇	翻译	频次	序号	词汇	翻译	频次
79	Paul Carsten	保罗·卡尔森	11	90	Medvedev	梅德韦杰夫	9
80	expo	博览会	10	91	qipao	旗袍	9
81	scarves	丝巾	10	92	represent	代表	9
82	smartphone	智能手机	10	93	rule	规则	9
83	Alibaba	阿里巴巴	9	94	spotlight	聚焦	9
84	annual	一年一度的	9	95	underway	进行中	9
85	AI	人工智能	9	96	update	更新	9
86	business	商业	9	97	advocate	提倡	8
87	check	审计	9	98	Asia	亚洲	8
88	fake	假货	9	99	CCTV	中央电视台	8
89	game	游戏	9	100	Community	共同体	8

（三）金砖会议高频词汇分析

1. 金砖会议推特高频词汇分析

从表7-13金砖会议推特上的高频词可以看出，金砖五国的领导人如中国国家主席习近平、俄罗斯总统普京、印度总理莫迪、南非总统祖马、巴西总统特梅尔频率较高，显现了金砖会议各国的实力相当，备受瞩目。此外，"贸易""经济""合作""商业""太阳能""能源""创新"等词语频率较高，反映了金砖各国注重务实的经济合作，为全球经济做出应有的贡献。其中，还需要特别注意的是，"和平"在推特上的呼声特别高，"巴基斯坦"等高频词表明各国期待中国在维护国际和平稳定方面扮演的角色和突出表现。

表7-13　　　　　金砖会议推特高频词分布Top100

序号	词汇	翻译	频次	序号	词汇	翻译	频次
1	BRICS Summit	金砖会议	1236	3	China	中国	459
2	Narendra Modi	纳伦德拉·莫迪（印度总理）	588	4	Xiamen	厦门	409

续表

序号	词汇	翻译	频次	序号	词汇	翻译	频次
5	Xi Jinping	习近平	232	34	trade	贸易	28
6	president	主席	176	35	economic	经济	27
7	attend	出席	119	36	expect	期望	27
8	plenary session	全体会议	113	37	issue	议题	27
9	welcome	欢迎	108	38	South Africa	南非	27
10	arrive	到达	104	39	global	全球的	26
11	leader	领导人	102	40	call	号召	25
12	India	印度	102	41	important	重要的	25
13	Vladimir	弗拉吉米尔（俄罗斯总统）	96	42	Russian	俄罗斯人	25
14	prime minister	首相	74	43	bonhomie	温和的	24
15	meet	会晤	70	44	energy	能源	24
16	cooperation	合作	56	45	addressing	演讲	23
17	North Korea	朝鲜	56	46	display	展示	23
18	development	发展	47	47	meeting	会议	23
19	kick off	启动	46	48	Brazil	巴西	23
20	begin	开始	44	49	hope	希望	22
21	host	主持	44	50	partnership	合作	22
22	talk	报告	44	51	xhnews	新华社新闻	22
23	peace	和平	43	52	business	商业	21
24	terrorism	恐怖主义	43	53	nations	国家	21
25	Doklam	洞朗	40	54	agenda	议程	20
26	ceremony	开幕式	39	55	bilateral	双边的	20
27	hold	开会	38	56	protectionism	保护主义	20
28	reach	达到	36	57	Russia	俄罗斯	20
29	Pakistan	巴基斯坦	35	58	shadow	阴影	20
30	Indian	印度人	34	59	Jacob Zuma	雅各布·祖马（南非总统）	19
31	conference	会议	32	60	visit	访问	19
32	speech	演讲	32	61	member	成员	18
33	nuclear test	核试验	29	62	discussion	讨论	17

续表

序号	词汇	翻译	频次	序号	词汇	翻译	频次
63	geopolitics	地缘政治	16	82	raise	提高	12
64	solar	太阳能	16	83	stability	恒心	12
65	ties	关系	16	84	wish	祝愿	12
66	support	支持	15	85	Xiamen Summit	厦门峰会	12
67	annual	一年一度的	14	86	exchange	交换	11
68	Community	共同体	14	87	heightened	提高	11
69	contribute	贡献	14	88	participate	参加	11
70	focus	聚焦	14	89	poverty	贫穷	11
71	Kim Jong-un	金正恩	14	90	role	角色	11
72	increase	增加	13	91	statement	声明	11
73	reports	报告	13	92	Trump	特朗普	11
74	strengthen	加强	13	93	underway	启程	11
75	towards	朝向	13	94	approach	方法	10
76	agreement	协议	12	95	growth	增长	10
77	area	区域	12	96	innovation	创新	10
78	declaration	宣言	12	97	leadership	领导	10
79	delivers	传达	12	98	media	媒体	10
80	gifts	礼物	12	99	positive	积极的	10
81	Michel Temer	米歇尔·特梅尔（巴西总统）	12	100	receive	收到	10

2. 金砖会议新闻标题高频词汇分析

从表7-14金砖会议新闻标题高频词汇可以看出，媒体十分关注中国与俄罗斯、印度之间的双边关系，反映了大家对地区热点问题和地缘政治的关注。与此同时，"开放""合作""发展""交流""交易""银行""经济""信用"等高频词，反映了五国领导人已达成重要共识，共同加强经济务实合作、完善全球经济治理。此外，"埃及""非洲"等高频词表明金砖会议不是五国之间的合作，而是与广大的发展中国家也有广泛的合作空间，通过打造"金砖+"模式，深化南南合作，使金砖国家逐步成为促进世界经济增长、推动全球秩序变革、维护国际和平稳定的关键力量。

表 7-14　　金砖会议新闻标题中高频词分布 Top70

序号	词汇	翻译	频率	序号	词汇	翻译	频率
1	BRICS Summit	金砖会议	81	27	lead	领导	4
2	China	中国	49	28	South Africa	南非	4
3	Modi	莫迪（印度总理）	26	29	standoff	僵局	4
4	prime minister	首相	18	30	talks	交流	4
5	Xiamen	厦门	16	31	Africa	非洲	3
6	India	印度	15	32	deals	交易	3
7	meeting	会议	11	33	defence	防御	3
8	global	全球的	9	34	development	发展	3
9	new	新的	9	35	discussion	讨论	3
10	Xi Jinping	习近平	9	36	Egypt	埃及	3
11	terrorism	恐怖主义	8	37	good	好的	3
12	cooperation	合作	6	38	open	开放	3
13	Doklam	洞朗	6	39	partnership	合作	3
14	North Korea	朝鲜	6	40	security	安全	3
15	opportunity	机会	6	41	threat	威胁	3
16	Pakistan	巴基斯坦	6	42	ties	关系	3
17	president	主席	6	43	Donald Trump	唐纳德·特朗普	3
18	Putin	普京	6	44	visit	访问	3
19	countries	国家	5	45	world	世界	3
20	interview	采访	5	46	action	行动	2
21	issue	议题	5	47	address	声明	2
22	leader	领导人	5	48	attend	参加	2
23	Russia	俄罗斯	5	49	backdrop	背景	2
24	declaration	声明	4	50	banks	银行	2
25	growth	增长	4	51	Beijing	北京	2
26	hold	支持	4	52	bilateral	双边关系	2

续表

序号	词汇	翻译	频率	序号	词汇	翻译	频率
53	Brazilian	巴西的	2	62	military	军事	2
54	credit	信用	2	63	Myanmar	缅甸	2
55	diplomat	外交	2	64	nations	国家	2
56	economic	经济	2	65	New Delhi	新德里	2
57	enhance	加强	2	66	nuclear	核能	2
58	ensure	确信	2	67	role	角色	2
59	expand	扩大	2	68	safe	安全	2
60	focus	聚焦	2	69	trade	贸易	2
61	members	成员	2	70	Zuma	祖马（南非总统）	2

（四）"一带一路"高频词汇分析

1. "一带一路"全网高频词汇分析

从"一带一路"全网高频关键词可以看出"路""带""一""丝绸""新的""海的"等反映出"一带一路"倡议的本质属性——"丝绸之路经济带"和"21世纪海上丝绸之路""主动权""中国的""中国""北京"等词出镜率较高，显示出中国充分掌握与沿线国家的经济合作伙伴关系的主动权，体现出中国在"一带一路"倡议中的主导地位。"主席""近平"等关键词反映出媒体对于"一带一路"倡议提出者和推动者的关注。"经济的""国家""贸易""基础设施""亚洲"反映出"一带一路"倡议中的经济带沿线国家间的经济合作基础和贸易合作伙伴关系，同时体现出"一带一路"倡议的核心内容之一是促进基础设施建设和互联互通。值得注意的是，"新华"也出现在高频词中，表明西方媒体对于中国官媒新华社的关注（见表7-15）。

表7-15　　"一带一路"全网高频词分布Top24

序号	词汇	翻译	频次	序号	词汇	翻译	频次
1	road	路	266	3	one	一	180
2	belt	带	254	4	initiative	主动权	123

续表

序号	词汇	翻译	频次	序号	词汇	翻译	频次
5	China's	中国的	71	15	new	新的	26
6	China	中国	67	16	forum	论坛	25
7	silk	丝绸	61	17	trade	贸易	25
8	Chinese	中国的	47	18	maritime	海的	20
9	Beijing	北京	41	19	first	第一	19
10	economic	经济的	37	20	infrastructure	基础设施	17
11	president	主席	31	21	Jinping	近平	17
12	Xinhua	新华	30	22	minister	部长	16
13	countries	国家	28	23	Asia	亚洲	16
14	may	可能	27	24	plan	计划	12

2. "一带一路"推特高频词汇分析

从"一带一路"推特高频关键词可以看出大部分与全网关键词相同（见表7-16）。"论坛""峰会""合作""一起"等体现出国外媒体和网友对于"一带一路"倡议国家间合作交流的关注。关键词还出现两个国家名"新加坡"和"印度"，显示出国外媒体和网民对于"一带一路"影响国家的关注。新加坡是比较早就支持"一带一路"倡议的国家，在"一带一路"建设过程中承担着关键角色，而印度一直以来对于"一带一路"持抵触态度，是世界上唯一公开坚决反对"一带一路"的国家。值得注意的是，高频词汇中还出现了关键词"冷落"，显示出国外媒体和网民对"一带一路"的唱衰态度。

表7-16 "一带一路"推特高频词分布Top30

序号	词汇	中文翻译	频次	序号	词汇	中文翻译	频次
1	belt	带	469	6	new	新的	34
2	road	路	468	7	summit	峰会	31
3	initiative	主动权	186	8	cooperation	合作	29
4	China	中国	88	9	project	计划	28
5	forum	论坛	72	10	economic	经济的	25

续表

序号	词汇	中文翻译	频次	序号	词汇	中文翻译	频次
11	along	一起	24	21	Chinese	中国的	15
12	Beijing	北京	24	22	Asia	亚洲	15
13	Chinese	中国的	21	23	trade	贸易	14
14	international	国际的	21	24	world	世界	14
15	countries	国家	21	25	snubbed	冷落	13
16	silk	丝绸	19	26	vision	视野	12
17	china's	中国的	18	27	one	一	11
18	Singapore	新加坡	16	28	globalisation	全球化	11
19	development	发展	16	29	global	全球的	10
20	India	印度	15	30	role	角色	10

三 重大城市活动渠道走出去

政务微博账号分析可以充分展现我国重大城市活动中国际传播渠道的表现。

（一）杭州"G20 峰会"政务微博账号分析

从表 7-17 可以看出，杭州"G20 峰会"推特 Top12 发布者中的政务微博包括@ LenniMontiel（联合国开发计划署区域副主任）、@ G20SC（G20 研究中心）、@ ChinaEUMission（中国驻欧盟使团）、@ chinascio（国务院新闻办公室）、@ LuisACastanedaF（墨西哥外交官员个人账号）、@ yangyuntao6791（t20 中国官推），大多是机构微博，其中有四个账号属于中国官方。总体来看政务微博账号的发推数量不是很多。

表 7-17　杭州"G20 峰会"推特发布者分布结果（Top12）

序号	来源	数量
1	@ jjkirton（约翰·柯顿，多伦多大学 G7，G20 研究组组长）	131
2	@ radicalnews（开放媒体网络）	38
3	@ g7_g20（G7 G20，关注 G7，G20 的个人账号）、@ XHNews（新华社）	21
4	@ fahr451japan（关注政治信息的个人账号）	18

续表

序号	来源	数量
5	@ G20portal（网站，G20 官方合作伙伴，发布有关 G20 权威信息）、@ watsupasia（网站，亚洲最新新闻娱乐平台）	11
6	@ SusSuidae（一个热心推友）、@ PDChina（人民日报）	10
7	@ risk_ insights（全球风险洞察网）、@ ChinaDailyEU（中国日报欧洲版）	9
8	@ CatsDailyNet（一个猫咪爱好者网站）、@ kanzlei_ lexa（律师，德国 LEXA 律所老板）	8
9	@ globaltimesnews（环球时报）、@ LenniMontiel（联合国开发计划署区域副主任）、@ ChinaDailyUSA（中国日报美国版）、@ ChinaPlusNews（中国国际广播电台）、@ tubenewsen（youtube 视频新闻）	7
10	@ ThorneanDerrick（Thorne&Derrick 公司官推）、@ G20SC（G20 研究中心，由澳大利亚智库罗伊国际政策研究所和澳大利亚政府支持）、@ zaq240、@ Edourdoo（一个新闻迷）、@ asiantechnews（科技网站）、@ Nuevalor	6
11	@ ChinaEUMission（中国驻欧盟使团）、@ shanghaidaily（上海日报）、@ chinascio（国务院新闻办公室）、@ SemanticEarth、@ BeijingReview（北京周报）、@ Tris_ Sainsbury（特里斯丹·塞恩斯伯里，前加拿大多伦多大学 G20 研究中心联合主任个人账号）、@ v20summit（浙江大学、加拿大不列颠哥伦比亚大学、多伦多大学联合主办的 V20 峰会）、@ nakhon224（泰国新闻）、@ LuisACastanedaF（墨西哥外交馆员个人账号）、@ sushilpunia（一位印度热心网友）	5
12	@ swanpressagency（一家独立新闻社）、@ crossbordercap（全球金融研究组织）、@ TheTruth24US、@ shanthamalaiay3、@ abdbozkurt（一个记者）、@ BhawaniGarg（一个印度热心网友）、@ damnhole_ com（一位热心网友）、@ BRnewsKING（俄罗斯新闻 APP）、@ B20Coalition、@ ProChinaDirect（德国在上海的一家采购公司）、@ yangyuntao6791（t20 中国官推）	4

（二）乌镇峰会政务微博账号分析

从表 7 - 18 可以看到，乌镇峰会推特发布者 Top10 中几乎都是媒体账号，没有政务微博出现。

表 7 - 18　　乌镇峰会推特发布者分布结果（Top10）

序号	来源	数量
1	@ EdmondLococo（美国彭博社记者）	6383
2	@ CCTV（中国中央电视台）	6215
3	@ PDChina（人民日报）	5963

续表

序号	来源	数量
4	@Weiboscope（一个自媒体账号）	5812
5	@Bizzscout（财经类媒体）	5378
6	@Follow_Finance（财经类自媒体人账号）	5128
7	@ChinaDailyEU（中国日报欧洲版）	5120
8	@Nokia_Agent（诺基亚代理账号，非认证）	4794
9	@XHNews（新华社）	4180
10	@PaulCarsten（路透社记者）	4013

（三）金砖会议政务微博账号分析

从表7-19可以看到，政务微博账号包括@Narendramodi（印度总理纳伦德拉·莫迪）、@PMOIndia（印度总理办公室）、@nitin_gadkari（印度公路运输和公路部长）、@BJP4India（印度政治政党）、@Narendramodi_PM（印度总理的小号）、@PIB_India（印度新闻信息局官方账号）。有意思的是排名靠前的政务微博账号几乎都是印度的政府机构和官员，可见印度政府对金砖会议的重视程度。

表7-19　　　　　　　推特发布者分布结果（Top10）

序号	来源	数量
1	@Narendramodi（印度总理纳伦德拉莫迪）	27258
2	@PMOIndia（印度总理办公室）	8519
3	@nitin_gadkari（印度公路运输和公路部长）	5625
4	@XHNews（新华社）	3331
5	@Troll_Modi（一个专门骂莫迪的账号）	2606
6	@XHNews（新华社）	2280
7	@BJP4India（印度政治政党）	2064
8	@Narendramodi_PM（印度总理的小号）	487
9	@PIB_India（印度新闻信息局官方账号）	404
10	@WIONews world is one news（同一个世界）	283
11	@ANI	247
12	@XHNews（新华社）	233

续表

序号	来源	数量
13	@CGTNOfficial China Global Television Network（中国全球电视网）	228

（四）"一带一路"系列会议微博账号分析

从表7-20可以看到，"一带一路"系列会议推特发布者Top10中同样几乎没有政务微博的出现。

表7-20　　　　　　　推特发布者分布结果（Top10）

序号	来源	数量
1	@maniac_cn（营销号）	37
2	@Follow_Finance	10
3	@OBORCHINA（丝绸之路媒体公司）	8
4	@Watsupasia（网站，亚洲新闻娱乐平台）	5
5	@ShanghaiEye（上海东方传媒国际频道，关注上海的栏目）	4
6	@supchinanews（中国新闻集锦网站）	3
7	@EKAIGroup（产业政策新闻博客）	3
8	@Redroadmaster（技术分析师，前美国海军）	3
9	@cdroundtable（中国日报亚洲领袖圆桌论坛）	3
10	@BigDataBlogs、@ChinaUSFocus（中美聚焦网）、@AmazingChina168（云桥网）、@Therussophile（俄罗斯新闻聚合网站）、@ox_chinacentre（牛津大学中国中心）、@DTradingAcademy（一个学习网站的官推）、@notomarriage（一个关注时事的热心网友）、@PeterMartin_PCM（彭博社政治记者）、@3NovicesChennai、@jc_mittelstadt（研究中国政治的博士生）、@ForeignAffairs（美国国际事务杂志）、@OccuWorld（一个个人新闻聚合网站）、@fravel（麻省理工学院国际关系教授，研究中国外交和安全政策）、@tekhelet（一个关心政治的热心网友）、@chinafirebrick（中国防火材料供应商）、@UoNCPI、@MethaneTrust（关注环境的推友）、@friendlydb（一个类推特社交网站）、@photo_cns（中国新闻图片网）、@Guay_JG［日出工程（推动从化石燃料向可再生能源的转变）工作人员，关注能源和环境］、@mobeir2（关注政治的一个推友）、@SCMP_News（南华早报）、@Iberchina（国际化咨询公司中国咨询网站）、@ChinaPowerCSIS［"中国实力"，是国际战略研究中心（CSIS）中国实力项目的网站］、@VOAStevenson（美国之音新闻记者）、@Asia-PacificFdn（加拿大亚洲太平洋基金会）、@China_Hour（TEDX策划，非政府组织志愿者）、@SophieQin（印度尼西亚大学哈默学者）、@LowyInstitute（罗伊国际政策研究所）、@writerjiliang（季亮，作家）、@BeijingReview（北京周报）、@GEliaValori（意大利著名经济学家、国际知名社会活动家姜·埃·瓦洛）、@rwinstanleyc（澳大利亚国立大学研究员）、@Edourdoo（一个新闻迷）	2

综合以上对于四个会议推特中的政务微博表现，我们可以得到如下结论：对于乌镇峰会和"一带一路"系列会议，政务微博表现平平，在发布者 Top10 中都几乎未见政务微博的身影。在金砖会议中印度的政务微博表现亮眼，无论是官方机构或官员个人微博，都发布了大量的微博。在杭州"G20 峰会"Top10 中出现了中国政务微博账号，但是发文数量很少。

四 重大城市活动平台"走出去"

新旧媒体平台/机构账号和自媒体网民账号分析可以充分展现我国重大城市活动国际传播过程中的平台表现。

（一）杭州"G20 峰会"新旧媒体平台/机构账号和自媒体网民账号分析

根据样本结果，发现包括《美国新闻周刊》、《华尔街日报》、《国际财经时报》、《英国卫报》、《悉尼先驱晨报》、路透社、俄罗斯国家通讯社、《印度快报》、泛非通讯社等境外报业对杭州"G20 峰会"关注程度依次最高。还有加拿大广播公司、俄罗斯卫星新闻网、《埃及每日新闻报》等传统媒体也有集中报道。值得注意的是，印度媒体对此次峰会也呈现很大兴趣，《印度时报》《印度教徒报》《印度快报》等多家印度报业在峰会准备的后半段进行了报道。

截至 2016 年 6 月，《人民日报》、新华社、央视、中国国际广播电台、《环球时报》、中新社、《中国日报》、中国网等中央媒体在脸谱（Facebook）、推特、优兔（YouTube）平台共开设账号 44 个，粉丝总量达 1.2 亿，已初步形成多国家、多语种、多频道的海外传播体系。与此同时，国企也纷纷借船出海，截至 2016 年 6 月，《财富》（中文版）发布的 2015 年中国 500 强企业中开通脸谱账号的共 91 家（包括全球主账号或地区、产品分账号），已经占近两成。这些都为"G20 峰会"的海外宣传奠定了坚实的基础。

1. 社交媒体"G20 峰会"报道前 12 位推特主页

从表 7-17 社交媒体"G20 峰会"报道的前 12 位推特博主来看，多伦多大学 G7、G20 研究组组长 John Kirton 显示出对 G20 问题的强烈关注，作为研究 G20 机制的专家，John Kirton 近年来将研究重点放在了中国。中国的官媒新华社成为舆论引导的主力军。从账号来看，个人博主以及独立的媒体平台对于"G20 峰会"的关注占了相当的比例，这不排除蹭热度的可能。

2. "G20 峰会"报道的前 6 位传统新闻机构

从表 7-21 可以看出，报道"G20 峰会"的前 6 位传统新闻机构大部分为中国官方媒体和平台，包括中央电视台、新华社、中华人民共和国外交部、中国国际广播电台、《中国日报》等。这展现出中国媒体通过传播平台融合、传播形式融合、传播手段融合以及传播机制融合等，扩大传播影响力，抢占舆论制高点。路透社、《英国卫报》、俄罗斯卫星通讯国际版、俄罗斯塔斯社等英俄大型综合媒体体现出这两个国家对于"G20 峰会"的关注。彭博社、《国际财经时报》等财经媒体的关注体现了"G20 峰会"对世界经济的影响力。

表 7-21 "G20 峰会"报道的前 6 位传统新闻机构

序号	来源	数量
1	Reuters（路透社）、CCTV（中央电视台）	9
2	XHNews（新华社）	7
3	MFA China（中华人民共和国外交部）	5
4	Bloomberg（彭博社）、International Business Times（《国际财经时报》）、The Guardian（《英国卫报》）、Sputnik International（俄罗斯卫星通讯国际版）	4
5	CRIENGLISH.com（中国国际广播电台）、The Indian Express（印度快报）、Radio Free Asia（自由亚洲电台）、China Daily（《中国日报》）、Toronto Star（《多伦多星报》）、TASS（俄罗斯塔斯社）、China.org.cn（中国网）、ICIS（安迅思资讯）	3
6	The Diplomat（《外交官》）、Daily Sabah（《土耳其沙巴日报》）、Shanghai Daily（subscription）（《上海日报》）、E15 Initiative（blog）（E15 倡议博客）、Newsweek（《美国新闻周刊》）、National Post（《国家邮报》）、AllAfrica.com（非洲）、Platts（普氏能源资讯）	2

3. 杭州"G20 峰会"外媒报道情况分析

(1)"G20 峰会"筹备期外媒报道情况。

本节针对会议筹备期 1452 条样本信息，在信息力度、信息框架内容、信息语气态度三大板块上进行分析。

根据样本结果，发现包括《美国新闻周刊》、《华尔街日报》、《国际财经时报》、《英国卫报》、《悉尼先驱晨报》、路透社、俄罗斯国家通讯社、《印度快报》、泛非通讯社等境外报业对杭州"G20峰会"关注程度依次最高。在筹备期境外媒体对"G20峰会"报道主要呈以下特征。

①境外传统媒体报道角度多集中于"G20峰会"对本国经济影响，且随着会期临近对安保工作及空气污染的关注程度逐渐上升。

在100个国外报纸样本中，76%的报道围绕召开时间地点等基本要素，类似G20在杭州开幕的主体性报道框架，不包含具体细节。主要从对经济（32%）、政治（23%）和人文艺术（21%）影响的角度进行报道。相对而言，报纸采用筹备内容（10%）、环境内容（7%）和民生内容（7%）等具有细节描述的情节性框架的较少。

在报道力度上，即从其报道的版面位置、字数上看，报道位置为新闻正文的比例最高占67.9%，其次为图片新闻（26.2%），新闻头版最低（5.9%）。

此外，通过将报道播出月份与报道内容进行交互分析，2月经济内容报道占全月报道比重为48%，以后依次递减为24%、20%。但临近峰会召开时间，外媒对于人文艺术和民生内容的关注度不断上升。

由此可见，境外报纸媒体对"G20峰会"报道的主要内容与时间节点有关，初期集中关注峰会可能带来的经济变化、成员国经济情况、国际金融市场情况等经济相关内容。临近峰会召开则对安保工作、空气污染等具体民生事宜进行聚焦报道。值得注意的是，外媒在筹备期间持续关注常规的峰会筹备情况，筹备内容报道类似于例行汇报，每月定期出现，报道频率平缓。

外媒报道态度呈中立的占58%，积极正面的占24%，负面的占18%。基本与以往我国承办的诸如APEC等其他大规模国际活动的比例相似。但此次峰会首次在筹备期正面态度比例超过了负面态度。其中，正面报道多集中在本次峰会对世界经济能够起到促进作用上。

②境外社交网络媒体网友相对于境外传统媒体更关注"G20峰会"所涉及的政治内容。

在1352个国外新媒体信息样本中，网友发布内容主要集中在2016年5月、6月和7月，分别占信息发布总数的18.5%、21.4%和29.7%。由于峰会举办时间的临近，加之热门事件的影响使境外新媒体上网友讨论情况热切。消息发布日期集中在周一至周五，占78.6%，周六、周日时段的信息发布占比21.4%。即便这样，社交媒体在周末时段的消息出现率比传统报纸媒体要高。

76.3%的网友发布信息在框架上采用缺乏细节描述的主体性框架。同时，从国外网友发布的信息内容看，政治内容占比最高（52.1%），其次为筹备内容（26.1%）、经济内容（14.3%）、人文艺术（7.5%）。

在1352个国外新媒体样本中，信息发布内容呈现正面的有72.3%，占绝大多数，中立态度的占23.2%，而持负面态度的最少，占4.5%。

对于"G20峰会"话题，境外社交媒体正面态度的比例远高于境外传统媒体。究其原因，近一两年我国中央级媒体比如人民日报的侠客岛及国企在海外社交平台上纷纷开设账号，形成传播矩阵，影响力与日俱增，已经成为我国占据国际话语阵地、讲述好中国故事的中坚力量。此次也为峰会造势添砖加瓦。

（2）"G20峰会"后段的外媒传播情况。

在此阶段，重点考量了峰会开始前（8月5—24日）和峰会结束后（9月2—7日）两个时段，针对1390条样本信息，分析结果如下。

①境外传统媒体对"G20峰会"正面报道大幅上升，关注重点为政治报道，正面态度占比最高的为人文艺术内容。

后半段还有加拿大广播公司、俄罗斯卫星新闻网、埃及每日新闻报等传统媒体的集中报道。值得注意的是，印度媒体对此次峰会也呈现很大兴趣，《印度时报》《印度教徒报》《印度快报》等多家印度报业在峰会准备的后半段进行了报道。

在从8月6日至9月6日的会议顺利召开和后期评价阶段，180条样本报纸新闻主要集中在会议召开前后，9月的比重为75%。消息发布日期集中在周一至周五，占63.3%，周六、周日时段的信息发布占36.7%。周末的单日报道比重超过工作日日均单日比重近6个百分点，也比筹备期的周末关注度提升了近6个百分点。

74.4%的报道在框架上采用缺乏细节描述的主体性框架，没有太多的具体细节。同时，从后期外媒报道内容看，政治内容占比最高（43.9%），其次为经济内容（23.9%），然后依次为开幕内容（9.4%）、环境内容（7.8%）、人文内容（5.6%）、筹备内容（5.6%）、民间活动（2.2%）和民生内容（1.7%）。

其中，正面态度的报道占53.3%（前期为24%），中立态度的报道占42.2%（前期为58%），而负面态度的报道占4.4%（前期为18%）。和前期相比，正面态度的比重大幅提升，负面态度的比重大幅减少。

通过分析发现，在不同的报道内容上，国外报纸媒体的态度差异明显。在政治内容报道中，正面态度占38.0%，中立为55.7%，负面占6.3%。可看出国外传统媒体对于本次峰会持肯定态度。

在有关经济内容的报道中，正面态度占60.5%，中立占39.5%。对于本次杭州峰会，境外媒体还是比较期待中国这个最大的发展中国家能给世界经济注入新的活力。

在开幕内容报道中，正面态度占64.7%，中立占35.3%。境外传统媒体对杭州的会议准备工作和人员安排等持较高评价。关于环境内容，正面占71.4%，中立占21.4%，负面占7.1%。中美两国在峰会前同时向联合国提交《巴黎协议》的签署协议，让全世界看到了减缓气候问题的希望，也对中国在此中的努力给予了较高评价。关于筹备内容，正面占60.0%，中立占40.0%。关于人文内容，正面占90%，中立占10%。人文艺术内容是这几大内容中正面比例最高的，主要对印象杭州的主题晚会进行了较多正面报道，对晚会的艺术效果和人文内涵给予高度赞扬。民生内容，正负面各占33.3%。国外传统媒体对中国峰会期间的民生内容关注不多。

②境外社交网络媒体相对于境外传统媒体更关注"G20峰会"包含的民生内容。

境外新媒体样本共1210个，其中8月占73.3%，9月占26.7%。工作日占77.6%，周末占22.4%。国外网友更多在周一至周五的工作日在新媒体发布峰会相关信息。

关注细节性问题的比例相比筹备期有所提高，从筹备期的23.7%上升到后段的46.3%。从后期境外网媒内容看，政治内容占比最高（39.2%），其次为经济内容（18%），然后依次为开幕内容（12.5%）、民生内容（9%）、人文内容（7.1%）、筹备内容（6.7%）、环境内容（3.9%）和民间活动（3.5%）。民生内容相比传统媒体关注度排名提前。

其中，正面态度的报道占44.7%（筹备期为72.3%），中立态度的报道占41.6%（筹备期为23.2%），而负面态度的报道占13.7%（筹备期占4.5%）。对比筹备期，这个阶段境外网友正面态度占比有所下降，中立态度和负面态度的占比有所上升。

在经济内容上，正面态度占67.4%，中立占30.4%，负面占2.2%。境外网友总体对于本次峰会的相关内容表示了肯定，认为可以给当前低迷的经济形势带来振奋作用。一部分负面态度主要是认为中国在世界经济振兴的中发挥的力度及作用都还不够。

在环境内容上，网友态度正面的占70.0%，中立的占30.0%，总体上对于峰会在此问题上的努力表示赞扬。而在人文内容上，态度正面的比重为全部内容中最高的，占83.3%，中立则占16.7%。网友对杭州的魅力景致、文艺表演、相关的艺术展览等都予以肯定。

此外，在开幕内容上，正面占43.8%，中立占46.9%，负面占9.4%。在筹备内容上，正面占58.8%，中立占41.2%。基本都持一个比较客观的态度。

在民生内容上，正面占4.3%，中立占60.9%，负面占34.8%。在民间活动上，正面占55.6%，中立占11.1%，负面占33.3%。

（二）乌镇峰会新旧媒体平台/机构账号和自媒体网民账号分析

1. 社交平台乌镇消息发布的前10位推特主页

从表7-18社交媒体账号发布量前10名的博主信息可以看出，40%为中国官方媒体，分别为中央电视台、《人民日报》、新华社、《中国日报》（欧洲版），在新媒体平台起到了很好的舆论引导作用，借助乌镇世界互联网大会成功地宣传了中国的大国形象。此外，财经类账号@Follow_Finance、@bizzscout、彭博新闻社驻京记者@EdmondLococo以及路透社记者@PaulCarsten也十分关注世界互联网大会的盛况，这四个账号定位经济领域。它们的高频关注表明西方国家认同中国借助互联网经济对世界经济的

2. 乌镇报道的前十位传统新闻机构

从表 7-22 可以看出，《中国日报》（海外版）、新华社、《中国日报》（美国版）以及中国国际广播电台是这三次互联网大会报道的主力军，一共占据了 76.1%。此外，德国之声以及《南华早报》等综合性外媒对互联网大会也比较关注。值得注意的是，美通社、FT 中文网、彭博新闻社、PYMNTS.com 等专业财经类媒体对互联网大会也有一定的报道，表明西方媒体十分认同世界互联网大会在经济融通方面带来的作用。

表 7-22　新闻—传统媒体报道量分布结果（Top10）（第 10—15 位数量相同）

序号	来源	数量
1	China Daily［《中国日报》（海外版）］	106（44.2%）
2	Xinhua（新华社）	48（20.0%）
3	Chinadaily USA［《中国日报》（美国版）］	24（10.0%）
4	Deutsche Welle（德国之声）	12（5.0%）
5	Bloomberg（彭博新闻社）	9（3.8%）
6	China Radio International（中国国际广播电台）	7（2.9%）
7	South China Morning Post（subscription）（《南华早报》）	7（2.9%）
8	PR Newswire（press release）（美通社）	5（2.1%）
9	PYMNTS.com（财经类自媒体）	4（1.7%）
10	CCTV（中央电视台）	3（1.3%）
11	FT 中文网（金融时报中文网）	3（1.3%）
12	Hong Kong Free Press（中国香港独立媒体）	3（1.3%）
13	NTDTV（负面，总部在美国）	3（1.3%）
14	《中国日报》	3（1.3%）
15	搜狐	3（1.3%）
	总数	240

3. 乌镇峰会外媒报道分析

三届大会共举办 30 余场分论坛，议题涵盖广泛，聚焦互联网基础设施建设、互联网新媒体、跨境电子商务、互联网金融、数字经济发展、网络空间治理、网络安全等全球关注的前沿热点问题，以互联网名人高端对话、中美大学生对话、高峰对话、闭门会议等多场形式新颖的讨论活动，容纳各方具体期待和不同诉求。

（1）涉及的主体。

2015年，第二届世界互联网大会影响力最高，因为国际互联网领域有影响力的组织及其领军人物参与最多，例如联合国经济社会事务部、国际电联、世界知识产权组织、世界经济论坛等国际重点组织纷纷在自己的推特账户上发布峰会内容。

从图7-3可知，新闻媒体及社交媒体都最为关注互联网协会（163篇）和中国互联网企业（106篇）。这里的互联网协会主要有中国互联网信息发展协会、中国电子商务协会、中国计算机行业协会等之类的NGO组织。会议期间相关互联网企业、协会积极参与，与国际政府组织、国内互联网政府机构开展务实合作，形成了互联网金融发展报告、"数字丝路"建设合作宣言、"中美大学生共话互联网梦想"倡议、"中国互联网+联盟"等积极成果，涵盖了智慧城市建设、互联网产业融合、网络安全和信息化合作等多个领域。特别是第二届大会发布的《乌镇倡议》，成为国际互联网发展和治理领域的重要成果，被国际誉为"互联网历史上的里程

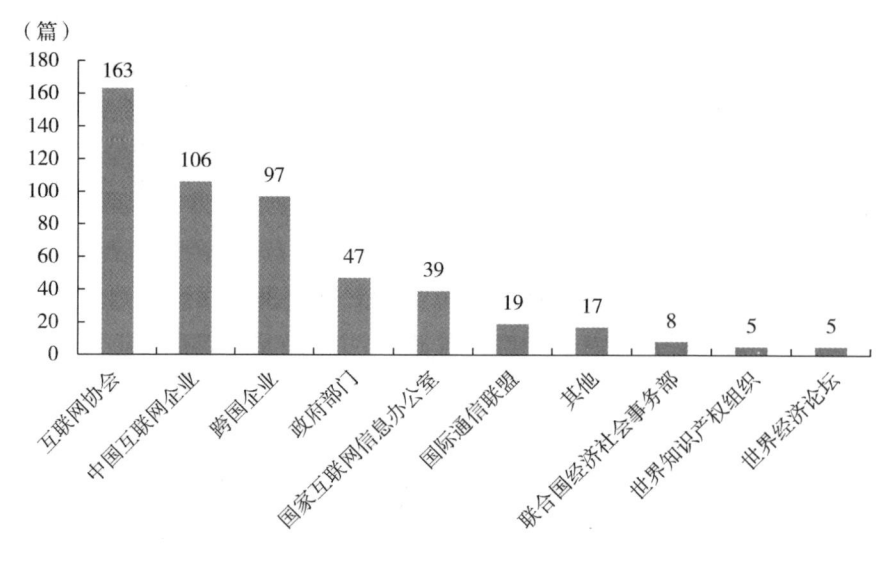

图7-3 乌镇峰会涉及的机构分布

碑"；第三届大会组委会秘书处高级别专家咨询委员会发布《乌镇报告》，凝聚各方共识，成为大会标志性成果。

（2）涉及的政治人物。

从图7-4可以看出，涉及国家元首发言的有99篇，涉及政府部门官员发言的有47篇。

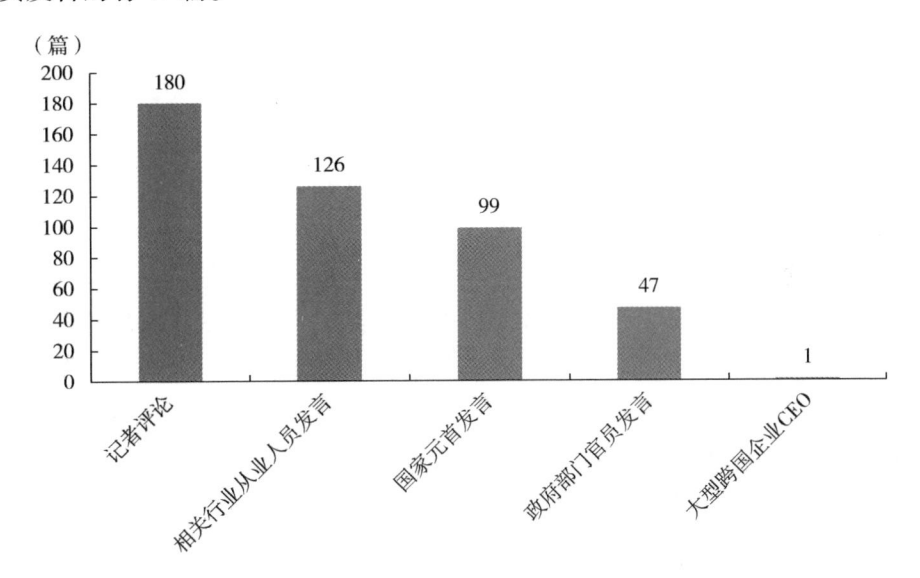

图7-4 乌镇峰会涉及的人员言论分布

（单位：篇）
- 记者评论：180
- 相关行业从业人员发言：126
- 国家元首发言：99
- 政府部门官员发言：47
- 大型跨国企业CEO：1

首届大会习近平总书记发贺词。习近平总书记在第二届世界互联网大会开幕式上发表主旨演讲，提出了全球互联网治理的"中国方案"，赢得了与会嘉宾的高度认可和国际社会的普遍赞誉，树立了中国在未来全球互联网治理格局中的话语权。习近平总书记在第三届世界互联网大会上重申了全球互联网发展治理的"四项原则""五点主张"，提出了网络空间发展的"四个目标"和"两个坚持"，再次向世界发出国际互联网发展治理的"中国声音"，得到与会嘉宾的热烈响应和高度评价。

李克强总理与参加首届大会的中外代表在杭州亲切座谈，马凯副总理到会致辞。第二届大会习近平总书记亲临乌镇出席开幕式并发表主旨演讲，刘云山同志主持开幕式，王沪宁、栗战书、杨洁篪等党和国家领导人参加了大会相关活动。第三届大会习近平总书记通过视频发表重要讲话，刘云山同志出席开幕式并致辞，全国政协副主席、科技部部长万钢和最高人民法院院长周强出席会议。

巴基斯坦总统侯赛因、俄罗斯总理梅德韦杰夫、哈萨克斯坦总理马西莫夫、吉尔吉斯斯坦总理萨里耶夫、塔吉克斯坦总理拉苏尔佐达、柬埔寨副首相贺南洪、国际电联秘书长赵厚麟、世界经济论坛创始人兼执行主席施瓦布等重量级嘉宾到会致辞演讲。

2015 年，诺基亚总裁出席第二届峰会，爱尔兰前总理艾亨、韩国前国会议长金炯旿、俄罗斯总统助理肖格列夫、ICANN 总裁法迪、汤森路透集团总裁史密斯、高通公司董事长雅各布以及阿里巴巴董事局主席马云等中外政界领袖纷纷在自己的公司或个人社交账户上发表或评论峰会相关信息并获得比较高的转发评论数。

苹果、微软、脸谱、高通及阿里巴巴、百度、腾讯等全球多家互联网企业领军人物与会开展对话，来自境内外主流新闻媒体的 2000 多名媒体人注册参会。

（三）金砖会议新旧媒体平台/机构账号和自媒体网民账号分析

1. 社交平台金砖会议消息发布的前 10 位推特主页

从表 7-19 社交媒体账号发布量前 10 名的博主信息可以看出，77% 也就是大部分为印度官方媒体，分别为印度总理的官方推特、印度总理办公室的官方推特、印度公路运输和公路部长的官方推特，由此显示在金砖五国中，印度的媒体更注重就会议的相关内容进行发声，而中国官方媒体的消息发布量只占约 10%，相对于发布消息数量庞大的印度媒体来说，中国官方媒体的消息发布量小。

2. 金砖会议报道的前十位传统新闻机构

从表 7-23 中可以看出，在金砖会议的报道中，约 55% 的报道来自印度的传统新闻机构，包括《印度经济时报》、《印度时报》、《印度金融快报》、《印度商业标准》、第一视角、《印度快报》、《今日印度》等。约 20% 来自中国的传统媒体如新华社等，美国《外交官》杂志的报道也占据了约 5% 的份额。

表 7-23　　新闻—传统媒体报道量分布结果（Top10）

序号	来源	数量
1	Xinhua（新华社）	9（15%）
2	Economictimes.Indiatimes（《印度经济时报》）	6（10%）
2	Times of India（《印度时报》）	6（10%）
4	Financial Express（《印度金融快报》）	5（8.3%）
5	Business Standard（《印度商业标准》）	4（6.7%）
5	Firstpost［第一视角（印度）］	4（6.7%）
5	Sputniknews（俄罗斯卫星通讯社新闻）	4（6.7%）
5	Oneindia（网址大全）	4（6.7%）
9	Indianexpress（《印度快报》）	3（5%）
9	India Today（《今日印度》）	3（5%）
9	Daily News&Analysis（每日新闻与分析）	3（5%）
9	ECNS（中国新闻网的英文版）	3（5%）
9	Livemint（印度新闻网站）	3（5%）
9	The Diplomat（美国《外交官》杂志）	3（5%）

（四）"一带一路"系列会议新旧媒体平台/机构账号和自媒体网民账号分析

1. 社交平台"一带一路"系列消息发布的前10位推特主页

从表 7-20 中可以看出，自媒体以及非独立媒体在社交媒体账号发布量前10名的博主中占了大部分。可以看到，上海东方传媒、中国日报、中国新闻社等旗下推特承担了主要的舆论引导工作。产业政策新闻博客@EK-AIGroup、技术分析师@Redroadmaster、牛津大学中国中心@x_chinacentre、彭博社政治记者@PeterMartin_PCM 都表现出了对"一带一路"的强烈关注。

2. "一带一路"报道的前11位传统新闻机构账号

从表 7-24 中可以看出，在关于"一带一路"的报道中，约46%的报道来自中国的传统媒体，如新华社、《南华早报》、《中国日报》、《上海日报》、中央电视台等，约26%来自美国的传统新闻机构，包括《外交官》《金融时报》《财富》《纽约时报》等，新加坡传统媒体也占7%

的份额。

表 7-24　　新闻—传统媒体报道量分布结果（Top11）

序号	来源	数量
RR1	Xinhua（新华社）	39
2	South China Morning Post（《南华早报》）	28
3	The Diplomat（美国《外交官》杂志）	12
4	China Daily（《中国日报》）	9
5	Financial Times（《金融时报》）	7
6	South China Morning Post（subscription）（《南华早报》）	6
7	Forbes（《财富》）、The Star Online（明星在线）、New York Times（《纽约时报》）	5
8	CNBC（消费者新闻与商业频道）、Brookings Institution（blog）（布鲁金斯学会）、The Straits Times（《海峡时报》）、Channel News Asia（亚洲新闻台）	4
9	TODAYonline（今日在线）、Voice of America（美国之音）、Huffington Post（《赫芬顿邮报》）、Shanghai Daily（subscription）（《上海日报》）、JOC. com（商业日报）、Reuters（路透社）、The Australian（《澳大利亚人报》）、The Wire、The Hindu（印度《泰米尔日报》）、Bloomberg（彭博社）	3
10	MFA China（中国外交部）、Hindustan Times（《印度时报》）、CCTV（中央电视台）、Los Angeles Times（《洛杉矶时报》）、Channel News Asia（亚洲新闻台）、Fortune（《财富》）、Myanmar Times（《缅甸时报》）、Global Times（环球网）、Economic Times（《经济时报》）、Nikkei Asian Review（《日经亚洲评论》）、The PIE News（国际教育专业人士的新闻和商业分析）、Telegraph. co. uk（《每日电讯报》）、European（《欧洲人》）、Council on（议会议员）、Daily News Egypt（《埃及每日新闻报》）、Foreign、Relations、AllAfrica. com（非洲）	2
11	The Economist（《经济学人》）	1

第四节　微博国际传播力效果分析及研究小结

从之前的分析可以看出，这四次大型会议在国际传播方面有以下几项共同之处。一是都借助城市名片和传统文化资源，打造城市品牌影响力；二是都发挥了主办城市的优势，利用了城市的新闻资源和新闻平台，积极主动进行主场传播；三是中国媒体都积极利用了新媒体，以全媒体的方式进行新闻报道，丰富了信息传播的方式和渠道；四是中国媒体都主动利用海外社交媒体如 Facebook、推特、YouTube 等进行发声，进一步扩大会议的国际影响力；五是都有意识地进行了话题的把控。

一 两大舆论场（平台）对国际峰会的态度分析

本章对国际会议传播效果的研究主要是从传播活动是否影响受众态度的角度进行。尽管学界对于态度还没有统一的界定，但是学者 Freedman 将态度构成理解为认知、情感和行为倾向三个成分的观点受到大部分学者的认同。因此，本章对国际会议传播对受众态度影响的研究主要是从受众的关注度、倾向性和支持度等几个维度进行分析。

（一）对杭州"G20 峰会"的关注度和倾向性分析

衡量一次重大活动的传播效果是否成功，最主要的是两方面，一方面是关注度，另一方面是内容倾向态度。自会议筹备阶段迄今，对主要海外传统媒体和新媒体与"G20 峰会"相关的传播信息进行跟踪和抽样，经过全面细致的内容分析，发现此次杭州"G20 峰会"不仅受到海外主流媒体的高度关注，更是在传播倾向方面取得重要突破。

在关注度上，早在大会前期筹备阶段，杭州"G20 峰会"就不仅是海外传统媒体，如《新闻周刊》、《华尔街日报》、《国际财经时报》、《卫报》、《悉尼先驱晨报》、路透社、俄罗斯国家通讯社、《印度快报》、泛非通讯社等高度关注的议题，也是 Facebook、推特、YouTube 等境外主要社交新媒体热议的话题。而在峰会开始前，海外主要媒体的关注热度进一步升温，至峰会开始达到最高峰。

从倾向性来看，正面积极和中立成为绝对主流，尤其是积极正面报道的比例首次超过负面报道，杭州"G20 峰会"的国际传播效果取得重要突破。

在大会筹备期，在抽取的 100 个国外报纸样本中，外媒报道态度呈中立的占 58%，积极正面的占 24%，持负面的占 18%。基本与以往我国承办的诸如 APEC 等其他大规模国际活动比例相似。但此次峰会首次在筹备期的正面态度比例超过了负面态度。而在新媒体方面，在 1352 个国外新媒体样本中，信息发布内容呈现正面的占72.3%，超过七成，中立态度的占23.2%，而持负面态度占4.5%，中立和正面内容超过95%，成为绝对主流。

峰会开始前和峰会举办期间，前180条外文报纸数据中，正面态度的报道进一步提升，达到53.3%，比前期增长近30%，中立态度的报道有42.2%，而持负面报道态度的下降至4.4%，正面态度大幅提升、负面态度大幅减少，这种国际传播效果进一步表明峰会的成功。新媒体中正面报道态度的占44.7%，中立态度的占41.6%，而负面态度的占13.7%，尽管负面态度在新媒体平台略有反弹，但幅度不大，这也反映了新媒体平台和传统媒体不同的传播特征。

（二）对乌镇峰会的支持度分析

乌镇峰会新闻媒体及社交媒体最多提及的均是美国，其次为俄罗斯、巴基斯坦、英国和日本（见图7-5）。

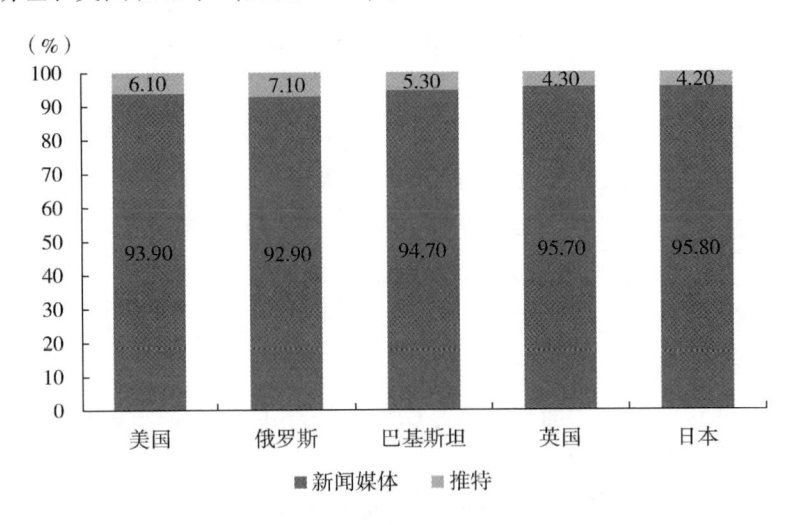

国家	新闻媒体	推特
美国	93.90	6.10
俄罗斯	92.90	7.10
巴基斯坦	94.70	5.30
英国	95.70	4.30
日本	95.80	4.20

图7-5　乌镇峰会涉及的Top5区域

从整体上来看，新旧媒体的整体态度比较正面中立。在1690个国内外对乌镇峰会的报道样本中，报道内容呈现中立的占50.2%，为大多数。持正面态度的占25.4%，而持负面态度的占17.3%（见表7-25）。

表 7-25　　　　　　　　　　　资讯态度与语气　　　　　单位：条数/篇数，%

		频率	百分比	有效百分比	累计百分比
有效	0	18	1.1	1.1	1.1
	正面	430	25.4	27.0	28.2
	中立	848	50.2	53.3	81.5
	负面	293	17.3	18.4	99.9
	7	1	0.1	0.1	100.0
	总计	1590	94.1	100.0	
缺失	系统	100	5.9		
总计		1690	100.0		

注：表内使用李克特态度量表，0 指极端负面态度，7 指极端正面态度。

（三）金砖会议和"一带一路"系列会议影响两大发布渠道态度要素的相关性分析

在传统媒体的报道样本中，报道位置（是否 A1 版头条带图片）对新闻态度语气没有显著影响。而在新媒体（推特）的报道样本中，当报道位置采用长篇博文、带图片、带转载直播视频时，更有可能持正面以及中立态度。推特等新媒体平台资讯更容易受细节信息的影响。

在传统媒体和新媒体（推特）的报道样本中，报道力度对新闻态度都没有显著影响。

在传统媒体的报道样本中，消息主要内容对新闻态度会反向产生 10.4%的影响，表示当报道内容为人物访谈、观点讲述、民生内容和新技术时，更有可能持正面及中立态度。而社交平台消息的主要内容对态度没有显著影响。

在报道框架 A（主体性框架和情节性框架）与消息态度的相关性分析中，社交媒体和传统媒体的消息态度均不受报道框架 A 的影响。在与报道框架 B（政治、经济、人文框架、社科框架和新技术框架等）的相关性分析中，新旧媒体均受报道框架 B 的负面影响。其中，对新媒体（推特）的报道态度的影响程度更大（见表 7-26）。

表 7-26　　　　　　　　　　　相关性分析

	传统媒体	新媒体（推特）
消息发布位置	-0.034	0.079**
消息发布力度	0.036	0.020
关注内容	-0.104*	0.043
信息框架 A	0.085	0.033
信息框架 B	-0.140**	-0.153**
样本	379	1974

在 629 个推特上的有效报道样本中，态度主要集中在"中立"和"支持"这两项，分别占 46.9% 和 45.3%，而持"不支持"的推特报道较少，仅占 7.8%。在 134 个传统媒体的有效报道样本中，态度主要集中在"支持"，占 45.5%，而持"不支持"和"中立"的报道较少，仅分别占 30.6% 和 23.9%（见表 7-27）。

表 7-27　　　　　　　　推特和传统媒体报道态度

	中立	支持	不支持
推特中态度（%）	46.9	45.3	7.8
传统媒体中态度（%）	23.9	45.5	30.6

1. 对金砖国家报道态度的影响因素分析

（1）关注的重点或领域对态度有显著影响。

在新闻关注的重点或领域与报道态度的相关性分析中，零假设 H0 为两总体均值之间不存在显著差异，也就是对金砖会议的报道态度不受新闻报道位置的影响。

根据同质性检验可知，F 值检验中，推特样本和传统媒体样本的显著性 Sig. 值均为 0.000，小于显著性水平 0.05，表示两个组别群体变异数不相等，故认为总体方差不相等。原假设不成立，即不同分组之间异质，存在显著差异。

所以，在推特和传统媒体的报道样本中，新闻关注的重点或领域均对新闻态度有显著影响。在传统媒体的报道样本中，皮尔逊相关性为 0.436，说明新闻报道位置对新闻态度会产生43.6%的影响。这表示当关注的重点或领域为文化交流合作，传统医药领域和资金融通、监管合作时，更有可能持正面以及中立态度。而在推特的报道样本中，皮尔逊相关性为0.600，说明新闻报道位置对新闻态度会产生60%的影响。这表示当关注的重点或领域为文化交流合作，传统医药领域和资金融通、监管合作时，更有可能持正面以及中立态度（见表7-28、表7-29）。

表7-28　关注的重点或领域对推特中态度的相关性检验

推特中态度		推特中关注重点或领域
	皮尔逊相关性	0.600**
	显著性（双尾）	0.000

注：**表示在0.01级别（双尾），相关性显著。

表7-29　关注的重点或领域对传统媒体中态度的相关性检验

传统媒体中态度		传统媒体中关注重点或领域
	皮尔逊相关性	0.436**
	显著性（双尾）	0.000

注：**表示在0.01级别（双尾），相关性显著。

（2）新闻报道框架对态度有显著影响。

在新闻报道框架与报道态度的相关性分析中，零假设H0为两总体均值之间不存在显著差异，也就是对金砖会议的报道态度不受报道框架的影响。

根据同质性检验可知，F值检验中，推特样本和传统媒体样本的显著性Sig.值均为0.000，小于显著性水平0.05，表示两个组别群体变异数不相等，故认为总体方差不相等。原假设不成立，即不同分组之间异质，存在显著差异。

所以，在推特和传统媒体的报道样本中，新闻报道框架均对新闻态度有显著影响。在推特的报道样本中，皮尔逊相关性为0.206，说明新闻报道位置对新闻态度语气会产生20.6%的影响。这表示当关注的重点或领域为政治框架和经济框架时，更有可能持正面以及中立态度。而在传统媒体的报道样本中，皮尔逊相关性为 -0.227，说明新闻报道位置对新闻态度会反向产生 22.7% 的影响。这表示当关注的重点或领域为人文框架和其他框架时，更有可能持正面以及中立态度（见表 7-30、表 7-31）。

表 7-30　　　　新闻报道框架对推特中态度的显著性检验

		推特中报道框架
推特中态度	皮尔逊相关性	0.206**
	显著性（双尾）	0.000

注：**表示在 0.01 级别（双尾），相关性显著。

表 7-31　　　　新闻报道框架对传统媒体中态度的显著性检验

		传统媒体中报道框架
传统媒体中态度	皮尔逊相关性	-0.227**
	显著性（双尾）	0.000

注：**表示在 0.01 级别（双尾），相关性显著。

（3）新闻报道次数对态度有显著影响。

在新闻报道次数与报道态度的相关性分析中，零假设 H0 为两总体均值之间不存在显著差异，也就是对金砖会议的报道态度不受报道次数的影响。

根据同质性检验可知，F 值检验中，推特样本和传统媒体样本的显著性 Sig. 值均为 0.000，小于显著性水平 0.05，表示两个组别群体变异数不相等，故认为总体方差不相等。原假设不成立，即不同分组之间异质，存在显著差异。

所以，在推特和传统媒体的报道样本中，新闻报道次数均对新闻态度有显著影响。在推特的报道样本中，皮尔逊相关性为 -0.384，说明新闻报道次数对新闻态度会产生 38.4% 的影响，表示当报道次数越多时，越有可能持正面以及中立态度。而在传统媒体的报道样本中，皮尔逊相关性为 -0.428，说明新闻报道次数对新闻态度会反向产生 42.8% 的影响，表示当报道次数越多时，更有可能持正面以及中立态度（见表 7-32、表 7-33）。

表 7-32　　　　新闻报道次数对推特中态度的显著性检验

		推特中相关新闻报道次数
推特中态度	皮尔逊相关性	-0.384**
	显著性（双尾）	0.000

注：**表示在 0.01 级别（双尾），相关性显著。

表 7-33　　　　新闻报道次数对传统媒体中态度的显著性检验

		传统媒体中相关新闻报道次数
传统媒体中态度	皮尔逊相关性	-0.428**
	显著性（双尾）	0.000

注：**表示在 0.01 级别（双尾），相关性显著。

（4）新闻报道力度对态度有显著影响。

在新闻报道次数与报道态度的相关性分析中，零假设 H0 为两总体均值之间不存在显著差异，也就是对金砖会议的报道态度不受报道次数的影响。

根据同质性检验可知，F 值检验中，推特样本显著性 Sig. 值均为 0.000，小于显著性水平 0.05，表示两个组别群体变异数不相等，故认为总体方差不相等。原假设不成立，即不同分组之间异质，存在显著差异。而传统媒体样本显著性 Sig. 值为 0.532，大于显著性水平 0.05，表示两个组别群体变异数相等，故认为总体方差相等。原假设成立，即不同分组之间同质，不存在显著差异。

所以，仅在推特的报道样本中，新闻报道力度对新闻态度有显著影响。在推特的报道样本中，皮尔逊相关性为 -0.381，说明新闻报道力度对新闻态度会产生 38.1% 的影响，表示当报道力度越大（为 10 条以上）时，越有可能持正面以及中立态度。而在传统媒体的报道样本中，新闻报道力度与新闻态度无关（见表 7-34、表 7-35）。

表 7-34　　　　新闻报道力度对推特中态度的显著性检验

		推特中相关新闻报道力度
推特中态度	皮尔逊相关性	-0.381**
	显著性（双尾）	0.000

注：**表示在 0.01 级别（双尾），相关性显著。

表7-35　　　新闻报道力度对传统媒体中态度的显著性检验

		传统媒体中相关新闻报道力度
传统媒体中态度	皮尔逊相关性	-0.054**
	显著性（双尾）	0.000

注：**表示在0.01级别（双尾），相关性显著。

（5）新闻报道涉及国家和地区对态度有显著影响。

在报道涉及国家和地区与报道态度的相关性分析中，零假设H0为两总体均值之间不存在显著差异，也就是对金砖会议的报道态度不受报道涉及国家和地区的影响。

根据同质性检验可知，F值检验中，推特样本和传统媒体样本的显著性Sig.值均小于显著性水平0.05，表示两个组别群体变异数不相等，故认为总体方差不相等。原假设不成立，即不同分组之间异质，存在显著差异。

所以，在推特和传统媒体的报道样本中，新闻报道涉及国家和地区均对新闻有显著影响。在推特的报道样本中，皮尔逊相关性为0.277，说明新闻报道涉及国家和地区对新闻态度会产生27.7%的影响，表示当报道涉及英国、美国、日本、法国等时，更有可能持正面以及中立态度。而在传统媒体的报道样本中，皮尔逊相关性为-0.230，说明新闻报道涉及国家和地区对新闻态度语气会反向产生23.0%的影响，表示当报道涉及俄罗斯、巴基斯坦、加纳等时，更有可能持正面以及中立态度（见表7-36、表7-37）。

表7-36　　　新闻报道涉及国家和地区对推特中态度的显著性检验

		推特中报道涉及国家和地区
推特中态度	皮尔逊相关性	0.277**
	显著性（双尾）	0.000

注：**表示在0.01级别（双尾），相关性显著。

表7-37　　　新闻报道涉及国家和地区对传统媒体中态度的显著性检验

		传统媒体中报道涉及国家和地区
传统媒体中态度	皮尔逊相关性	-0.230**
	显著性（双尾）	0.000

注：**表示在0.01级别（双尾），相关性显著。

(6) 峰会形式对态度有显著影响。

在峰会形式与报道态度的相关性分析中,零假设 H0 为两总体均值之间不存在显著差异,也就是对金砖会议的报道态度不受报道涉及峰会形式的影响。

根据同质性检验可知,F 值检验中,推特样本和传统媒体样本的显著性 Sig. 值均小于显著性水平 0.05,表示两个组别群体变异数不相等,故认为总体方差不相等。原假设不成立,即不同分组之间异质,存在显著差异。

所以,在推特和传统媒体的报道样本中,峰会形式均对新闻态度有显著影响。在推特的报道样本中,皮尔逊相关性为 0.111,说明峰会形式对新闻态度会产生 11.1% 的影响,表示当峰会形式为开幕式、分论坛和闭幕式等时,越有可能持正面以及中立态度。而在传统媒体的报道样本中,皮尔逊相关性为 0.172,说明峰会形式对新闻态度会反向产生 17.2% 的影响,表示当峰会形式为开幕式、分论坛和闭幕式时,更有可能持正面以及中立态度(见表 7-38、表 7-39)。

表 7-38　　峰会形式对推特中态度的显著性检验

		峰会形式
推特中态度	皮尔逊相关性	0.111**
	显著性(双尾)	0.005

注:** 表示在 0.01 级别(双尾),相关性显著。

表 7-39　　峰会形式对传统媒体中态度的显著性检验

		峰会形式
传统媒体中态度	皮尔逊相关性	0.172*
	显著性(双尾)	0.047

注:* 表示在 0.05 级别(双尾),相关性显著。

2. 对"一带一路"报道态度的影响因素分析

(1) 新闻级别。

经过相关性分析可知,新闻级别与新闻态度的相关性在于新闻级别越高即新闻中出现政府官员和国家元首发言时，则无论是新旧媒体均更有可能持正面或中立的态度，而且这种因素对新媒体（推特）的影响更大。

在传统媒体的报道样本中，新闻级别对新闻态度会正向产生12.7%的影响。在新媒体（推特）的报道样本中，新闻级别对新闻态度正向产生13.6%的影响，表示在传统媒体和新媒体（推特）中，当新闻级别更高也就是当新闻级别为国家元首发言和政府部门官员发言时，均更有可能持正面或者持中立的态度，其中新闻级别对新媒体（推特）的报道态度的影响程度更大。

（2）报道主要内容。

经过新闻报道主要内容与新闻态度的相关性分析，可发现新闻报道内容可对新旧媒体的报道态度产生显著影响，而传统媒体在相同内容下会受到更大程度的影响。

在传统媒体的报道样本中，新闻报道的主要内容对新闻态度语气会正向产生14.2%的影响。在新媒体（推特）的报道样本中，新闻报道主要内容对新闻态度会正向产生11.3%的影响，表明对于传统媒体和新媒体（推特），新闻报道主要内容对新闻态度均有显著影响，其中对传统媒体的报道态度的影响程度更大。

（3）报道框架。

在报道框架B（采用政治、经济、人文社科等框架）与新闻态度的相关性分析中，我们可以发现当报道框架B采用政治框架和经济框架时，传统媒体更可能持正面或中立态度，但对新媒体（推特）没有影响。

在传统媒体的报道样本中，新闻报道主要内容对新闻态度会反向产生16.7%的影响，表示当报道框架B采用政治框架和经济框架时，更有可能持正面以及中立态度。而在新媒体（推特）的报道样本中，报道框架B对新闻态度没有显著影响。

（4）新闻类型。

经过新闻类型与新闻态度的相关性分析，可知新闻类型对英语新闻的报道态度没有影响，而对非英语新闻有正向影响。

在英语报道样本中，新闻类型对新闻态度没有显著影响。而在非英语的报道样本中，新闻类型对新闻态度会正向产生11.7%的影响，表示当报道内容为新闻时，更有可能持正面以及中立态度。

（5）对"一带一路"倡议的整体评价。

通过对"一带一路"倡议的整体评价与新闻态度的相关性分析，可知非英语的报道会对新闻态度产生同向影响，而英语报道则不会产生任何影响。

在英语的报道样本中，对"一带一路"倡议的整体评价对新闻态度没有显著影响。而在非英语的报道样本中，对"一带一路"倡议的整体评价对新闻态度会正向产生36.1%的影响，表示当对"一带一路"倡议的整体评价为完全支持和有条件支持时，更有可能持正面以及中立态度。

（6）新闻级别。

由相关性分析可知，在英语报道中，新闻级别对新闻态度没有影响；而在非英语报道中，新闻级别会对新闻态度产生正面影响。这体现了在英语国家中，政府官员和国家元首的立场并不能影响媒体舆论的现象。

在英语报道样本中，新闻级别对新闻态度没有显著影响。而在非英语的报道样本中，新闻级别对新闻态度会产生正向13.4%的影响，表示当新闻级别为国家元首和政府部门官员发言时，更有可能持正面以及中立态度。

（7）对合作重点或领域的态度。

在对合作重点或领域的态度与新闻态度的相关性分析中，英语报道中对合作重点或领域的态度对新闻态度没有显著影响，而在非英语报道中则会产生较大的正面影响。

在英语的报道样本中，对合作重点或领域的态度对新闻态度没有显著影响。而在非英语的报道样本中，对合作重点或领域的态度对新闻态度会正向产生37.9%的影响，这表示当对合作重点或领域的态度为完全支持和有条件支持时，更有可能持正面以及中立态度。

二　乌镇峰会和金砖会议比较研究

这一部分将对乌镇峰会和金砖会议进行多个维度的比较分析，展现两者在国际传播过程中的异同。

（一）整体数据概况

1. 消息来源（发布主体）比较

在乌镇峰会的报道中，推特上的消息来源主要集中于中国官方媒体，前10名中有4家为中国的主流媒体，分别为中央电视台、《人民日报》、新华社、《中国日报》（欧洲版），在新媒体平台很好地起到了舆论引导的作用，借助乌镇世界互联网大会成功地宣传了中国的大国形象。此外，财经类账号@Follow_Finance、@bizzscout、彭博新闻社驻京记者@EdmondLococo以及路透社记者@PaulCarsten也十分关注世界互联网大会的盛况，这四个账号定位经济领域，它们的高频关注表明西方国家认同中国借助互联网经济对世界经济的发展所做出的贡献。而传统媒体在报道乌镇峰会时，发布主体仍然是《中国日报》（海外版）、新华社、《中国日报》（美国版）以及中国国际广播电台四大中国主流媒体，一共占据了76.1%。此外，德国之声以及《南华早报》等综合性外媒对互联网大会也比较关注。值得注意的是，美通社、FT中文网、彭博新闻社、PYMNTS.com等专业的财经类媒体对互联网大会也有一定的报道，表明西方媒体十分认同世界互联网大会在经济融通方面带来的作用。

在报道金砖会议时，推特上的消息主要来自"国外社交媒体平台（Facebook、YouTube等）"和"国外网站"，分别占87.6%和11.8%。而来源于"国内政府新闻网站（如浙江在线）"和"国外报纸"的推特报道较少，仅分别占0.5%和0.2%。这说明厦门金砖会议在对外传播和新兴媒体的利用上，相比乌镇峰会还有一定的距离，还要加大覆盖面和增加传播数量。

而对于报道金砖会议的134个传统媒体，在有效报道样本中，消息来源主要集中在"国外网站"和"国内政府新闻网站（如浙江在线）"，分别占75.4%和22.4%。而来源于"国内社交媒体平台（微信、微博等）"和"国内商业新闻网（如腾讯大浙网、凤凰网、新浪搜狐）"的报道较少，仅分别占1.5%和0.7%。

2. 新闻级别比较

在报道乌镇峰会时，新旧媒体整体上是记者评论占39.7%，行业从业人员占27.8%，国家元首占21.9%。

而在报道金砖会议时，推特上的报道和传统媒体上的报道略有差别，"记者评论"仍然占比最大，不过在推特上高达71.2%，传统媒体仅有44.98%，而源于"相关行业从业人员"的较少。同时，新旧媒体的"国家元首发言"相比乌镇峰会略有下降，但传统媒体在报道金砖会议时，"政府部门官员发言"占比也较高，占据26.9%，说明金砖会议涉及经济、政治等领域，记者和国家首脑以及相关政府部门工作人员对此关注较多；反之，乌镇会议涉及互联网技术和信息通信合作，一批行业从业人员对此发表看法，丰富了消息的来源和议题。

（二）议题综合分布比较

1. 关注领域比较

在乌镇峰会中，从整体看，新闻媒体和社交媒体对于合作领域的关注程度差别不大，契合度较高。当中互联网技术、文化交流合作、信息通信合作被提及的次数最多，所占比例亦相对较高。

而在金砖会议报道中，无论是134个传统媒体的有效报道样本，还是629个推特的有效报道样本，关注重点或领域主要集中在"其他（开放项）""商贸合作、转口贸易"。对比可以发现，乌镇峰会涉及较多的"互联网技术"和"信息通信合作"在金砖会议里面涉及非常少，而传统媒体在报道金砖会议时，涉及的"文化交流"的比例要高于推特上的关于该领域的报道。

此外，尤其需要注意的是，乌镇峰会本身所附带的技术属性冲淡了意识形态的差异，而金砖会议背后的以中国为首的几个新兴经济体，为全球经济市场的复苏做出了贡献，但也使部分国家和地区担心金砖五国可能会对既有的全球治理秩序带来变革。

2. 关注国家比较

在对乌镇峰会的整体分析中，新闻媒体及社交媒体最多提及的均是美国，其次为俄罗斯、巴基斯坦、英国和日本。

而在金砖会议方面，在629个推特的有效报道样本中，报道涉及的国家主要集中在印度、俄罗斯和巴基斯坦，分别占47.2%、14.7%和2.6%。而涉及英、法和日的仅各占0.3%、0.3%和0.1%。在134个传统媒体上的有效报道样本中，报道涉及的国家主要集中在印度、美国和俄罗斯，分别占34.3%、15.2%和14%。而涉及德和日的仅各占1.7%和0.6%。

这说明乌镇峰会与此次峰会是呈正相关的,均与中国有经贸往来和技术合作,例如巴基斯坦与我国有技术上的合作;而金砖会议除了美国这样的大国以及"金砖五国"以外,还卷入了跟此次会议无直接关系的巴基斯坦,说明此次会议相对乌镇峰会而言,地缘政治仍然比较受关注。

(三) 支持度比较分析

在乌镇峰会中,从整体上来看,新旧媒体的整体态度比较正面或中立。在1690个国内外对乌镇峰会的报道样本中,报道内容呈现中立的报道有50.2%,为大多数。持正面态度的占25.4%,而持负面态度的占17.3%。

而在关于金砖会议的报道中,不管是推特上的有效报道样本,还是传统媒体上的有效报道样本中,态度主要集中在"支持"这个选项,分别为45.3%和45.5%。不过相比之下,传统媒体在报道金砖会议时,持负面态度的为30.6%,要远远高于推特上的7.8%。

1. 报道领域和位置对新闻态度的影响

在乌镇峰会的传统媒体的报道样本中,报道位置对新闻态度没有显著影响。而在新媒体(推特)的报道样本中,当报道位置采用长篇博文、带图片、带转载直播视频时,更有可能持正面以及中立态度。推特等新媒体平台的资讯更容易受细节信息的影响。同时,在乌镇峰会的传统媒体的报道样本中,消息主要内容对新闻态度会反向产生10.4%的影响。这表示当报道内容为人物访谈、观点讲述、民生内容和新技术时,更有可能持正面及中立态度。而社交平台消息的主要内容对态度没有显著影响。

在金砖会议的推特和传统媒体的报道样本中,新闻关注的重点或领域均对新闻态度有显著影响。在推特的报道样本中,皮尔逊相关性为0.436,说明新闻报道位置对新闻态度会产生43.6%的影响。这表示当关注的重点或领域为文化交流合作、传统医药领域以及资金融通、监管合作时,更有可能持正面以及中立态度。而在传统媒体的报道样本中,皮尔逊相关性为0.600,说明新闻报道位置对新闻态度会产生60%的影响。这表示当关注的重点或领域为文化交流合作、传统医药领域以及资金融通、监管合作时，更有可能持正面以及中立态度。这说明金砖会议相比乌镇峰会，更需要从文化、资金融通等层面着手，避免地缘政治等问题产生负面影响。

2. 报道框架对新闻态度的影响

乌镇峰会中，在与报道框架 B（政治、经济、人文框架、社科框架和新技术框架等）的相关性分析中，新旧媒体均受报道框架 B 的负面影响（其中，新媒体反向 15.3%，传统媒体反向 14%）。其中，对新媒体（推特）的报道态度的影响程度更大。

而在金砖会议的推特和传统媒体的报道样本中，新闻报道框架均对新闻态度有显著影响。在推特的报道样本中，皮尔逊相关性为 0.206，说明新闻报道位置对新闻态度会产生 20.6% 的影响。这表示当关注的重点或领域为政治框架和经济框架时，更有可能持正面以及中立态度。而在传统媒体的报道样本中，皮尔逊相关性为 -0.227，说明新闻报道位置对新闻态度会反向产生 22.7% 的影响。这表示当关注的重点或领域为人文框架和其他框架时，更有可能持正面以及中立态度。

3. 报道力度对新闻态度的影响

乌镇峰会中在传统媒体和新媒体（推特）的报道样本中，报道力度对新闻态度都没有显著影响。

而在金砖会议的推特和传统媒体的报道样本中，新闻报道力度均对新闻态度有显著影响。在推特的报道样本中，皮尔逊相关性为 -0.384，说明新闻报道次数对新闻态度会产生反向 38.4% 的影响。这表示当报道次数越多时，越有可能持正面以及中立态度。而在传统媒体的报道样本中，皮尔逊相关性为 -0.428，说明新闻报道次数对新闻态度会反向产生 42.8% 的影响。这表示当报道次数越多时，更有可能持正面以及中立态度。这说明金砖会议可以通过加大报道的力度，如提高正文包含此次会议的议题数目和相关案例的数目，提升金砖会议的影响力和塑造五国的良好形象。

4. 新闻报道国家对新闻态度的影响

在乌镇的报道中，从整体上来看，新旧媒体的态度比较正面中立。在 1690 个国内外对乌镇峰会的报道样本中，态度中立的报道有 50.2%，为大多数。保持正面态度的占 25.4%，而持负面态度的有 17.3%。此外，在乌镇峰会发布信息涉及的区域中，被谈及最多的五个地区均对峰会持正面的态度，包含完全支持和中立。

而在金砖会议报道中，在推特和传统媒体的报道样本中，新闻报道涉及国家和地区均对新闻态度有显著影响。在推特的报道样本中，皮尔逊相关性为 0.277，说明新闻报道涉及国家和地区对新闻态度会产生 27.7% 的影响。

（四）总结

综上可以看出，乌镇峰会的消息来源相比金砖会议更加多样化，议题也更加多元，且多为正面形象，同时，两者基本都受到报道位置和报道框架的影响，说明我国媒体在报道类似国际大会时，需要挖掘独特视角，以小见大去报道相关议题，淡化政治色彩，多从人文、科技等软性角度展现中国第二大经济体的形象和担当，以有力地引导舆论。尤其是移动互联网时代，新媒体报道尤其需要展现细节，多用各种形式展现会议的实况，"有视频有真相"。

三 四次大型会议国际传播的经验与启示

传播活动是信息在传播者和受众之间的流通，通过信息的流通达到传播者的意图，影响受众的态度和行为。大型会议活动的国际传播面对的是国际受众，其传播效果体现为能否提高国际会议的关注度，改变国际受众的态度，对外塑造良好的中国国家形象。然而在碎片化和娱乐化的传播环境下，会议传播因为缺乏新鲜度和吸引力，要达到良好的传播效果就会有一定难度。针对大型会议的国际传播力，本部分以 2016 年杭州"G20 峰会"、2016 年乌镇峰会、2017 年金砖国家峰会、"一带一路"系列会议为例进行分析研究。通过分析传统媒体和新媒体对四大国际会议的报道，比较四大国际会议在国际传播方面的异同，并针对四次大型会议国际传播中存在的问题提出对策，为今后的国际会议传播提供建设性意见和建议。

（一）杭州"G20 峰会"国际传播的成功经验与启示

为检验 G20 举办前后国外媒体宣传差异，笔者对前后半段数据进行了配对样本 T 检验。结果显示，会后国外网友在社交媒体上发布信息在内容、框架、态度语气方面均改变明显。会后消息报道框架转向细节描述较多的情节性框架，内容报道中政治内容与筹备内容比重下降明显，经济与民生正面讨论占比大幅提升。网友态度正面比例下降也比较明显。会后国外报纸媒体在报道内容与报道力度上改变明显，头版、图片新闻增多，标题字数增多，报道内容中政治内容比重增加。

以上关于杭州"G20 峰会"国际传播的分析表明，这是一个颇为成功并受到国际新旧媒体高度肯定的大会，所以针对未来打造城市名片，举办大型会议的海外传播，有以下几点经验可供探讨。

（1）大胆借助城市名片和传统文化资源，加强人文艺术内容的宣传来传播中国文化，塑造中国正面形象。杭州"G20 峰会"的成功之处还在于充分利用了杭州的城市名片和我国深厚的传统文化资源，尤其是开幕式融合了多种文化元素，对全球受众展现了中国魅力。①

（2）充分重视新媒体传播。要敢于占据海外新媒体主阵地：截至 2016 年 6 月，《人民日报》、新华社、央视、中国国际广播电台、《环球时报》、中新社、《中国日报》、中国网等中央媒体在脸书（Facebook）、推特（Twitter）、优兔（YouTube）平台共开设账号 44 个，粉丝总量达 1.2 亿，已初步形成多国家、多语种、多频道的海外传播体系。与此同时，国企也纷纷借船出海，截至 2016 年 6 月，《财富》（中文版）发布的 2015 年中国 500 强企业中开通脸谱账号的共 91 家（包括全球主账号或地区、产品分账号），已经占近两成。这些都为"G20 峰会"的海外宣传奠定了坚实的基础。

（3）重视新媒体节点事件的爆炸性传播效果：重视国际热点事件，善于造势，善于转危为机。因此，官方媒体在大型国际会议活动的宣传过程中特别注重国际热点事件的把握。这样有利于掌控舆情，更好地引导舆论走向。② 另外，大型国际事件是提升国家形象的重要契机，应该抓住契机，并充分利用后续效应提升国家形象。③

---

① 桑华月：《后 G20 视阈下杭州市社区文化品牌建设的机遇与挑战》，《大众文艺》2016 年第 15 期。

② 蔡峻：《发挥城市在国际话语权建构中的作用——G20 峰会宣传议程设置的一种框架》，《对外传播》2016 年第 7 期。

③ 王志凯、卢阳阳、Schulze David：《G20 峰会与杭州城市形象及软实力的再提升》，《浙江经济》2016 年第 11 期。

（4）管理国外媒体关注话题。国外媒体对于政治、经济等内容的关注比例很高，而且在传统的宣传点上对中国形象宣传不利，因此应特别注意这些关键词的管理。①

（5）注重会务之外的中国经验。充分发挥中国智库的作用，抓住办会机遇，为决策者提供足够的智力支持，既要借鉴他国经验，又要勇于创新，通过会议议题与议程、成果文件的展示等把握会议的主动权，以此增加中国在国际上的话语权，提升整个办会城市的形象。②

（二）乌镇峰会国际传播的经验与启示

自 2014 年 11 月以来，一年一度的乌镇峰会不仅已成为世界互联网领域的标志性会议而吸引了全球的关注，也被成功打造为新媒体时代传播中国和浙江的独具特色的国际性名片。因此，我们通过全面分析前三届国内外新"旧"媒体与对乌镇峰会的报道可以发现，尽管乌镇峰会极大提升了中国国家形象和浙江形象，但在传播中尚存不少有待提升的空间。

1. 媒体战略：大力提升乌镇峰会国际传播渗透力

在上文对乌镇峰会新闻态度和语气的影响因素分析中，可以发现英语报道和非英语报道、新媒体（推特）和传统媒体在同一因素背景下具有不同的影响效果，因此可以针对它们各自的特点，制定出各自适用的对外宣传策略。首先，针对非英语报道易受报道框架 A（主体性框架和情节性框架）影响的特点，可以多采用此类框架；针对英语报道态度语气易受报道位置和报道内容影响的特点，可将新闻置于图片、直播和视频中，同时多安排人物访谈、观点讲述、民生内容和新技术等方面的内容；针对新媒体（推特）对新闻报道位置和报道框架 B 敏感的特点，可将新闻置于正文、头版和简讯等报道位置，同时采用报道框架 B（人文社会科学和技术框架）；针对传统媒体受报道内容和报道框架 B（人文社会科学和技术框架）的影响较大的特点，可投其所好，争取在内容上呈现出人物访谈、观点讲述、民生内容和新技术等方面的内容。同时，采用人文社会科学和技术框架，全方面打造出灵活机动有效的对外宣传策略。

---

① 吴瑛：《中美软实力在 G20 峰会中的比较研究——从国际媒体引用的视角》，《上海行政学院学报》2012 年第 3 期。

② 王文：《在 G20 现场体会全球智库博弈》，《对外传播》2016 年第 1 期。

（1）着眼世界、拓展渠道，采取更为主动的传播策略，进一步提高"乌镇峰会"传播的国际化水平。

第一，鼓励开设海外账号抢占国外新媒体传播阵地，大力提升传播的实效性和有效性。新媒体的快捷化、多维度、交互性优势逐渐在各类新闻传播路径中崭露头角，利用好各类新媒体的优势，借助 YouTube 等播发的新闻视频、各大报纸刊登的新闻，在地方政务网以及推特、Facebook 等社交媒体中展示，形成推介"组合拳"。

第二，加强多语种海外传播，扩大传播广度。随着传统主流报刊与通讯社在各大社交平台上推出铺展，目前已经初步形成了多国家、多语种、多频道的海外传播体系，在此基础上，我们应加强针对德国、法国、俄罗斯、日本、韩国、泰国、越南等世界主要大国和我国主要周边国家的传播。

（2）多元传播、打造口碑，制定更细致的针对性传播方式，提升传播效果。

第一，针对不同的媒体、不同的地域，要有针对性的传播方式。例如，针对新媒体，推送形式要多元化，目前我们提供的专门性视频报道还较少，而新媒体进入视频社交媒体时代，要加强微视频的制作。此外，图片内容也要多元化。

第二，加强前期的铺垫性传播。目前的报道主要集中于乌镇峰会期间，而平时的铺垫性传播不多，这就造成我们难以充分发挥"乌镇"的辐射性和连续性效应，对此，从现在开始，我们就应筹备制作"乌镇"相关的文化传播内容，从 9 月开始，对下一届乌镇峰会进行铺垫性传播。

第三，丰富细节性传播。从海内外媒体的传播框架来看，宏大主题相对较多，细节性报道还不够丰富，建议之后的报道进一步丰富传播细节，以淡化海外媒体的政治化色彩，并吸引新媒体用户对乌镇的关注。

（3）立足本地、充分借力，充分发挥浙江宣传部门和省内媒体的主场优势，大力提升定向传播和推广的水平。

第一，充分利用浙江国际新闻敏感源和新闻媒体平台，大力提升乌镇城市文化品牌。在前三届乌镇峰会有关互联网技术的报道中，本土的浙江媒体却表现不佳，检索到的新闻来源以境外媒体为主，也有人民网、《南华早报》等中文媒体，但搜索前几页鲜见浙江媒体。贴近信息源的报道方更需要在报道的独家性上做文章,不仅要在政治、经济方面梳理素材,还应当从国际信息传播的敏感源上多下功夫,做好最有利于城市文化表达的宣传。

第二,健全峰会期间传播及服务机制,大力提升定向推广水平。我们发现,在以往的乌镇峰会的推广及相关服务中存在社交媒体运用不够充分灵活、定点推广还未能全面执行、对外提供的咨询材料不够周全等问题,在新一届乌镇峰会举办前期,我们应该重点解决这些方面的问题,建议提前制作与峰会相关的咨询材料和宣传册,加强新媒体及数字服务机制,加强与全球网民的互动等。

2. 品牌战略:借力乌镇峰会传播浙江形象

(1)高度重视"乌镇峰会"对国家形象和浙江形象传播的辐射性和连续性品牌效应,制定专门的"乌镇"国际传播战略。

通过对前三届乌镇峰会的海内外传播大数据分析,我们可以看到,"乌镇"已经成为世界互联网大会的传播名片,对国家形象和浙江形象的海内外传播产生极大的正面效应。未来乌镇将迎来更多届世界互联网大会,我们应制定专门的、系统的国际传播战略,进一步发挥"乌镇"在国际传播中的辐射性和连续性效应。因此,建议中宣部、国家网信办等相关政府机构与浙江省委共同制定"乌镇峰会"国际传播战略,从顶层设计出发,通盘谋划借力乌镇峰会国际传播平台,讲好中国故事、浙江故事,传播中国声音、浙江声音。

(2)深入挖掘乌镇和浙江的文化表征资源,提升乌镇峰会国际传播穿透力。

第一,实施乌镇城镇名片提升工程,推进乌镇传统文化与前沿科技深度融合。阿尔法围棋连续赢得"人机大战",不断刷新着人们对人工智能的认识边界,连普通的科技爱好者都算不上的人士都能感受到扑面而来的技术力量。与此类似,百度机器人的超凡表现同样让国内外研究者大吃一惊,技术的成熟曲线搭载舆论传媒的传播不断扩大着传播领域的地盘,乌镇峰会的传播正是基于这种搭载关系受到广泛关注。传统文化底蕴丰富的城市风貌需要不断填充新的实践;填充新的边际生产力,最终实现城市名片的国际化。

第二，借力科技优势向生产力转化的公共议题，提升乌镇峰会国际传播穿透力。新闻话题的传播活力在一定程度上取决于议题的高度，或者是共同关注度，功能效用狭隘的话题辐射的范围相对较窄，而致力于解决绝大部分人公共问题的议题则能受到广泛的关注与萃取。乌镇峰会的议题活力在于互联网的技术性开发利用，汇聚了能够创造极大经济活力的互联网领军人物，将高效能的资源高度浓缩，于是其传播源的动力得到了极大的提升。在新闻媒体的国际化传播过程中，科学技术向生产力转化方面的议题一直是人们走向未来的重要关注点。乌镇峰会的国际化传播还需要继续深挖科技对生产的促进作用。全球化的气候问题催生了哥本哈根气候会议，人类共同面临的话题让国际圆桌会议得以产生、会议的规格得以提升、会议的传播得以推广。与此类似，乌镇峰会正是由于紧靠新闻传播的热源——科技转化生产力，才使国际化传播更加顺畅。在后续的新闻报道过程中更需要深度开辟互联技术的功能，如智能机器人的开发、高端信息化产业链的锻造等。因此，乌镇峰会的前期报道需要紧靠科技生产力这一新闻传播"台风眼"，提升传播穿透力。

（三）金砖会议国际传播的经验与启示

2017年9月5日，金砖国家领导人厦门会晤圆满闭幕。会晤通过了《金砖国家领导人厦门宣言》，重申开放包容、合作共赢的金砖精神，全面总结了金砖合作10年来的成功经验，为加强金砖伙伴关系、深化各领域务实合作规划了新蓝图。各国领导人决心以厦门会晤为新起点，共同打造更紧密、更广泛、更全面的战略伙伴关系，开创金砖合作第二个"金色十年"。

2017年的厦门金砖国家领导人第九次会晤，是中国第二次以金砖国家轮值主席国的身份举办的金砖领导人会晤，金砖会议不仅是重要的外交平台，也是重要的媒体事件，媒体是全世界了解金砖峰会的一扇窗口，是增进友谊的纽带和促进合作的桥梁。我们通过分析此次金砖会议国内外新旧媒体对金砖会议的报道，梳理此次报道中的得失。

从社交媒体和传统新闻机构的报道来看，大部分为印度官方媒体，印度的媒体更注重就会议的相关内容进行发声，而中国官方媒体的消息发布量约只占10%，相对于发布消息数量庞大的印度媒体来说，中国官方媒体的消息发布量小。而其他金砖国家的社交媒体账号则未出现在前十名中，说明其他金砖国家对金砖峰会的关注较少，当地民众对此的认知也不多，金砖峰会对外报道的力度急需提升。

因此，在金砖峰会的对外报道中，要注重丰富传播主体的多元化，在对金砖国家进行信息传播时，需要改变政府及其衍生机构单一化的状态，而是要采用政府主导、社会主力、精英参与的多元化模式[1]，成立各级专门机构，明确责任，推动国际传播常态化发展。金砖国家之间的国家传播合作仅仅靠国家层面的组织、协调是不够的，各级政府与部门、地区、社会组织都是参与主体，所以有必要在各级成立相关机构或由政府部门承担相关职责，引导更多力量参与，使金砖国家的国际传播形成一股新兴势力。[2]

从推特的高频词汇和标题的高频词汇来看，媒体的关注点主要集中在三个方面：一是高度关注金砖五国在经济领域的合作，以及金砖五国共同改善全球经济治理，维护开放、合作的经济秩序；二是关注峰会将解决金砖国家发展中遇到的哪些现实问题；三是关注金砖峰会将对世界产生哪些影响，积极准确地传达会议的主要内容和精神。

虽然中国媒体在此次的对外报道中投入了极大的热情，讲故事的能力有所提升，但是还有再提升和完善的空间。由于大型活动报道的限制，金砖峰会中媒体的报道也大多趋向于套路化，选题和策划大多数情况下都围绕着国家领导人的活动展开，这种报道内容顾了大局，但是在具体话题的报道上却难有新意，相对于外媒用类似"中国提出要加强合作反对贸易保护主义"等这样主题鲜明的标题，中国媒体则喜欢用"中国方案受到关注"，以及"指明方向""绘就蓝图"等标题，读者读到的几乎都是内容雷同的解读，不同媒体的亮点和特色并不突出，因此会让读者产生阅读疲劳，降低吸引力。尤其是在国外社交媒体等平台，没有突出特色的稿件会被读者认为是刷屏行为，反而会因此掉粉。[3]

从推特和传统媒体的对比分析来看，新闻关注的重点或领域均对新闻

---

[1] 聂书江：《战略传播视角下提升金砖国家传播力的策略选择》，《对外传播》2017年第6期。
[2] 严三九、刘峰：《从战略性传播视角探析金砖国家的国际传播策略》，《现代传播（中国传媒大学学报）》2015年第2期。
[3] 卢茹彩：《金砖峰会对外报道的思考和建议》，《对外传播》2017年第10期。

态度语气有显著影响，新闻报道框架均对新闻态度语气有显著影响，新闻报道次数均对新闻态度语气有显著影响，新闻报道涉及国家和地区均对新闻态度语气有显著影响，峰会形式均对新闻态度语气有显著影响，但在新闻报道力度方面，仅在推特的报道样本中，新闻报道力度对新闻态度语气有显著影响。

因此，在对外报道时，首先要明确报道的框架，在内容方面要紧抓峰会关注的重点和领域，对有关注度的重点话题或领域进行适当的大力度的报道，要进一步提升平衡报道的意识，在报道相关议题时，既可以谈取得的辉煌成就，也可以涉及面临的挑战和为此而采取的应对措施。

（四）"一带一路"系列会议国际传播的经验与启示

从总体来看，"一带一路"沿线国家态度较为积极，舆论环境有利于"一带一路"倡议的推进。大约92.4%的媒体对"一带一路"倡议持正面或中立的态度，而负面的比例仅为7.6%。但今后可以在三个方面对增强"一带一路"国际影响力做出进一步的完善。首先，可针对媒体关注的重点领域积极开展互利共赢协作；其次，可针对不同媒体的特点，实施灵活机动的对外宣传策略；再次，可针对当今新闻传播介质的结构，完善适应当代信息传播特点的通道；最后，针对"一带一路"所涉及地区的国家政府官员和元首，通过形成正面且广泛的宣传效应，在政府和民间共同推动"一带一路"倡议的更快更好实施。四个方面可形成合力，共同增强"一带一路"的国际影响力。

1. 针对媒体关注的重点领域：努力围绕舆论关注焦点积极开展互利共赢合作

由于广大国际新旧媒体关注的主要内容是基础设施建设、经贸合作以及资金融通等方面，这三大领域的比例已超半数，达到51.7%，因此，在实际操作过程中，可密切围绕"一带一路"国家在这些方面的利益关切，通过务实、真诚、开放、稳定的双边合作机制，积极打造互通互信、互利共赢的合作局面，为全面增强"一带一路"国际影响力打造坚实的合作基础。

2. 针对不同媒体的特点：实施灵活有效的对外宣传策略

在上文对"一带一路"新闻态度和语气的影响因素分析中，可以发现英语报道和非英语报道、新媒体（推特）和传统媒体在同一因素背景下具有不同的影响效果，因此可以针对它们各自的特点，制定出各自适用的对外宣传策略。针对非英语报道易受新闻级别影响的特点，可以大力提高相关新闻的级别；针对英语报道客观务实的特点，可以尽力拿出充实、有力的相关报道；针对新媒体（推特）对新闻内容和新闻级别敏感的特点，可争取提升新闻内容质量和新闻级别；针对传统媒体对新闻级别、新闻内容、新闻框架影响较大的特点，可投其所好，释放出让传统媒体兴奋的新闻素材，从而全方面打造出灵活机动有效的对外宣传策略。

3. 针对当今新闻传播介质的结构：完善适应当代信息传播特点的新闻传播通道

从样本调查中可以发现，当今新闻传播介质的主流是新媒体，如推特、微博等互联网媒体，这种介质的占比已高达89.1%。而以报纸为代表的传统媒体所占比重很小，只有不到10%的占比。因此，针对当代新闻传播介质结构，应当充分重视以互联网媒体为代表的新媒体在舆论传播中的关键作用。在积极发挥新媒体在传递信息中的优势的同时，也善于把握新媒体对新闻内容和新闻级别敏感的特点，从而以新媒体为载体，使高质量的新闻内容和高级别的新闻层次以更快的速度和更大的广度影响世界。

4. 针对相关国家政府官员和国家元首：形成正面且广泛的宣传效应

首先，需要加强政府层面特别是国家元首之间的沟通和协调，这不仅有利于在重点合作领域达成共识，也利于有关媒体形成正面的宣传效应。其中，关键是把握双方合作对话的共同基础，尽力在大的合作框架下减少分歧，协调好国家间的利益关系，从而以最小的摩擦和隔阂达成最坚实、最可靠的合作基础，也为形成良好的舆论环境创造条件。

其次，在上述基础上加强对合作重点或领域的宣传，特别是利用新媒体、传统媒体和非英语媒体在新闻级别高的情况下倾向于形成正面态度和语气的特点，积极扩大具体合作事项在普通民众中的熟知度和认同度。最终构建国家间的信任合作和民众间的支持理解的双重协作动力机制，从而在推动"一带一路"倡议更快更好实施的同时，更强有力地扩散其国际影响力。

（五）四次大型会议国际传播力的差异

四次大型会议在国际传播方面也存在差异。

第七章 非常态传播力指数：重大城市活动案例 | 297

一是消息来源即发布主体方面，在杭州"G20峰会"的报道中，美国《新闻周刊》、《华尔街日报》、《国际财经时报》、英国《卫报》、《悉尼先驱晨报》、路透社、俄罗斯国家通讯社、《印度快报》、泛非通讯社等境外媒体对杭州"G20峰会"关注程度依次最高。

在乌镇峰会的报道中，推特上的消息来源主要集中于中国官方媒体，在新媒体平台很好地起到了舆论引导的作用，借助乌镇世界互联网大会成功地宣传了中国的大国形象；传统媒体在报道乌镇峰会时，发布主体仍然是《中国日报》（海外版）、新华社、《中国日报》（美国版）以及中国国际广播电台等几大中国主流媒体。

在报道金砖会议时，推特上的消息主要来自国外社交媒体平台和国外网站，而来源于国内政府新闻网站（如浙江在线）和国外报纸的推特报道较少，仅分别占0.5%和0.2%。这说明厦门金砖会议在对外传播和新兴媒体的利用上，还要扩大覆盖面和增加传播数量；报道金砖会议的134个传统媒体的消息来源主要集中在国外网站和"国内政府新闻网站（如浙江在线）"，而来源于国内社交媒体平台（微信、微博等）和国内商业新闻网（如腾讯大浙网、凤凰网、新浪搜狐）的报道较少。

在报道"一带一路"相关信息中，80.1%的新闻报道来源于国内社交媒体平台（微信、微博等），18.9%来源于国外报纸，仅有0.9%来源于推特（或者Facebook、YouTube等）。

二是新闻级别方面，在报道乌镇峰会时，新旧媒体整体上是记者评论占39.7%，相关行业从业人员占27.8%，国家元首占21.9%。

在报道金砖会议时，推特上的报道和传统媒体上的报道略有差别，记者评论仍然占比最大，不过在推特上高达71.2%，在传统媒体上仅有44.98%，而来源于相关行业从业人员较少。同时，新旧媒体的国家元首发言相比乌镇峰会略有下降，但传统媒体在报道金砖会议时，政府部门官员发言占比也较高，占据26.9%。

在报道"一带一路"相关新闻时，主要以一般记者的评论为主，占75.1%，其次为政府部门官员发言，占22.4%，而国家元首发言仅占2.5%。这表明媒体的发声仍然以民间为主力军，政府层面特别是国家立场的展现较少。

三是议题的综合分布，包括关注领域和关注国家两个方面。

针对关注领域方面，在乌镇峰会中，从整体看，新闻媒体和社交媒体对于合作领域的关注程度差别不大，契合度较高。其中，互联网技术、文化交流合作、信息通信合作被提及的次数最多，所占比例亦相对较高。

在金砖会议报道中，关注重点或领域主要集中在其他（开放项），商贸合作、转口贸易。

从关注的重点领域来看，317个对"一带一路"进行报道的样本，重点关注的是交通基建、商贸合作、其他（开放项）和专业法律政策沟通等方面，其占比分别为23.8%、17.8%、12%和10.7%。而环保合作，农业农产品合作和航空仅仅各占0.2%。

在关注国家方面，杭州"G20峰会"的关注集中在美国、中国、英国、俄罗斯、印度等国家。

在乌镇峰会的整体分析中，新闻媒体及社交媒体最多提及的均是美国，其次为俄罗斯、巴基斯坦、英国和日本。

在金砖会议中，在629个推特上的有效报道样本中，报道涉及的国家主要集中在印度、俄罗斯和巴基斯坦。

四是在支持度方面，四次大型会议存在差异。

在杭州"G20峰会"大会筹备期，在抽取的100个国外报纸样本中，外媒报道态度呈中立的有58%，积极正面的有24%，负面的有18%；峰会开始前和峰会举办期间，前180条外文报纸数据中，正面态度的报道进一步提升，达到53.3%，比前期增长近30%，中立态度的报道有42.2%，而持负面态度的报道下降至4.4%，正面态度大幅提升，负面态度大幅减少。

在乌镇峰会中，从整体上来看，新旧媒体的整体态度比较正面中立。在1690个国内外对乌镇峰会的报道样本中，内容呈现中立的报道有50.2%，为大多数，持正面态度的占25.4%，而持负面态度的占17.3%。

在关于金砖会议的报道中，无论是推特上的有效报道样本，还是传统媒体上的有效报道样本，态度主要集中在"支持"这个选项，分别为45.3%和45.5%。不过相比之下，传统媒体在报道金砖会议时，持负面态度的为

30.6%，要远远高于推特上的7.8%。

在"一带一路"的相关报道中，当报道框架 B 采用政治框架和经济框架时，传统媒体更可能保持正面或中立态度，但对新媒体（推特）没有影响，在传统媒体的报道样本中，新闻报道主要内容对新闻态度会反向产生16.7%的影响。这表示当报道框架 B 采用政治框架和经济框架时，更有可能持正面以及中立态度。而在新媒体（推特）的报道样本中，报道框架 B 对新闻态度语气没有显著影响。

五是报道框架的差异，杭州"G20 峰会"的报道在框架上主要采用缺乏细节描述的主体性框架，报道内容主要包括政治内容、经济内容、会议筹备内容、人文内容、民间活动和民生内容等。

对于"一带一路"的相关报道，采用主体性框架（开幕这种大标题的内容，不包含具体内容）的报道略多于采用情节性框架（类似于会议这些细节性内容报道）的，分别占 57.1% 和 42.9%。同时，这些报道有 67.2% 采用经济框架，有 23.7% 采用政治框架，而采取人文社会框架的相对较少，仅占 2.5%。

四　四次大型会议国际传播力中存在的问题与对策

从传播的主体看，要更加大胆借助城市名片和传统文化资源，打造中国城市文化品牌，加强人文艺术内容的宣传来传播中国文化，塑造中国正面形象。同时，充分利用城市的新闻源和新闻媒体平台，发挥主场优势，提升定向传播力，健全大型国际会议期间的传播及服务机制，提升定向推广水平。另外，也需要加强政府层面特别是国家元首之间的沟通和协调，这不仅有利于在重点合作领域达成共识，也利于有关媒体形成正面的宣传效应。

从传播的渠道看，要增强对新媒体传播的重视。要敢于占据海外新媒体主阵地，鼓励开设海外账号，抢占国外新媒体传播阵地，大力提升传播实效性和有效性，加强多语种海外传播，扩大传播广度。借助 Youtube 播发的新闻视频、各大报纸刊登的新闻，在地方政务网以及推特、Facebook 等社交媒体中展示，形成推介"组合拳"。

从传播的阶段看，抓住会议前期的铺垫性的宣传，对会议的前期、开展期和后期都要加以关注。在大型国际会议开始前，加强前期的铺垫性传播，在传播过程中，针对不同的媒体、不同的地域，制订有针对性的传播方式，在传播内容方面，重视新媒体节点事件的爆炸性传播效果，重视国际热点事件，丰富细节性传播，善于造势，善于转危为机。

从传播的诉求看，对议题设置的能力还有待加强，在之后的传播中要管理国外媒体关注话题，提高议题设置的能力，平衡报道意识，在报道相关议题时，既可以谈取得的辉煌成就，也可以涉及面临的挑战和为此而采取的应对措施，同时也要更有针对性地回应舆情，在充分了解舆情的基础上，对外传播媒体需要从更高层面统筹回应舆情的具体思路，针对不同舆情有针对性地分头回应，避免媒体之间重复话题，以求事半功倍之效果。

最后，要注重会务之外的中国经验。充分发挥中国智库的作用，抓住办会机遇，为决策者提供足够的智力支持，既要借鉴他国经验，又要勇于创新，通过会议议题与议程、成果文件的展示等把握会议的主动权，以此增加中国在国际上的话语权，提升办会城市的形象。

第八章　政务新业态：政务"3.0时代"的创新与突围

短视频媒体平台的火热发展使以抖音为代表的短视频平台成了政府开展政务服务的新阵地，政府机构纷纷入驻平台。一直以来，政务新媒体都在积极创新发展，尤其是加大政府信息公开力度，增强网络舆论引导和政民互动，发展创新政务服务模式。在微博、微信等平台上，政府主体通常以"互联网＋政务服务"切入，探索多元化、立体化的政务服务模式。而抖音作为一款音乐创意短视频社交软件，受众的特征如何，使用动机如何，效果如何，是非常需要探讨的话题。

第一节　政务短视频在"抖音"中异军突起

从我国目前政务新媒体的发展情况来看，政务微博、微信和客户端"两微一端"在经过"爆发式"增长之后开始停滞不前，政务新媒体已经开始进入转型升级的"下半场"。以政务微博为例，2017年全年各类信息共8092万条，阅读总数达3303亿，截至2017年年底，经认证的政务微博数量已经超过17万个。但多数政务微博依旧仅仅局限于政务信息发布的简单功能，难破低互动、弱联动、高冷姿态的现状，粉丝"僵尸化"情况加剧。而利用通俗娱乐内容增强互动的微博，其权威性已经大打折扣。从政务客户端来看，政务客户端因其相对"封闭"的先天缺陷不能统筹不同平台，导致很大一部分客户端出现"三低状态"，即低安装、低渗透、低日活。对比政务微博、微信，作为出现不久的政务短视频对用户多重感官的刺激更加直接，表达内容更加直接、生动和丰富，与受众之间的距离因此而更加拉近。另外一个不争的事实就是短视频已经充分吸引了公众的注意力，抢夺了原本属于微博和微信的用户时间。

随着移动社交形式的升级，短视频渐渐成了继图文、声音之后，又一个社交新浪潮，并正逐步渗透到政务新媒体领域。以抖音短视频为例，据抖音官方的最新数据，其国内日活超1.5亿，月活超3亿。同时，我们注意到除了普通用户，入驻抖音的政府机构和媒体数量已超过500家，包括各级公安单位、旅游发展委员会、新闻中心等。这些政务号在传播正能量、塑造城市形象、促进政府和人民相互了解等方面发挥着不可小觑的作用。但入驻新平台仅仅是一个开始，如何运营好短视频这一新媒介才是这些政务号圈粉的关键。

一　政务抖音号生态版图

抖音短视频的用户数量直线上升，且在用户群中，女性用户的占比明显高于男性，约占68%。在年龄层分布中，年轻用户在抖音平台具有较高的比重，18岁以下的用户占33%，24岁以下用户占77%。2018年，短视频在资本的作用下野蛮生长，趁此势头，许多政府机构完成了抖音的入驻和运营，起到了很好的传播正能量、塑造政府形象、宣传政府部门、促进政府和人民相互了解的作用。

据了解，现各个省市政法机关均在抖音上注册"政务抖音"，立足于传播新时代，走在了潮流前沿。人民网舆情数据中心的报告显示，目前抖音注册的政务类账号涵盖110个门类，其数量已小具规模。据最新数据，目前入驻抖音的政府和媒体数量已经超过500家，主要包括各类警察、部队、消防、新闻中心、旅游发展委员会、共青团等，尤其是各级公安开通的抖音官方账号，占比和影响力最大。截至2018年6月，抖音的政务号相关视频播放量已经超过16亿。

本书通过清博数据①导出政务抖音号Top50，具体如表8-1所示。

---

① http：//www.gsdata.cn/.

表 8-1　政务抖音号 Top50

抖音昵称	作品数	播放量	平均播放量	点赞数	评论数	分享数	DCI
你好爱辉	84	9422 万+	112 万+	339 万+	16 万+	72 万+	1284.38
桃山网警	48	1.6 亿+	345 万+	527 万+	57763	16 万+	1276.89
冰城巡特警	95	1.1 亿+	121 万+	454 万+	45063	23 万+	1257.3
莱城公安	5	5934 万+	1186 万+	323 万+	62410	17 万+	1247.47
国资小新	6	5271 万+	878 万+	339 万+	71710	11 万+	1243.98
文明六安	17	7832 万+	460 万+	441 万+	19500	14 万+	1229.56
菏泽高新区交警官方抖音账号	127	7056 万+	55 万+	255 万+	30736	11 万+	1215.96
山东交警	9	6878 万+	764 万+	134 万+	34612	10 万+	1215.25
Mr. 通辽	13	4044 万+	311 万+	220 万+	48024	39237	1207.46
二喜警官	8	5116 万+	639 万+	130 万+	31152	14 万+	1205.9
青春湖北	17	4041 万+	237 万+	192 万+	45730	55074	1205.14
温州交警	21	4335 万+	206 万+	180 万+	27067	25 万+	1204.82
张小展反骗局	16	3788 万+	236 万+	84 万+	10 万+	42677	1203.79
平安佳木斯	60	5803 万+	96 万+	236 万+	20442	89154	1200.51
唐山交警	7	5826 万+	832 万+	80 万+	27799	15 万+	1199.02
菏泽交警	14	4231 万+	302 万+	225 万+	20112	94088	1195.99
莱芜高速交警	37	4468 万+	120 万+	120 万+	39077	85226	1195.47
青春辽宁	15	5482 万+	365 万+	266 万+	12522	55813	1192.25
都匀公安	8	5409 万+	676 万+	269 万+	10692	64864	1192.19
圳能量	45	3609 万+	80 万+	111 万+	54578	32880	1186.95
盐城交警	50	5609 万+	112 万+	222 万+	11254	95291	1186.09
深圳网警	24	2624 万+	109 万+	132 万+	53779	44830	1185.47
茶城森警	6	3886 万+	647 万+	60 万+	36617	10 万+	1184.57
烟台高速交警莱州大队	40	4503 万+	112 万+	114 万+	21504	13 万+	1184.43
浙有正能量	61	4977 万+	81 万+	196 万+	11825	10 万+	1180.79
醉美蓝田	27	3347 万+	123 万+	92 万+	57978	17635	1179.84
日照网警巡查执法	54	4357 万+	80 万+	166 万+	13886	61833	1173.94

续表

抖音昵称	作品数	播放量	平均播放量	点赞数	评论数	分享数	DCI
防骗小助手	11	3827万+	347万+	110万+	20408	33433	1172.29
四平警事	2	2531万+	1265万+	85万+	32535	22113	1169.02
平安莱芜	21	3133万+	149万+	113万+	22576	39377	1167.74
巡特警在线	11	3152万+	286万+	158万+	11507	75825	1166.94
鼓楼城城	29	2065万+	71万+	95万+	40157	24995	1159.94
青春山东	48	3245万+	67万+	158万+	11072	43690	1156.82
潍坊科技学院	25	3654万+	146万+	149万+	7962	50518	1155.49
我们的太空	39	3268万+	83万+	135万+	9657	60228	1154.02
东营网警	33	5701万+	172万+	118万+	5733	37689	1153.45
湖北网警	16	2099万+	131万+	91万+	22738	44458	1153.45
中国军网	5	2422万+	484万+	174万+	6257	10万+	1153.12
青春郸城	12	2247万+	187万+	111万+	21806	18012	1152.99
奋青工作室	22	1849万+	84万+	65万+	46370	20847	1152.09
黎川发布	5	1820万+	364万+	73万+	22605	55424	1151.07
青春河南	15	1978万+	131万+	104万+	16496	42387	1147.11
泉湖高速公路大队	7	2728万+	389万+	62万+	12082	38802	1141.77
威海高速交警	36	2342万+	65万+	103万+	10851	30602	1136.67
铜陵公安在线	16	2490万+	155万+	120万+	6625	33298	1134.29
一号军视	25	2122万+	84万+	96万+	9789	33844	1132.03
绿色天府	12	2563万+	213万+	60万+	11460	20668	1131.08
天骄女韵	15	1824万+	121万+	66万+	17366	19940	1130.99
树屏高速交警	2	3422万+	1711万+	70万+	4518	25495	1130.82
伊春市公安局反诈骗中心	25	2218万+	88万+	107万+	7779	34719	1130.56

二 政务抖音号内容分析

政务抖音号传播主题多样，以正能量为主，内容多结合时代热点，网民投入了更多的注意。其通过把热点和政府单位部门特点结合起来，达到出其不意的传播效果。本书通过跟踪调查发现警察形象宣传和正能量是所有账号都会发布的内容主题。警察形象宣传类的内容中，一些警察等救死扶伤的视频塑造了良好的警察形象，警察与萌娃极具反差的互动则展示了警民关系的和谐。正能量类的内容主要是一些好人好事的视频，这类视频在各账号中均有出现。此外，警察办案案例展示了一些有趣的案件，娱乐性很强。这三类短视频几乎占据了全部视频内容的一半，一些主题还包括了搞笑、萌宠等内容。

各个单位部门都有不同的职责和特点，政务号内容往往抓住个性化特质，明确宣传目的，树立自身形象。政务新媒体肩负着打通"官方舆论场"和"民间舆论场"，参与互联网治理，服务中国社会转型升级方面的重大历史使命和责任。但一般来讲，"两微一端"仍以清新、亲民为主，而以抖音为主的短视频平台属性仍然以娱乐为主，并不适合发布信息资讯。因此，短视频平台的政务号定位为以形象宣传为主。

短视频平台以生动的符号形式呈现，在讲故事中传递信息，转变思维，发挥创意，赢得信息流。除了短视频的内容属性，短视频平台的用户也以年轻人为主，有研究统计，在"抖音"短视频平台，"90后"占了全部用户的85%，主力更是"95后"和"00后"。而在性别比例上，则以女性为主，男女比例约为4∶6。因此，政务抖音号的话语体系更加年轻化、娱乐化，用词更加活泼、新潮，主要表现为以下几点：第一，多使用口语、语气词、短句。短视频平台中，文字仅起到辅助阅读的作用，口语、短句的使用能够使用户快速阅读，容易理解，不占用用户时间。第二，语言俏皮，多用网络词汇，表情包众多。抖音作为短视频平台，其文字没有规范，政务号用到了很多网络词汇。第三，语言风格偏女性化。抖音的大部分用户是女性，女性化的用语更加贴合用户群体。

第二节　政务抖音号的受众特征分析

受众特质与大众传播是密不可分的，它决定着大众传播的方向和内容选择。综观国内外已有的关于性别与政治参与的相关研究，大部分集中在用户使用动机及影响使用行为因素方面。

对于网络信息的传播与接收是一种个体行为，个体是异质的，不同信息受众个体间的特性差异对于个体行为具有较大的影响，这种差异性更多地表现在个体动机以及年龄特征上。个体在分享信息时的行为动机大体可分为两类，一是利他动机，二是自我提升动机，具有不同行为动机的受众行为存在一定的差异化。Westley 与 Severin 的研究发现，对于媒介的信任度，女性要高于男性，进一步研究发现女性更相信电视，而男性更信任报纸；年龄较轻的群体与年龄较大的群体相比更容易相信媒介；教育程度较低的群体比教育程度较高的群体也更容易相信媒介。受众个体对于信息内容的理解程度、互动行为的参与程度以及对信息源本身的信任度差异显著，因此本部分借鉴性别、年龄、教育水平等人口统计学变量来研究政务抖音号的受众行为，以期找到这些人口特征因素对受众的政务抖音号的关注、互动行为的影响。[1]

所以，为了探知选民的参与动机，本书从"政治认同""政治议题丰富度""参与能力"着手研究调查，并着重讨论新媒体使用对投票意愿的直接影响，从而进一步影响选民的政治认同。

一 政务抖音号受众特征分析设计

基于以上的文献回顾，本书提出如下两个研究问题：

Q1：性别与线上政治参与之间有没有关系？

Q2：如果性别与政务抖音号使用有关系，那么性别在政务抖音号的使用动机、信任度、互动性、参与度、关注度、态度上有什么样的区别？

为了解读政务抖音号的受众行为，本书使用问卷调查法对政务抖音号受众的使用情况进行详细分析。调查问卷分别从性别、年龄、教育程度、职业等多个维度考量受众对政务抖音号使用情况的差异。

综合考虑，大部分党政系统均在抖音平台上开通了抖音账号，其影响

---

[1] Westley, Bruce, H., Severin, Werner, J., "Some Correlates of Media Credibility", *Journalism & Mass Communication Quarterly*, 1964, 41 (3): 325-335.

力相对于其他运营商来说最大,因此本书选取了抖音平台作为研究对象。在问卷设计上,参考了清博指数发布的《抖音政务号榜单》中的评估指标体系,以及技术接受模型中的行为意图变量。

本书的量表设计主要用于调查受众人口的特征变量和政务抖音号的使用行为。其中,人口特征变量包含以下四个部分:性别,男和女两种选择;年龄,主要分为六个阶段,1—18岁、19—24岁、25—30岁、31—35岁、36—40岁、41岁及以上;学历,主要分为五个阶段,初中及以下、高中、专科、本科、硕士及以上;职业,主要有六个,政府机关公务员、企业员工、教师、学生、医护人员、其他。问卷主题采用李克特五级量表,当前为人口统计变量,包括性别、年龄、教育程度、职业等。

调查问卷采取的是网络发放的方式,通过清博平台的帮助在线发放,发放时间为2018年8月1—31日,共计回收问卷341份,因问卷设计了跳转题型,不关注政务抖音号的被访者,在答完第一题后直接跳转至结束,共计有154人勾选不关注政务抖音号,实际回答涉及政务抖音号受众行为内容的问卷共计187份,本书基于此187份样本进行分析。

为了分析受众性别与线上政治参与情况,共设计了六组核心变量,分别为年龄大小、受教育程度、收入水平、居住地区、受众行为、受众信任度。

二 政务抖音号的受众特征分析

根据所回收的问卷(总计341份),不关注政务抖音号的为154人,占比45.2%,有近六成的人关注了政务抖音号,虽然样本量不大,但也能体现出来政务抖音号的发展潜力,因此在现实生活中政务抖音号的受众群体增速还是比较快的。政务抖音号的用户年龄是19—24岁的比重最大,达到41.7%;其次是1—18岁,占比29.9%。这表明政务抖音号受众仍相对以年轻群体居多。被访人群中,男性88人,占比47.1%,女性99人,占比52.9%,女性多于男性。在教育程度中,本科学历人数最多,共计118人,占比63.1%,大部分被试人员均受过高等教育。从职业看,学生共计113人,占比60.4%,说明学生是最主要的构成群体,其余各职业的人数均不足 10%。

本书采用 Cronbach's α 系数作为信度分析的指标，发现整体问卷及各变量信度指标良好，受众使用动机、信任度、互动性、参与度、关注度、态度的信度分别为 0.727、0.744、0.775、0.775、0.781、0.718，整体信度达到了 0.75。

结合不同性别、年龄、教育程度、职业的人口特征，对使用动机、信任度、互动性、参与度、关注度、态度进行差异分析，可得到以下结果。

（一）不同性别的差异状况分析

不同性别的被调研对象在量表各个维度上的差异分析结果如表 8-2 所示。

表 8-2　　　　　受众行为各维度在性别上的差异分析

维度	性别	男（N=88）	女（N=99）	T	P
	使用动机	2.95±0.79	2.92±0.64	0.28	0.779
使用效果	信任度	2.92±0.8	2.65±0.74	2.402	0.017
	态度	3.15±0.91	3.12±0.73	0.22	0.826
受众行为	互动性	3.01±0.77	2.63±0.84	3.268	0.001
	参与度	2.83±0.78	2.99±0.69	-1.463	0.145
	关注度	2.83±0.79	2.97±0.69	-1.233	0.219

从以上的性别差异分析结果可以看出，不同性别的被调研对象在信任度、互动性上存在显著差异，P 全部小于 0.05；此外，不同性别的被调研对象在使用动机、参与度、关注度、态度上不存在显著差异。具体而言，男性在信任度上的均值为 2.92，在互动性上的均值为 3.01，此两项数值均高于女性。

不同性别的信任度、互动性上的差异状况如图 8-1 所示。从图中可以看出，无论是信任和还是受众互动程度，男性均显著高于女性。

（二）不同年龄的差异状况分析

不同年龄段的被调研对象在量表各个维度上的差异分析结果如表 8-3

所示。

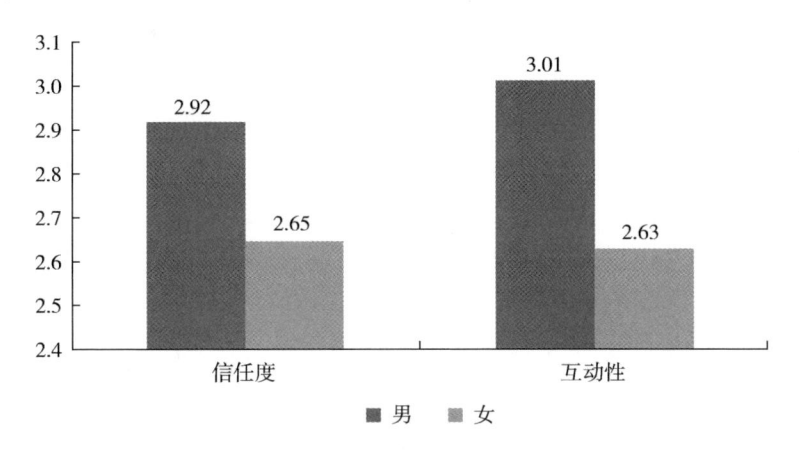

图 8-1　不同性别的信任度、互动性上的差异状况

表 8-3　　　　　受众行为各维度在年龄上的差异分析

维度		1—18 岁	19—24 岁	25—30 岁	31—35 岁	36—40 岁	41 岁及以上	F	P
使用动机		2.91 ± 0.79	2.96 ± 0.71	2.78 ± 0.59	2.83 ± 0.63	2.79 ± 0.78	3.17 ± 0.69	1.213	0.306
使用效果	信任度	2.63 ± 0.92	2.89 ± 0.78	2.67 ± 0.58	2.86 ± 0.78	2.92 ± 0.53	3 ± 0.56	2.006	0.115
	态度	3.21 ± 0.78	3.15 ± 0.79	2.95 ± 0.86	3.13 ± 0.54	2.96 ± 0.73	3.21 ± 0.99	0.858	0.464
受众行为	互动性	2.49 ± 0.94	2.95 ± 0.79	2.86 ± 0.65	2.88 ± 0.35	2.94 ± 0.69	3.08 ± 0.67	4.332	0.006
	参与度	3.14 ± 0.77	2.75 ± 0.71	2.96 ± 0.76	2.85 ± 0.77	2.96 ± 0.56	2.83 ± 0.49	3.31	0.021
	关注度	3.01 ± 0.78	2.84 ± 0.65	2.72 ± 0.76	2.95 ± 0.81	2.97 ± 0.88	3.27 ± 0.83	2.694	0.047

从以上的年龄段差异分析结果可以看出，不同年龄的男性和女性在受众行为（互动性、参与度、关注度）上存在显著差异，P 全部小于 0.05；此外，不同年龄的男性和女性在使用动机、使用效果（信任度、

态度）上不存在显著差异。具体而言，不同年龄的男性和女性受众在互动性、参与度、关注度上的 P 值显著。从以上结果可以发现，男性人群在互动性、参与度、关注度上均以 30 岁以上为主，女性则是以 30 岁以下为主。

男性、女性不同年龄段的互动性、参与度、关注度上的差异状况，具体如下：

（1）对于互动性，18 岁以下的女性互动性最低，41 岁以上的男性互动性最高，19—40 岁的男性和女性差别不大。

（2）对于参与度，18 岁以下的女性参与度最高，19—30 岁的男性参与度最低，31 岁以上的女性参与度居中。

（3）对于关注度，41 岁以上的女性关注度最高，31—40 岁的男性关注度居中，31 岁以下的女性的关注度居中。

（三）不同教育程度的差异状况分析

不同教育程度的被调研对象在量表各个维度上的差异分析结果如表 8-4 所示。

表 8-4　受众行为各维度在教育程度上的差异分析

维度		初中及以下	高中	专科	本科	硕士及以上	F	P
使用动机		2.92 ± 0.68	2.6 ± 0.52	2.94 ± 0.66	3 ± 0.75	3.88 ± 0.18	2.982	0.02
使用效果	信任度	2.67 ± 0.42	2.09 ± 0.58	3.02 ± 0.68	2.9 ± 0.77	3 ± 0	8.932	0
	态度	3.06 ± 1.32	2.89 ± 0.81	3.22 ± 0.76	3.17 ± 0.81	3.5 ± 0.24	0.935	0.445
受众行为	互动性	2.78 ± 0.89	2 ± 0.83	2.99 ± 0.71	2.97 ± 0.73	3.33 ± 0.47	11.04	0
	参与度	2.61 ± 0.65	3.16 ± 0.65	2.94 ± 0.7	2.86 ± 0.76	3.17 ± 0.24	1.408	0.233
	关注度	2.72 ± 1.37	2.9 ± 0.77	3.09 ± 0.7	2.85 ± 0.7	3.67 ± 0	1.244	0.294

从表 8-4 分析结果可以清晰地看出，不同教育程度的女性与男性被调研对象在使用动机、信任度、互动性上存在显著差异，P 全部小于 0.05；同时，不同教育程度的男性、女性在参与度、关注度、态度上不存在显著差异。

不同教育程度的使用动机、信任度、互动性上的差异状况如图 8-2 所示。

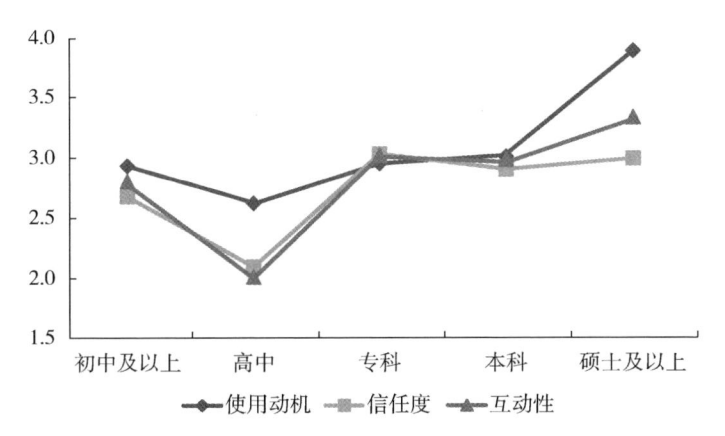

图 8-2　不同教育程度的使用动机、信任度、互动性上的差异状况

从图 8-2 的折线图可以看出：

（1）对于使用动机，对于男性来说，学历越高，使用动机越强，仅仅只有高中的使用动机略微低于初中及以下的使用动机。对女性来说也是一样。

（2）对于信任度，专科、本科、硕士及以上的男性受众信任度基本差不多，只有高中学历的男性受众信任度显著低于其余学历的信任度。女性同样是这样。

（3）对于互动性，高中学历的女性互动性最低，其余学历的互动性较好，其中硕士及以上学历的男性、女性的互动性最佳。

（四）不同职业的差异状况分析

不同职业的被调研对象在量表各个维度上的差异分析结果如表 8-5 所示。

表 8 – 5　　　　　　受众行为各维度在职业上的差异分析

		政府机关	企业	教师	学生	医护	其他	F	P
使用动机		2.76 ± 0.87	2.93 ± 0.47	2.92 ± 0.81	3.04 ± 0.72	2.53 ± 0.52	2.75 ± 0.5	2.21	0.06
使用效果	信任度	2.61 ± 0.7	2.76 ± 0.6	2.61 ± 0.72	2.97 ± 0.77	1.98 ± 0.63	2.61 ± 0.53	6.85	0.00
使用效果	态度	2.98 ± 1	2.88 ± 0.84	2.94 ± 0.99	3.22 ± 0.77	3.17 ± 0.75	2.94 ± 1.06	0.90	0.48
受众行为	互动性	2.86 ± 0.61	2.75 ± 0.79	2.81 ± 0.73	2.98 ± 0.75	1.78 ± 0.83	2.94 ± 0.74	8.76	0.00
受众行为	参与度	3.04 ± 0.82	2.57 ± 0.51	2.78 ± 0.66	2.89 ± 0.76	3.35 ± 0.61	2.78 ± 0.54	2.51	0.03
受众行为	关注度	2.58 ± 0.8	2.71 ± 0.64	3.08 ± 0.99	2.93 ± 0.68	3.17 ± 0.71	2.78 ± 1.05	1.73	0.13

从表 8-5 分析结果可以清晰地看出，不同职业的被调研对象在信任度、互动性、参与度上存在显著差异，P 全部小于 0.05；此外，不同职业的被调研对象在使用动机、关注度、态度上不存在显著差异。不同职业的信任度、互动性、参与度上的差异状况如图 8-3 所示，具体以男士作为参考。

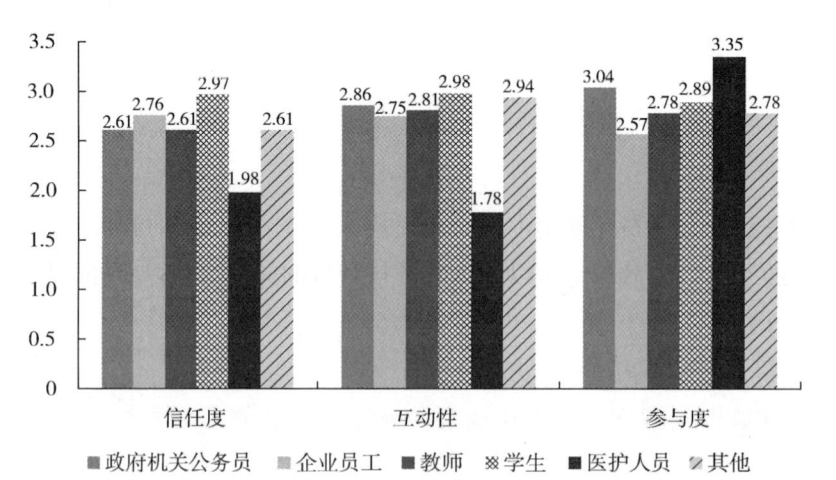

图 8 – 3　不同职业男士的信任度、互动性、参与度上的差异状况

三 政务抖音号的受众特征分析结论

本书的发现对政务抖音号的研究和分析有较好的推动意义。首先，政务抖音号的使用虽然是政府部门，但其受众是普通的老百姓。随着"抖音号问政"的普及，政务抖音号已成为受众关注政务信息的重要途径之一。而对于政务抖音号的使用，受众的代表性群体如何，身份特征的体现则成为本书研究的重点。对于政务抖音号的受众行为研究，有如下结论。

结论1：性别不同的政务抖音号关注者，在政务抖音号的信任度和互动性上，存在显著差异。而在其他维度上，没有较大差异。在信任度和互动性上，男性显著高于女性，可以说明男性比女性更信任政务抖音号所发布的信息，并且乐意于与他人分享其内容。

结论2：不同年龄层次的被访者关注政务抖音号属性的差异明显，在互动性上以41岁以上人群最高，而在互动状态下，男性比例远高于女性，由此可见41岁以上的男性，更热衷于参与政务抖音号的互动。

结论3：在使用动机上，学历越高的人群使用动机越强，而在互动性上，硕士及以上学历的互动效果最佳，对比性别、年龄的互动性可以发现，高学历的40岁左右男性对政务抖音号的互动更佳。

结论4：不同职业的人群在信任度、互动性、参与度上有显著差异，其中医护人员的信任度和互动性显著低于其他类别的人，然而医护人员的参与度显著高于其余类别的人。

通过对人口特征变量的分析既可以了解到受众对政务抖音号的使用状况，也可以有针对性地根据关注政务抖音号的受众的人群特征分布，在未来的政务抖音号发布、使用中，对相对应人群发布信息。同时，通过政务抖音号的受众行为分析，可以发现政务抖音号的关注群体以40岁以上的中年人居多，说明年轻群体对于政务的关注、信息的了解与互动相对没有中年人积极，政务抖音号在未来的发展使用中，可以更为有针对性地面向年轻群体互动，以此获得更多青年人的参与和关注。

第三节　信息偏好还是社交偏好：政务抖音号受众的使用动机与行为研究

第 42 次《中国互联网络发展状况统计报告》的数据显示，截至 2018 年 6 月，我国在线政务服务用户规模达到 4.7 亿，占总体网民的 58.6%。截至 2018 年 9 月，抖音政务媒体类账号超 2800 个，发布视频近 10 万条，播放总量超过 500 亿。当前，受众参与使用是国内外学者关注研究的重点之一，并受到多个学科的广泛关注。学者对政务抖音号的研究寥寥，主要集中在抖音平台是否适合开展政务方面，还未有研究从受众角度出发。对于其他社交平台的政务新媒体研究，也主要集中在公众使用政务新媒体对政府信任的影响层面，少数研究考察公众使用政务新媒体的决定因素。现有不足主要体现在：①对公众使用政务新媒体影响对政府的信任的相关研究并没有充分考虑不同层次维度的使用行为对不同维度政府信任的影响，也没有研究具体的影响机制；②已有研究对公众的政务新媒体使用行为分类并不全面；③已有研究对公众政务新媒体使用行为的影响考察比较局限。

基于以上分析，本书以政务抖音号受众为例，提出一般公众使用政务新媒体，特别是政务抖音号，到底是基于社交偏好还是基于信息偏好。本书以使用动机为中介变量，构建政务抖音号受众使用偏好模型，探讨政务抖音号的用户特性，补充并扩展对政务抖音号的受众研究成果。同时，针对政务抖音号的用户使用，为未来政务抖音号的发展提出参考性建议。

一　政务抖音号受众的使用动机与行为分析理论基础

本书关注的问题包括三个层面：第一，受众使用政务抖音号的动机；第二，受众对政务抖音号的关注、参与、互动三个行为之间的影响；第三，受众信息搜寻动机通过行为对平台信任的影响。

（一）使用动机

国内外基于公众视角研究一般新媒体的使用动机，大致分为积极动机和消极动机两类。而使用的积极动机有很多说法，大概分为两大类，即社交性动机和信息性动机。Akshay 等学者主要支持社交性动机,其通过研究社交网络的拓扑学特征和地理特征发现,人们借助社会化媒体来分享日常生活,寻找或分享信息,并将用户使用的社交性动机大致分为信息获取、信息分享、友谊维持（追踪他人生活）三类。[1] Brandtzaeg 和 Heim 通过对 1200 个社交网络用户的使用动机的研究发现,社交网络用户最首要的使用动机是结识朋友拓展社交关系,其次是与朋友保持联系,最后才是一般性的社会交往。[2] Hew 研究发现,用户通过社交网站分享信息、图片、多媒体文件来获得其他用户的关注、赞赏和认同是用户使用社交网站的重要原因。[3] Rafaeli 指出,用户在信息分享和意见交换的过程中,感受到自身荣誉感、被需要、受欢迎、有价值,对其使用行为和使用意愿有巨大的驱动作用。[4] Pongsajapan 等的调查主要支持信息性动机,其认为人们使用是出自内容消费（学习新知、了解新闻时政）、意见支持（寻求意见、集体智慧）、心流体验（满足好奇心）等动机。[5] 现有研究中识别使用动机的文献已经非常多,本书将信息搜寻动机和社会性活动动机这两大类动机引进政务抖音号的受众分析。

1. 信息搜寻动机

以 Kelley 为代表的心理学家认为搜寻动机是人们为达到某种目的所作出的选择,以及为此付出的努力。[6] Dornyci 把政务新媒体平台使用的动机解释为有预定的目标,并由该诱因引起行动并且该行动在没有外力干扰的情况下持续直至达到目标的过程。[7]

---

[1] Java, A., Song, X., Finin, T. et al., "Why We Twitter: Understanding Microblogging Usage and Communities", 2007.

[2] Brandtzaeg, P. B., Heim, J., "Why People Use Social Networking Sites", 3d International Conference on Online Communities & Social Computing: Held As., 2009.

[3] Hara, N., Hew, K. F., "Knowledge-Sharing in an Online Community of Health-Care Professionals", *Social Science Electronic Publishing*, 2007, 20 (3): 235–261.

[4] Rafaeli, S., "Interactivity: From New Media to Communication", *Sage Annual Review of Communication Research: Advancing Communication Science*, 1988, 16: 110–134.

[5] Pongsajapan, R. A., Liminal Entities: Identity, Governance, and Organizations on Twitter, Dissertations & Theses-Gradworks, 2009.

[6] Keller, J. M., "Motivation Design of Instruction", in C. M. Reigeluth, ed., *Instructional Design Theories and Models*, Hillsdale, NewJersey: Erlbaum, 1983.

[7] Dornyei, Z., "Motivation and Motivating in the Second Language Classroom", *The Modern Language Journal*, 1994, 78 (3): 273–284.

Guo 等基于 336 名中国公民的数据发现，内容消费、意见支持、网络外部对用户的政务信息搜寻动机有着积极的影响。伯利指出，好奇心是人类信息搜寻动机的重要来源之一，好奇心可分为知觉好奇与知识性好奇，知觉好奇是经由外部刺激引起的，如新奇、不协调或是复杂的感觉刺激所引起。而知识性好奇则是经由内部经验刺激所引起，包括不一致的想法、信念或是意见所引发的。Johnson 等以使用与满足理论为基础来研究政府官方推特用户的使用动机和感知到的需求满足情况，得出信息性动机与使用正相关。[1] Shao 将用户对新媒体的使用诉求归纳为用户通过信息获取来满足获取利益等直接需求，其也发现通过信息评价可以拓展社会交往，通过信息创造可以满足自我表达和自我实现的需求。[2]

　　2. 社会性活动动机

　　社会活动性动机主要体现了人们希望通过政务新平台进行社会交往的动机。美国政府对受众在政务新平台互动社交行为的研究主要集中在参与 2.0 和合作 2.0 两大方面。Mergel 指出参与 2.0 包括接受回应公众评论，确保公众核心诉求得到重视，允许公众参与决策，授权公众。而合作 2.0 则是合作咨询、合作服务外包和合作监测。[3] Guo 等的研究发现，在内容消费、意见支持、网络外部性三个因素一致的情况下，用户的社会活动性通过积极影响公众的好奇心来持续提升其使用意愿，而感知隐私对持续使用有消极作用。Shavsky 和 Wymer（1995）从商业新媒体平台消费者动机的角度考察，认为认知需求、消费知识信息的分享、群体意见场的形成等都有极大的影响。Zhao 等（2009）指出，人们通过社会化媒体进行非正式沟通来获得关系利益满足。这些满足包括了解其他人所想所做，了解正在发生的新事物，形成对某件事情的群体意见场，寻求归属感和亲密感等。Rubin（1986）认为，人们需要在官方权威信息发布平台与平时接触不到

---

[1] Johnson, Philip R., Sung Un, "Uses and Gratifications of Twitter: An Examination of User Motives and Satisfaction of Twitter Use (Techrepot)", http://www.allacademic.com//meta/p_mla_apa_research_citation/3/7/6/3/6/pages376367/p376367~1.php, 2009.

[2] Shao, Guosong, "Understanding the Appeal of User-Generated Media: A Uses and Gratification Perspective", *Internet Research*, 2009, 19 (1): 7–25.

[3] Mergel, I., "The Public Manager 2.0: Preparing the Social Media Generation for a Networked Workplace", *Journal of Public Affairs Education*, 2012, 18 (3): 467–492.

的权威人士如市长信箱等的互动中获得社会归属感。Howard（2008）指出，社会交往需求对用户进行互联网络信息服务行为具有显著的正向影响。Park（2009）通过对政府 Facebook 用户的使用行为的调查发现，社会交往需求是用户使用 Facebook 并频繁登录的内在驱动力。通过 Facebook 在朋友圈首发权威信息，对用户的使用行为和使用意愿有显著影响。袁园（2010）通过对政务抖音号用户转发意愿的影响因素进行研究，发现一起参与平台慈善、送流量等活动是用户社会交往的一种新体验方式。基于此，本书提出研究假设 H1、H2：

H1：信息搜寻动机正向显著影响使用行为。

H2：社会性活动动机正向显著影响使用行为。

（二）媒介信任

Fogel 2009 年提出媒介信任会直接影响个体的自我展示，信任度高的用户更容易披露更多的个人信息，反之亦然。[1] Haro-de-Rosario 等对很多政务抖音号文本分析的结果表明，政府社交媒体的内容属性和媒介信任是公众在政府社交媒体平台上实施参与行为的重要影响因素。其对西班牙政府机构政务新媒体的文本考察发现，政府社交媒体的类型，通过影响公众平台信任度，持续影响公民政务新媒体的参与行为。也有韩国学者提出与政府推特相比，公众更倾向在政府 Facebook 上表现出参与行为。[2]

Venkatesh 和 Davis 在研究社交网站购物的消费者购物态度的影响因素后提出了扩展技术接受模型（TAM2）。[3] 有学者在信息接受模型 TAM 中加入参与度、媒介信任、乐趣、风险感知四个变量。[4] 基于此，本书提出假设 H3a：

H3a：媒介信任正向显著影响信息搜寻动机。

---

[1] Fogel, J., Nehmad, E., "Internet Social Network Communities: Risk Taking, Trust, and Privacy Concerns", *Computers in Human Behavior*, 2009, 25 (1): 153–160.

[2] Haro-De-Rosario, A., Sáez-Martín, A., María del Carmen Caba-Pérez, "Using Social Media to Enhance Citizen Engagement with Local Government: Twitter or Facebook?", *New Media & Society*, 2016, 20 (1).

[3] 吴瑛：《中国声音的国际传播力研究》，上海交通大学出版社 2016 年版，第 5—11 页。

[4] 许鑫：《网络时代的媒介公共性研究》，人民出版社 2015 年版，第 35—47 页。

(三) 平台属性

大多数学者都是基于技术的创新扩散模型来研究平台属性，引用比较多的技术接受模型是由 Davis 在 1989 年提出，其延伸了理性行为模型中的"信念—态度—意向—行为"关系，该模型如图 8-4 所示。[1] 技术接受模型提出了两个主要的决定因素，具体如图 8-4 所示。

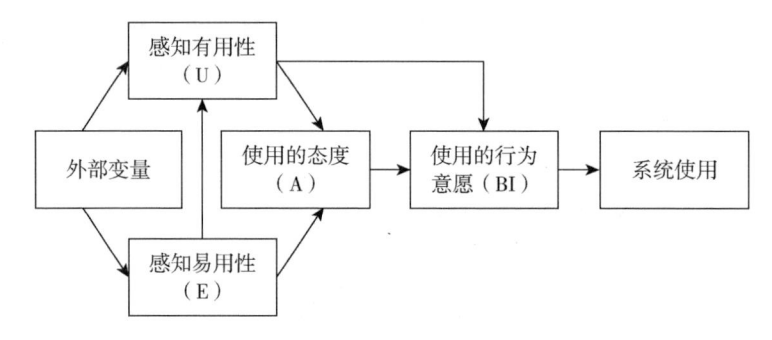

图 8-4 信息接受模型

1. 平台的有用性

Chen 等对用户网络购物的问卷进行调查，发现平台丰富度会影响用户对网络购物产品的搜索和了解，从而影响用户对产品信息的理解和信任，最终影响用户的使用意愿。[2] Alden（2004）通过对广告信息的传播和扩散研究发现，新颖有趣充满想象力的平台信息能加深用户的接受、认知和记忆，从而促进信息的传播和扩散。因此，信息的质量越高，趣味性越强，传播的速度就越快。张鹏程在对社会网的研究中发现，平台信息丰富度的不同导致了社会网各成员间的连接强度不同，从而影响成员团队整体的信息获取、共享和传播。[3] 孙会等发现，用户更愿意转发容易理解的简洁信息而不是晦涩难懂的复杂信息。图片、表情、音频、视频等信息由于其轻

---

[1] 甘家月：《基于传播视角的不同类型政务微博传播效果影响因素研究》，硕士学位论文，北京邮电大学，2015 年，第 30—36 页。

[2] Chen, L., Gillenson, M. L., Sherrell, D. L., "Consumer Acceptance of Virtual Stores: A Theoretical Model and Critical Success Factors for Virtual Stores", *Acm Sigmis Database*, 2004, 35 (2): 8-31.

[3] 张鹏程：《团队知识整合机制的实证研究——基于媒介丰富度与联结强度的视角》，《科学学研究》2010 年第 11 期。

松趣味性较强，用户转发的意愿更强烈。①

2. 平台的易用性

Haro-de-Rosario 等对很多政务抖音号文本分析的结果表明，政府社交平台活跃度会产生公众负面情绪，公民负面情绪将增加参与行为，政府社交平台易操作度产生积极公民情绪，公民正面情绪也增加参与行为。同时，很多学者提出活跃度和互动性都积极影响参与行为，但是这种参与行为是正面参与还是负面参与。换句话说，是由正面情绪驱动还是负面情绪驱动。② Davis 摒弃了主观规范这一因素，认为影响平台使用行为的重要因素是使用目的（Behavioral Intention）。③

基于此，本书提出假设 H3b：

H3b：感知有用性正向显著影响信息搜寻动机。

（四）使用行为

Oliveira 和 Welch 从技术层面、任务特质、组织环境三个层面研究政务抖音号账号对受众具体使用行为的影响。在此次研究中，Oliveira 等将受众的具体使用行为分为传播、反馈、参与、内部合作四个方面。研究结果发现，任务特质对受众反馈行为影响比较多，影响内部合作的变量最多，影响参与行为的变量最少，组织和技术因素相对比任务特质对受众的传播行为影响比较大。④ 当前评价受众使用行为仍主要是集成传统的量化方法，即用点赞数、浏览量、获赞数、转发评论数等衡量，这种指标的缺陷在于只描述了受众使用的初步印象，不能区分受众点赞、评论转发是积极正面还是消极负面。国内外研究开放政府的实践者认为，公众评论的质量、互动网络的路径、公众情绪以及对特定议题的真实需求才是政务新媒体效果评估的精髓所在。

国内学界对平台账号影响力评估指标体系已有一定的研究，如王君泽等提出的指标体系包括"关注用户数量""粉丝数量""是否被验证身份"

---

① 孙会、李丽娜：《高频次转发微博的特征及用户转发动机探析——基于新浪微博"当日转发排行榜"的内容分析》，《现代传播》2012 年第 6 期。

② 傅海、胡兵：《社交媒体微视频传播的模式与优势》，《中国传媒科技》2019 年第 3 期。

③ 吴明隆：《结构方程模型——AMOS 的操作与应用》，重庆大学出版社 2010 年版，第 30—33 页。

④ Oliveira, G. H. M., Welch, E. W., "Social Media Use in Local Government: Linkage of Technology, Task, and Organizational Context", *Government Information Quarterly*, 2013, 30 (4): 397 – 405.

和"内容数量",在一定程度上涵盖了接触、认知和说服环节,但忽略了影响力形成的核心——二次传播。而 Cha 等提出的指标体系包括"粉丝量""转发量"和"@量",涵盖了接触和二次传播环节,但忽略了作为传播基础的认知和说服环节。[①] 业界也提出了一些影响力测评工具,最具代表性的是美国 Kliut 公司的 Kliut 指数(http://klout.com/corp/kscore),它包括真正接触到的人数、二次传播力和社交网络三个指标,该指标体系未涉及认知和说服环节。综上,本书提出研究假设 H4、H5、H6。

H4a:媒介信任正向显著影响社会性活动动机。

H4b:感知有用性正向显著影响社会性活动动机。

H5a:媒介信任通过信息搜寻动机对使用行为产生影响,即信息搜寻动机在媒介信任和使用行为中具有中介作用。

H5b:媒介信任通过社会性活动动机对使用行为产生影响,即社会性活动动机在媒介信任和使用行为中具有中介作用。

H6a:感知有用性通过信息搜索对使用行为产生影响,即信息搜寻动机在感知有用性和使用行为中具有中介作用。

H6b:感知有用性通过社会性活动对使用行为产生影响,即社会性活动动机在感知有用性和使用行为中具有中介作用。

二 数据和变量测量

(一)抽样与样本概况

本书选取抖音平台作为研究对象,在 2018 年 8 月 1—31 日的一个月内,对新浪微博用户进行网络问卷调查。在问卷设计上参考了清博指数发布的《抖音政务号榜单》中的评估指标体系,以及信息技术接受模型(Technology Acceptance Model)中的行为意图变量。

(二)样本收集

本书回收问卷 261 份,有效问卷 220 份,无效问卷 41 份(因问卷设计

---

① Cha, M., H. Haddadi and F. Benevenuto, et al., "Measuring User Influence in Twitter: The Million Follower Fallacy", in M. Hearst and W. Cohen, eds., *Proceedings of the Fourth International Conference on Weblogs and Social Media*, Menlo Park: The AAAI Press, 2010.

了跳转题型，不关注政务抖音号的被访者在答完第一题后直接跳转至结束，共计有 41 人勾选不关注政务抖音号），有效回收率为 84.29%，其中男性为 106 名，约占 48.18%，女性为 114 名，约占 51.82%。本书将基于 220 份有效样本进行分析。问卷中测量的 5 个核心变量均借鉴国内外已有研究的量表，结合微博特性和使用规范进行修改调整，最终形成现有的调查问卷。

（三）研究变量及其测量

针对研究目的与意义，本书采用网络问卷调查对政务抖音号的使用动机与行为进行详细了解。问卷调查可以对用户对政务抖音号的使用行为进行多维度的划分，对其中所涉及的变量进行操作化定义说明，选取用户的测量维度包括媒介信任、感知有用性、信息搜寻动机、社会性活动动机和使用行为。其中，性别、年龄、学历、职业四个人口统计变量作为控制变量进入测量。测量指标均采用李克特五分量表，通过从非常不同意到非常同意进行测量。第一题为跳转题型，不关注政务抖音号的在被访者答完第一题后直接跳转至结束。相关变量的测量引用国内外文献中广泛采用的量表，各变量内容如下。

1. 媒介信任

媒介信任基于信息技术接受模型（Technology Acceptance Model）中的行为意图变量（以下简称 TAM），媒介信任被定义为受众对政务抖音号所发布内容的相信程度，具体分为：（1）短期信任，受众认为政府事务、民生工程、突发性事件等多方面内容真实可信，并愿意第一时间与朋友分享；（2）长期信任，受众长期关注该平台，并认定其为该议题的权威发布平台，并以此为将来生活的参考，由 4 个题项组成用户对社交媒体的信任度。媒介信任的 Cronbach's α 系数为 0.711。

2. 感知有用性

感知有用性参照，由 3 个题项组成。感知有用性的 Cronbach's α 系数为 0.853。

3. 信息搜寻动机

信息搜寻动机参照，由 3 个题项组成。信息搜寻动机的 Cronbach's α 系数为 0.809。

4. 社会性活动动机

社会性活动动机参照，由 3 个题项组成。社会性活动动机的 Cronbach's α 系数为 0.802。

5. 使用行为

使用行为参照 Oliveira 和 Welch（2013）的技术层面、任务特质、组织环境三个层面，由 4 个题项组成。使用行为的 Cronbach's α 系数为 0.828。

三 研究结果与假设检验

（一）共同方法偏差检验

本书采用 Podsakoff 等建议的两阶段施测方式搜集问卷，对数据可能出现的共同方法偏差进行过程预防。同时，采用 Harman 单因素法来检验本研究是否受共同方法偏差的影响。首先，对所有项目进行未旋转的探索性因子分析，其中共有 5 个特征值大于 1 的公共因子，第一个因子的方差解释率为 37.869%，这一比率小于 40% 的标准。

（二）验证性因子分析及模型拟合度

本书采用 Amos22.0 进行验证性因子分析，选取以下拟合指标对模型的拟合度进行判断，包括：卡方差异必须达到显著水平，近似误差均方根（RMSEA）须小于 0.08，比较配适度指标（CFI）和 Tucker-Lewis 指数（TLI）须大于 0.9。通过检验得知，本书模型的拟合度指标为：$\chi^2 = 113.098$，$df = 111$，$RMSEA = 0.009$，$CFI = 0.999$，$TLI = 0.998$。各拟合指数达到了拟合要求。因此，本书的假设模型拟合度良好，模型可接受，可以进行验证分析。

（三）假设检验结果

1. 主效应检验结果

模型模拟路径示意如图 8-5 所示。结果表明，媒介信任到信息搜寻动机的路径系数显著（$\beta = 0.557$，$t = 5.697$，$p < 0.001$），而信息搜寻动机到使用行为的路径系数也达到了显著性水平（$\beta = 0.652$，$t = 7.772$，$p < 0.001$），感知有用性到社会性活动动机的路径系数达到了显著性水平（$\beta = 0.623$，$t = 7.462$，$p < 0.001$），其他路径系数均不显著。各路径系数

如表 8-6 所示。

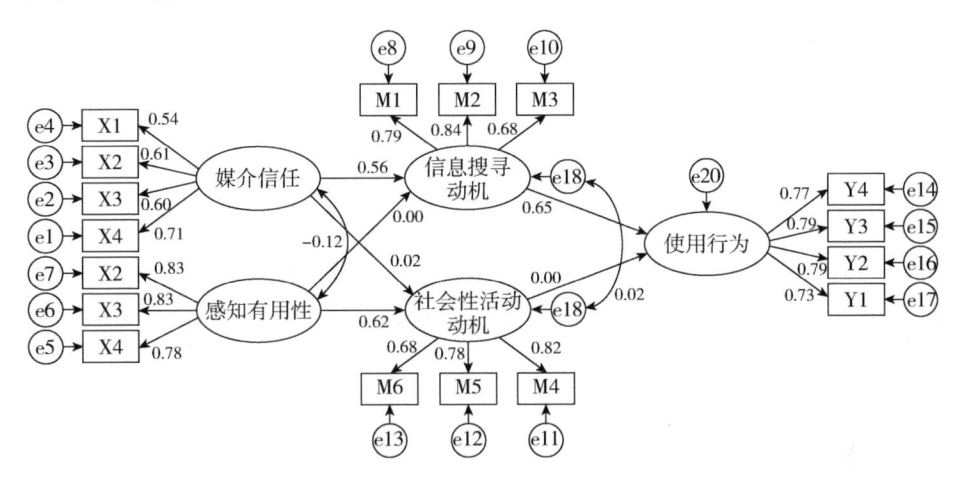

图 8-5　模拟路径示意

表 8-6　结构方程模型中的各路径系数

			估计值	S.E.	C.R.	P
信息搜寻动机	<---	媒介信任	0.557	0.089	5.697	***
社会性活动动机	<---	媒介信任	0.021	0.076	0.279	0.780
社会性活动动机	<---	感知有用性	0.623	0.080	7.465	***
信息搜寻动机	<---	感知有用性	0.001	0.066	0.007	0.994
使用行为	<---	信息搜寻动机	0.652	0.087	7.772	***
使用行为	<---	社会性活动动机	-0.001	0.065	-0.013	0.990

注：***表示 P<0.001。

从结构方程模型分析的结果可知，媒介信任正向影响信息搜寻动机，信息搜寻动机正向影响使用行为，因而可以发现假设 H1、H3a、H4b 通过了检验，在此基础上，由于社会性活动动机对使用行为的影响不显著，假设 H2 不成立，继而无法继续论证假设 H5b 和 H6b；同时，由于感知有用性对信息搜寻动机的影响不显著，假设 H3b 不成立，继而无法继续论证假设 H6a。综上所述，本书将继续论证 H5a，即信息搜寻动机在媒介信任和使用行为中的中介作用。

2. 中介效应检验结果

根据以上结果，继续验证信息搜寻动机是否在媒介信任和使用行为的关系中起中介作用。

根据 Baron 和 Kenny 的中介效应分析的三个步骤进行逐步分析验证，如表 8-7 所示。第一步，检验自变量（媒介信任）对因变量（使用行为）的影响，结果如表 8-7 中的模型 1 所示，媒介信任与使用行为呈现显著的正向关系；第二步，检验自标量（媒介信任）对中介变量（信息搜寻动机）的影响，结果如表 8-7 中的模型 2 所示，媒介信任对信息搜寻动机呈现显著的正向关系；第三步，检验中介变量（信息搜寻动机）对因变量（使用行为）的影响，结果如表 8-7 中的模型 3 所示，信息搜寻动机对使用行为呈现显著的正向关系。由表 8-7 可知，媒介信任对信息搜寻动机、信息搜寻动机对使用行为有正向显著影响，将"信息搜寻动机"作为媒介信任和使用行为的中介因素，可形成如下回归模型：

模型 1：媒介信任对使用行为的影响；

模型 2：媒介信任对信息搜寻动机的影响；

模型 3：媒介信任、信息搜寻动机对使用行为的影响。

表 8-7 中介效应检验

	模型 1 X→Y	模型 2 X→M	模型 3 X、M→Y
自变量 媒介信任 中介变量	0.316***	0.418***	0.104
信息搜寻动机			0.506***
R^2	0.100	0.175	0.311
调整后的 R^2	0.095	0.171	0.304
F	24.114***	46.233***	48.884***

注：*** 表示 $p<0.001$。

对信息搜寻动机在媒介信任和使用行为间的中介作用进行依次检验，检验结果如表 8-7 所示。表 8-7 的结果说明，自变量媒介信任对中介变量信息搜寻动机的效应显著（$\beta = 0.418$，$p < 0.001$）；在加入中介变量信息搜寻动机前，自变量媒介信任对因变量使用行为的效应显著（$\beta = 0.316$，$p < 0.001$）；在加入中介变量信息搜寻动机后，自变量媒介信任对因变量使用行为的效应不显著（$\beta = 0.104$，$p > 0.05$），且中介变量信息搜寻动机对因变量使用行为的效应也达到了显著（$\beta = 0.506$，$p < 0.001$）。所以，信息搜寻动机在媒介信任和使用行为之间起完全中介作用，效应值为 21.15%。

因此，在加入信息搜寻动机这一变量后，媒介信任与使用行为之间的关系依然显著。可见，信息搜寻动机在媒介信任和使用行为中起到完全中介作用，继而，假设 H5a 得到支持。

媒介信任对信息搜寻动机有正面影响，信息搜寻动机正面影响使用行为，而社会性活动动机对使用行为不产生影响，因而受众的政务抖音号使用行为多围绕信息搜寻动机展开。同时，信息搜寻动机在媒介信任和使用行为中具有中介效应，即对于信息搜寻动机高的用户，媒介信任通过信息搜寻动机正向显著地影响使用行为。

首先，信息搜寻动机的作用，即个体对政务抖音号使用的主要目的和动机以信息搜索为主，这说明用户在使用过程中有明确且强烈的目的性和专业性。

其次，用户的信息搜寻动机越高时，媒介信任越高，说明个体对平台的信任度和认可程度可以影响到社交媒体的使用行为，即人们被媒介环境的内容吸引，继而启动对媒介的使用和默认的信任，并在此基础上不断增加使用行为和频率。

信任一旦达成，使用频次继续增加；使用频次增加，反过来更加大平台信任。媒介信任对使用行为的影响，就是用户通过对媒介环境的观察，建立起信任感。信任被用户设置为在网络环境下默认，加剧了对平台的使用，这种对媒介的信任不是单一维度的，而是由在复杂网络环境中的多项互动构成。受众的变化，和原有的受众行为不同，网络环境中的受众在不断的新媒介使用行为中改变了原有的特性。

四 结论及对策

本书围绕影响政务抖音号使用行为的动机展开，探讨不同动机对使用行为产生的影响和效果。研究显示，信息搜寻动机是受众登录、浏览资讯的主要动机，而社会性活动动机则不构成影响。同时，研究也发现用户的信息搜寻动机越强，媒介信任越高，说明个体对平台的信任度和认可程度影响到社交媒体的使用行为，即个体被信息内容吸引，继而启动对媒介的默认信任，并在此基础上不断增加使用行为和频率。同时，社会性活动动机对使用行为不产生影响，说明用户的使用行为主要出于利益动机而非社交驱动。

（一）研究结论

本书通过建构结构方程模型，检验了媒介信任、感知有用性、信息搜寻动机、社会性活动动机四个维度对使用行为的影响。围绕信息搜寻动机对使用行为的影响，可以发现如下几点。

（1）个体对政务抖音号使用的主要目的和动机以信息搜索为主，这说明用户在使用过程中有明确且强烈的目的性和专业性；另外，用户的信息搜寻动机越高，媒介信任越高，说明个体对平台的信任度和认可程度可以影响到社交媒体的使用行为，即人们被媒介环境的内容吸引，继而启动对媒介的使用和默认的信任，并在此基础上不断增加使用行为和频率。

（2）媒介信任对使用行为的影响，说明用户通过对媒介环境的观察，继而建立起信任感。信任被用户设置为在网络环境下默认，加剧了对平台的使用，这种对媒介的信任不是单一维度的，而是由在复杂的网络环境中的多项互动构成。个体对政务抖音号平台的默认信任，加剧了个体对信息内容本身的搜索，继而通过信息搜寻动机的中介变量作用，影响个体的使用行为。

（3）伴随互联网的使用，政务信息的受众群体已不再是单一的被动接受内容，而是积极的、主动的信息搜寻个体。用户的使用动机在新媒介平台下被不断放大，继而改变了原有的受众模式。

（4）信息搜寻作为潜在的变化，引导了受众的使用行为改变，说明受众从被动的信息获取转变为主动的信息寻求。

（二）对策建议

针对使用动机与参与度间的相互关系，可以从发布内容和沟通互动两方面着手。首先，政务抖音号的发布者在发布内容的定位上需要聚焦民众聚焦的重点社会事件，对于事件的真实性、完整性需要做好把关工作，以调动受众的参与热情、提高受众的关注度；其次，政务抖音号的使用者在与受众的沟通方面力求高效、及时，通过精准地切入受众的关注视野，解决受众关注的迫切问题，强化用户的后续使用动机。

针对信用程度与互动程度间的相互关系，通过内部环境、外部环境两个方面发力。首先，政务抖音号的使用者需要在精准发布、及时回复、让受众在日益复杂的自媒体泛滥环境中感受到权威声音，形成良好的政务抖音号内部环境，达成对政务抖音号的信用共识。其次，针对虚假、恶意、反动的微博活动要快速处理、强力整治，完善既有的管控措施，塑造有序的政务抖音号外部环境。

总之，政务抖音号需要在提高受众参与动机、信用程度、使用频率等方面继续推进工作，在完善既有的制度环境条件下，通过互联网高效便捷的属性，发掘更多的政务抖音号优势；通过与受众的互动交流以达到公共服务的目的，提高受众对政府工作的满意度。

本书的不足主要体现在以下方面：基于技术接受模型框架，本研究并未完全引入技术接受模型的内容，致使部分内容并未置于受众使用动机和行为的考量范围内，导致部分信息缺失，未来会在此基础上，修改和扩展问卷设计的部分内容，进行新一轮数据收集。

结　语

近年来，我国政务新媒体蓬勃发展，例如政务微博、政务微信、政务短视频等，将"政务服务"同"新媒体"有机融合，充分展现自身的传播优势，真正服务群众、造福群众。2011 年我国政务微博起航，与国际上推特一极独大相比，中国目前提供微博服务的网站就有 103 家，成为微博品牌第一大国。2013 年 10 月，国务院办公厅公布了《关于进一步加强政府信息公开回应社会关切提升政府公信力的意见》，其中明确要求各级政府可以积极利用政务微信、政务微博等新兴媒体，及时发布权威的政务信息。本书的研究对我国政务新媒体的传播活动以及运营管理具有较强的实践指导意义。

本书在厘清政务微博分类、传播特点、发展模式、功能以及全媒体环境中微博微现状的基础上，根据科学可靠性、系统性、真实客观性、可观测和操作可行性原则，综合客观法、主客观结合法、数据挖掘型方法以及其他方法，从常态传播与非常态传播两种情境出发，以受众为导向，构建了政府政务微博影响力评价指标体系，分别如表 1、表 2 所示。常态评价指标体系基于政务微博常态表现分为政务指数和意见广度，共计 5 个一级指标、11 个二级指标、41 个三级指标，如表 1 所示；非常态评价指标体系分为主体行为和意见广度，共计 4 个一级指标、12 个二级指标、31 个三级指标，如表 2 所示。同时，本书甄选并测量了受众导向指标体系的信度、效度，验证了该指标体系的合理性和有效性。

本书还对政务微博受众展开了分析。首先是结合不同性别、年龄、教育程度、职业的人口特征，对政务微博受众使用行为 6 个核心变量进行差异分析，展现了政务微博受众的人口统计特征。随后引入"技术接受模型"中的部分内容，构建政务微博传播的主要路径与使用方式，验证了政务微博受众使用行为 6 个核心变量的因果关系，得出使用动机与参与的相互关系，信任度与互动性、互动性与关注度的相互关系，关注度与态度的相互关系，可以发现：①使用动机正向影响关注度；②信任度越高，互动性越高；③越来越多的人将信息收集与聚合的目光放于微信，但微博本身所带有的公开性、时效性、实用性与互动性仍不是微信所能够超越的。最后从"党政外交军事海关"等十个大类着手，分别采用 BlueMC 进行 KOL 画像，展现了每个大类政务微博受众性别比例、年龄分布、地域分布、学校分布、职业认知分析、共同关注分析六类众群体特征，以及政务微博高转发微博内容受众主要的三种群体，即娱乐明星、企业家大 V、政务微博，补充并扩展了对政务微博的用户特性的研究。

表 1　　　　　常态政务微博评估体系层次结构

	一级指标	二级指标	三级指标
政务指数	互动性指标	网民互动	原创政务微博更新频率
			原创政务微博转发总数
			原创政务微博评论总数
			原创政务微博点赞总数
		机构互动	认证受众评论次数
	规模性指标	受众规模	非认证粉丝数量（非机构、非加 V 等）
			认证粉丝数量（机构、加 V 等）
			总发布数量
			政务类内容发布数量
			非政务类内容数量
		服务规模	智能决策
			预警处置
			定制服务
	影响力指标	传播力度	总发布数
			总话题数
			总转发数
			总评论数
			话题内容（是否为政务类）

续表

一级指标	二级指标	三级指标	
政务指数	影响力指标	覆盖力度	相关机构链接数
			相关人员链接数
		影响力度	最大评论数
			人均评论数
			最大转发数
			人均转发数
			最大政务微博评论数
			人均政务微博评论数
			最大政务微博转发数
			人均政务微博转发数
意见广度	受众口碑	可信度（受众信任）	报道真实性
			评论客观性
			内容全面性
			过程完整性
	传播效果	时效性	报道及时
			跟进及时
			反馈及时
		沟通性	政府形象好评度
			信息解读程度
			态度倾向程度
		配合度	其他部门配合度
			其他机构配合度
			其他加 V 认证个人配合度

表2　　　　　突发事件政务微博评估体系层次结构

一级指标	二级指标	三级指标	
主体行为	主体行为	情绪埋伏	小道消息扩散（突发事件此条取消）
		事件导火索	事件报道首条微博转发数
			事件报道首条微博评论数
		事件爆炸	事件爆发一周内微博总发布数
			事件爆发一周内微博总评论数

续表

一级指标	一级指标	二级指标	三级指标
主体行为	主体行为	事件爆炸	事件爆发一周内微博总转发数
			事件爆发一周内微博用户参与事件讨论情绪（态度）
			事件爆发一周内微博用户参与事件讨论意愿（倾向）
		事件弥散	事件爆发一周后微博用户参与事件讨论情绪（态度）
			事件爆发一周后微博用户参与事件讨论意愿（倾向）
		网络记忆	事件爆发一周后事件总话题数
			事件爆发一周后事件总转发数
			事件爆发一周后事件总评论数
意见广度	意见领袖	用户覆盖度	微博粉丝数
			事件发生后微博更新频率
		用户影响力	事件发生后相关内容发布总数
			事件发生后评论总数
			事件发生后转发总数
	传播效果	时效性	反馈及时
			报道及时
			跟进及时
		沟通性	政府形象好评度
			双向沟通效果
			信息解读程度
		参与度	态度倾向程度
		配合度	其他部门配合度
			其他机构配合度
			其他加V认证个人配合度
	受众信任度	信任度	评论内容态度支持
			评论内容态度中立
			评论内容态度反对

同时，运用内容分析法，基于三种政务微博内容分类（新闻资讯、趣闻轶事、活动轶事）和实时传播、保持创新、海量多元、集群化、碎片化、互动性、服务性的传播特点，对我国政务微博的内容进行了分析。通过对相关词库构建用户词典、补充停用词典、中文分词和词频统计，将词

频大于 170 的关键词分为 12 类。然后，根据所划分的 12 类构建关键词共现矩阵，最后通过 Gephi 和 VOSviewer 绘制关键词共现网络。本书全面地展现了政务微博广泛关注的问题，对于政务微博的内容研究，得出如下结论：①内容涵盖面广，但政务微博结构上不平衡、失衡。②政务微博呈现娱乐化。③政务微博汇聚民意功能渐显，但政务微博切实解决社会问题能力不足。

之后，本书在我国政务微博的受众和内容分析的基础上，基于政务微博传播效果理论，对政务微博内容展开基于受众角度的传播效果研究，针对常态和非常态政务微博的传播效果，分别采用实证研究的方法。对于常态政务微博，本书等距抽取了 99 个政务微博内容样本，构建智能决策、定制服务、预警处置三个类目，其中政务微博传播效果评价指标体系包括四个一级指标和七个二级指标，对政务微博传播效果数据进行分析。结论为在常态政务微博的信息传播中，当天微博数、智能决策、定制服务、预警处置这四个因素均对微博活跃度有显著影响；政府的微博活跃度远高于党的微博活跃度，且账号差异很大；中央政府微博的活跃度远高于地方政府的活跃度。因此，在政务微博发布常态性内容时，要了解公众所感兴趣的话题和关注的重点，加强对内容的把控，灵活使用多种微博信息发布方式；地方政府微博应该发挥联动优势，整合地方的政务微博资源，加强地方各政务微博的联系互动，形成政务微博矩阵，形成传播合力。对于常态政务微博，本书选择了八个突发事件，样本不变，指标包括四个一级指标和七个二级指标。结论为：在非常态事件中，微博数、转发数之和与评论数之和这三个因素均对微博活跃度没有显著影响；而点赞数之和对微博活跃度有显著影响；点赞数之和这个因素对微博数没有显著影响；而微博数对转发数之和、评论数之和这两个因素有显著影响；中央政府微博的活跃度远高于地方政府的活跃度；地方政府的平均微博数略高于中央政府的平均微博数。因此，要加强政务微博之间的应急联动，在突发事件中整合各个政务微博，形成矩阵；加强与媒体部门之间的配合，实现突发事件信息共享；促进传统媒体和新媒体结合，互相监督，引导舆论。

同时，本书以浙江案例和重大城市活动（四次大型会议）作为实证研究对象，验证了本书评估体系的科学系和实用性，并给出相关对策建议。

浙江案例首先归纳了浙江省县市区新闻办政务微博发展的六大特点，选取浙江省 76 个县市区的政务微博为分析对象。在常态传播环境下，采用系统采集与专业人工分析的方式，构建微博活跃度、微博传播力、微博引导力三个指标，分析了样本政务微博表现，得出如下结论：①发布积极性两极分化，11 个账号更新量为零；②69 个账号粉丝数上涨，部分十万级微博后劲不足；③线上互动、权威发布的良好效果有所显现。在非常态传播环境下，本书重点了关注样本政务微博在重大事件发生时的表现，对政务微博意见广度和政治活跃度的相关性进行了指标设计和测量。在此基础上，本书指出浙江省政务微博未来发展中有以下几点需要重点关注。第一，县市区政务微博有很大的发展上升空间。第二，县市区政务微博的功能将更加多样化。第三，县市区政务微博伴随着微传播的常态化将会有更大的发展空间。给出的建议如下：①在纵向上与其他本地区大 V 形成联动机制，横向上与其他县市区微博形成联动机制，相互扩大影响力。政务微博可根据本地域的特征形成地区微博联盟，联合发布信息进而简化微博构成。②政务微博应当从三个方面加强内容建设以此弥补微博普遍吸粉后劲不足的弱点。一是深化普及加强与网民互动、服务网民的意识；二是与时俱进地使用流行微博工具；三是与时俱进，适度使用流行网络用语、表情。③经济欠发达地区应寻找一到两个突破口，结合本地特色运营微博而不是当成官方板报。同时，本书还对浙江政务微信和政务微博的传播力与舆论引导力做了比较研究，同时给出了相应的建议。

重大城市活动案例基于非常态传播力指数进行了实证分析。首先梳理了国家叙事理论背景下重大城市活动的国际传播力的相关概念，在国家叙事理论范式和通能研究基础上，指出了讲述中国故事的三种模式，并给出了国家叙事中政务微博传播力分析框架和面对国际受众的国家叙事学语境。在此基础上，设计了国家叙事中政务微博传播力总体框架，构建了国家叙事背景下政务微博国际传播力的分析指标体系和国际传播平台中传统媒体与新媒体的传播力比较研究指标体系。并选取了杭州"G20 峰会"、乌镇峰会、金砖国家峰会和"一带一路"系列会议作为重大城市活动样本，从内容"走出去"、渠道"走出去"和平台"走出去"三个方面展现了政务微博在重大城市活动中的传播力表现。同时进行了两大舆论场（平台）对国际峰会的态度分析，总结了四次大型会议国际传播的经验和启示，提出了四次大型会议国际传播力中存在的问题与对策。最后给出了增强政务微博国际影响力的政策建议：①针对媒体关注的重点领域：努力围绕舆论关注焦点积极开展互利共赢合作；②针对不同媒体的特点：实施灵活有效的对外宣传策略；③针对当今新闻传播介质的结构：完善适应当代信息传播特点的新闻传播通道；④针对相关国家政府官员和国家元首：形成正面且广泛的宣传效应。首先，需要加强政府层面特别是国家元首之间的沟通和协调；其次，在上述基础上加强对合作重点或领域的宣传。

本书的最后指出政务新媒体在我国的发展已经进入亟待转型升级的"下半场"，短视频已逐步渗透到政务新媒体领域。在政务抖音号生态版图和内容的基础上，本书通过对人口特征变量的分析，研究了政务抖音号的受众身份特征对受众行为的影响，并通过建构结构方程模型，检验了媒介信任、感知有用性、信息搜寻动机、社会性活动动机四个维度对使用行为的影响。在此基础上，本书给出了政务抖音号发展的一些建议。

尽管本书的研究取得了一定的成果，但也存在一些问题与不足，具体如下。

（1）通过 BlueMC 专业大数据分析工具对政务新媒体的受众进行分析时，微博个人信息的真实性以及微博粉丝"水军"的存在可能会对受众结论产生影响。

（2）在问卷设计人群划分的过程中，职业的倾向与选择过于单一，研究样本的选取因集中于学生而造成代表性仍然有限，未完全引入技术接受模型的内容导致部分信息缺失。

（3）关于政务新媒体类型的选择范围主要针对微博，同时仅局限于广大受众获取新闻的主流渠道。本书设计的量表是否适用于其他类似抖音的政务微视频类型媒体还尚待检验。

在今后的研究中将会对以上的不足进行补充和完善。

附录一　常态政务微博抽样样本来源及模板

本次抽样方式为概率抽样，抽样方法为系统抽样，抽样内容为所选定的政务微博。选定原则为粉丝数（粉丝数量最大的政务微博）、层级（国家型政务微博/省级类政务微博/省会城市类政务微博）、职能类别（政府系统/党务系统）。抽样时间：2014年1月1日至12月31日。

一　常态政务微博抽样过程

（1）假设抽样时间为2014年1月1日至12月31日，每个月1日、5日、10日、15日、20日、25日、30日为选定样本，其中2月选定28日为样本。

（2）所抽取的样本中包括原创、非原创内容，将原创、非原创内容进行整理，得到占比。

（3）统计原创内容的评论、转发数量，进行简单编码。

（4）概率抽样之后，进行非概率抽样，抽样方式为判断抽样，抽样内容为该年的重大节日，如元旦、春节、国庆等，重大节日的内容若与概率抽样内容重复，则不予考虑，如并未重复，按照概率抽样的细则进行整理。

二　抽样模板：编码员问卷（以政务微博南京发布为例）

常态政务微博指数的编码表

编号：＿＿＿＿＿＿

1. 年份：2014
2. 日期

1.1、1.5、1.10、1.15、1.20、1.25、1.30
2.1、2.5、2.10、2.15、2.20、2.25、2.28
3.1、3.5、3.10、3.15、3.20、3.25、3.30
4.1、4.5、4.10、4.15、4.20、4.25、4.30
5.1、5.5、5.10、5.15、5.20、5.25、5.30
6.1、6.5、6.10、6.15、6.20、6.25、6.30
7.1、7.5、7.10、7.15、7.20、7.25、7.30
8.1、8.5、8.10、8.15、8.20、8.25、8.30
9.1、9.5、9.10、9.15、9.20、9.25、9.30
10.1、10.5、10.10、10.15、10.20、10.25、10.30
11.1、11.5、11.10、11.15、11.20、11.25、11.30
12.1、12.5、12.10、12.15、12.20、12.25、12.30

3. 互动性

当日微博更新频率（数值）

当日微博转发、评论、点赞总数（数值）

当日微博认证受众转发、评论（数值）

（认证受众：微博加 V 用户，包括个人、机构、组织）

4. 规模性

年份累计（如：2014 年 1 月 1 日至 12 月 31 日总计数值）

政务类内容发布总数（年份累计：如 2014 年 1 月 1 日至 12 月 31 日总计数值）

非政务类内容发布总数（年份累计：如 2014 年 1 月 1 日至 12 月 31 日总计数值）

是否具有以下内容：智能决策、预警处置、定制服务

（智能决策：Link 到政府网站、本身具有相关功能等；预警处置：提前告知受众政务信息等；定制服务：社会活动等）

5. 影响力

年份累计（如 2014 年 1 月 1 日至 12 月 31 日总计数值）

传播力度：

该年总发布数、总话题数、总转发数、总评论数（数值）

话题内容：是否为政务类话题

覆盖力：相关机构、人员链接（数值）

影响力：

该年最大评论数（数值+被评论微博全文）

该年最大转发数（数值+被评论微博全文）

该年人均评论数、人均转发数（数值）

该年最大政务微博评论数、转发数（数值+被评论微博全文）

该年人均政务微博评论数、人均转发数（数值）

6. 受众口碑

可信度：（该年所选定的微博内容中，编码员自由随机提取 50 条进行判断）

报道真实性（编码员自我判断是/否）

评论客观性（编码员自我判断是/否）

内容全面性（编码员自我判断是/否）

过程完整性（编码员自我判断是/否）

传播效果：

时效性（该年所选定的微博内容中，编码员自由随机提取 50 条进行判断）

报道及时（编码员自我判断是/否）

跟进及时（编码员自我判断是/否）

反馈及时（编码员自我判断是/否）

沟通性（该年所选定的微博内容中，编码员自由随机提取 50 条进行判断）

政府形象好评度（提取微博中评论内容，支持/赞扬政府举措类的回复数量、评论总数量相除得到最终数值）

信息解读程度（支持/赞扬政府举措类的回复数量数值）

参与度：

态度倾向程度（支持/反对编码员自行评判）

配合度：

其他部门配合度（数值 + 部门名称）

其他机构配合度（数值 + 机构名称）

其他加 V 认证个人配合度（数值）

三　抽样对象：微博账号名称（共 11 组）

1. 湖北

政府系统

湖北省公安厅：平安荆楚

湖北省民政厅：湖北民政

湖北省人民政府门户网站官方微博：湖北省政府门户网站

湖北省高级人民法院官方微博：湖北高院

湖北省人民检察院官方微博：湖北省人民检察院

党务系统

共青团湖北省委员会官方微博：青春湖北

湖北省人民政府新闻办公室：湖北发布

2. 浙江

政府系统

浙江省民政厅官方微博：浙江民政

浙江省商务厅官方微博：浙江商务

浙江省高级人民法院微博：之江天平

浙江省人民检察院官方微博：浙江检察

党务系统

浙江省共青团浙江省委员会官方微博：浙江团省委

浙江省人民政府新闻办公室官方微博：浙江发布

3. 北京

政府系统

公安部治安管理局暨打四黑除四害专项行动办公室官方微博：打四黑除四害

公安部刑事侦查局官方微博：公安部刑侦局

国家卫生和计划生育委员会官方微博：健康中国

中华人民共和国商务部新闻办：商务微新闻

国家发展和改革委员会政策研究室官方微博：国家发改委

国务院国资委新闻中心：国资小新

外交部公共外交办公室：外交小灵通

教育部新闻办公室官方微博：微言教育

国务院办公厅政府信息公开办公室：中国政府网

国土资源部官方微博：国土之声

中国铁路总公司官方微博：中国铁路

最高人民法院微博：最高人民法院

最高人民检察院微博：最高人民检察院

党务系统

中央团校青少年研究院共青团工作理论研究所官方微博：中央团校团研究所

北京市公安局官方微博：平安北京

4. 上海

政府系统

上海市质量技术监督局新闻宣传中心官方微博：上海质监发布

上海市公安局官方微博：警民直通车上海

上海市商务委员会官方微博：上海商务

上海市交通委员会官方微博：上海交通

上海市卫生局官方微博：健康上海

上海市卫生局卫生监督所官方微博：上海卫生计生监督所

上海市人民检察院官方微博：上海检察

上海市高级人民法院官方微博：浦江天平

党务系统

中国共产主义青年团上海市委员会官方微博：青春上海

上海市政府新闻办公室官方微博：上海发布

5. 四川

政府系统

四川省公安厅官方微博：四川公安

四川省商务厅官方微博：四川商务

四川省教育厅官方微博：四川教育

四川省卫生和计划生育委员会官方微博：四川卫生计生

四川省交通运输厅官方微博：四川交通

中国质量新闻网四川频道官方微博：质量四川

四川省人民检察院官方微博：四川省人民检察院

四川省高级人民法院官方微博：四川高院

党务系统

共青团四川省委官方微博：四川共青团

四川省人民政府新闻办公室：四川发布

6. 辽宁

政府系统

辽宁省公安厅官方微博：平安辽宁

辽宁省交通厅官方微博：辽宁交通

辽宁省卫生厅官方微博：健康辽宁

辽宁省教育厅官方微博：辽宁教育厅官方微博

辽宁省高级人民法院官方微博：辽宁高院

辽宁省人民检察院官方微博：辽宁检察

党务系统

共青团辽宁省委员会官方微博：辽宁共青团

辽宁省政府门户网站官方微博：辽宁发布

7. 甘肃

政务系统

甘肃省卫生厅官方微博：甘肃卫生纪委

甘肃省交通运输厅官方微博：甘肃交通

甘肃省质量技术监督局官方微博：甘肃质监

甘肃省教育厅官方微博：甘肃教育

甘肃省公安厅官方微博：甘肃公安

甘肃省人民检察院官方微博：甘肃检察

甘肃省高级人民法院官方微博：甘肃高院

党务系统

共青团甘肃省委员会官方微博：共青团甘肃

甘肃省政府新闻办官方微博：甘肃发布

8. 广东

政务系统

广州市交通委员会官方微博：广州交通

广州市教育局官方微博：广州教育

广州市公安局官方微博：广州公安

广州市质量技术监督局官方微博：广州质监

广州市民政局官方微博：广州民政

广州市人民政府法制办公室官方微博：广州政府法制

广州市中级人民法院官方微博：广州中院

广州市人民检察院官方微博：广州检察

党务系统

共青团广州市卫生局委员会官方微博：广州市卫生局团委

广东省广州市共青团官方微博：广州共青团

广州市互联网信息办公室官方微博：中国广州发布

9. 天津

政务系统

天津市环境保护局官方微博：天津环保发布

天津国土房管局官方微博：天津环保发布

天津市民政局官方微博：天津民政

天津市商务委官方微博：天津商务信息

天津市卫生和计划生育委员会官方微博：天津健康

天津市公安局消防局官方微博：天津消防

天津高新区消防支队官方微博：天津消防高新区支队

天津公安消防总队特勤支队官方微博：天津消防特勤支队

天津市公安局消防开发支队官方微博：天津消防开发支队

天津港公安局消防支队官方微博：天津港公安局消防支队

天津滨海高新区工委宣传部：天津高新区THT

天津市人民检察院官方微博：天津市人民检察院

天津市高级人民法院官方微博：津法之声

党务系统

天津市人民政府新闻办公室官方微博：天津发布

10. 哈尔滨

政务系统

黑龙江省哈尔滨市公安局官方微博：平安哈尔滨

黑龙江省哈尔滨市旅游局官方微博：哈尔滨市旅游局

黑龙江省哈尔滨市卫生局官方微博：哈尔滨市卫生局

黑龙江省哈尔滨市中级人民法院官方微博：哈尔滨市中级人民法院

哈尔滨市人民检察院官方微博：哈尔滨检察

党务系统

中共哈尔滨市委宣传部官方微博：哈尔滨发布

黑龙江省人民政府新闻办公室官方微博：黑龙江发布

黑龙江省旅游局官方微博：黑龙江旅游局

11. 广西

政务系统

平安广西网www.pagx.cn官方微博：平安广西网

广西柳州市公安局官方微博：柳州公安

广西壮族自治区柳州市公安局交警支队：柳州交警

广西壮族自治区人民检察院官方微博：广西检察

党务系统

柳州市委宣传部官方微博：我爱柳州

注一：编码员须知

（1）严格按照时间划分要求抽样，所有样本名称必须进行摘取、截图；

（2）若在抽样过程中发现被抽样账号停用、更改账号名称等其他状况，则将该状况之前的内容抽样，状况出现之后跟进状况内容；

（3）所有需要编码员进行自我价值判断的内容，请编码员严格按照自我知识体系、生活经验等进行价值判断，保持价值中立；

（4）有些账户没公布数据，可以私信官 V 小编获得数据，此项为弹性指标。

注二：抽样案例（平安荆楚）

（1）样本时间：10 月 30 日为例

（2）互动性：

当日微博更新频率（数值）：15

当日微博转发、评论、点赞总数（数值）：87；37；135

当日微博认证受众转发、评论（数值）：8

（认证受众：微博加 V 用户，包括个人、机构、组织）

四　规模性

年份累计（如 2014 年 1 月 1 日至 12 月 31 日总计数值）

政务类内容发布总数（年份累计：如 2014 年 1 月 1 日至 12 月 31 日总计数值）

非政务类内容发布总数（年份累计：如 2014 年 1 月 1 日至 12 月 31 日总计数值）

是否具有以下内容：智能决策、预警处置、定制服务

［智能决策：Link 到政府网站、本身具有相关功能等（否）；预警处置：提前告知受众政务信息等（是）；定制服务：社会活动等（是）］

五　影响力

年份累计（如 2014 年 1 月 1 日至 12 月 31 日总计数值）

传播力度：该年总发布数、总话题数、总转发数、总评论数（数值）

覆盖力：相关机构、人员链接（数值）

影响力：

该年最大评论数（数值＋被评论微博全文）

该年最大转发数（数值＋被评论微博全文）

该年人均评论数、人均转发数（数值）

该年最大政务微博评论数、转发数（数值+被评论微博全文）

该年人均政务微博评论数、人均转发数（数值）

六 受众口碑

可信度：（该年所选定的微博内容中，编码员自由随机提取50条进行判断）

报道真实性（编码员自我判断是/否）：是

评论客观性（编码员自我判断是/否）：是

内容全面性（编码员自我判断是/否）：是

过程完整性（编码员自我判断是/否）：是

传播效果：

时效性（该年所选定的微博内容中，编码员自由随机提取50条进行判断）

报道及时（编码员自我判断是/否）：是

跟进及时（编码员自我判断是/否）：是

反馈及时（编码员自我判断是/否）：是

沟通性（该年所选定的微博内容中，编码员自由随机提取50条进行判断）

政府形象好评度（提取微博中评论内容，支持/赞扬政府举措类的回复数量、评论总数相除得到最终数值）：0.62

信息解读程度（支持/赞扬政府举措类的回复数量数值）：23

参与度：

态度倾向程度（支持/反对编码员自行评判）：支持

配合度：

其他部门配合度（数值+部门名称）：6 安庆市公安局交通分局治安大队、平安茅箭、平安黄冈、平安随州、平安青山、荆州交警一大队

其他加V认证个人配合度（数值）：1

附录二　非常态政务微博抽样样本来源及模板

本次抽样方式为概率抽样，抽样方法为系统抽样，抽样内容为所选定的政务微博。选定原则为粉丝数（粉丝数量最大的政务微博）、层级（国家型政务微博/省级类政务微博/省会城市类政务微博）、职能类别（政府系统/党务系统）。抽样时间：2014年1月1日至12月31日。

一　常态政务微博抽样过程

（1）假设抽样时间为2014年1月1日至12月31日，每个月1日、5日、10日、15日、20日、25日、30日为选定样本，其中2月选定28日为样本。

（2）所抽取的样本中包括原创、非原创内容，将原创、非原创内容进行整理，得到占比。

（3）统计原创内容的评论、转发数量，进行简单编码。

（4）概率抽样之后，进行非概率抽样，抽样方式为判断抽样，抽样内容为该年的重大节日，如元旦、春节、国庆等，重大节日的内容若与概率抽样内容重复，则不予考虑，如并未重复，按照概率抽样的细则进行整理。

二　抽样基本思路

选取该年发生的重大突发事件为参考案例进行分析；事件挑选原则有央视报道、社会反响热烈、事件曝光/求助/走向等均在微博发布、国内外重大事件。

三 抽样模板：非常态政务微博指数的编码员问卷（以政务微博南京发布为例）

编号：_____

1. 年份：2014
2. 日期

第一阶段

①2014 年 3 月 8—15 日

②2014 年 3 月 30 日至 4 月 6 日

③2014 年 12 月 31 日至 2015 年 1 月 7 日

第二阶段

①2014 年 3 月 15—22 日

②2014 年 4 月 6—13 日

③2015 年 1 月 7—14 日

3. 主体行为

事件报道首条微博转发数（数值）

事件报道首条微博评论数（数值）

事件爆发一周内微博总发布数量（数值）

事件爆发一周内微博总评论数量（数值）

事件爆发一周内微博总转发数（数值）

事件爆发一周内微博用户参与事件讨论情绪（态度）（支持/反对编码员自行评判）

事件爆发一周内微博用户参与事件讨论意愿（倾向）（是否愿意持续讨论编码员自行评判）

事件爆发一周后微博用户参与事件讨论情绪（态度）（支持/反对编码员自行评判）

事件爆发一周后微博用户参与事件讨论意愿（倾向）（是否愿意持续讨论编码员自行评判）

事件爆发一周后事件总话题数（数值）

事件爆发一周后事件总评论数（数值）

事件爆发一周后事件总转发数（数值）

4. 意见领袖

微博粉丝数（数值）

事件发生后微博更新频率（数值）

事件发生后相关内容发布总数（数值）

事件发生后评论总数（数值）

事件发生后转发总数（数值）

5. 传播效果

反馈及时（编码员自我判断是/否）

报道及时（编码员自我判断是/否）

跟进及时（编码员自我判断是/否）

政府形象好评度（编码员自我判断突发性事件发生后，政府形象是否得到好评）

双向沟通效果（编码员自我判断突发性事件发生后，政府与民众沟通是否及时，是否有效）

信息解读程度（编码员自我判断突发性事件发生后，受众对政府提供的信息解读程度1—5分，最低为1分，最高为5分）

态度倾向程度（编码员自我判断是/否）

其他部门配合度（编码员自我判断是/否）

其他机构配合度（编码员自我判断是/否）

其他加V认证个人配合度（编码员自我判断加V认证个人无论何种职业只要出现转发、评论等均为配合）

6. 受众信任度

评论内容态度支持（编码员自我判断是/否）

评论内容态度中立（编码员自我判断是/否）

评论内容态度反对（编码员自我判断是/否）

四　样本微博账号名称（共11组）

1. 湖北

政府系统

湖北省公安厅：平安荆楚

湖北省民政厅：湖北民政

湖北省人民政府门户网站官方微博：湖北省政府门户网站

湖北省高级人民法院官方微博：湖北高院

湖北省人民检察院官方微博：湖北省人民检察院

党务系统

共青团湖北省委员会官方微博：青春湖北

湖北省人民政府新闻办公室：湖北发布

2. 浙江

政府系统

浙江省民政厅官方微博：浙江民政

浙江省商务厅官方微博：浙江商务

浙江省高级人民法院微博：之江天平

浙江省人民检察院官方微博：浙江检察

党务系统

浙江省共青团浙江省委员会官方微博：浙江团省委

浙江省人民政府新闻办公室官方微博：浙江发布

3. 北京

政府系统

公安部治安管理局暨打四黑除四害专项行动办公室官方微博：打四黑除四害

公安部刑事侦查局官方微博：公安部刑侦局

国家卫生和计划生育委员会官方微博：健康中国

中华人民共和国商务部新闻办：商务微新闻

国家发展和改革委员会政策研究室官方微博：国家发改委

国务院国资委新闻中心：国资小新

外交部公共外交办公室：外交小灵通

教育部新闻办公室官方微博：微言教育

国务院办公厅政府信息公开办公室：中国政府网

国土资源部官方微博：国土之声

中国铁路总公司官方微博：中国铁路

最高人民法院微博：最高人民法院

最高人民检察院微博：最高人民检察院

党务系统

中央团校青少年研究院共青团工作理论研究所官方微博：中央团校团研究所

北京市公安局官方微博：平安北京

4. 上海

政府系统

上海市质量技术监督局新闻宣传中心官方微博：上海质监发布

上海市公安局官方微博：警民直通车上海

上海市商务委员会官方微博：上海商务

上海市交通委员会官方微博：上海交通

上海市卫生局官方微博：健康上海

上海市卫生局卫生监督所官方微博：上海卫生计生监督所

上海市人民检察院官方微博：上海检察

上海市高级人民法院官方微博：浦江天平

党务系统

中国共产主义青年团上海市委员会官方微博：青春上海

上海市政府新闻办公室官方微博：上海发布

5. 四川

政府系统

四川省公安厅官方微博：四川公安

四川省商务厅官方微博：四川商务

四川省教育厅官方微博：四川教育

四川省卫生和计划生育委员会官方微博：四川卫生计生

四川省交通运输厅官方微博：四川交通

中国质量新闻网四川频道官方微博：质量四川

四川省人民检察院官方微博：四川省人民检察院

四川省高级人民法院官方微博：四川高院

党务系统

共青团四川省委官方微博：四川共青团

四川省人民政府新闻办公室：四川发布

6. 辽宁

政府系统

辽宁省公安厅官方微博：平安辽宁

辽宁省交通厅官方微博：辽宁交通

辽宁省卫生厅官方微博：健康辽宁

辽宁省教育厅官方微博：辽宁教育厅官方微博

辽宁省高级人民法院官方微博：辽宁高院

辽宁省人民检察院官方微博：辽宁检察

党务系统

共青团辽宁省委员会官方微博：辽宁共青团

辽宁省政府门户网站官方微博：辽宁发布

7. 甘肃

政务系统

甘肃省卫生厅官方微博：甘肃卫生纪委

甘肃省交通运输厅官方微博：甘肃交通

甘肃省质量技术监督局官方微博：甘肃质监

甘肃省教育厅官方微博：甘肃教育

甘肃省公安厅官方微博：甘肃公安

甘肃省人民检察院官方微博：甘肃检察

甘肃省高级人民法院官方微博：甘肃高院

党务系统

共青团甘肃省委员会官方微博：共青团甘肃

甘肃省政府新闻办官方微博：甘肃发布

8. 广东

政务系统

广州市交通委员会官方微博：广州交通

广州市教育局官方微博：广州教育

广州市公安局官方微博：广州公安

广州市质量技术监督局官方微博：广州质监

广州市民政局官方微博：广州民政

广州市人民政府法制办公室官方微博：广州政府法制

广州市中级人民法院官方微博：广州中院

广州市人民检察院官方微博：广州检察

党务系统

共青团广州市卫生局委员会官方微博：广州市卫生局团委

广东省广州市共青团官方微博：广州共青团

广州市互联网信息办公室官方微博：中国广州发布

9. 天津

政务系统

天津市环境保护局官方微博：天津环保发布

天津国土房管局官方微博：天津环保发布

天津市民政局官方微博：天津民政

天津市商务委官方微博：天津商务信息

天津市卫生和计划生育委员会官方微博：天津健康

天津市公安局消防局官方微博：天津消防

天津高新区消防支队官方微博：天津消防高新区支队

天津公安消防总队特勤支队官方微博：天津消防特勤支队

天津市公安局消防开发支队官方微博：天津消防开发支队

天津港公安局消防支队官方微博：天津港公安局消防支队

天津滨海高新区工委宣传部：天津高新区 THT

天津市人民检察院官方微博：天津市人民检察院

天津市高级人民法院官方微博：津法之声

党务系统

天津市人民政府新闻办公室官方微博：天津发布

10. 哈尔滨

政务系统

黑龙江省哈尔滨市公安局官方微博：平安哈尔滨

黑龙江省哈尔滨市旅游局官方微博：哈尔滨市旅游局

黑龙江省哈尔滨市卫生局官方微博：哈尔滨市卫生局

黑龙江省哈尔滨市中级人民法院官方微博：哈尔滨市中级人民法院

哈尔滨市人民检察院官方微博：哈尔滨检察

党务系统

中共哈尔滨市委宣传部官方微博：哈尔滨发布

黑龙江省人民政府新闻办公室官方微博：黑龙江发布

黑龙江省旅游局官方微博：黑龙江旅游局

11. 广西

政务系统

平安广西网 www.pagx.cn 官方微博：平安广西网

广西柳州市公安局官方微博：柳州公安

广西壮族自治区柳州市公安局交警支队：柳州交警

广西壮族自治区人民检察院官方微博：广西检察

党务系统

柳州市委宣传部官方微博：我爱柳州

五　编码员实例（抽样账户：平安荆楚；抽样时间：2014 年 3 月 8—15 日、2014 年 3 月 15—22 日）

1. 主体行为

事件报道首条微博转发数（数值）：8

事件报道首条微博评论数（数值）：1

事件爆发一周内微博总发布数量（数值）：9

事件爆发一周内微博总评论数量（数值）：27

事件爆发一周内微博总转发数（数值）：88

事件爆发一周内微博用户参与事件讨论情绪（态度）（支持/反对编码员自行评判）

事件爆发一周内微博用户参与事件讨论意愿（倾向）（是否愿意持续讨论编码员自行评判）

事件爆发一周后微博用户参与事件讨论情绪（态度）（支持/反对编码员自行评判）

事件爆发一周后微博用户参与事件讨论意愿（倾向）（是否愿意持续讨论编码员自行评判）

事件爆发一周后事件总话题数（数值）

事件爆发一周后事件总评论数（数值）

事件爆发一周后事件总转发数（数值）

2. 意见领袖

微博粉丝数（数值）

事件发生后相关内容发布总数（数值）：9

事件发生后评论总数（数值）：27

事件发生后转发总数（数值）：88

3. 传播效果

反馈及时（编码员自我判断是/否）：是

报道及时（编码员自我判断是/否）：是

跟进及时（编码员自我判断是/否）：是

政府形象好评度（编码员自我判断突发性事件发生后，政府形象是否得到好评）：是

双向沟通效果（编码员自我判断突发性事件发生后，政府与民众沟通是否及时，是否有效）：是

信息解读程度（编码员自我判断突发性事件发生后，受众对政府提供的信息解读程度1—5分，最低为1分，最高为5分）：4

态度倾向程度（编码员自我判断是/否）：民众祈福

其他部门配合度（编码员自我判断是/否）：有

其他机构配合度（编码员自我判断是/否）：有

其他加 V 认证个人配合度（编码员自我判断加 V 认证个人无论何种职业只要出现转发、评论等均为配合）：有

4. 受众信任度

评论内容态度支持（编码员自我判断是/否）：是

评论内容态度中立（编码员自我判断是/否）：是

评论内容态度反对（编码员自我判断是/否）：否

附录三　常态政务微博受众使用行为与动机调查问卷

政务微博受众使用行为调查问卷

您好！我是××××，现在进行一项"政务微博受众使用行为调查"，共计13个大问题，占用您10—15分钟填写。所有数据将用于学术研究，您的个人资料不会泄露，也请您不要留下您的姓名、地址、电话等涉及个人隐私的信息。如有任何疑问，请邮件至××××××问询，非常感谢您的参与！

背景介绍：

政务微博，主要指代表政府机构和官员的，因公共事务而设的微博。其是用于收集意见、倾听民意、发布信息、服务大众的官方网络互动平台。

第一部分　关于"受众使用行为"的相关问题

（1）您是否关注政务微博？

A. 是

B. 否（问卷结束）

受众使用动机

（2）请指出对下列描述的认可程度。

［注］1＝非常不同意　2＝不同意　3＝中立/一般　4＝同意　5＝非常同意

① 了解最新政务资讯1　2　3　4　5

② 突发性事件发生后了解事件进展1　2　3　4　5

③ 参与政务类活动1　2　3　4　5

④ 对政务类内容感兴趣 1　2　3　4　5

信任度

（3）请指出对下列描述的认可程度。

[注] 1＝非常不同意　2＝不同意　3＝中立/一般　4＝同意　5＝非常同意

① 您认为政务微博内容客观中立 1　2　3　4　5

② 您十分信任政务微博所述的政务类讯息 1　2　3　4　5

③ 您会将在政务微博上看到的内容作为近期规划的参考 1　2　3　4　5

受众互动性

（4）请指出对下列描述的认可程度。

[注] 1＝非常不同意　2＝不同意　3＝中立/一般　4＝同意　5＝非常同意

① 您会参与政务微博互动（如评论、转发、点赞）1　2　3　4　5

② 您会参与政务微博互动（如政务活动等）1　2　3　4　5

③ 您会把政务微博所发布的内容告知身边的人 1　2　3　4　5

受众参与度

（5）请指出对下列描述的认可程度。

[注] 1＝非常不同意　2＝不同意　3＝中立/一般　4＝同意　5＝非常同意

① 您会主动搜索政务类型的微博并关注 1　2　3　4　5

② 您会告知好友关注此类政务微博账号以获取政务资讯 1　2　3　4　5

③ 您会与身边人谈论政务微博所发布的信息内容 1　2　3　4　5

受众关注度

（6）请指出对下列描述的认可程度。

[注] 1＝非常不同意　2＝不同意　3＝中立/一般　4＝同意　5＝非常同意

① 您会对政务微博保持长期关注 1　2　3　4　5

② 您会告知好友关注此类政务微博账号以获取政务资讯 1　2　3　4　5

③ 您会与身边人谈论政务微博所发布的信息内容 1　2　3　4　5

受众态度

(7) 请指出对下列描述的认可程度。

［注］1 = 非常不同意　2 = 不同意　3 = 中立/一般　4 = 同意　5 = 非常同意

① 您认为政务微博的出现给您的生活带来便利 1　2　3　4　5

② 您认为政务微博有您感兴趣的版块 1　2　3　4　5

③ 您认为政务微博内容会影响您的决策 1　2　3　4　5

政务微博

(8) 您平时关注的政务微博属性：

　　A. 中央级政府系统

　　B. 中央级党务系统

　　C. 地方级政府系统

　　D. 地方级党务系统

(9) 请填写您平时关注最多的政务微博名称：

_____

第二部分　基本信息

(10) 您的性别：

　　A. 男

　　B. 女

(11) 您的年龄：

　　A. 0—10 岁

　　B. 11—20 岁

　　C. 21—30 岁

　　D. 31—40 岁

　　E. 41—50 岁

　　F. 51 岁及以上

(12) 您的教育程度：

　　A. 初中及以下

　　B. 高中

　　C. 专科

　　D. 本科

E. 硕士及以上

（13）您的职业：

A. 政府机关/事业单位人员

B. 企业员工

C. 教师

D. 在读学生

E. 医护人员

F. 其他（请注明）

问卷到此结束，感谢您的参与！

参考文献

一 著作

Burt, R. S., *Structuralholes*: *The Social Structure of Competition*, Cambridge, MA: Harvard University Press, 1992.

Java, A., Song, X., Finin, T. et al., *Why We Twitter*: *Understanding Microblogging Usage and Communities*, Springer, 2007.

Weber, R. P., *Basic Content Analysis*, Sage Pubns., 1990.

［德］伊丽莎白·诺尔·诺依曼：《沉默的螺旋：舆论——我们的社会皮肤》，董璐译，北京大学出版社2013年版。

［荷］简·梵·迪克：《网络社会——新媒体的社会层面》，蔡静译，清华大学出版社2014年版。

［加］罗伯特·洛根：《理解新媒介——延伸麦克卢汉》，何道宽译，复旦大学出版社2012年版。

［美］阿瑟·阿萨·伯格：《通俗文化、媒介和日常生活中的叙事》，姚媛译，南京大学出版社2006年版。

［美］保罗·康纳顿：《社会如何记忆》，纳日碧力戈译，上海人民出版社2000年版。

［美］赫伯特·阿特休尔：《权力的媒介》，黄煜、裘志康译，华夏出版社1989年版。

［美］菲利普·科特勒：《国家营销：创建国家财富的战略方法》，俞利军、江春译，华夏出版社2001年版。

［美］克莱·舍基：《认知盈余：自由时间的力量》，胡泳、哈丽丝译，中国人民大学出版社 2011 年版。

［美］理查德·格里格、菲利普·津巴多：《心理学与生活》，王垒、王甦等译，人民邮电出版社 2003 年版。

［美］洛厄里·德弗勒、鲍尔·洛基奇：《大众传播学诸论》，杜力平译，新华出版社 1990 年版。

［美］斯蒂文·小约翰：《传播理论》，陈德民等译，中国社会科学出版社 1999 年版。

［美］沃尔特·翁：《口语文化与书面文化——语词的技术化》，何道宽译，北京大学出版社 2008 年版。

［英］汤姆·斯丹迪奇：《从莎草纸到互联网：社交媒体 2000 年》，林华译，中信出版社 2015 年版。

北京市互联网信息办公室：《国内外互联网立法研究》，中国社会科学出版社 2014 年版。

曹岭览等：《英汉因特网常用词汇手册》，上海外语教育出版社 1999 年版。

高岸起：《利益的主体性》，人民出版社 2008 年版。

郭庆光：《传播学教程》，中国人民大学出版社 1999 年版。

郭庆光：《传播学教程》，中国人民大学出版社 2004 年版。

郭庆光：《传播学教程》，中国人民大学出版社 2011 年版。

郭全明：《传播力——企业传媒攻略》，南京大学出版社 2006 年版。

郭小安：《当代中国网络谣言的社会心理研究》，中国社会科学出版社 2015 年版。

郭研实：《国家公务员应对突发事件能力》，中国社会科学出版社 2005 年版。

胡正荣：《传播学总论》，北京广播学院出版社 1997 年版。

黄家雄：《新闻评论传播力研究》，武汉出版社 2008 年版。

匡文波：《手机媒体：新媒体中的新革命》，华夏出版社 2010 年版。

刘建明：《当代新闻学原理》，清华大学出版社 2003 年版。

刘霆昭：《北京奥运新闻传播之研究：北京奥运新闻传播与提升北京国际影响力》，同心出版社 2010 年版。

彭和平：《国外公共行政理论精选》，中共中央党校出版社 1997 年版。

彭兰:《社会化媒体:理论与实践解析》,中国人民大学出版社2015年版。

彭兰:《新媒体导论》,高等教育出版社2016年版。

秦启文等:《突发事件的管理与应对》,新华出版社2004年版。

文远竹:《转型中的微力量——微博公共事件中的公众参与》,世界图书出版公司2014年版。

吴明隆:《结构方程模型——AMOS的操作与应用》,重庆大学出版社2010年版。

吴瑛:《中国声音的国际传播力研究》,上海交通大学出版社2016年版。

谢岳:《当代中国政治沟通》,上海人民出版社2006年版。

许鑫:《网络时代的媒介公共性研究》,人民出版社2015年版。

尹韵公:《中国新媒体发展报告》,社会科学文献出版社2011年版。

俞可平:《政治学教程》,高等教育出版社2010年版。

喻国明:《微博:一种新传播形态的考察——影响力模型和社会性应用》,人民日报出版社2011年版。

张国良:《传播学原理》,复旦大学出版社2009年版。

张昆:《政治传播与历史思维》,华中科技大学出版社2010年版。

赵雅文:《博客:生性·生存·生态》,中国社会科学出版社2008年版。

周鸿铎:《政治传播学概论》,中国纺织出版社2005年版。

二 期刊论文

Brandtzaeg, P. B., Heim, J., "Why People Use Social Networking Sites", *Lecture Notes in Computer Science*, 2009, 5621: 143–152.

Bryer, T. A., Zavattaro, S. M., "Social Media and Public Administration", *Administrative Theory & Praxis*, 2011, 33 (3): 325–340.

Chen, L., Gillenson, M. L., Sherrell, D. L., "Consumer Acceptance of Virtual Stores: A Theoretical Model and Critical Success Factors for Virtual Stores", *Acm Sigmis Database*, 2004, 35 (2): 8–31.

Dadashzadeh, M., "Social Media in Government: From eGovernment to eGovernance", *Journal of Hygiene*, 2010, 8 (11): 81–86.

Davis, F. D., "Perceived Usefulness, Perceived Ease of Use, and User Acceptance of Information Technology", *Mis Quarterly*, 1989, 13 (3): 319 – 340.

Davis, V. F. D., "A Theoretical Extension of the Technology Acceptance Model: Four Longitudinal Field Studies", *Management Science*, 2000, 46 (2): 186 – 204.

Dornyei, Z., "Motivation and Motivating in the Second Language Classroom", *The Modern Language Journal*, 1994, 78 (3): 273 – 284.

Fogel, J., Nehmad, E., "Internet Social Network Communities: Risk Taking, Trust, and Privacy Concerns", *Computers in Human Behavior*, 2009, 25 (1): 153 – 160.

Golbeck, J., Grimes, J. M., Rogers, A., "Twitter Use by the U. S. Congress", *Journal of the American Society for Information Science & Technology*, 2014, 61 (8): 1612 – 1621.

Grant, W. J., Moon, B., Grant, J. B., "Digital Dialogue? Australian Politicians' Use of the Social Network Tool Twitter", *Australian Journal of Political Science*, 2010, 45 (4): 579 – 604.

Hara, N., Hew, K. F., "Knowledge-Sharing in an Online Community of Health-Care Professionals", *Social Science Electronic Publishing*, 2007, 20 (3): 235 – 261.

Jansen, B. J., Zhang, M., Sobel, K. et al., "Twitter Power: Tweets as Electronic Word of Mouth", *Journal of the American Society for Information Science & Technology*, 2010, 60 (11): 2169 – 2188.

Johnson, Philip R., Sung Un., "Uses and Gratifications of Twitter: An Examination of User Motives and Satisfaction of Twitter Use (Techrepot)", http://www.allacademic.com//meta/p_ mla_ apa_ research_ citation/3/7/6/3/6/pages376367/p376367 ~ 1. php, 2009.

Keller, J. M., "Motivation Design of Instruction", in C. M. Reigeluth ed., *Instructional Design Theories and Models*, Hillsdale, NewJersey: Erlbaum, 1983.

Cha, M., H. Haddadi, and F. Benevenuto et al., "Measuring User Influence in Twitter: The Million Follower Fallacy", in M. Hearst and W. Cohen eds., *Proceedings of the Fourth International Conference on Weblogs and Social Media*, Menlo Park: The AAAI Press, 2010.

Mergel, I., "The Public Manager 2.0: Preparing the Social Media Generation for a Networked Workplace", *Journal of Public Affairs Education*, 2012, 18 (3): 467 – 492.

Metzger, M. J., "Making Sense of Credibility on the Web: Models for Evaluating Online Information and Recommendations for Future Research", *Journal of the Association for Information Science & Technology*, 2014, 58 (13): 2078 – 2091.

Oliveira, G. H. M., Welch, E. W., "Social Media Use in Local Government: Linkage of Technology, Task, and Organizational Context", *Government Information Quarterly*, 2013, 30 (4): 397 – 405.

Pongsajapan, R., "Liminal Entities: Identity, Governance, and Organizations in Twitter", *Dissertations & Theses-Gradworks*, 2009.

Rafaeli, S., "Interactivity: From New Media to Communication", *Advancing in Communication Science*, Sage Annual Review of Communication Research, 1988: 16.

Shao, Guosong, "Understanding the Appeal of User-Generated Media: A Uses and Gratification Perspective", *Internet Research*, 2009, 19 (1): 7 – 25.

Zaman, T. R., R. Herbrich, J. V. Gael, D. Stern, "Predicting Information Spreading in Twitter", *Workshop on Computational Social Science and the Wisdom of Crowds*, NIPS, 2010, 104: 17599 – 17601.

Westley, Bruce, H., Severin, Werner J., "Some Correlates of Media Credibility", *Journalism & Mass Communication Quarterly*, 1964, 41 (3): 325 – 335.

白红义:《以媒抗争:2009 年南京老城南保护运动研究》,《国际新闻界》2017 年第 11 期。

《多方面认识、研究增强国际传播力》,《中国记者》2009 年第 8 期。

蔡婷:《基于模糊多属性评价法的县域政府微博影响力评价研究》,《科技情报开发与经济》2014 年第 11 期。

曹丹：《政务微博群内容特色与编辑创新策略探析——基于新浪网"十大新闻办机构微博"的观察》，《中国报业》2012年第20期。

曾繁旭：《NGO媒体策略与空间拓展——以绿色和平建构"金光集团云南毁林"议题为个案》，《开放时代》2006年第6期。

常海利：《政府营销理论视角下政务微博传播效果评价研究》，硕士学位论文，华东理工大学，2014年。

陈崇山：《中国受众研究之回顾》，《当代传播》2011年第1期。

陈浩：《突发事件中的政务微博网络舆论引导能力研究——以2016武汉暴雨为例》，《情报探索》2017年第1期。

陈京民、韩永转：《基于虚拟社会网络挖掘的网络舆情分析》，《机械设计与制造工程》2010年第5期。

陈然、刘洋：《基于转发行为的政务微博信息传播模式研究》，《电子政务》2017年第7期。

陈潭、王烂辉：《微博问政与公众政治》，《人民论坛》2011年第34期。

程曼丽：《大众传播与国家形象塑造》，《国际新闻界》2007年第3期。

程曼丽：《如何提高我国媒体的国际传播力——亦此亦彼辩证眼光的培养》，《新闻与写作》2010年第5期。

甘家月：《基于传播视角的不同类型政务微博传播效果影响因素研究》，硕士学位论文，北京邮电大学，2015年。

郜晋亮：《浅析网络传播中"沉默的螺旋"理论失效缘由》，《山西经济管理干部学院学报》2011年第2期。

《国家突发公共事件总体应急预案》，《中国中医基础医学杂志》2006年第1期。

韩娜：《传播学视角下政务微博的发展路径探析》，《新闻与写作》2012年第2期。

杭孝平、李彦冰：《政务微博的内容特征与发布标准——以"@北京发布"的微博内容为个案》，《当代传播》（汉文版）2014年第6期。

郝国庆：《建立和完善我国突发事件应对机制》，《党政干部论坛》2003年第6期。

何帆：《政务微博传播特色与功能研究》，硕士学位论文，湖南师范大学，

2013 年。

何国平、何瀚玮:《内容—关系的组合界面:微博传播力考察》,《山东社会科学》2012 年第 4 期。

何晓燕:《全球化语境下中国电视剧的跨文化传播研究》,博士学位论文,中国艺术研究院,2012 年。

贺佳莹:《微博客用户接受模型及实证研究》,硕士学位论文,北京邮电大学,2012 年。

胡菡菡、文平:《新媒体凸显政治传播力——以 2008 年美国总统大选为例》,《新闻记者》2008 年第 12 期。

胡壮麟:《语义功能与汉语的语序和词序》,《湖北大学学报》(哲学社会科学版)1989 年第 4 期。

黄德才、戚华春:《PageRank 算法研究》,《计算机工程》2006 年第 4 期。

黄煜、曾繁旭:《从以邻为壑到政策倡导:中国媒体与社会抗争的互激模式》,《新闻学研究》2011 年第 109 期。

冀芳:《突发事件中政务微博的传播策略》,《新闻知识》2013 年第 6 期。

蒋立立:《微博问政对受众的影响分析——以新浪微博为例》,《大学教育》2014 年第 1 期。

蒋晓丽、彭楚涵:《从全球性事件报道看我国电视财经新闻的国际传播力——以央视〈直击华尔街风暴〉与"世博会报道"为例》,《广州大学学报》(社会科学版)2011 年第 6 期。

金彪:《新闻立台格局下的传播能力建设》,《中国广播电视学刊》2010 年第 8 期。

金晓玲、汤振亚、周中允等:《微博客实证研究综述》,《情报杂志》2013 年第 10 期。

康伟:《突发事件舆情传播的社会网络结构测度与分析——基于"11·16 校车事故"的实证研究》,《中国软科学》2012 年第 7 期。

匡导球:《传播力:发展现代报业传媒的根本》,《新闻战线》2011 年第 11 期。

赖胜强:《影响用户微博信息转发的因素研究》,《图书馆工作与研究》2015 年第 8 期。

雷洋:《国内外政务微博研究综述及启示》,《桂海论丛》2016 年第 1 期。

黎明、文海英、杨杰等：《基于行为权值的微博用户影响力度量算法》，《计算机工程与应用》2014 年第 17 期。

李多、周蔓仪、杨奕：《网络平台对于政府与网民之间关系建设作用的探索——以伍皓的微博为例》，《新闻知识》2010 年第 8 期。

李建国、陈沁荣：《数字报业战略全面提升传播力》，《新闻战线》2011 年第 2 期。

李明辉：《网络环境下学习满意度、知识掌握及使用意愿的影响因素分析》，硕士学位论文，复旦大学，2010 年。

李明强、岳晓：《透视混沌理论看突发事件预警机制的建设》，《湖北社会科学》2006 年第 1 期。

李晓：《政务微博受众影响力评估研究》，硕士学位论文，山东财经大学，2016 年。

李宇：《增强国际传播力背景下驻外记者的素养与选拔》，《中国记者》2011 年第 11 期。

李源：《突发事件政府信息发布机制探究》，《青年记者》2011 年第 8 期。

李志翔：《网络问政视野下的政务微博传播效果研究》，硕士学位论文，上海交通大学，2013 年。

梁芷铭：《政务微博传播机制初探》，《新闻爱好者》2012 年第 24 期。

梁芷铭：《政务微博的受众关注度及其优化策略研究——以广东省为例》，《广东行政学院学报》2014 年第 5 期。

林婷婷：《从政务微博的框架效果差异反向探索受众的框架偏好——对"平安武侯"在内的 4 个政务微博样本的对比研究》，《东南传播》2013 年第 7 期。

林志标：《新传媒变革下官员微博探讨》，《理论参考》2012 年第 2 期。

刘畅：《地方政府政务微博的传播效应研究》，硕士学位论文，大连理工大学，2013 年。

刘飞：《我国政务微博在突发事件中的表现和对策研究》，硕士学位论文，重庆大学，2014 年。

问题、刘国轶：《运用新媒体提升中国国际传播力的有效性》，《现代传播（中国传媒大学学报）》2012 年第 12 期。

刘耐霞、乔哲：《从半岛电视台看发展中国家如何提高国际传播力》，《湖北广播电视大学学报》2008 年第 9 期。

刘宁雯：《中国政务微博研究文献综述》，《电子政务》2012 年第 6 期。

刘先根、屈金轶：《论省会城市党报传播力的提升》，《新闻战线》2007 年第 9 期。

刘志明、刘鲁：《微博网络舆情中的意见领袖识别及分析》，《系统工程》2011 年第 6 期。

卢茹彩：《金砖峰会对外报道的思考和建议》，《对外传播》2017 年第 10 期。

孟国凤、乌桂生：《论地方广播媒体传播力的实现与拓展》，《中国广播》2009 年第 7 期。

莫凤群：《政务微博在突发事件中的传播角色》，《青年记者》2013 年第 11 期。

聂书江：《战略传播视角下提升金砖国家传播力的策略选择》，《对外传播》2017 年第 6 期。

庞科、陈京民：《社会网络结构洞在网络参政领袖分析中的应用》，《武汉理工大学学报》（信息与管理工程版）2011 年第 1 期。

钱颖、汪守金、金晓玲等：《基于用户年龄的微博信息分享行为研究》，《情报杂志》2012 年第 11 期。

瞿旭晟：《政务微博的管理风险及运营策略》，《新闻大学》2011 年第 2 期。

桑华月：《后 G20 视阈下杭州市社区文化品牌建设的机遇与挑战》，《大众文艺》2016 年第 15 期。

邵兵家、高志欣、师蕾：《消费者社交网站购物态度影响因素的实证研究》，《情报杂志》2010 年第 8 期。

邵培仁、王昀：《社会抗争在互联网情境中的联结性动力——以人民网、南方网、新浪微博三类网站为案例》，《河南大学学报》（社会科学版）2016 年第 3 期。

沈正赋：《突发事件中报道机制的科学调控》，《传媒观察》2003 年第 4 期。

石飘芳：《地市党报的国际视野——〈闽西日报〉加强国际报道、提升传播力的几点体会》，《新闻战线》2011 年第 5 期。

石秋灵：《当今微博谣言分类及影响谣言传播效果的关键指标研究》，《中国传媒科技》2013年第8期。

史丽莉：《我国地方政务微博传播效果的影响因素研究》，硕士学位论文，电子科技大学，2013年。

苏鹏冲、邢佳帅、楼叶：《网络舆情管控之微博、微信力量研究》，《现代计算机》（专业版）2015年第16期。

孙国太：《在"新"中求美在"播"中求力——刍议当代电视新闻的审美观与传播力》，《新闻传播》2011年第5期。

孙会、李丽娜：《高频次转发微博的特征及用户转发动机探析——基于新浪微博"当日转发排行榜"的内容分析》，《现代传播》2012年第6期。

孙帅、周毅：《政务微博对突发事件的响应研究》，《电子政务》2013年第5期。

唐世鼎：《创新"走出去"方式讲好中国故事——以开办海外本土化中国时段和频道为例》，《对外传播》2017年第11期。

唐世鼎：《国际传播能力建设的发展转型》，《中国广播电视学刊》2013年第10期。

汪青云、柯筱清：《浅析突发事件中基层政务微博的角色定位》，《新闻知识》2013年第6期。

王斌：《政府传播2.0：微博的应用历程与发展理念》，《对外传播》2011年第4期。

王德广、周志刚、梁旭：《PageRank算法的分析及其改进》，《计算机工程》2010年第22期。

王婧：《基于内容分析的北京市政务微博传播效果影响因素研究》，《科技视界》2016年第27期。

王君泽、王雅蕾、禹航等：《微博客意见领袖识别模型研究》，《新闻与传播研究》2011年第6期。

王文：《在G20现场体会全球智库博弈》，《对外传播》2016年第1期。

王文：《中国媒体软实力何时崛起》，《人民论坛》2011年第19期。

王文：《自信：当前国际传播力建设的关键》，《中国记者》2011年第6期。

王晓芸：《基于内容分析的政务微博传播效果研究——以"@陕西发布"为例》，《陕西行政学院学报》2013年第8期。

王志凯、卢阳阳、S. Chulze David：《G20峰会与杭州城市形象及软实力的再提升》，《浙江经济》2016年第11期。

吴立斌：《中国媒体的国际传播及影响力研究》，博士学位论文，中共中央党校，2011年。

吴瑛：《中美软实力在G20峰会中的比较研究——从国际媒体引用的视角》，《上海行政学院学报》2012年第3期。

夏立平：《联合国与战后国际机制》，《当代世界与社会主义》2015年第5期。

相德宝、吴竞祎：《政务微博的现状与发展对策》，《新闻与写作》2012年第2期。

谢新洲、黄强、田丽：《互联网传播与国际话语权竞争》，《北京联合大学学报》（人文社会科学版）2010年第3期。

谢月：《网页排序中PageRank算法和HITS算法的研究》，硕士学位论文，电子科技大学，2009年。

徐火炎：《选民的政党政治价值取向、政党认同与党派投票抉择：第二届国大代表选举选民的投票行为分析》，《国家科学委员会研究汇刊》（人文及社会科学）1993年第1期。

严三九、刘峰：《从战略性传播视角探析金砖国家的国际传播策略》，《现代传播（中国传媒大学学报）》2015年第2期。

杨红：《突发事件中政务微博的传播特征及策略研究》，硕士学位论文，北京邮电大学，2014年。

杨晓薇：《突发公共事件中政务微博的信息传播机制研究》，硕士学位论文，华中科技大学，2016年。

英纳斯·默格尔、郑思斯、袁嘉祺等：《公共部门的社交媒体策略》，《中国行政管理》2012年第7期。

袁峰：《大力拓展政务微博的民主功能》，《人民论坛》2011年第34期。

袁娴：《亲民式平台：广州政府机构微博发展现状的实证研究》，《四川行政学院学报》2013年第1期。

袁园：《微博用户转发意愿的影响因素研究》，硕士学位论文，南京大学，2010年。

张超：《政务微博传播效果分析——以"北京发布"为例》，《新闻世界》

2013 年第 8 期。

张剑金：《基于聚类算法的微博影响力评价模型研究与实现》，硕士学位论文，重庆理工大学，2014 年。

张鹏：《团队知识整合机制的实证研究——基于媒介丰富度与联结强度的视角科学研究》，《科学研究》2010 年第 11 期。

张鹏程：《团队知识整合机制的实证研究——基于媒介丰富度与联结强度的视角》，《科学学研究》2010 年第 11 期。

张薇薇：《社会转型期我国政务微博的传播效果探析》，硕士学位论文，江西财经大学，2013 年。

张燕英：《"中国梦"的对外宣传研究》，硕士学位论文，东北林业大学，2016 年。

张飐：《突发事件中政务微博信息传播机制研究》，硕士学位论文，江西师范大学，2014 年。

张宇、王建成：《突发事件中政府信息发布机制存在的问题及对策研究——基于 2015 年"上海外滩踩踏事件"的案例研究》，《情报杂志》2015 年第 5 期。

张自力：《突发公共卫生事件报道中的媒体策略》，《中国记者》2005 年第 10 期。

张宏旭：《选民投票行为之研究：以士林区、北投区为例个案研究》，硕士学位论文，中国文化大学，2001 年。

赵阿敏、曹桂全：《政务微博影响力评价与比较实证研究——基于因子分析和聚类分析》，《情报杂志》2014 年第 3 期。

赵巍：《语域理论视角下的中国政务微博研究》，《吉林省教育学院学报旬刊》2013 年第 10 期。

郑磊、任雅丽：《中国政府机构微博现状研究》，《图书情报工作》2012 年第 3 期。

郑拓：《中国政府机构微博内容与互动研究》，《图书情报工作》2012 年第 3 期。

郑雄：《突发公共事件中政务微博的信息互动研究》，硕士学位论文，江西师范大学，2013 年。

周鸿铎：《传播效果研究的两种基本方法及其相互关系》（上），《现代传播》2004 年第 3 期。

周培源、姜洁冰：《政务微博的传播效果研究——以新浪微博为例》，《新闻世界》2012 年第 9 期。

周小燕：《央视奥运报道策略研究——基于北京奥运会和伦敦奥运会报道的比较》，硕士学位论文，云南师范大学，2013 年。

朱春阳：《传播力　传媒价值竞争回归的原点》，《传媒》2006 年第 8 期。

朱静：《政府营销：新公共管理范式视角下的制度解析》，《生产力研究》2009 年第 15 期。

苗小雨：《新媒体时代政务微博的功能定位与角色演进研究》，《新媒体研究》2018 年第 15 期。

沙勇忠、苏有丽：《中国省级政府微博的社会网络分析》，《暨南学报》（哲学社会科学版）2018 年第 6 期。

赵盼盼：《政务微博发展十年：回眸与前瞻——一个文献综述的视角》，《现代情报》2019 年第 6 期。

由园：《雅安地震中政务微博的功能研究》，硕士学位论文，辽宁大学，2014 年。

黄楚新、郑智文：《当前我国政务微博的发展特点及趋势》，《中国记者》2019 年第 4 期。

张志安、章震：《政务机构媒体的兴起动因与社会功能》，《新闻与写作》2018 年第 7 期。

陈聪：《新媒体语境下政务微博的娱乐化与利弊分析》，《新媒体研究》2018 年第 11 期。

解雅婕：《政治沟通视角下政务微博"互动力"关联因素探究》，硕士学位论文，安徽大学，2018 年。

宋昌进：《壮大主流舆论服务百姓民生——以安徽政务微博为例》，《新闻世界》2014 年第 2 期。

高倩伟：《公安政务微博与网民互动仪式研究》，硕士学位论文，河北大学，2018 年。

卢桦：《公安政务微博公众参与行为影响因素研究》，硕士学位论文，电子科技大学，2018 年。

黄彩丽：《论网络信息时代的公安舆论导向——以"平安北京"公安政务微博为例》，《采写编》2017 年第 5 期。

王榕：《通过政务微博体现"服务为本"——以上海建设交通行业政务微博为例》，《新闻记者》2011 年第 6 期。

易可：《医疗卫生政务微博公共服务优化研究》，硕士学位论文，电子科技大学，2016 年。

汤志伟、易可、韩啸、张会平：《医疗卫生政务微博服务内容优化研究——基于中国 21 个省会城市的数据》，《情报杂志》2015 年第 8 期。

毛高杰：《政务微博的"娱乐化"及其对策》，《新闻界》2012 年第 7 期。

敖立：《突发公共事件的网络舆情应对策略研究》，硕士学位论文，南昌大学，2019 年。

张娟娟：《县域政务微博影响力提升研究》，硕士学位论文，电子科技大学，2019 年。

中国互联网络信息中心：《第 43 次〈中国互联网络发展状况统计报告〉》，http：//www.cnnic.cn/hlwfzyj/hlwxzbg/hlwtjbg/201902/t20190228_70645.htm，2019 年 2 月 28 日。

赵金旭、孟天广：《科技革新与治理转型：移动政务应用与智能化社会治理》，《电子政务》2019 年第 5 期。

孟天广、赵娟：《大数据驱动的智能化社会治理：理论建构与治理体系》，《电子政务》2018 年第 8 期。

张放、王盛楠：《政务微博拟人化互动效果的实验研究》，《国际新闻界》2018 年第 3 期。

赵青：《政务微博在突发事件中的作用探究》，《新闻研究导刊》2019 年第 6 期。

郭俊辉：《政务新媒体的受众认同感影响因素研究——基于"浙江发布"微博与微信的对比分析》，《浙江学刊》2017 年第 4 期。

王可：《以陌陌财报为例试论"网红"对于企业发展的推动作用》，《财会学习》2017 年第 1 期。

傅海、胡兵：《社交媒体微视频传播的模式与优势》，《中国传媒科技》2019

年第 3 期。

三 研究报告

陈义彦、陈世敏：《七十八年选举的报纸新闻与广告内容分析》，1992 年。
工信部监测协调局：《通信运营业统计公报》。
国家行政学院电子政务研究中心：《2011 年中国政务微博客评估》。
人民论坛问卷调查中心：《中国公众的民粹化倾向调查报告（2012）》。
《人民日报·政务指数微博影响力报告》（2015—2018 年）。
腾讯：《2016 微信用户数据报告》。
中国互联网络信息中心：《中国社交网站报告》（2011—2016 年）。
中国互联网信息中心（CNNIC）：《中国互联网发展状况统计报告》（第 1—42 次）。